U0548023

全球化语境下文化遗产的预防性法律保护

马雁　陈佳　著

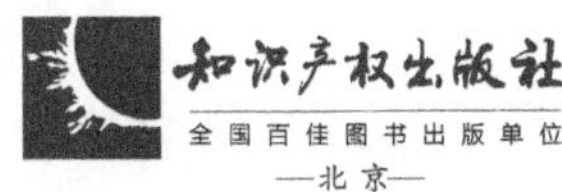

图书在版编目（CIP）数据

全球史语境下文化遗产的预防性法律保护 / 马雁，陈佳著．—北京：知识产权出版社，2022.8

ISBN 978-7-5130-7873-3

Ⅰ．①全…　Ⅱ．①马…　②陈…　Ⅲ．①文化遗产—法律保护—研究—中国　Ⅳ．①D922.164

中国版本图书馆 CIP 数据核字（2021）第 234223 号

责任编辑：韩婷婷　　**责任校对**：谷　洋
封面设计：乾达文化　　**责任印制**：孙婷婷

全球史语境下文化遗产的预防性法律保护

马　雁　陈　佳　著

出版发行：知识产权出版社有限责任公司　　**网　　址**：http：//www.ipph.cn
社　　址：北京市海淀区气象路 50 号院　　**邮　　编**：100081
责编电话：010-82000860 转 8359　　**责编邮箱**：176245578@qq.com
发行电话：010-82000860 转 8101/8102　　**发行传真**：010-82000893/82005070/82000270
印　　刷：北京虎彩文化传播有限公司　　**经　　销**：新华书店、各大网上书店及相关专业书店
开　　本：710mm×1000mm　1/16　　**印　　张**：21.25
版　　次：2022 年 8 月第 1 版　　**印　　次**：2022 年 8 月第 1 次印刷
字　　数：345 千字　　**定　　价**：128.00 元

ISBN 978-7-5130-7873-3

前 言

文物及文化遗产预防性法律保护的意义在于，透过文物与文化遗产了解时代的生活习俗、环境变革、艺术审美标准、工艺水平、社会状况，历史古城保护研究也是为了延续城市的空间格局和历史文脉。加快构建中国特色文化遗产保护学学科体系、学术体系、话语体系，巩固文化遗产保护的地位和成效，深化和增强文化史学理论和方法、文化法律理论和方法的创新机制与动力，进一步加强文化遗产学对历史学科发展的辐射带动支撑作用，深化与文哲、经济、社会等其他学科的融合，强化对文化历史研究成果的运用，拓宽国际化视野，增强现代科技对遗迹发现、分析和保护能力的支撑作用等，意义重大。保护的意义是通过延长文物本体的寿命，尽可能保护其所赋存的各类社会、历史、文化、科技等信息，以更好地汲取祖先智慧和民族精神，增强文化自信，助力中华民族伟大复兴。应统筹好文物保护与经济社会发展，推进文物合理、适度利用，使文物保护成果惠及人民群众。文物管理单位和文化遗产地要认真贯彻文物保护法律预防性保护的理念，在风险管理理论指导下，建立较为完善的监测预警体系，实现文物和文化遗产的预防性保护。实践表明，基于风险管理理论的监测预警体系可以为实现文化遗产地的变化可监控、风险可预知、险情可预报、保护可提前的预防性保护管理目标提供有力支撑，对世界文化遗产地的保护具有借鉴意义。要通过法律机制落实抢救性保护向抢救性保护与预防性保护并重转变，被动保护向主动保护转变，文物本体保护向文物本体与周边环境、文化生态的整体性保护转变，传统保护向科学保护转变。

将文化遗产保护与法律预防功能理论结合，创新运用风险管理的预防保护机制。风险管理在充分考虑不确定性因素的基础上，通过风险识别、风险分析与风险处理，将风险源对遗址可能造成的影响和破坏降低或减缓。预防性保护是基于对未来的预测判断，在各种风险因素对文化遗产造成破坏性影响之前或之初及时采取有效措施，避免损失的发生或以更低的成本控制损失。风险管理理论可以用来指导文化遗产的预防性保护，为预防性保护提供决策框架，辅助法律的一般预防机制，将预防性保护有机落实。此外，通过文化遗产保护过程进行的文明对话，本质上是对中国“新文明观”的回应和实践。目前“新文明观”初步形成，并以“文明交流超越文明隔阂、文明互鉴超越文明冲突、文明共存超越文明优越”的高度概括写入党和政府的文件。在“新文明观”指导下，践行文化遗产的预防性法律保护，对建设中国特色、中国风格、中国气派的文化遗产研究和学科建设，以及深刻阐明文化遗产学的价值和意义作用甚大，可以为新时代的文明对话机制与体系注入新的内容。

目　录

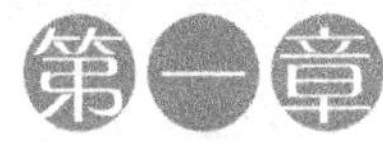

全球史理论体系中的自然文化遗产保护

一、全球史理论谱系梳理和主要学术观点

全球史与意大利的微观史学派有一定关联，微观史学的学术旨趣在于以日常生活和社会微观空间为研究对象，全球史学则将社会空间概念扩大到宏观层面，研究竞争、交融、碰撞等社会关系及形态，关注物种传播、疾病蔓延、气候变化等领域的跨国家问题。早期的全球史观，弥补了比较研究的不足[1]，以批判19世纪以来形成的欧洲中心论为起点，全球史观成为重新观察和理解世界的新方法，通过建立全球普适历史话语系统和历史学全球化等方法，倡导平等对待异质文化，超越民族国家和地区界限来设定理解范式[2]；21世纪伊始，则形成指向集中于不同地区关联和文明交流基础上的跨文化互动命题，不同社会文化共同体独立但并非封闭，文化独立与文化交往并存的新全球史观点[3]。在跨越边界的基础上探寻历史的关联性，在关联性基础上，

---

[1] 全球史研究相对于比较史的进步，集中在以下方面，比较是在两个或几个单位之间进行，实体单位或密闭单位问题的存在，导致对单位内部差别的忽视，为避免复杂化影响比较结论的客观性，参照对象需要单一化。因此比较研究容易忽视或回避研究单位之间的互动，未置入交通、贸易和文化交流的网络中考虑，比较研究需要明确的目的对照，研究框架的设计需要符合强目的性的要求，价值预设上存在视为标准的正向方，以及视为异常的负向方。

[2] 以斯塔夫里阿诺斯的《全球通史》、W. H. 麦克尼尔的《世界史》、腓南德·阿梅斯托的《世界史》、杰克森·斯比瓦格尔的《世界历史：人类的漂泊》和皮特·斯特恩斯等的《世界文明：全球经历》为代表的全球通史观。

[3] 杰里·本特利. 新全球史：文明的传承与交流［M］. 北京：北京大学出版社，2000：90-97.

对历史进程重新整合，建构从地方性至全球性的研究单位，找寻历史发展的因果联系，探究历史的整体性，通过互动研究发现历史曾经存在过的相互联系，通过比较研究建立逻辑关联，关注历史的总体走向。全球史理论的理论价值，是从学理上彻底反思了世界史学界研究中的西方中心论与 16 世纪以来形成的欧洲优先权话语体系，为适应经济和领土扩张的合法化论证，强化自身为世界历史的创造者，进一步造成文化殖民和对非西方民族的记忆殖民化。全球史颠覆了这一理论根基，批驳西方自视的世界历史认知主体地位，将其还原为认识对象，以全球视野观照西方，对世界历史学新价值观的树立具有积极意义。相对于传统世界史，全球史注重不同元素之间的互动关联研究，总体叙事特点为空间转向，从单维度纵向发展观转向多维度横向比较观，历史书写的新主题呈现为跨文化的互动，全球史研究提出历史空间的流动性观点，人类社会集体学习能力即外在记忆系统纳入历史发展研究领域，为深化世界历史研究产生积极影响，全球史视野的布罗代尔、沃勒斯坦、霍布斯鲍姆等学者的早期观点基础，也致力于这种关系互动的积极影响分析，全球史视野和方法论让学术共同体在偶然历史事件中，探索其发生和发展的规律，从全球历史关联性因素分析中提出原因分析和认识。全球史注重历史横向发展研究，构建跨国、跨地区、跨大陆、跨半球、跨海洋和全球各层次的地理空间范畴，构建技术、文化、贸易、宗教、移民、国际组织等不同主题的社会网络，作为对应参照物的地方和全球与空间和网络的相互影响，可以在同一个分析框架内兼顾，产生新的解释模式，即各种地理空间和社会网络的相互作用共同参与人类社会的形成与演变[1]。

19 世纪的兰克史学确立以后，民族国家叙事成为通行范式，哲学视域下的关注点集中于民族国家内部的普世史研究，以黑格尔的《历史哲学》为代表，通常将西欧视为世界的中心和历史发展的主线，其他地区则为附属或陪衬；随着“二战”后的国际组织成立和经济全球化发展，史学研究对不同地区的交流和互动的历史进行考察，开拓跨文化互动法历史书写新主题，人类学、语言学、地理学等学科的发展，为宏观历史和跨文化研究提供新材料和

[1] 董欣洁. 中国全球史研究的理论与方法［J］. 贵州社会科学，2018（8）：64-70.

新视角，此阶段以美国芝加哥大学的学者威廉·麦克尼尔提出的共生圈概念[1]为代表，为跨文化互动研究奠定基础，考察了技术传播、游牧民族迁徙、物种传播和宗教扩散等因素影响下世界各文明演变，以及世界由分散到统一的历程。马歇尔·霍奇森则提出亚欧非文明复合体概念[2]，认为这个复合体内任何较小实体都是不完善的整体，西欧崛起也取决于亚欧非作为整体的历史，甚至因其边缘位置而受益。斯塔夫里阿诺斯的代表观点，也主张将人类视为整体。对于经济全球化背景下历史书写新趋向，我国世界史家吴于廑指出，科学的世界史必须阐明世界历史的一致性和整体性[3]，各种因素为世界历史整体性的发展准备条件。吴于廑认为，技术扩散、语言传播、旅行家游历、思想文化交流、移民迁徙等诸因素，乃至不同文化群体间的冲突和矛盾，都有利于世界历史进入不分畛域的整体性发展，结合史学发展的新动向和超越民族、地区界限理解世界的历史观。英国历史学家巴勒克拉夫进一步提出建立全球史观的重要性，认为着力点在于探索超越政治和文化界限的相互关系[4]，主张从民族国家外更广阔的视野重新审视历史，并注重对不同地区间跨文化互动关系的探讨，这一主张成为中外史学的共识。后期研究领域继续细化，并深化和完善了全球史研究理论体系，例如美国学者菲利普·柯丁对大西洋史的研究、伊曼纽尔·沃勒斯坦的世界体系理论、阿尔弗雷德·克罗斯比的生态史研究，以及美国加州学派对近代早期中国问题的探讨、帕特里克·曼宁的全球移民史研究、入江昭的跨国史研究等；英国、德国和加拿大的学者对与殖民史和帝国史相关的跨文化互动研究也有较多关注，克里斯托弗·贝利把现代世界的形成描绘为去中心化和互相联系的进程[5]，约翰·达尔文探

---

[1] 威廉·麦克尼尔. 西方的兴起：人类共同体史［M］. 孙岳，陈志坚，于展，等译. 北京：中信出版社，2015：987–990.

[2] 马歇尔·霍奇森. 历史上各社会之间的相互联系［C］. 夏继果，本特利. 全球史读本. 北京：北京大学出版社，2010：18–29.

[3] 吴于廑. 时代和世界历史：试论不同时代关于世界历史中心的不同观点［J］. 江汉学报，1964（7）：41–52，18.

[4] 杰弗里·巴勒克拉夫. 当代史学主要趋势［M］. 杨豫，译. 北京：北京大学出版社，2006：12，363.

[5] 克里斯托弗·贝利. 现代世界的诞生：1780—1914 年［M］. 于展，何美兰，译. 北京：商务印书馆，2013：37.

讨 1405 年以来欧亚大陆主要帝国之间的相互碰撞和影响[1]。德国学界对跨文化互动的研究发展迅速，于尔根・奥斯特哈默用全球史宏大视角展现 19 世纪的跨国家、跨大陆与跨文化现象[2]，塞巴斯蒂安・康拉德对跨文化互动理论深入探讨，指出全球史学者除了对不同地区的关联和互动加以阐述，更要关注结构整合与推动力问题[3]。加拿大学者卜正民以深刻洞察力和生动笔触，分析了 17 世纪全球贸易和文化交流的广阔图景[4]。同时期国内史学界对这一问题的探讨，也取得重要进展，代表观点如吴于廑对游牧世界与农耕世界关系的探讨、罗荣渠对现代化的研究、马克垚对世界文明史的探讨等，随着中国国际地位的提升和学术交流，中国史学者参与跨文化互动研究领域，代表学者有万明对明代白银货币化的研究、葛兆光从周边对中国问题的探讨等，刘新成在肯定互动理论及研究路径积极意义的同时，指出对西方跨文化互动的理论的反思[5]。全球史对不同国家和地区间跨文化互动的研究，弥补传统研究强调内部动因的不足，分析外部因素以及内外关联的重要性，在时空范围内增进对民族国家和地区的客观认知，有利于对历史形成更为全面的理解。

全球史的理论突破，主要体现在以下几个方面：一是反思国家本位，更侧重以社会的空间范畴为单元，审视历史文化发展变迁；二是跨越民族国家边界，以及语言、地理等边界思考历史，借鉴年鉴学派，关注长时段的整体运动，提出环印度洋网络、哥伦布交流说等学说体系；三是修正结构说，将生态变化、主观行动和选择空间等因素，与社会经济结构同构，重新评估人类与社会结构的多向关系；四是从理论上批判欧洲中心论，关注移民、社会发展、商业、帝国主义、生物交换、文化融合等元素及互动过程，思考构建世界历史体系，批驳从现实反推历史的思辨逻辑，从强调社会的特殊性、文

---

❶ 约翰・达尔文. 后帖木儿时代：全球帝国的兴与衰（1400—2000 年）[M]. 陆伟芳，高芳英，译. 郑州：大象出版社，2011：66-73.

❷ 于尔根・奥斯特哈默. 世界的演变：19 世纪史 [M]. 强朝晖，刘风，译. 北京：社会科学文献出版社，2016：103.

❸ 塞巴斯蒂安・康拉德. 全球史是什么 [M]. 杜宪兵，译. 北京：中信出版集团，2018：97-152.

❹ 卜正民. 维梅尔的帽子：从一幅画看全球化贸易的兴起 [M]. 刘彬，译. 上海：文汇出版社，2010：200.

❺ 刘新成. 跨文化互动：历史书写的新主题 [N]. 光明日报，2020-11-03.

化的排他性和经验的地方性的传统史学，转向社会发展的相关性与互动性问题研究，突出社会的共同影响因素，淡化单一国家或地区的特殊性。全球史学有强烈的现实关怀，结合全球化现实开展全球史研究，从史学角度分析全球化的起源和机制，拓展全球化理论研究的新局面，展示史学的全局观价值[1]。全球史的研究方法更高层次的指向，是对人类历史的发展建构，为使这一概念明晰化，并使之成为全球史研究的自觉行为，需要推进一体化进程、因果关系、运行机制和普遍意义的概括建构，技术、国家、经济、文化、生物和生态的建构力量共同发挥作用，在比较研究基础上，跨越边界思考历史。全球史的理论不足，在于其结构性方面的问题，全球史秉持后现代思潮，批判功能多于建设功能，对西方世界历史学传统批判的同时，未能建立新的世界史阐释体系，全球史倡导的叙事客观性、文明平等性成为理想主义的空谈。受后现代思潮影响，从解构现代性角度，否认终极真理的存在，忽略社会内部发展的作用，但又追求自然与社会整体结构对人类历史规律的影响，其内在结构中的比较项设置的宏观性与微观性配置不均衡，脱离意识形态属性的全球史学立场限制了其客观性，造成全球视野张力下的国别史或地区史重构风险，需要探寻全球史发展规律，承认互动融合理论趋势下的波动、逆转及原因。

二、中国全球史研究的使命、理论及方法

从世界面临百年未有之大变局和全球史国际发展现状而言，当代中国日益走近世界舞台和承担起大国责任，全球史视野之下的中国史研究应在百年来中国现代新史学发展脉络中找到本土源头，承接马克思主义史学，将中国史研究纳入世界历史的宏图大略[2]，从中国史学面对的问题出发，深化部分整体化、主体多元化、重新概念化的新会通研究[3]。中国的全球史研究是马克思主义的全球史，马克思创立全球经济一体化，强调交往在其中发挥的重要作

---

[1] 刘新成. 构建具有中国特色的全球史［N］. 光明日报，2019-09-16.

[2] 夏继果，本特利. 全球史读本［M］. 北京：北京大学出版社，2010：28-51.

[3] 胡成. 全球化时代与中国历史的书写：以1930年代两个主流学术典范为中心［J］. 史林，2010(3)：152-162.

用，是经济发展的自然过程的理论。全球性的全球史有待构建，是概念、理论、话语不断循环往复于研究对象而自反性重构和改变研究对象，构建人类命运共同体是接近全球的、兼容的、完整的全球史努力[1]。

作为研究方法的互动，存在共时性视角、扩大概念研究单位的地理规模、关注研究单位的历史联系，以及规模性的研究主题、单位或者视域本身跨界等类型[2]，在方法论上，通过扩大空间规模、重新定义空间单位的方式，构建起文明、海洋盆地、半球和全球不同层次的研究单位，深入挖掘各自内部存在的相互联系，或者从挖掘历史联系入手。将独立单位联结的关键，在于相连单位的相互影响和接触频度，以及涵盖社会网络、跨国跨边界组织、跨国跨边界的主题与对象。类型只是提供简明的方便开展研究的清单，实践中各主题并非对立排斥，而是交错重叠，或者符合共同特征的“具有流动性的主题”，因为时间维度是各单位间的互动时间，并非单位前后相继的阶段。而地理范围只要是圈定的，因果关系就能在圈定的单位中被发现，边界被打破后的共时性视角呈现，可能观察到多区域跨领域同时发生的进程；同时，联系存在多种类型，涵盖短暂发生以及重复发生的、地方性的以及广阔范围的，不同类型的联系对历史发展的影响差异较大。如果对作为方法论的“联系”缺乏区分标准和背景以及流动机制的深入分析，可能出现互动研究狭隘化的问题，也难以建构体系化认知。

历史写作中的时间建构，涉及自然时间即物理时间、历法时间、历史时间和史学时间四种总体时间关系的处理[3]，其中的历法时间涉及不同文化群体对物理时间的认识和理解，在世界历史中具有突出的多样性，而历史时间是研究者依据理解过去的需要和理解确定的分期与断代，包括事件起讫和不同事件或趋势的年代关系。这种时间在本质上是一种虚拟时间，忽略或打破历法时间的连续性，社会思潮、史学观念、研究方式、解释策略等因素交相作用，具有建构性、多样性和变动性特点，历史写作采用的时间体系，只是史

---

[1] 刘新成. 构建具有中国特色的全球史［N］. 光明日报，2019-09-16.

[2] 董欣洁. 中国全球史研究的理论与方法［J］. 贵州社会科学，2018（8）：64-70.

[3] 李剑鸣. 全球史写作中的时空结构：从奥斯特哈默的“世界的演变：19世纪史”谈起［J］. 经济社会史评论，2019（4）：4-12.

学时间和为便于编排分期史事、建构解释所采取的方便之计[1]。

全球史旨在超越民族国家叙事，但对有着悠久史学传统的非西方国家，民族叙事依然有其价值，具体到中国的语境，民族国家依然是历史编纂展开的重要框架，全球史的目标因而不是超越或消解民族国家，而是在更大时空范围内重塑对民族国家的理解。全球史与民族叙事的这种辩证关系，为构建中国特色的全球史提供可能，文化历史不仅是民族叙事内部力量协作发展的结果，也是国际乃至全球因素合力形塑的产物。这成为构建中国特色的全球史的方法论前提，也是中国传统文化史学对全球史的贡献[2]。因此，鉴于地方经验在全球叙事中的重要性，以及对全球叙事权力结构可能存在的平衡调整功能，民族叙事在全球史中始终存在，并成为体现全球史多样性、公平性机能的前提。传统史学丰厚的非西方国家的民族叙事的独特价值，在于不断吸纳新的现实意蕴，以及对叙事策略的调整，建构不同于西方的全球史叙事，强化开放和包容功能，推动地区经验注入全球历史宏大话语体系。全球史理论可以为正在崛起的中国提供大国看待世界的眼光和气度，可以为中国解决全球性事务提供镜鉴和经验，因此，中国化的全球史展现的不是一体化的历史趋势，而是与中国国家的现实发展相吻合的背景以及中国积极参与全球治理的能力。

基于上述价值体系与方法重构，中国学界在全球史领域提出新的研究路径，不完全面统计的代表性观点，有吴于廑先生提出的整体世界史观[3]，强调从联系的、整体的高度，从分散到整体把握世界历史的演进及趋势，以及不同文明之间的相互关联和渗透；罗荣渠先生构建的现代化史观[4]，宏观架构一元多线的历史发展框架，以生产力发展和变革为立足点，认识人类社会和文

---

[1] 陈新. 近10年西方史学理论界有关历史时间的讨论［J］. 江海学刊，2013（1）：155-160；邓京力，李鹏超. 历史时间与厄尔玛斯的“节奏时间”观念［J］. 史学月刊，2018（11）：94-103.

[2] 张旭鹏. 全球史与民族叙事：中国特色的全球史何以可能［J］. 历史研究，2020（1）：155-173，223.

[3] 吴于廑. 巴拉克劳夫的史学观点与欧洲历史末世感［C］. 吴于廑学术论著自选集. 北京：首都师范大学出版社，1995：233-252；李永平. 丝绸之路与文明交往［M］. 西安：陕西师范大学出版社，2019：77.

[4] 罗荣渠. 现代化新论：世界与中国的现代化进程［M］. 北京：商务印书馆，2004：378-381.

明发展的复杂性和多样性；费孝通先生提出文化自觉概念体系[1]，强化文化转型的自主能力，获得在新环境、新时代中文化选择的自主地位；张光直先生的连续性文明模式和李永平的连续独立文明全球史观，将中华文明的起源和发展厘定为世界文明的典型样态，欧洲文明是断裂式的突破样态，中华文明系统内部信仰—仪式、政治—经济与社会治理结构相互关联，形成网状社会结构，相互扶持全息呈现和连续性布排，以“存有的连续性”概念做出描述，以人类学、考古学的视角观照到东西方文明乃至整个人类文明起源和发展的根本性问题；彭树智先生文明交往论和马克垚先生的文明研究[2]，提出构建认识、理解全球化文明历程的思维坐标和理论平台，提出文明史虽然和通史很难分开，但文明史不同于世界史，它所研究的单位是各个文明，是在历史长河中各文明的流动、发展与变化。以上研究路径被认为从宏观世界历史角度支撑起我国学界对世界史研究的新理解、新认识，由于其强调整体观念以及世界历史的横向发展，对打破世界史是国别史的堆砌的传统观念产生极大冲击，在学术界引起较大反响和认同，是中国全球史理论与方法发展过程中的重要成果[3]，并在研究专题上细化，各研究主题包含中外文明互动、宗教传播和贸易往来、环境史、世界历史进程中多元文明的互动与共生、大历史与全球史、多维视野下的地方与全球等内容，表明中国全球史研究从自身的历史经验中生发的旨趣、“自己的世界历史观”研究，一方面有赖于实证研究；另一方面与史学理论方法论的构建关联，并根据时代和史学发展进行理论归纳与提炼。鉴于西方全球史拘囿于微观和中观层面的具体描述和分析，但在全球层面说明重大历史变迁的动力和规律的困境，尤其对人类大规模互动进程的历史定性、界定跨文化互动的双方或多方主体的历史作用时的模糊，全球

---

[1] 文化自觉是费孝通先生于1997年在北京大学社会学人类学研究所开办的第二届社会文化人类学高级研讨班上首次提出，目的是应对全球一体化的势必发展，相关理论收录于《费孝通全集》。费孝通. 费孝通全集（第十六卷）[M]. 呼和浩特：内蒙古人民出版社，2009：53.

[2] 彭树智. 论人类的文明交往 [J]. 史学理论研究，200（1）：5-18，159；张倩红，刘洪洁. 从文明交往到文明自觉：彭树智先生的文明交往史观 [J]. 史学理论研究，2016（4）：121-132；马克垚. 世界文明史（上册）[M]. 北京：北京大学出版社，2010：7-10.

[3] 董欣洁. 中国全球史研究的理论与方法 [J]. 贵州社会科学，2018（8）：64-70.

史的研究和编撰需要对历史发展动力的更深入探讨，需要新的构架和回溯方式。人类社会演变暗含纵向与横向发展即生产和交往两条主线，生产表征人类社会的纵向发展过程，交往代表空间横向发展过程，回归马克思世界历史理论的论述，正是在生产和交往基础上分析世界历史演化的原因。马克思世界历史理论的框架中的交往包括一切社会关系，个人、社会团体及国家之间的物质交往和精神交往，交往涵盖主体之间互为主体的关系，交往形式的发展与社会形式的发展同步。在规定着历史进程的物质力量面前，物质力量本身并不直接发言，但通过人的思想间接发言，合理的成分需要限定正确的范围，这个判断同样适用全球史的发展，横向与纵向发展过程相结合，才能推进全球史的全面理解，这个动态过程在生产与交往的纵横互相支撑中得到科学的说明，交往在与生产的对应关系中才能获得充分的解释。深入探讨作为人类社会演变基本动力的生产和交往的相互关系，推动着中国全球史研究的发展，因此，即使在具体微观的专题研究领域，宏观视角和全面思维也是全球化时代历史研究的必要，应当带有强烈的时代意识和问题意识。中国的全球史研究从自身深厚的历史经验和实践出发，在现实发展基础上，坚持马克思世界历史理论的指导，构建全球化时代的中国世界史研究新体系[1]。近年来，学界认识到，全球史不再意味着目的论上的决定或不受地方限制的普遍性，对全球史的研究，是为了发现全球与地方之间的相互交织的复杂方式，以及超越历史研究空间限制的同时，寻找跨越边界的联系。民族国家依然在当下的政治、经济和文化话语中占有重要地位，是当下历史编纂展开的重要框架，即便是全球史，其目标也不会完全超越或消解民族国家，而是在一个更大的时空范围内重塑对民族国家概念的理解，创建"民族历史记忆中的全球史"不只是文化传承问题，还有着极强的现实意义[2]，全球史只能是民族历史记忆中的全球史，唯其如此，全球史才能与民族的当下需求结合，引导民族未来

[1] 范宝舟. 论马克思交往理论及其当代意义［M］. 北京：社会科学文献出版社，2005：21，69.

[2] 张旭鹏. 全球史与民族叙事：中国特色的全球史何以可能［J］. 历史研究，2020（1）：155-173，223.

的命运和前途[1]。全球史研究因此具有明确的指向性，目的不是超越或背离民族国家的历史与现实，而是要与中华民族的历史文化有机结合，将中国可资借鉴的全球性历史经验运用于自身的现实发展中[2]，全球史意味着从全新的视角研究具有地方性特征的历史，构建有中国特色的全球史具备理论和实践上的价值与可能。

世界历史的内容，是“对人类历史自原始、孤立、分散的人群发展为全部世界成一密切联系整体的过程进行系统探讨和阐述”[3]，世界历史学科秉持“以世界全局的观点，综合考察各地区、各国、各民族的历史，运用相关学科如文化人类学、考古学的成果，研究和阐明人类历史的演变，揭示演变的规律和趋向”的整体世界史观[4]。文化遗产和自然遗产是中国文化建设重要主题之一，是保护文化遗产的战略远见，必须提高对文化遗产保护重要性的认识，动员全社会共同参与、关注和保护文化遗产，增强全社会的文化遗产保护意识。狭义文化遗产排除了非物质文化遗产，本书从狭义文化遗产角度研究，即针对具有历史、科学、艺术价值的文物、历史文化名城、街区或村镇、代表性的不可移动文物和可移动文物。

三、全球概念史语境中自然文化遗产复合保护价值体系与机制

按照维特根斯坦所言的“含义即用法”，历史并不仅仅是概念定义的形式，语言也不仅仅是在真实历史中所产生的作用。概念不仅具有字面意义，更综合多种独特意义并关注体系意义，只要概念不可替换或交换，其本身就成为基本概念，基本概念无法跨越时代观念确立，概念不仅具有共时性的诠释作用，且呈现历时性的等级序列。语义学上的长期体验被保存后，以概念的说服力呈现，概念空间长期重复并处于缓慢变化中，概念史中的共时性与历时性被交叠。因此，概念包含时间上的联系结构，语义学上分为经验性、运动性、期待性和未来性的概念，伴随语言学转向的史学类型和跨学科研究，概

[1] 于沛. 当代中国世界历史学研究（1949—2019）[M]. 北京：中国社会科学出版社，2019：166.

[2] 钱乘旦. 世界现代化历程（总论卷）[M]. 南京：江苏人民出版社，2015：88.

[3] 吴于廑. 世界历史 [M]. 北京：中国大百科全书出版社，2010：2.

[4] 吴于廑. 世界历史 [M]. 北京：中国大百科全书出版社，2010：2.

念成为历史的载体，概念史成为打通社会史的路径之一。概念史的自目的性较弱，主要作为手段，强调对社会史或经济史具有促进作用的语言和语义分析价值。

全球史探讨塑造人类经验的深层次结构变迁，变迁中涉及自然遗产和物质文化遗产，也涉及社会文化层面的内容，史实的发现、整理与汇编不是全球史研究的侧重点，而是关注模式并提出理解变迁的方法，归纳全球史变迁的分流、合流、传染、体系等范式，阐明性质和意义，最终的全球史方法，解决研究中从一个常识性的“事件”回到对“事件”基本要素的重构等问题，而不是文本或者弧线化的故事[1]。因此，对自然文化复合遗产的预防性保护研究，需要结合全球史的概念史理论，确立语言、传播和事物之间的关系前提，概念史基于实证研究，与自然文化复合遗产的预防性保护的考证路径和方法实践一致，新近的文化研究与概念史方法论结合，研究对象及方法反作用于概念史，文化研究视角一定程度上挪移概念史的考察层面，即从科学转向知识，从审美转向艺术品，从理论转向实践和技艺，从词语转向其他媒介[2]。文化遗产研究涵盖语言与非语言的理解、物质与含义、物与词之间的界限，文化遗产研究的发展还显示，文化史与思想史（intellectual history）之间的界限趋于模糊，或称为“两者之间的边界越来越相互跨越”[3]，新文化史与年鉴学派注重查考历史中的文化因素和文化层面；研究对象和领域转换到社会文化范畴[4]。概念史认为，语言是社会变迁的参与方与指示器，近年勃兴的全球史借由跨国情感史对文明概念分析，反思概念史学的前提预设，分析统合相关概念变迁的不同时间观。全球史的概念史研究，能给予自然遗产、文化遗产和自然文化复合遗产研究及保护建制中叙事策略与方式改进，提供一定的理论借鉴和实证验证。

---

[1] 全球史概念中的分流（divergence），即对事物从单一起源到随时空变化而发生多样性分化的叙述；合流（convergence），即对不同的和分布广泛的事物随时间推移而必然呈现出相似性的叙述；传染（contagion），即对事物跨越边界并急剧改变的动态叙述；体系（system），即对互动结构同时互相改变的叙述。参见柯娇燕. 什么是全球史［M］. 刘文明，译. 北京：北京大学出版社，2009：3.

[2] 方维规. 关于概念史研究的几点思考［J］. 史学理论研究，2020（2）：151–156，160.

[3] 方维规. 关于概念史研究的几点思考［J］. 史学理论研究，2020（2）：151–156，160.

[4] 方维规. 关于概念史研究的几点思考［J］. 史学理论研究，2020（2）：151–156，160.

（一）历史考古学对自然文化遗产保护性研究的贡献与展望

欧洲学科分类中，发源于历史哲学的考古学侧重文物的挖掘，以及物质的建构和重现，主要为历史研究提供材料来源。美国考古学学科遵循与人类学联系的发展路径，考古学成为独立社会科学，主要通过“阐释特定的人群在过去曾经发生过什么，从而解读特定文化的发展进程和变化规律”[1]。目前学界强调，历史学是考古学阐释中的重要因素，考古学不仅依靠出土的物质文化，还应结合文献进行综合研究，摒弃学科壁垒，并形成跨学科的历史考古学，布罗代尔的长时段研究[2]是重要促动机制，即强化历史学科和其他人文社会科学的关联，以类型学的方式，将考古知识引入历史研究。以遗址文化为例，在传统研究中，遗址是通过考古挖掘地点的实体建构实现，当前研究则强调遗迹的概念史，以及人类共同记忆的构建过程，因此，解构主义、概念史、符号学和全球史理论等都对历史考古学的发展产生影响[3]。考古学或历史学研究，在确定研究范畴时，依赖过程中的文化状况和社会基础，因此历史考古学的关键问题，介于历史学和人类学之间，历史学角度是将考古学作为历史性的补充。人类学角度的文化重建过程则依赖人种学，在考古学发展的过程中发展和确立，而非纯粹的历史因素，并具备特定的研究范畴和对象，因此历史考古学是历史学和人类学的混合形态新的研究手段。历史考古学兼具过程考古和后过程考古，对于复杂概念和方法的侧重，多于对文本信息的使用。如何利用历史考古学的分析方法和研究路径，需要跨越文化壁垒，科学阐释概念的形成与发展，以及这些概念对日常生活模式产生的影响及其变化过程。文化考古的方式应打破区域限制，传统以文化认同为基准的分析方式，无法适应目前的学科诉求。以空间概念和文化关系为代表的景观文化研究是重新考量历史考古学的因素，在多样化视角下，历史考古学依据不同的研究范式，寻找不同文化之间的交叉点，并具有解释弹性，拓展历史考古学

---

[1] 赵博文. 介于历史学和考古学之间：历史考古学的建立和发展［N］. 中国社会科学报，2020-05-28.

[2] 费尔南·布罗代尔. 15 至 18 世纪的物质文明、经济和资本主义［M］. 顾良，施康强，译. 北京：生活·读书·新知三联书店，2002：20.

[3] 秦红岭. 叙事视域下建筑遗产文化价值的阐释路径（上）［J］. 华中建筑，2018（3）：19-22.

的研究范畴，从特定区域转向跨文化的全球研究，传统的过程考古学解读历史世界具有一定局限性，因此，地方文化因素和社会因素与全球治理结合，可以获得更具说服力的论证，地方研究和全球化研究应互为补充，这种互补研究的切入点和结合点及其困境解决，从自然文化复合遗产事项着手，是一项可能的突破口。历史考古学不仅受布罗代尔的长时段理论影响，更借鉴全球史发展成果，研究方法注重实证，因全球化研究对于时间、空间跨度的特定要求，历史考古学研究在纵向时间关系和横向空间维度上的延伸与扩展，对研究对象的文化储备与知识含量提出更高要求。此外，物质文化和精神文化的关系处理，也是历史考古学面临的问题。对文化遗产而言，考古学在物质方面对遗迹进行重构，历史学倾向分析遗迹背后的社会形态与文化要素。历史考古学的交叉学科性质，需要借鉴两者的理论和研究方式，处理好考古发掘、历史文献以及文化现象之间的关系，但由于确切标准的阙如，以实证考察人类共同记忆的方式，目前因此还存在一定的争议。

联合国教科文组织的《保护世界文化与自然遗产公约》(以下简称《公约》)明确自然遗产、文化遗产的法律定义，自然文化遗产国家保护和国际保护等责任规定❶。按照《公约》的定义，文化遗产包含文物、建筑群和遗址部分，文物包括了可移动文物与不可移动文物，《公约》从概念史和语义学角度，明确缔约国可自行确定和划分文化遗产、自然遗产定义条款规定中提及的位于

❶ 《保护世界文化与自然遗产公约》第 1 条："在本公约中，以下各项为"文化遗产"：从历史、艺术或科学角度看具有突出的普遍价值的建筑物、碑雕和碑画、具有考古性质成分或结构、铭文、窟洞以及联合体；从历史、艺术或科学角度看在建筑式样、分布均匀或与环境景色结合方面具有突出的普遍价值的单立或连接的建筑群；从历史、审美、人种学或人类学角度看具有突出的普遍价值的人类工程或自然与人联合工程以及考古地址等地方。"第 2 条："在本公约中，以下各项为自然遗产：从审美或科学角度看具有突出的普遍价值的由物质和生物结构或这类结构群组成的自然面貌；从科学或保护角度看具有突出的普遍价值的地质和自然地理结构以及明确划为受威胁的动物和植物生境区；从科学、保护或自然美角度看具有突出的普遍价值的天然名胜或明确划分的自然区域。"保护世界文化和自然遗产公约［EB/OL］.(1972-11-16)［2021-1-28］. https：//baike.sogou.com/v4948746. htm?fromTitle=%E4%B8%96%E7%95%8C%E9%81%97%E4%BA%A7%E5%85%AC%E7%BA%A6.

本国领土内的文化与自然财产。自然遗产的范围通过名录清单制确定[1]，由缔约国确定并向世界遗产委员会提交清单，世界遗产大会审核和批准后则由所在国家进行保护。不同于实证主义研究，概念史考察不同文化中概念及发展变化，揭示特定词语的不同语境，主张历史的视角和考证的维度与模式。黑格尔在其历史哲学体系中最早采用了概念史的表述，概念史指称一种史学类型，即考察艺术、法学和宗教的历史，并将其纳入哲学史范畴[2]，概念史研究方案的基本预设是，社会变迁会在政治和社会的主导概念体系中留下语义的烙印，其依托的理论前提，一是历史沉淀于特定概念，并在概念中得到表述和阐释；二是概念本身也有历史，并走过不同历史时期[3]，通过被考察和分析的概念，重构社会史的多元景象并以此呈现整体历史全貌，为史学研究提供一种范式。概念历史语义学的目的，在于阐明概念起源，以及在历史过去与当今之间的差别与成因[4]。对于概念史与文化史融合方式及概率，学界主张有所差异。概念史跨学科研究，旨在为文化研究寻找出路，探寻概念史在新理论下的适用及实用性。例如，《公约》相关条款规定，世界遗产委员会设立《濒危世界遗产名录》（以下简称《名录》），列入《名录》的遗产在具备世界遗产资格前提下，出现被毁坏的危险，包括规模性的公共或者私人工程威胁、

---

[1] 列入《世界遗产名录》的自然遗产符合下列情形一项或多项：代表地球演化历史中重要阶段的突出例证；代表进行中的重要地质过程、生物演化过程以及人类与自然环境相互关系的突出例证；独特、稀有或绝妙的自然现象、地貌或具有罕见自然美地；尚存的珍稀或濒危动植物栖息地。世界遗产名录［EB/OL］.（1972-11-16）［2021-1-28］. https：//baike. sogou. com/v94484. htm?fromTitle=%E4%B8%96%E7%95%8C%E9%81%97%E4%BA%A7%E5%90%8D%E5%BD%95.

[2] 黑格尔. 黑格尔历史哲学［M］. 潘高峰，译. 北京：九州出版社，2011：203. 剑桥学派学者对“观念史”的理解则具有一定的代表性，普考克主张“语境说”，认为文本含义来自所属的价值体系或话语环境，思想、写作、说话与特定群体有关，群体决定表述的可能性；斯金纳主张“惯例说”，认为话语含义虽是意向，但说话者、写作者必须按照常规和惯例表达意向，因此，对意向的重构，需要涉及重构影响行为方式的惯例。方维规. 概念史研究方法要旨［C］. 黄兴涛，新史学：文化史研究的再出发，北京：中华书局，2009：35-51.

[3] 方维规. 概念史研究方法要旨［C］. 黄兴涛，新史学：文化史研究的再出发，北京：中华书局，2009：35-51.

[4] 方维规. 概念史研究方法要旨［C］. 黄兴涛，新史学：文化史研究的再出发，北京：中华书局，2009：35-51.

地质灾害、自然蜕变、城市发展和旅游发展带来的影响、未知原因造成的破坏等[1]。上述紧急情况下，世界遗产委员会可以主动将其列入濒危遗产名录，有濒危遗产的国家和地区可以主动提出救援、援助申请。因此，濒危遗产名录表征的更新问题，显示业态的更新与文化和自然遗产的成型、发展存在紧密联系。运用文化景观的方法和视角重新认知遗产价值，重视变化着的活态景观系统，挖掘人与自然相处过程中产生的包括土地利用模式、景观内涵和文化观念等活态概念史，是一个跨学科并糅合广义社会关系的概念体系，例如乡村遗产保护，需要将其放在城乡关系的视角下定位和考察。文化研究能否以及如何对历史语义学范畴和方法产生影响，关乎概念史的跨学科性质。概念的内涵变化以及体现真实历史变迁性的程度、概念使用的语境与整体历史内在的联系、概念传播的途径与结果对流动性的反映等，呈现文化概念与社会结构变迁的关联，从知识社会学角度，概念代表认知共识，并为后续研究与讨论提供方法与依托，历史文化概念因其历史性、变迁性、联系性和流动性具有复杂面向，因语言译介和文化传播在全球交往中增强对话与融合，为全球关系史书写提供新动力，孕育更多新领域[2]。

（二）文化遗产自然遗产的概念史

文化遗产保护领域使用的遗产概念一词，最早在1970年美国的《国家环境政策法》法案里提出，认为人文环境与自然环境需要获得同等法律保护，共同构成人类的生活环境。法案确定了涵盖历史遗产、文化遗产和民族遗产在内的人类共同遗产保护的法律概念，作为自然进化和人类文化发展中的历史因素，文化遗产具有不可再生性。国际通行分类，是将文化遗产区分为有形文化遗产或物质文化遗产、无形文化遗产或非物质文化遗产，本书主要研究前者，有形文化遗产是人类行为创造的物质遗留，如城镇、村落、宫殿、庙宇、陵墓、工厂、器物、艺术品等，其基本保持原功能和文化传统，并随时代推移继续发生变化。

《中华人民共和国文物保护法》（以下简称《文物保护法》）明确的文化遗

---

[1] 刘世锦. 中国文化遗产事业发展报告（2008）［M］. 北京：社会科学文献出版社，2008：42–67.

[2] 孟钟捷. 国际关系研究的“历史路径”：概念与体系笔谈［J］. 史学集刊，2020（4）：4–22.

产的概念清晰准确，是在综合相关国际公约基础上，结合当前文化遗产的保护状况的界定，这一概念与国际通行的文化遗产概念有联系也有区别。与日本的文化财概念比较，我国的文化遗产不包括日本法概念中涵盖的部分自然遗产和部分文化遗产保存技术[1]。从文物与文化遗产关系历史考察看，我国文化遗产的概念比文物更广，文物是使用最为广泛的概念，近代概念的文物与古物[2]相近，但不完全等同，古物是指与考古学、历史学、古生物学及其他文化有关之一切古物。文物是指历史发展中遗留下来有一定价值并与人类活动相关的物质遗存总称[3]。文化遗产概念史发展中，各国法律和国际公约的侧重不同，联合国世界遗产《公约》层次化地明确了自然遗产、文化遗产的法律概念；1933 年的《雅典宪章》则规定了具有历史价值的建筑和街区保护；1963 年通过的《威尼斯宪章》明确了文化遗产保护的真实性原则并广泛沿用，是世界文化遗产保护理论的重要突破；1994 年联合国教科文组织等单位在日本奈良召开与世界遗产《公约》相关的奈良真实性会议，形成的《奈良真实性文件》进一步深化对《威尼斯宪章》倡导的建筑遗产真实性的规定。国家法层面，按时间顺序，1872 年美国国会通过的《建立黄石国家公园》法案，提出了自然遗产保护的新模式，此后美国于 1906 年颁布《文物法》，1935 年颁布《历史遗址与建筑法》，明确了古迹遗产普查的国家责任。文化遗产保护的开创性现代法律，是法国 1913 年的《保护历史古迹法》，其后法国在 1962 年补充制定了《历史性街区保存法》；1943 年德国通过立法规定，改变历史建筑周围 500 米环境，必须经过专门的行政许可审批方为有效。日本 1950 年颁布的《文化财保护法》，将文化遗产分为有形文化财和无形文化财，为物质文化遗产和非物质文化遗产的国际划分标准体系奠定了基础。

---

❶ 刘世锦. 中国文化遗产事业发展报告（2008）[M]. 北京：社会科学文献出版社，2008：42-67.

❷ 《古物保存法》是近代中华民国颁布的第一部文物法规，1930 年国民政府公布的《古物保存法》共 14 条，规定古物的范围和种类，包括与考古、历史、古生物等学科有关的一切古代遗物，并规定古物的保存方式、古物的管理方法、地下古物国有、古物发掘的管理、古物的流通、古物保管委员会组织方法等内容。1933 年 6 月 15 日施行的国民政府行政院《古物保存法施行细则》是配套法规。

❸ 中国大百科全书总编辑委员会. 中国大百科全书（文物·博物馆卷）[M]. 北京：中国大百科全书出版社，1993：76.

（三）全球概念史中的叙事性阐释文化遗产价值

20 世纪 90 年代以来，遗产保护从文物保护狭义范畴，转变为政府规划和公众社区权利义务的广义保护机制，并明确了落实自然遗产、文化遗产保护途径的文化阐释（interpretation）方式。阐释概念[1]最早与旅游解说的含义相同，并体现在旅游遗产解说词中。在总结国家公园解说系统的经验过程中，美国学者弗里曼提出利用初级对象、直接经验，通过说明媒介揭示文化遗产相互关系及意义，是教育活动的过程，并非简单的信息传达和事实体现，文化自然遗产的意义及与人类的关系，需要通过阐释转换，才能为公众所接受和了解。例如 1825 年建成的伊利运河，重视遗产阐释，2000 年被认定为美国国家遗产廊道，2003 年俄亥俄州政府和伊利运河协会通过的《俄亥俄州和伊利运河国家遗产廊道阐释规划》，确定了结构清晰合理的阐释系统、阐释主题和框架，以及具体方案、技术与策略。在美国历史学者的建议下，以 1849 年的衡闸建筑为基础，建立伊利运河博物馆，运河历史文化成为公众史传播的对象。以上为国家法层面的认定。至 2008 年，国际古迹遗址理事会第 16 届大会在加拿大魁北克举办，会议通过了《关于文化遗产地阐释与展示的宪章》，明确列入世界遗产或当地文化遗产的保护与利用工作，尤其在保护和可持续利用方面，注重构建完整的阐释系统，确定国际法意义上的文化遗产阐释概念，是指所有旨在提高公众意识、增进公众对文化遗产地理解的活动，包含公共讲座、教育项目、现场及场外设施和社区活动等形式，以及对阐释本身的培训、学术研究与评估[2]。

阐释的概念强调与遗产相关的叙事活动[3]的价值与作用，通过文本、展示、故事、阐释与空间事件，激发公众的记忆、想象和兴趣。联合国教科文组织编写的《世界文化遗产地管理指南》[4]（以下简称《指南》）有关于遗址的展

---

[1] 彭兆荣. 遗产反思与阐释［M］. 昆明：云南教育出版社，2008：103.

[2] 秦红岭. 论运河遗产文化价值的叙事性阐释：以北京通州运河文化遗产为例［J］. 北京联合大学学报（人文社会科学版），2017（4）：11－15.

[3] 叙事是人类传递信息的一种基本方式，旨在把客观世界纳入一套言说系统中来加以认识、解释，典型的形式就是讲述故事。

[4] 费尔登·贝纳德，朱卡·朱查托. 世界文化遗产地管理指南［M］. 刘永孜，译. 上海：同济大学出版社，2008：116.

示、说明和阐释，也强调叙事，以遗产地的故事述说历史，引发民众的情感认同。随着三维数字技术的提高，目前兴起的技术应用手段，即利用三维建模技术对文物数字存档的数字文物形态，成为一种有效传达文化和自然遗产价值的阐释路径。作为解释与表达遗产文化价值的手段，叙事阐释与遗产的展示（presentation）不同[1]，不仅仅停留在通过陈列展示、宣传册、标志牌、导览手册、视听资料等媒介传递遗产的事实信息，还有对遗产的客观状况进行知识性的介绍。叙事阐释侧重于对多元叙事主体的描述性阐释，用形象、生动的科技手段，将文化遗产价值传递给公众，实现遗产价值的转化，成为文化和自然遗产预防性保护的创新手段之一。叙事性的阐释是信息的传递以及对历史文化遗产的解读，并从对物质的关注与阐释，转向对物质与人和社会的关系，获得文化记忆，将抽象知识信息转换为生动直接、可感受的直观信息，有效传达遗产的文化价值，增强传播性和可感受性。

案例一，燕赵古遗址古陵园中的叙事策略及实践[2]。针对古遗址古陵园解说标识系统的现状问题，例如园内阙台、献殿、陵塔等建筑构成要素分布零散，增加遗址展示难度；遗址展示点组织序列引导性弱，参观者可进入园内近距离参观游览，但每个建筑构成要素周围设置防护围栏，禁止游客触碰、攀爬等行为，防护围栏前设有解说牌，园内每个建筑构成要素即遗址展示点周围均设防护围栏，使各遗址点被限定，但参观者的活动未被限定，原先设计使防护设施距遗存过近，对参观者的视觉观感和游览验造成一定影响，同时，参观者未被有效引导，容易迷失方向；开放古遗址古陵园阐释内容缺乏整体策划，现状解说牌以阙台、献殿、陵塔等陵园构成的建筑要素为标题，阐释内容对每个建筑进行事实性描述，如列举尺寸、出土文物名称等，此种解说只能使参观者关注支离破碎的某片段，无法感知陵园的整体空间与文化内涵；解说牌表达方式单一，主要依托考古报告文字，包含数据信息和史料原文，无法启发参观者对文化遗产的理解、文化感受和对历史文化渊源的探

---

[1] Dennis Frenchman. Event-Places in North America：City Meaning and Making［J］. Places. Forum of Design for the Public Realm，2004（3）：44－57.

[2] 案例采用人类学田野调查和历史人类学文献梳理方式获取，部分材料按照田野工作做了隐名化处理。

索。因此，需要从组织序列、阐释内容、表达方式等方面引入叙事阐释，提升文化遗址的现场阐释能力。

关于解说系统和标识系统的叙事性阐释。一是剧本式的组织序列，固定单向游线组织序列，对应引入剧本式的组织序列，引导观众按既定阐释线索和展示顺序参观[1]。弹球型组织方式是被围栏限定，人的活动未被限定，此种方式不适用于规模宏大、遗存分布零散的遗址。项目改变策略是采用肠型组织方式，将遗产本体和游客的限定关系反过来，用低矮栏杆限定出游客游览区域，参观者沿单向路径参观。此种组织方式使保护设施与遗存本体有一定距离，减弱设施对遗存观瞻的影响，为后续遗产价值的阐释和展示提供有利场地条件。

关于陵园组织序列的叙事性阐释。整体遗址组织序列与游览路径对应，阐释包含开头、发展、结尾，开头以建筑屋顶的装饰构件或最具代表性的出土文物，设计卡通形象，展开数字叙事，将参观者迅速带回特定历史时段；结合阙台、献殿、陵塔等建筑构成要素及展示点，进行拓展和阐释；结尾结合无人机航拍，给观者展望全景的机会，也将观者迅速拉回现实，剧本式的阐释序列赋予阐释与展示更好的发展结构。

主题式的阐释框架。基于遗产价值建立阐释框架，采取主副标题命名的方式，点明各遗址点的阐释主题，帮助观者简洁、清晰、直观解读遗产。叙事学理论指出，从混沌的事件之海中选出有意义的部分作为叙述对象，赋予事件秩序过程，包括历史背景、自然地理环境特征、建筑艺术、建造技术、文化生活、交流影响、重要事件人物、当代保护管理等各方面。基于遗产价值建立阐释大纲，通过标题对主题细化和组织信息，是叙事学理论中话语阶段的内容。解说标识系统的标题分主标题和副标题，主标题是核心，副标题是拓展和延伸，设有推送和提问方式。采取主副标题的方式，将成段的解说内容打散，分成易于阅读和理解的主副小段，拟定精简的标题便于观者读取信息，为不同目标观者，提供适合的风格、语调、内容和语言层次。每块解说牌仅设置单一的中心思想，凝练主题，直观看到现存遗迹或出土文物，让

---

[1] 博物馆中常见的参观线路包括肠型和弹球型两类，前者为固定的单线参观路线，后者为开放的任意参观路线。

观者获得可携带的信息。主标题引导观者关注并记住信息，副标题引导对文化内涵思考，信息获取上是梯度层次关系。解说牌内容与价值标对应交流，见证文化特征[1]。

数字图示直观的叙事性阐释。图示并非降低知识层次，而是以易被观者接受的阐释方式，呈现最佳传播效果，生动形象传达信息，激发观者兴趣，理解遗产价值。包括考古平面图、考古复原图、手绘图、小贴士、分析示意图等，相比枯燥的考古研究论述，增强了阐释的互动性。通过场景模拟，生动体现文化特征，图内预留问题和引线，引导观者获取信息。运用叙事学理论话语将故事落地的叙事技巧，能以叙事策略找到类似遗址现场阐释与展示项目共通点。从组织序列、阐释内容、表达方式方面，提出剧本式的组织序列、主题式的阐释框架、图示化的表达方式的叙事策略。遗址除作为保护与展示的场所，更成为唤起思考和学习的空间。遗产保护肩负文化传播与传承的使命，增强遗产的可读性，才能更好吸引观者认识遗产价值，传播物质载体信息引发公众的情感共鸣，提升公众对遗产价值的理解度和认同度，施展遗产的教育功能达到有效传达遗产价值目标[2]。

案例二，燕赵运河遗产文化价值的叙事阐释[3]。古代的燕赵区域，包括现在的北京、天津北部四县以及山西、河南北部、内蒙古南部等燕赵周边部分地区。河北俗称燕赵。以北京为中心是燕，以邯郸为中心是赵，燕赵的分界线在保定，目前的燕赵是河北省的别称[4]。河北省行政辖区内的明长城、承德避暑山庄及寺庙、明清皇家陵寝和大运河四处已经进入世界遗产名录。河北明长城修建水准和防御能力是整个长城中最出色的，分布地位于保定阜平县、承德滦平县、秦皇岛抚宁县。完整性上，有涞源的乌龙沟长城，知名度上，有滦平的金山岭长城，年代久远，则是秦皇岛的山海关长城；承德的避暑山

---

❶ 韦楠华，吴高. 公共数字文化资源供给的问题、障碍及运行机制［J］. 图书与情报，2018（4）：130-140.

❷ 李金蔓，闫金强，王孝祺. 解说标识系统在遗址现场阐释与展示中的应用：以西夏陵为例［J］. 城市住宅，2020（9）：17-22.

❸ 秦红岭. 论运河遗产文化价值的叙事性阐释：以北京通州运河文化遗产为例［J］. 北京联合大学学报（人文社会科学版），2017（4）：11-15.

❹ 秦红岭. 论运河遗产文化价值的叙事性阐释：以北京通州运河文化遗产为例［J］. 北京联合大学学报（人文社会科学版），2017（4）：11-15.

庄及周围寺庙，是中国现存最大的古代帝王园囿和皇家寺庙群；明清皇家陵寝则分布在保定市易县、唐山遵化市，体现传统建筑思想；京杭大运河分布地位于沧州泊头市，在河北省境内流经沧州、泊头等地，水流向北，成为海河水系的一支，称南运河。

因篇幅所限，本案例以河北省辖区内的大运河为叙事阐释分析对象。大运河是平原水利建筑工程，也是世界上最长和开凿最早、规模最大的运河，是中国古代南北交通的动脉。2014 年 6 月 22 日，大运河在第 38 届世界遗产大会上获准进入世界遗产名录，列入申遗范围的大运河遗产分布多地，申报的系列遗产选取了各典型河道和遗产点，也具有路线文化遗产的特点。世界文化遗产是文化的保护与传承的最高等级，主要从历史、艺术和审美等角度来阐释的，如建筑物、考古遗址或者雕塑等，因此，其叙事阐释融入了较多全球文化史和概念史的元素。本案例中的河北段大运河河段，包括运河古河道、桥梁、闸坝、驿站、漕运码头遗址和仓廒等，见证古代运输史和城市发展史及线路，作为纪念之地的运河遗产内涵，蕴含叙事阐释概念，以及运河文化价值叙事阐释策略。运河文化遗产叙事阐释与现代生活关联，增强了运河遗产的可读性，唤起了公众的历史文化记忆。运河遗产形态表现为主体的水利工程，水利、水运设施遗迹是运河物质文化遗产的核心构成，运河遗产因此是水利工程遗产，人工河道、专用桥梁、闸坝的科技价值突出，但文化价值内隐，可读性与可鉴赏性主要通过文化价值展现，文化特征、精神意义和艺术价值需要依赖有效的阐释路径，在展示性、介绍性阐释基础上，融入故事性、参与性叙事策略，提升公众对运河遗产价值的理解和代际传承。运河遗产是自然文化复合遗产，包括河道、工程遗址、附属建筑等物质文化遗产，流域湿地、林地等自然遗产，以及漕运制度等非物质文化遗产。相对文化遗产的物理性修复与保存，运河遗产文化价值叙事阐释的目标是成为与当今现实关联的文化空间，目标调整为针对公众的叙事阐释体系，策略方面采用主题化、叙事化阐释。梳理遗产价值并确定阐释内容、历史文化变迁主题框架，制定主题化阐释规划，进行以运河主题为核心的线路文化遗产阐释。运河河道及沿线遗产点等历史文化线路要素构成线性遗产廊道（Heritage Corridor）、运河主题的尺度空间文化线路（Cultural Routes），同类文化主题遗产融入线性及网状遗产足迹（Heritage Trail）的整体保护与展示系统，通过阐释环节、统一识别符号和设施的直观展示，阐释遗产主题思想的核心及次级故事，增强公众对遗产廊道和文化线路的认知，形成运河遗产文化的整体保护。阐释体系需要集体记忆和文学媒介，重视他者立场和本地口述史资源，结合遗产地域特色、节庆仪式、民俗活动等体验文化，建构生动文化意象。重视特定文化场所公共艺术媒介，将遗产文化符号与记忆融入运河遗址的保护，渗透日常街道设计，运河河道、漕运码头遗址以及街巷、仓储、衙署、驿站等历史遗存，介入强化运河遗产的文化标识的显著标志。

德国学者阿莱达·阿斯曼[1]提出记忆之地（places of remembrance）概念，从记忆连续的视角，区分代际地与记忆地概念，研究有关地点记忆，代际地来自家庭、群体等连续性的关联，记忆地则是非连续性的，为了继续关联历史他者和文化他者，历史事实交织成故事才能被理解，通过语言附加传承、故事阐释代替失去的联系，记忆地需要被阐释。从故事叙事角度阐释运河文化，才能获得联系与传承。联合国发起的世界文化遗产的国际公约建制，以保留具有普遍杰出价值的自然、文化遗产为目的。同人文性紧密相随的是史学的叙事性。甚至可以说，史学在根本上是一门叙事的艺术。叙事在历史知识的生产中具有多重功能，叙事的效果是以日常语言组成优美可诵的文本，给阅读者带来美感和愉悦，大数据给历史写作带来变化，采用量化分析和图示，克服报告体问题，需要优美文字来平衡。基于年经事纬编织过往图景，展示人类经历的内涵和层次。人的特性在历史过程中具有塑造性作用，叙事就是理解行动和思想的锁钥。在一定意义上叙事本身就成为解释。叙述具有文化普适性，是有力的解释性工具之一，人类借此得以在时间中将经历与体验组织起来，并对人类的行动进行解释与评估[2]，叙事具有重要的方法论功能，对意义解码，克利福德·格尔茨将这种解码方法表述为“深描”[3]。历史学以探讨过往人类行动和思想的意义为鹄的，叙事在历史写作中就具有不可替代

[1] 阿莱达·阿斯曼. 回忆空间：文化记忆的形成和变迁［M］. 潘璐，译. 北京：北京大学出版社，2016：356-357.

[2] 林恩·亨特. 全球时代的史学写作［M］. 赵辉兵，译. 郑州：大象出版社，2017：100.

[3] Clifford Geertz，The Religion of Java［M］. Chicago：University of Chicago Press，1976.

的作用。

四、全球史数字人文与文化遗产数字化保护

数字人文概念[1]在首次被提出后就受到广泛关注，一般认为，数字人文最早起源于人文计算科学（Humanities Computing），即计算科学扩展到语言学领域的运用领域。依据国际数字人文组织联盟（ADHO）的统计，全球数字人文的机构与项目集中于历史学、语言文学和艺术学等领域的数字人文应用，数字人文从电子文本扩展到超文本、数字地图、图像、虚拟现实、3D等领域，以2001年布莱克维尔出版社出版的《数字人文指南》为代表，数字人文逐步取代人文计算，成为跨学科的新兴研究领域。数字人文是一个不断发展的概念，其范畴是改变人文知识的探索（discovering）、引用（referring）、取样（sampling）、标注（annotating）、阐释（illustrating）、比较（comparing）与呈现（representing）等领域[2]，实现人文研究的创新发展，通过智能工具帮助人文研究发现、提出和回答问题。人文研究多采用叙述、演绎、归纳、解释的定性方法，社科研究多采用定量方法，数字人文研究将社科研究方法引入人文研究领域，通过信息技术工具、大数据样本为人文研究提供新的方法与视角[3]。以数字工具理解、分析数据，通过数字工具解决传统的人文研究领域的问题。全息视频形式可以将静态的历史人物和遗迹，转为动态展示，推动文化传播，文化遗产保护领域可以利用可视化网络分析工具，处理历史人物的社会关系，定性研究与定量研究结合，空间分析工具用于展示人口迁移与分布及其规律，卫星影像则记录与呈现运河道路变迁等长时段问题。数字工具可以解决人文领域传统研究方法无法解决的问题。数字分析技术引入人文研究领域，对文化遗产传承、传播和创新保护提供新的思路与方法。数据库并非对历史文献的取代，而是新的文献打开、查询和呈现方式。文物数字化对

---

❶ Melissa Terras，Julianne Nyhan，Edward Vanhoutte，Defining Digital Humanities：A Reader（Digital Research in the Arts and Humanities）[M]. Terras et al. 2013：195.

❷ 美国伊利诺伊州立大学香槟分校图书馆和信息科学研究生院教授约翰·昂斯沃斯的观点。

❸ Flanders，M Terras & W Piez. Welcome to Digital Humanities Quarterly，Digital Humanities Quarterly [J]. 2007（1）：15-21.

文物进行全息记录和转化的工作，可抢救性记录保全文物全面信息，实施文物的数字化信息保护，为永续的文物保护研究夯实基础，可实现文物资源由物质资源向数字资源的转化，使其成为数字时代可不断增值永续发掘转化利用的文化资源基础。文物数字化建设，是实现文化资源长久保存并发挥更大作用的基础性工作。作为新兴研究领域，数字人文不断再定义，拓展演绎空间，将研究从繁重的文本比对和资料查找中解放出来，数字、工具软件等方式引入人文领域，创新人文研究范式，提供了新的研究视角。

案例一，故宫博物院的文化遗产数字化开发与应用❶。故宫博物院推出数字产品，换新升级或全新亮相的数字产品借助更先进的技术手段，激活数字文物新价值，让紫禁城中的数字资源多元展示。数字故宫利用数字技术手段将文化遗产转化为数字资源，通过信息化理念和系统工具管理数字资源，围绕这些数字资源展开保护、研究和利用，VR 导航仪近距离观察文化资产，体验肉眼不可见的区域，实现展品可触碰。通过 3D 扫描，典藏展品通过数字化方式显示触摸屏，用户可以交互体验，发展的新媒体技术搭建数字场景激活历史，和观众产生互动，观者实现身临其境的沉浸式体验，知识性和趣味性并重强化，与实体中的故宫及其收藏的文物紧密关联，又能够脱离实体，在任何时间、空间被公众感知，成为超越时空的博物馆❷。

数字时代博物馆，观众零距离接触超高清影像，流畅的缩放体验，让观众以精细的方式浏览故宫藏品，还能通过标注、收藏，建立自己的私人藏馆。高精度三维数据立体全方位展示文物的细节和全貌，通过观者与文物互动，满足故宫文化爱好者、专家学者欣赏、学习、研究文物的需求，为文物保护提供有力支撑。运用数字技术记录古建筑和文物信息，打造数字化博物馆，紫禁城 App 探索建筑与宫廷故事，博物馆文化创新与发展集中体现在博物馆主体从对其藏品的呈现转向对其受众人的感知为核心，良好的用户体验及以用户为核心的设计，提炼文化遗产的精髓、体现博物馆的学术与研究价值，提高数字建筑文化产品公共供给。现代意义上的博物馆肩负社会责任，并彰显全球化、社区化、信息化、网络化、数字化和个性化等特点。全景涵盖故

❶ 单霁翔. 关于新时期博物馆功能与职能的思考［J］. 中国博物馆，2010（4）：4-7.

❷ 曹兵武. 新时期博物馆定义与核心价值再检讨［N］. 中国文物报，2019-5-21.

宫所有开放区域，VR 模式更可以拥有沉浸式体验。全景故宫通过记录不同季节、天气、时间里的故宫，为古建筑打上时间烙印。故宫首款建筑主题微信小程序：口袋宫匠，将故宫屋檐上的脊兽化身为紫禁城建造小分队，通过游戏方式，唤起更多年轻人关注文化遗产、了解建筑文化、守护中华文明的热情。在探索服务文化旅游新模式上，“玩转故宫小程序”新增AI 导览助手，更新后的程序提供便捷的故宫行前规划能力，建筑点位收藏、在线虚拟游览、提前发现精选推荐等，为即将开始的故宫文化之旅提供体贴服务。增加 AI 导览助手，语音、文字多种形式交互，提供导览问询一站式服务，数字故宫探索把人工智能技术落地博物馆，为观众提供个性化、定制化、智能化服务。数字化参与文物保护利用与综合管理的全过程可分为基础研究、保护修复、监测预警、阐释展示、传播推广、利用发展环节，每一环节加入数字化技术都可以被解读得更加丰满。数字化要求实现持续的创造性转化和创新性发展，避免数据束之高阁，在数字化基础上深入挖掘文物内在价值，解读内涵，构筑历史，传承文明。文物数字化应用的优先场景方面，基于合适的空间，通过数字化技术的加持，助力文物价值获得更远更深刻的传播。

在数字时代，系统建构文化遗产的数字资源和基础的首要工作，就是让文化遗产活起来与文化遗产资源的数字化，通过文化遗产的数字化工程，实现物质形态向数字形态转化，是数字时代文化遗产及其承载的文化信息，走向公众、参与教育和价值观建构、参与文明互鉴的基础。可移动文物的数字化和不可移动文物的数字化，是文物数字化的核心，数字化也是文化遗产档案发展的契机，国务院陆续公布若干批次的全国重点文物保护单位，世界文化遗产的文物数量也在增加，实施多次文物普查和馆藏文物普查。但文物基础档案依然不健全，早期全国重点文物保护单位中的古建筑文物，翔实档案不全，出现不可抗力时，无法依靠档案全面复原文物信息；文物档案的制定标准不够细致，普查后形成的档案与文物全面信息档案建构的要求存在差距。需要形成一体化的文物资源完备大数据，通过数字科技思维和技术手段，使文物数据库建设能够纳入国家数字新基建。文物数字化的目标是充分认识当前技术优势，为文物建立数字档案。文化遗产资源从物质形态向数字形态转化，成为与石油、天然气、稀土等同等重要的国家核心资源，永久保存并可持续再现，增值文化资源。

文物数字化理念是“考古的立场、考古的在场、考古的标准”[1]。强调数字化技术为记录文物遗迹服务，文物遗迹产生的考古记录，解析不同方位、不同类型遗迹的内容，提出数字化技术的明确需求，强调数字化实施过程，强调数字化田野作业过程科学，考古工作者与数字化工程师联合作业，过程符合考古学科学客观要求，避免人工干预和违背科学路径，即便文物毁废也可以据考古记录重建。文物数字化目标是全面、系统、科学地记录文物的信息，建立翔实档案，从抢救保全文物信息的角度，永久保存并可持续再现。文物本体信息的保全与保护方面，文物数字化是重要方法。文物数字化目前存在的问题，有上位法律和政策依据不足、文物数字目标不明确、综合技术研发不足、文物数字化成果转化法规研究不足等，文物数字资源与社会其他领域资源共享的前提是合理完备法规，解决困扰行业的知识产权问题。适应互联网行业、旅游、工业产品制造、教育产品开发、影视工业等领域，对文物数字化资源应用转化的合作需求。传统方法、材料保护、修复物质文化遗产，均受自然、人为等因素影响，文物数字化技术，解决文物信息准确记录的问题。从形体、色彩、质感获得原真记录，将文物信息完整保存在数字里。

案例二，敦煌莫高窟的壁画全息化与数字化[2]。基于文物数字化数据的考古、历史研究、文物修复，依托数字化数据基础支撑，文物的科研、保护、展示等，具体成果是文物的再造与复制，例如复制世界首例数字化复制石窟（云冈第 3 窟）和世界首例可移动数字化复制石窟（云冈第 12 窟）；为数字化展示技术提供了素材基础，VR/AR、球幕影院等各种沉浸式体验展示；以数字化数据为基础，文创产品融入生活。在壁画的扫描与复制、馆藏文物的扫描和复制等方面，通过数字化复制方法，复制文物复原级项目。文物保护支持文物领域活化利用与社会参与创新机制、重构链接、扩展平台、丰富要素。以大数据、信息共享、跨界创意与融媒传播为重点，文物数字化用科技传承文明，文化遗产是人类在历史上创造的，是对当时社会生产、文化等各方面的记录和反映，具有不可再生、不可循环的特点。但由于无法预料的自然灾

---

[1] 浙江大学文化遗产研究院文物数字化研究团队在 10 年实践中形成的文物数字化成果标准和理念。

[2] 吴健. 壁画类文化遗产的数字化发展：以敦煌莫高窟为例［J］. 中国文化遗产，2016（2）：34–38.

害、日积月累的自然侵蚀、人为毁损、战争摧毁、城市及旅游开发、出土文物的保护技术欠缺等原因，文化遗产一旦消失，承载的已知或未知的人类历史信息随之消失。随着计算机技术的快速发展，图形学、数字图像处理与人工智能等技术逐渐成熟，为文物的保护、复原与研究提供了新的机遇，VR虚拟展示、AR增强现实等高新技术应运而生，新技术赋予文物与文化遗产新内涵。敦煌研究院数字敦煌展示平台，文物数字化的关键技术是由图像拍摄和三维扫描技术来记录文物本体的色彩、空间和三维数据，形成可以在计算机上编辑和转化的高精度数据。运用三维扫描技术，为文物建立独一无二的可加密数字化档案，可以没有限制、无损地利用数字化文物进行展示、研究、保护甚至是复原。运用数字化保护手段，对于缺损的文物，能够借助数字化采集数据实现文物本体虚拟展示及模拟修复。云冈石窟第20窟西立佛坍塌碎块拼对组合初形虚拟修复项目，经过数字化采集后，利用高精度数字化复制技术并根据文物本体纹理特征进行打印、精细上色，复制出各比例文物模型，用于考古教学、展览展示、文物保护等方面，不接触文物本体同时达到研究目的[1]。数字化保护推动文化遗产传播并成为公众文化产品。数字解读历史，直观而有深度。高精度文物数字化和文物再造方面的技术、装备、工艺的研发和应用，利用三维建模技术或自动成像系统对文物进行数字存档，实现对珍贵文物的永久保存，展示在敦煌文物的数据与文献资料中，并进一步汇成数字资源库[2]。数字化藏品展览的优势，也能够最大限度扩展文物和遗迹的文化传播途径。文物保护中，博物馆的藏品及历史遗迹并不能常年展出，而在数字化展出中，湿度和温度都不是问题，数字化后的观赏体验中，文化遗产的珍贵凸显，数字化之后的文化遗产艺术化，扫描录入成数据的文化遗产，要设计适合的展览方式，进行延伸性设计，文物展示存在虚拟世界的方式。此外，石窟壁画的永久性保存与保护是国际考古难题，利用数字印刷技术用立体克隆技术将洞窟复制展示，解决考古难题[3]，让古文物石窟群以实体样式，

---

[1] 朱本军，聂华. 跨界与融合：全球视野下的数字人文：首届北京大学“数字人文论坛”会议综述［J］. 大学图书馆学报，2016（5）：16－21.

[2] 樊锦诗. 敦煌石窟保护与展示工作中的数字技术应用［J］. 敦煌研究，2009（6）：1－3.

[3] 吴健. 石窟寺文物数字化的内涵：融学术、技术、艺术于一体［J］. 敦煌研究，2015（2）：125－129.

在更大范围、更多维度得到更便捷和更时效的研究。数据研究平台化是博物馆大数据建设的结果，数字化技术改变博物馆的生存和研究模式。发展公共数字文化工程适应了移动互联网等现代科技发展趋势，实现用户统一认证、资源共享、跨库检索和数据汇聚。加强与其他文化惠民工程互联互通，搭建标准一致、有统有分、互为支撑的现代公共文化服务体系基础信息架构。目前壁画类文化遗产保护中，易发生颜料层脱落、褪色等现象，针对存在的多种病害，例如起甲、龟裂、疱疹、酥碱和空臌等问题，壁画类遗产数字化技术是通过摄影采集和计算机等技术，将壁画类遗产当前的信息以计算机数据的形式永久地记录下来，并且能够多次重复使用。壁画数字化的生命周期包括数据采集、加工、存储、传输、交换和服务，所以，壁画数字化的内涵不仅仅是单纯的摄影与计算机相加。经过对敦煌石窟壁画 20 余年的数字化探索与研究，总结壁画类遗产数字化的内涵，即融学术、技术和艺术于一体。壁画类遗产数字化的目的首先是永久保存壁画信息，但是更重要的是如何利用这些数据，充分展现壁画的艺术价值。在保护好文物数字化数据的前提下，针对不同的应用领域，使尘封的数据活起来，在高品质还原文物本体的同时，加强利用[1]。

敦煌石窟壁画类遗产发展中，攻克了大型洞窟、壁画凹凸不平、烟熏壁画、狭小空间等图像采集与处理，超大容量图像快速浏览、数据安全管理、数字化成果价值深度挖掘、应用与集成展示等一项项难题，形成了一整套壁画数字化的方法和规范流程。经过敦煌石窟、河北毗卢寺、河北曲阳北岳王庙、新疆克孜尔、西藏夏鲁寺、山东岱庙等不同壁画类遗产的数字化工程实施，验证了敦煌石窟壁画数字化技术的可靠性和先进性。敦煌石窟的壁画数字化不仅是工程，更担负社会责任，亟待制定以石窟寺为例的不可移动文物数字化保护关键标准，规范壁画类数字化行业的工程实施，提高资源共享的能力，壁画类遗产通过数字化技术，传承其承载的文化内涵。敦煌研究院承担完成多项有关敦煌壁画数字化技术研究和攻关的科研项目，敦煌壁画的计算机贮存与管理系统的研究、濒危珍贵文物信息的计算机存贮与再现系统、

---

[1] 付心仪，麻晓娟，孙志军. 破损壁画的数字化复原研究：以敦煌壁画为例［J］. 装饰，2019（1）：21–27.

曙光天演 Power PC 工作站在文物保护中的应用、基于三维和沉浸式展示文物数字展示关键技术研究、文化遗产动态表现与影视系统技术研究、丝绸之路（中国段）文化遗产资源地理信息系统及文化旅游服务集成技术研发与应用示范、不可移动文物数字化保护关键标准研究与示范（以石窟寺为例）等，制定完成不可移动文物数字化保护（以石窟寺为例）采集、加工、存储、传输、交换、服务等系列关键标准，解决目前不可移动文物数字化采集、加工、存储、传输、交换、服务等方面没有统一的规范标准体系的问题及信息孤岛问题，提高了不可移动文物机构间的资源共享、业务协同、安全保证和互联互通能力[1]。

以数字解读世界史，是研究世界史的新途径和新方法。用数字诠释历史，深化对历史的理解，具体数字使人物或历史复杂模糊背景清晰化，记录历史生动细节变化，对政治经济社会产生深远影响。[2]历史文化学的数字化转向促进相关领域变革，运用前沿科技工具将史学研究从数字化走向分析论。数字文物建设路径是数据采集和数字化产品制作。将古文物三维外形扫描，获得的文物三维数据存档入博物馆数据库，方便后期虚拟修复、数据研究交流、虚拟现实博物馆建设，同时，建设虚拟现实展示厅、博物馆陈列展示 App、3D 数字虚拟博物馆软件等，博物馆三维数字化的优势在于：长久性方面，数字化文物不会随着岁月的流逝出现损坏；完整性方面，可将破损的文物通过 PC 进行虚拟修复，还原文物完整状态；互动性方面，文物的三维数据信息可为文物专家和爱好者提供共同研究和交流的可能。人类活动在创造历史同时也抹去痕迹，数字化技术成为防止文化遗产被消除的关键工具。重建具有可行性，新技术创造新数字文化遗产，从文学作品、绘画和游记等文献资料中，恢复寺庙和地标建筑原有的样子，以数字化形式对过去重建和创造新的文化遗产形式。

---

[1] 吴健. 壁画类文化遗产的数字化发展：以敦煌莫高窟为例［J］. 中国文化遗产，2016（2）：34-38.

[2] 艾玛·玛丽奥特. 数字解读世界史［M］. 李菲，译. 北京：民主与建设出版社，2016：16-30.

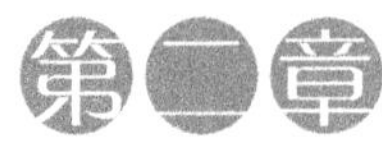

文化遗产的预防性法律保护制度

一、预防性法律保护法理及功能

（一）预防性法律保护法理概况

法律是概括、普遍和严谨的行为规范，法理学上法的作用概念，是法对人与人之间所形成的社会关系所发生的影响，分为规范作用和社会作用，前者从作为手段的法律调整行为的社会规范的角度来认识，后者从法律在社会中的实现目的角度来认识。法律的规范作用又分为指引、评价、教育、预测和强制作用，五项功能之间是相互补充的关系。法律作为社会规范，具有预测性判断、衡量行为是否合法或有效的作用，同时，通过法的实施，法律规范对未实施的行为发生直接或间接的诱导影响。行为主体依据法律规范的规定，可以预先判断行为及结果的法律性质，预判行为的法律后果，对行为作出合理预判。预测指引又分为个别指引与一般指引，前者是通过具体的指示就具体的人和作为、不作为的指引，也称个别调整；后者是通过一般规则对同类行为的指引，又称规范调整。法律的规范指引可以分为授权和义务两类，两类规范分别代表指引的两种形式[1]，义务规范代表确定的规范指引和禁止性规定，确定的指引根据法律规范指引而作出行为，违反规定指向否定性的法律后果；授权规范代表可选择的权利指引，可选择的指引容许主体决定行为。因此，法律有可预测性的特征，即依靠作为社会规范的法律，可以预先判断对应的社会关系和行为方式。法的强制作用不仅在于制裁非法行为，而且

[1] 尹培培. 网络安全行政处罚的归责原则［J］. 东方法学，2018（6）：49-59.

在于预防非法行为，预防控制的安全约束，基于风险状态采用不同的决策，调整消除系统风险，提出针对文物及文化自然遗产的预防性安全控制制度方法，通过立法私法的预防面向，甄别预防面向的风险，并使文化遗产体系在兼顾自身逻辑自洽的同时，与整个公法私法体系保持协调统一，依赖化约论研究方法的运用，主张说明法律的性质可以诉诸某种社会事实，以及文义、法益与法定原则博弈中对解释合法性合理性的确定，提倡文物及文化自然遗产保护的内源解释与外源解释的解释熵值体系。法律规范由行为模式和法律后果组成，作为行为规范的法律，其规范特征是通过法律为行为提供预测和方向。

预防性法律保护是基于防范风险和维护安全，在立法技术上超前干预，以先发制人的策略切断非法行为可能发生的路径，预防性立法因其工具理性象征，抽脱客观行为的侵害性和不法性、消解传统责任中的主观性、剥离实害结果以及行为与结果之间的因果关系。预防性立法简化了法律的归责系统，即在归责时以风险或推定的风险行为作为惩罚根据，且以关联关系而非因果关系考量行为与结果之间的关系[1]，与文物保护的大数据背景及要求契合，但也存在预防性立法简化归责模式与法治原则的紧张关系问题，以未出现的风险行为取代法益侵害行为，作为预防性不法行为的客观构成要素，能否保障法定原则中的明确性要求，预防性立法的功能责任体属于代位责任与推定责任，个体伦理法因预防功能而蜕变为风险分担手段，与司法的谦抑性要求最后救济手段原则存在一定冲突。因此，文物和文化遗产的预防性立法应具备科学、理性立法原则，以必要性原则对冲权宜性风险，传统归责模式中，需要行为人对违法后果存在主观认知。预防性立法因超前干预，导致主观认知的非必要性和消减，预防性立法相较于传统立法，指向没有实害结果的风险行为，目的在于预防非法行为，因此，预防性立法应限于文物和文化遗产保护的重大法益领域，不适宜不区分程度地全面覆盖。预防性立法禁止风险行为，是为防止严重后果[2]。但风险行为与实际结果之间可能存在差距，风险行为是否一定会引发严重后果，是不确定的。原则上，如果可能侵害的是重大

❶ 姜敏. 刑法预防性立法应重视立法质量以实现良法善治［N］. 人民法院报，2020-08-13.

❷ 查梦. 论我国预防性立法［J］. 青年时代，2019（20）：173-174.

法益，实害结果发生的可能性越高，则风险行为被禁止的可能性越大，反之则越小。责任机制是具有损害力的政策，是最后的手段，必须符合比例原则，只有当没有其他的合理可行的预防机制时才适用。比例原则思考手段和目的之间的合理关系，前提是存在一个合理的行为，有目的、有手段，荷兰哲学家斯宾诺莎的《伦理学》里提到，不能以目的的正当性推导出手段的正当性[1]。狭义法律本体理论认为法仅由概念、规则组成，比例的适用余地很小，如果法的组成只有一个基本价值，而不是多元价值，也很难涉及比例原则。如果承认法的组成不仅包括概念、规则还包括基本价值，才涉及目的、手段的比例关系，只有法律的组成不仅包括概念，也包括价值或者原则，并且这个价值、原则是多元化的，才有比例原则更大范围的适用。比例原则也更多的是一种方法原则，是在多元的价值原则之间再权衡时所运用的方法。方法原则与价值原则并不相同，基本原则更强调价值原则，比例原则只是在价值原则间进行权衡的手段[2]，未在文物保护与文化遗产保护法律中明示，不代表法律适用中不被考虑。预防性文物保护（Preventive Conservation）是非直接实施在文物本身上的文物保护措施，例如文物风险管理、环境监测和干预、法律保护等[3]。

针对预防性立法的干预法和监管法特点，提出文物和文化遗产治理的预防性法律制度建设的预防优先、预惩协同和损害修复的原则。预防性保护是文物保护中重要内容，即对文物所处的环境进行干预保护，抢救和修复是次重点内容，且往往同步落实于预防性保护中。国家文物局发布的《中华人民共和国文物保护法》（修订草案）征求意见稿（以下简称《文物保护法》草案征求意见稿）中，明确了“中华人民共和国境内，下列文物受国家保护：（一）古文化遗址、古墓葬、古建筑和古代的石窟寺、石刻、壁画；（二）与重大历史事件、革命运动或者著名人物有关的，或者具有重要纪念意义、教

---

[1] 巴鲁赫·斯宾诺莎. 伦理学［M］. 贺麟，译. 北京：商务印书馆，2010：77-80.

[2] 参考并借鉴 2016 年 11 月 7 日在中国人民大学明德法学楼会议室举行的民商法前沿论坛“比例原则的私法适用”，中国人民大学法学院朱虎副教授作为嘉宾参与会谈时的观点。

[3] Lisa Elkin，Christopher A. Norris. Preventive Conservation：Collection Storage［M］. Cornwall：Routledge & CRC Press，2019：198.

育意义或者史料价值的近代现代重要史迹、实物、代表性建筑；（三）与中国共产党史、中华人民共和国史、改革开放史、社会主义发展史有关的重要史迹、实物、代表性建筑；（四）代表性文化景观；（五）历史上各时代珍贵的艺术品、工艺美术品；（六）历史上各时代重要的文献资料、手稿、图书资料、视听资料等；（七）反映历史上各时代、各民族社会制度、社会生产、社会生活以及反映历史上中外交流的代表性实物；（八）其他一百年以上的实物”[1]，其他条款明确了，国有可移动文物的所有权不因其收藏、保管单位的终止或者变更而改变。国有文物所有权受法律保护，任何组织或者个人不能取得国有文物的所有权，国家另有规定的除外；属于集体所有和私人所有的纪念建筑物、古建筑和祖传文物以及依法取得的其他文物，其所有权受法律保护。文物的所有人必须遵守国家有关文物保护的法律、法规的规定。自然人、法人和非法人组织可以向县级人民政府文物主管部门申请认定不可移动文物；认定不可移动文物前，文物主管部门应当征求有关部门和专家意见，并向社会公示；不可移动文物属于集体所有或者私人所有的，应当同时征求文物所有人的意见，不可移动文物已经全部毁坏的，应当实施遗址保护，不得在原址重建，国家鼓励通过公益诉讼制止破坏文物的行为。对于破坏文物致使社会公共利益受到损害的行为，县级以上人民政府文物主管部门、依法设立的以文物保护为宗旨的社会组织，可以依法向人民法院提起诉讼[2]等规定，均蕴含预防性立法的价值。

环境的监测和干预只是预防性保护中的一部分，目前学术界公认的预防性文保要素有物理伤害，即文物摔碎、掉落等；犯罪活动，如盗窃、遗失或保存不善等；火灾意外或人为纵火；水灾意外或人为事故。污染，多为空气和灰尘污染物；虫害，昆虫或其他动植物对文物的损害；温度与相对湿度变

---

[1] 国家文物局. 关于向社会公开征求《中华人民共和国文物保护法（修订草案）》（征求意见稿）意见的通知［EB/OL］.（2020－11－11）［2021－01－28］. http：//www. gov. cn/xinwen/2020－11/11/content_5560460. htm.

[2] 国家文物局. 关于向社会公开征求《中华人民共和国文物保护法（修订草案）》（征求意见稿）意见的通知［EB/OL］.（2020－11－11）［2021－01－28］. http：//www. gov. cn/xinwen/2020－11/11/content_5560460. htm.

化大[1]。以上变化可能导致或加速文物的老化和受损，值得注意的是，温湿度变化相辅相成，温度上升，相对湿度会下降；温度下降，相对湿度上升。而且略有滞后性，即温度上升之后，相对湿度才慢慢下降。对不同材质的文物和物质文化遗产，适合的环境差别很大，例如有机物如书画、丝织品对光照的敏感度远远超过无机物如金属器等，而金属器对相对湿度的要求与木器等又不同，预防性文保常常需要同时调节大环境与小环境来达到理想的文保环境。温度、相对湿度、光照和虫害、人为活动的干扰因素不可轻视，对比环境变化时，人类活动对环境的影响较大，房间相对稳定，更加宜居的环境，例如人体舒适度为温度在24℃左右，相对湿度为50%上下，但不适合收藏出土铁器，因其理想相对湿度应低于12%；字画对光照敏感，保护措施是物理遮挡，以及杜绝虫害，定期打扫清洁[2]。

（二）文化自然遗产预防性保护中的活态方式与动态清单名录

以燕赵普遍的运河遗产类型为例，其形态复杂多元，包括物质文化遗产、非物质文化遗产及运河背景环境。作为预防性保护的遗产活态保护，指具有历史文化遗产属性，且具有原始使用功能，如交通运输、防洪灌溉、休闲游憩等功能变迁，基于活态保护与传承体系方式才能将此类遗产传承与发展。从运河世界文化遗产到运河文化带，到运河国家文化公园，其实施方式围绕保护、传承与利用展开，运河国家文化公园规划建设，以大运河的历史文化资源保护为核心，是运河沿线行政区的共同责任，“大运河遗产保护坚持真实性、完整性、延续性原则”[3]，“保护非物质文化遗产，应当注重其真实性、整体性和传承性”[4]。运河遗产活态保护利用原则确定为真实性[5]、完整性和延续性，保持运河遗产真实原状，保存其历史延续的变迁过程，旅游开放等

---

❶ Rimmer. M，Thickett. D，Watkinson，D. Guidelines for the Storage and Display of Archaeological Metalwork［M］. Swindon：English Heritage，2008：69－78.

❷ 周雅薇. 试论预防性保护在文物收藏和保护中的重要作用［J］. 文物鉴定与鉴赏，2016（7）：106－107.

❸ 刘庆余. 京杭大运河遗产活态保护与适应性管理［J］. 江苏师范大学学报（哲学社会科学版），2018（2）：9－84.

❹ 中国非物质文化遗产网，中国非物质文化遗产数字博物馆. 中华人民共和国非物质文化遗产保护法［EB/OL］.（2020－11－11）［2011－02－25］. http：//www. ihchina. cn/tool_book_detail/19340. html.

❺ 方静. 论大运河特色文化遗产活态传承利用：以常州段运河为例［J］. 中国名城，2018（12）：92–96.

利用过程必须保障运河遗产资源安全。《浙江省大运河世界文化遗产保护条例》第三条明确，“大运河遗产保护应当贯彻文物工作方针，坚持保护优先、活态传承、合理利用的原则，维护大运河遗产的真实性、完整性和延续性”[1]；确保运河物质文化遗产在遗产分类、历史文化地理概念上的完整性，运河非物质文化遗产实施整体性保护方式，满足体验真实要求；加强运河沿线活态传承，延续运河现实功能，按世界文化遗产标准进行遗产保护，运河遗产旅游采取保护性开发策略。活态变迁是运河结构和遗产真实性的要求，运河遗产活态保护体现在活态延续、传承的变迁过程。“运河与水道因为其使用功能才显得重要，然而这种功能本身也必然意味着其机械装置或基础设施部件都必须持续地得到维护、修缮或更新，从而确保其主要功能与结构得到延续”[2]，包括生态博物馆、遗址公园、历史街区等文化遗产活态保护。活态延续是运河使用功能的现实需要，运河文化遗产的活态延续除了原交通、运输、行洪、灌溉、输水等功能的延续，还包括与运河相关非物质文化遗产的传承[3]，体现在河道整治、管理维护设施更新等现实功能方面。活态传承是运河遗产保护的目标，区别于博物馆的静态保护，文化遗产本质特征是非标本化，在产生、发展和变迁的环境中保护，突出水道遗产、运河遗产元素的特征随时间推移发生动态演化，运河所经历的技术工艺演化与变迁、运河活态遗产的共生模式[4]等。协同共生模式强调运河遗产保护传承利用与旅游发展的协同共生，运河物质遗产、非物质遗产保护展示的协同共生。运河文化遗产保护与台儿庄古城旅游发展的协同共生，台儿庄古城的重建使得运河遗产得到保护与传承，形成经济效应和社会效应多元协同的良好局面[5]；活态博物馆模式，作为城市历史地段保护与更新的方法，强调运河遗产保护、城市更新、社区参与、社

---

[1] 浙江省文物局. 浙江省大运河世界文化遗产保护条例［EB/OL］.（2020-09-24）［2021-01-28］. http：//wwj. zj. gov. cn/art/2020/10/12/art_1229265195_1764950. html.

[2] 刘庆余. 京杭大运河遗产活态保护与适应性管理［J］. 江苏师范大学学报（哲学社会科学版），2018（2）：9-84.

[3] 荀德麟. 京杭大运河非物质文化遗产［M］. 北京：电子工业出版社，2014：375.

[4] 方静. 论大运河特色文化遗产活态传承利用：以常州段运河为例［J］. 中国名城，2018（12）：92-96.

[5] 华觉明，冯立昇. 中国三十大发明［M］. 郑州：大象出版社，2017：129.

区文化认同、旅游发展之间关系的有序协调，注重对物质遗产、非物质遗产进行原真保存。如形成于元末明初的临清运河古城，系元代运河、明代运河、卫河衔接成的三角形区域，即“中洲”之地❶。旅游规划可将临清运河古城定位为以三朝漕运、明清市井为特色的旅游区；考古遗址公园模式强调运河考古遗址保护与研究，兼顾展示、教育、旅游、休闲、景观公园等功能，是考古遗址保护和展示的公共活动空间；特色小镇模式强调利用田园风光、水系风貌资源，展示运河文化、水工文化等特色文化资源❷。文化遗产清单（名录）的更新是活态性属性的体现，我国的清单编制即代表性项目名录制度建设方面，已建立涵盖全面、分类系统完整的四级非遗名录体系，但名录在改进更新方式与内容以及发挥名录社会效应方面，需要结合联合国教科文组织《保护非物质文化遗产公约》的清单更新说明❸，借鉴清单更新的国际经验。缔约国多数会对清单进行定期更新，但更新方式区别较大❹，对清单的定期更新要求，体现文化行政的要求，更新的目的是激发民众责任感，体察项目存续和传承状况，将新信息提交名录管理方。社区原则上是提供项目存续状况新信息的来源，提出保护和发展项目建议。国家级名录层面没有实施丧失存续力的项目撤出机制，但一些地市以先行先试方式，建立对项目保护措施落实的监督机制，实践层面，有必要扩大社区和其他保护参与方的参与程度。

名录更新的频率方面，我国目前公布了四批国家级名录和五批国家级代

---

❶ 刘庆余. 京杭大运河遗产活态保护与适应性管理［J］. 江苏师范大学学报（哲学社会科学版），2018（2）：79-84.

❷ 刘庆余. 大运河国家文化公园遗产活态保护与利用模式［N］. 中国社会科学报，2020-11-23.

❸ 《保护非物质文化遗产公约》第 12 条：清单 1. 具体规定为“为了使其领土上的非物质文化遗产得到确认以便加以保护，各缔约国应根据自己的国情拟定一份或数份关于这类遗产的清单，并应定期加以更新”。联合国教科文组织. 保护非物质文化遗产公约［EB/OL］.（2003-10-17）［2012-10-25］. http://www.ihchina.cn/tool_book_detail/19340.html.

❹ 清单更新执行主体，有的由管理清单的机构负责，更新前这些机构要召集持有者、社区、政府组织和非政府组织讨论；有的由专家和涉及不同遗产类别的非政府组织负责更新；有的依靠地方的传统文化保护组织或机构更新清单；有的清单通过民族学家、民俗学家参与的田野调查更新；有的国家在某段时间内每年实施多个涉及全国的清单编制项目，实际也是清单更新的方式；有的项目存续力发生变化时，由持有者主动提出评估要求，清单中的项目信息在评估后才得到更新，因此这些清单的更新频率并不固定。

表性传承人名录，后申遗时代重点是对列入名录的项目整体保护，当前名录更新问题体现为重申报、轻保护的状况，维系项目存续力与维护社区成员包括文化权利在内的权益结合，项目保护与经济社会的可持续发展、民生改善相统一。实践中的名录更新体现为新一批各级名录项目申报、评审和公布，名录更新理论上应包括向名录加入新确认的项目，也包括从名录中撤销不再满足列入名录标准的项目，还包括技术层面的项目名称修正和类别调整。目前，我国的国家级名录未实施项目撤出机制，撤出机制需要对相关项目的存续力跟踪调查。国家级名录层面，两批项目公布之间的时间，缺乏项目存续力调查监督机制。目前各地对项目存续力跟踪调查的主体是政府管理部门，社区、群体与个人仅提供待确认的信息。清单更新的动态机制，鼓励持有者发挥主动性，名录更新的发起者未必局限政府管理部门，持有者和实践者作为对项目存续状况知情的保护参与方，具备申请更新非遗项目信息的主体要件，且目前尚未统一对名录项目存续力监控评估机制，未建成项目撤出机制，四级名录体系不断扩容的调适，导致大量项目传承保护现状反而不足。因此，重点建立对项目存续力跟踪监督机制，实现政府主导、社区保护参与机制，及时更新项目信息，构建转名录机制，行政区域内根据项目存续力，从无到高依次构建记忆名录（已消亡项目）、急需保护名录、普通名录、保护优秀实践名录等[1]，更新常态化，反映项目存续力和保护状况变化，形成动态体系，存续力和保护状况质性变化的项目，经审核后应当转入相邻名录程序。动态管理机制反映了活态保护、整体保护和预防性保护的特征[2]。联合国教科文组织启动世界记忆遗产名录，推动公众重视文献遗产、留存记忆，并促进保护。文献遗产被列入世界记忆遗产名录，必须符合特定标准，例如该文献遗产对于世界记忆遗产名录而言，必须具有全球性记忆的特点和深远影响，以及文献遗产在语言、文化、地理、人文精神、政治、经济、科学、艺术以及社群认同等方面的多元性。记忆目录包括各种类型的文献（手写文献、胶片、照片、录音等），有些文献遗产或许是由公共或私人机构或个人收藏的藏品，但见证和影响了当地居民、地区、社区及个人的重大经历。记忆名录能够公开

---

[1] 马千里. 改进我国非遗名录的更新方式［N］. 中国社会科学报，2020-11-23.

[2] 马千里. 改进我国非遗名录的更新方式［N］. 中国社会科学报，2020-11-23.

和包容、反映文献遗产的多样性。

二、复合遗产保护中的风险预防与控制思想

（一）复合遗产预防性法律保护原则及实践

文物保护离不开社会生活与自然空间，我国文物保护走向文化自然遗产复合保护。传统文物保护是点、面、桥、塔、古建筑群等单一形式，文化自然遗产复合保护要求保护人类的生活空间，从宫殿、寺庙、纪念性建筑延到历史街区、传统村落、工业遗产、农业遗产、技术遗产、训练基地等，是文化记忆的可靠载体。复合遗产又称为自然双遗产，文物复合保护、景区文化自然遗产复合保护与社会、自然具有不可分割性，需要更新保护理念。文化自然遗产复合保护核心是时代传承、公众参与，每代人都有保护责任，子孙后代都有文化遗存的惠益分享权利。文化遗存保护除了行政权，更是公众知情权、参与权、监督权和受益权的集合体，也是惠益分享权利及法律适用机制的集中体系，其中涵盖国际法与文化遗产，文化权[1]包括公民文化权、民族文化权、集体文化权利、国家文化权利等内容，在中国特色社会主义法律体系中的部门法律性及地位，文化法律体系包含文化财产保护、文化遗产保护、文化行政管制、公共文化服务、文化产业促进和文化权利保护等内容。文化法体系的规划，并非如传统部门法学的隔离，而是基于宪法上的文化概念释义及文化本身的整体性，从文化立法规划及文化立法技术角度的学术探讨。文化法并非独立的法律部门，作为多学科交叉发展的代表具有领域法特色，从国际法的角度，包括文化遗产保护存在国际司法救济的可能性、流失文化遗物回归法律途径等；从文化产业促进法的角度，包括文化法制的规范、文化权与纳税者的关系、文化权及相关国家手段、文化产业财税资助的方式、租税优惠规范方式和文化事业租税优惠对象等内容，以文化发展法律建制与财税手段为中心；文化发展主体方面，包括存在公共权力与文化之间的平衡问题，即政府与民间团体文化遗产保护的均衡性、补充性原则，重点在于规

[1] 《经济、社会和文化权利国际公约》第15条规定，“人人参加文化生活的权利、享受科学进步及其应用所产生的利益，对本人的任何科学成果、文学或者艺术作品所产生的精神上和物质上的利益享受被保护的权利”。

范的法律建制和法律原则，针对财税工具的运用，直接补助和税捐优惠何者更有利文化产业发展，文化权及保障、文化行政法、文化政策与国家财政来源、财政手段的关系，以及文化资产保存与活化利用、文化基本法、文化产业竞争机制设置、协助辅助机制规范、提升产业附加价值、传统产业转型和供求平衡等问题。环境保护法与文化遗产保护的叠合问题，《中华人民共和国环境保护法》（以下简称《环保法》）第五十八条规定，破坏不可移动文物即破坏生态环境，《中华人民共和国大气污染防治法》（以下简称《大气污染防治法》）和《中华人民共和国环境影响评价法》（以下简称《环境影响评价法》）对文化遗产保护均有规定，环境保护法与文物保护法在文物保护上的共同点，包括保护优先的原则和代际公平等理念。从隔离到融合的文化遗产、自然遗产保护与文化景观保护的问题。文化遗产、文物、人文遗迹概念存在不同，从文物类遗产到文化遗产的转变，从文物类遗产的价值表述到文化遗产的价值表述，拓宽了文物概念的内涵和外延。文化遗产的保护和精神权利的再生，文物保护的文化载体与知识产权保护的非物质信息存在差异，从控制权的行使、保护的真实性和完整性、完整真实、承认、补偿、惠益分享、获取、强保护模式、地域性以及执法问题等方面具备保护共性因素。文化遗产法律保护问题上，存在主体、范围、鉴定方式、权利内容、保护期限和执法等难点。从国际法到国内法，从文化行政法到科技法、知识产权法，从财税法到环境法，从传统村落到文化遗产保护，文化法涉及的领域非常宽泛，为预防性法律保护机制研究提供广泛素材。CR、DR 数字设备对于检测和修复物质文化遗产有较大帮助，特别是历史重要实物、艺术品、文献、手稿、图书资料及化石等可移动文物，2008 年国际遗址古迹保护理事会（ICOMOS）在世界遗产中心年度工作评估报告中，强调世界遗产的突出普遍价值组成要素，基于价值的遗产预防保护与管理，已经成为国际遗产界的共识，并在各国实践中获得贯彻与深化。国际古迹遗址理事会《关于文化遗产阐释与展示的宪章》是国际组织唯一系统讨论阐释与展示的官方文件，明确阐释（interpretation）是指一切可能的、旨在提高公众意识、增进公众对文化遗产地理解的活动，展示（pre-sentation）则是指文化遗产地对阐释信息的直接接触、通过展示设施等有计划地传播阐释内容的活动。文化遗产的预防性保护，在阐释与展示环节，要求遵循最小干预原则，使断壁残垣被更广泛的参观者感知并理解，也是遗址现场阐释与展示普遍面临的难题。遗址现场阐释与展示的方式包括展示原状、复原、标识和模拟等，依托遗址本体。遗址现场设有解说牌，解说标识系统是脱离遗址本体的阐释与展示的方法，解说内容限于对遗产信息的事实描述，如尺寸、文物名称等标记式的呈现，缺乏对遗产文化价值的有效揭示，无法引起普通参观者对遗址的共情共鸣，展示效果有限。解说标识系统工程不仅是对解说牌的样式设计，还应包含阐释内容的编写和表达，引入叙事学理论有助于解说标识系统阐释内容的编写和表达，从组织序列、阐释内容、版面设计方面总结叙事策略，为解说标识系统项目探索有效传播遗产价值途径提供理论支撑。阐释内容的编写和表达以真实、完整地保护遗产本体为目的，构建遗址保护和展示方面具有示范意义的遗址现场阐释系统，为申报世界文化遗产创造积极条件，最终实现遗产的可持续合理利用。

就文化遗产法律保护而言，依据传统处罚理论具有特殊预防和一般预防的功能区分，特殊预防侧重个案正义，一般预防侧重法律正义，处罚目的是特殊预防和一般预防的辩证统一，即双重预防目的说。处罚目的理论学说，可以概括为绝对理论、正义理论、报应理论、相对理论、功利理论、综合理论、折中理论等流派[1]。而文物犯罪的客体复合性，不仅冲击公私财产及相关的文物保护、管理法规，犯罪后果更关涉社区和地区人群的文化延续保障，因此，对文物犯罪科处罚时，应重视一般预防作用和对规范的维护，而不仅仅是对法益的滞后性补偿。特殊预防理论的形式内涵是，通过个案正义保护一般法益，并实现个案中的威慑正义和矫正正义。其理论缺陷是，对于如何处理不需要重新社会化的行为主体，缺乏有效办法，特殊预防的考察点有滞后性，其规制、矫正对象是实行完结或者已经开始的危害行为，以防止累犯为直接目的，但未发展出成功的矫正社会化的方案。文物犯罪行为的特殊预防价值远小于一般预防价值，作用是防控其他主体发生类似行为的一般预防价值，通过扩张违法成本实现对文物犯罪的有效防控，重视文物法律的安全控制本位和预防性保护价值，实现一般预防的作用。目前对文物犯罪的管制

[1] 姜敏. 刑法预防性立法应重视立法质量以实现良法善治［N］. 人民法院报，2020-08-13.

起点存在局限性，文物保护不仅是经济核算问题，文化遗产不只是市场产品，不限于行政从属性，应在文物犯罪既遂规定上，增设危险犯与故意犯，充分发挥刑法的预防作用，改进损害举证规则，引入过错推定制度，推定危险行为人或单位有过错，并应承担责任，除非其能够反证。文物保护、收藏与例如光辐射、温度、湿度、有害生物等环境条件关联密切[1]，温度、湿度、光照射是最直接的影响因素，破坏表面或内在，或者导致物理性变、生物腐蚀。有害生物因素包括动物和微生物类型，对文物起关键损害的是微生物，微生物细菌在特定环境下繁殖并分泌有机酸，依附文物产生腐蚀效果，预防性保护包括温湿度控制、污染气体控制、光辐射控制、有害生物的控制措施。预防性保护是将对文物可能造成损害的因素前置规划，设置预防与应急措施[2]。文物保存需要相对稳定温度与湿度的环境，温湿度的剧烈变化引起文物的膨胀和收缩，如石器、泥塑开裂，油画色彩脱落，以及木雕家具开裂、书画起翘、卷曲、干裂等。展厅预防性保护以文物微环境湿度调控为主，微环境、湿度调控是关键因素。不同博物馆使用的展柜规格不同，早期文物展柜受技术限制，只能起到不让观众触摸文物的作用，随着文物展柜行业技术发展与材料升级，不密闭的现象相对减少，但可能密闭展柜使用几年之后，密闭性会减弱甚至失效。展柜密闭性失效有展柜选用材料本身的因素，如展柜结构设计合理性、工人安装施工水平、玻璃弯曲变形等。展柜下部向上支撑力、顶部向下挤压力、玻璃的自身重力，加上密封条的挤压弹力，综合作用导致玻璃弯曲变形。这种弯曲变形随着时间的推移加重，导致密闭性的失效，相邻两片玻璃弯曲方向相反，加速这一过程。玻璃弯曲变形是动态的变化过程，微环境被破坏，施工难度增加，展柜美观性受影响，展柜是微环境的载体，其气密性直接影响微环境的稳定程度。

传统文物保护是被动、后置救济和抢救救济性质的，预防性保护要对环境和运输条件进行研判，加以控制。文物保护依据发展为前置和主动地预防保护，通过环境质量监测、管理与干预，降低外部环境因素的危害作用，营造洁净、安全、稳定的生态环境，延缓文物劣化。文物藏品保护的原则有预

---

[1] 马文婷. 浅谈预防性保护在文物收藏及保护中的重要性［J］. 丝绸之路，2012（18）：99-100.

[2] 郭智勇. 博物馆展际交流中文物预防性保护策略应用探讨［J］. 文物世界，2015（5）：70-72.

防为主、防治结合、研究损坏原因、改善环境四个方面。通过环境管理，确保稳定状态，将环境对文物的影响尽量降低，保护处理不足时，采取积极修复措施。自然损害最直观的是石刻，主要是酸雨引起。工业化造成酸雨。汉白玉石碑在下完雨以后，地下的白沫、沙沫，是酸雨将材料表面腐蚀的结果；铁器出土以后，屋里的空气稍潮就要变质长锈，库房保护可能比放在室外毁得更厉害。出土木漆器的保护与南方地区水位较高有关，出土纺织品的保护修复，发明培养菌，吃掉文物腐蚀部分，纸张类文物损坏如发霉、虫咬、腐蚀等。除此以外，非科学管理如考古损坏、去锈损坏、修复损坏、84泡瓷器、醋洗青铜、硫酸去锈、胶带贴画等。我国文物保护最早是由传统修复人员通过文物修复来保护文物，后来发展为现代意义上的抢救性保护，以及目前的预防性保护。文物科技保护起步并发展，中国历史博物馆、上海博物馆、甘肃省博物馆等相继成立文物保护实验室，标志着现代科学结合传统工艺保护文物的开端。文物保护概念发展到预防性保护，从被动到主动[1]。法律保障是《中华人民共和国文物保护法》的相关规定，文物作为不可再生的资源，落实保护为主、加强管理、合理利用的原则，增强公民的文物保护意识，提高保护的科学性和技术水平。

与世界文化遗产保护发达国家相比，我国文化遗产保护的科学技术水平还有差距，文物运输要求，下雨、下雪、严寒、大风的时候，不应当运输；交铁路、航运部门托运，必须严格按照运输部门提出的要求，使用合乎规格的包装箱及包装材料，将不利影响降到最低。越来越多的展览机构和权威机构要求在包装、设计和运输方面运用高新技术。选择包装箱时应有所区分，按其质地的不同属性，大致可分为以下几类：易碎品如陶器、瓷器、玉器、牙骨器、玻璃器；易潮湿品，如纸质类（书画、纸张、古籍、档案、文献、纸币）、织绣类、皮革类；硬质品，如铜器、铁器、其他金属器；笨重品，如石器、石刻、砖瓦；小件易丢失品，如印章、钱币、金银器、首饰、徽章等。收集的古玩，由于原保存环境的影响，自身携带大量霉菌等微生物和虫卵等，如不进行消毒处理，虫、菌进入收藏古玩的房间，对该器物继续起破坏作用，

[1] 李静生. 文物修复理论研究与应用［J］. 文物修复与研究，2016（6）：668-672.

波及其他藏品，危害很大。需要通过水洗、干洗、干擦、风晾、机械除尘、药物清洗、激光、超声波等清洁清洗。一般而言，文物收藏最好温度在14～20℃，24小时温差变化不超过2～5℃；湿度50%～65%，相对湿度变化不能超过3%～5%[1]。纸质文物保管环境，收藏室的窗户应尽量地避免阳光直接照射、合理地控制温度和湿度、防大气污染、防灰尘影响、防微生物危害、防虫害等影响。文物包装材料的选择和使用，包裹装运过程中，方便与安全兼顾。考虑到运输过程中可能遇到的火灾、雨天、震动等自然因素，应事先采取措施，做到防患于未然。包装前要对文物材料、质地、重量、体积、易碎程度以及造型特征全面了解。展览、借展和流动展等活动增加，藏品退化肯定加速，无疑，过多地处理、不恰当包装、运输中的震动以及急剧的环境变化，对艺术品和器物的精致结构会造成相应的损伤，因运输疲劳出现裂纹、破裂、剥落或其他形式的损伤。展览专业公司是新发展趋势之一，在普及的收藏和频繁的国际交流当中，需要更好的保护实践和对文化遗产更少的损坏。

（二）从文物保护到预防性保护

18世纪前，世界范围内的保护和修复都是零散、不系统的。1807年在丹麦哥本哈根国家博物馆中成立的艺术品保护委员会，是最早成立的文物保护组织，19世纪中后期开始科学保护，化学家和自然科学家开启文物保护行业和保护观念改革；1888年德国皇家博物馆罗思根建立世界上第一个化学保护科学实验室；20世纪科学保护丰富发展，粘接和表面封护方法广泛应用，漆片、鱼胶、合成树脂硝酸纤维素、醋酸纤维素、蜂蜡和石蜡登上保护文物舞台。1930年罗马召开的国际艺术品研讨会上，最早提出预防性保护的概念，其后1939年意大利罗马文物修复中心（ICR）成立，1946年在巴黎成立国际博协（ICOM），至20世纪60年代，文物保护理论逐渐形成，1963年意大利罗马修复中心主任布兰迪的《文物修复理论》出版，提出“最小介入、可逆性、可再处理性、可识别性”等文物保护基本原则，成为目前公认的文物保护原则。联合国教科文组织的文化遗产部及出版物，对世界文化遗产保护起

---

[1] 马清林，张治国，沈大娲. 金属类文物保护材料选择：以铁器、银器与鎏金银器为例［J］. 中国文物科学研究，2014（7）：44-48.

着积极作用，文物保护走向专业化、国际化，文物保护的专业发展的重要标志是1966年纽约国际博物馆协会两个委员会的变化，分别是成立于1949年的绘画保护委员会，成立于50年代中期且并入博协的技术保护委员会。1964年威尼斯召开的第二届国际建筑师大会颁布了《威尼斯宪章》，1965年成立国际遗址协会，处理考古学、建筑学和城市规划、排定遗址、监控立法等问题。保护原则和实践国际化过程，伴随国际博物馆协会（ICOM）、国际博物馆藏品保护研究所（IIC）、国际遗迹遗址协会（ICOMOS）和国际文化遗产保护和修复研究中心（ICCROM）等机构的成立。

与文物破坏处罚的概念标准、制裁对象、证明标准、制裁力度等议题关联，事后救济作为处罚的目的性理论，随着风险社会来临，以及新型制裁方式的出现，面临诸多挑战，例如其采用的排除合理怀疑标准、因果关联和从严证明标准等内容。风险社会的制裁手段，需要体现预防和恢复原状等要素，法律上确立积极预防条款，才符合风险社会的规制需求。预防条款融入行政法，将扩张行政处罚的目的解释体系，具体制裁方式除了预防式提示、警告或者约谈，在制裁对象上也可能扩张，包括与行政违法行为无直接关联的第三人。行政处罚的预防目的，是为了预防未来可能发生的类似违法行为，防治法律上的“破窗”效应。行政处罚采纳预防目的，将对证明标准、证明强度产生直接影响，即秉持风险预防的原则，适度放松严格证明标准，转而采用明显优势证明标准或者优势证明标准。

对于文物保护机构和文化遗产保护部门等专门执法机关而言，在缺乏科学证明情况下采取积极、主动的预防性执法措施，需要获得推定的执法授权或者调整自由裁量基准，即行政机关不应以科学上没有完全的确定性为理由，拒绝作出行政处罚决定。当行政处罚以预防或警示为目的时，不必严格受限于过罚相当原则的要求，可以适当提高制裁力度，达到一般预防的法律效果。处罚依据不仅是违法行为本身，更要结合同类行为的一般违法界定、未来可能发生的变化等因素，进行考量，对于尚未出现后果的过程性、状态性的行为，也可以通过禁令等措施进行预防性执法，体现事中监管的社会效果。改进现行行政处罚责任认定的客观行为要求和后果要求，将可能引发危险状态的行为纳入调整范畴，包括对文物保护享有控制权的主体，其因不作为或其他原因，未尽到有效、合理地保护文物的义务，将面临行政制裁。[1]随着风险社会来临，行政法从关注当下、以维护或重建无干扰为目标的风险防范过渡为关涉未来、对社会的技术改变进程加以调控的风险预防。风险预防背景下，危险取代实际的损害结果成为行政处罚的客体[2]。依据特别预防和一般预防的理论指向，预防性指向违反法律或者规章，但尚未造成实际损害或损害可以补救的相对人，使受处罚者心生警惕，避免再次违法行为，通过行政处罚实施社会教育功能，是文化遗产保护法律回应风险社会变迁，从单一走向多元，构建以法律威慑为主，以风险预防为辅的规范体系要求，增设风险预防原则，增加行政处罚类型，拓展行政处罚的目标预设。法律预防论的目的要素，是预防违法行为再发生，是面向未来可能的违法行为的展望性措施。预防论契合传统社会向风险社会转变，风险社会中的文化遗产损害是否发生是不确定的，但不能等到损害确定以后才介入，采取预防手段，行政行为决定其对监控潜在威胁、预防损害发生有显著优势。因此，文化遗产保护行政法规制重心在于预防，尽可能采用不同规制手段与工具，防止风险发生，处罚状态责任，行政处罚是国家对实施行政违法行为规定的责任措施，适用行政处罚的目的在于预防违法者本人以及其他人实施新的违法行为，追求维护公共利益和社会秩序的社会效果，契合行政本质。因此，实施处罚须追求社会效果，以保护公共利益为准则，预防论下解释报应论遇到的制度难题，具有更高的实践价值。预防论下，如“没收第三人所有物和违禁品”“处罚无辜者”“施加状态责任”“连续处罚”等行为是被允许的，处罚目的是预防违法行为的发生。预防被解释为对违法行为人的特殊预防，也被解释成对其他潜在违法行为人的普遍预防和一般预防，制裁力度、范围向外扩张，超越违法行为造成的法益损害量，波及违法行为人之外的其他主体，较好地因应风险社会的规制需求，防治报应论的权力限缩功能和等价制裁的不足，预防论也具有扩张行政裁量权的风险，助长法律父权主义，以法律后果承担是否需要具备主观故意或过失为要件，可以分为主观归责原则和客观归责原则。因此，在行政处罚领域确立主观归责原则，以行政相对人是否存在主观过错作

[1] 熊樟林．行政处罚的目的［J］．国家检察官学院学报，2020（5）：32-48．

[2] 尹培培．网络安全行政处罚的归责原则［J］．东方法学，2018（6）：49-59．

为行政违法的责任要件，符合现代行政处罚理论的发展。在法律价值和功能方面，特殊预防实现的是分配正义目的，一般预防实现的是普遍正义，但就法律的预防功能而言，分配正义和普遍正义的终极目标是一致的，个案正义的实现应关注社会后果，稳定社会秩序，禁止性规定及责任具有预防的功能，并因程度的不同，预防功能的实现效果也有所差别。因此，制裁与惩罚的正当性问题及立法实现，增强处罚预防功能的有效性，即遵循责罚适应和一致原则，应考虑到处罚方式及幅度对个案当事人及社会的影响，预防性规制过度，可能脱离法治原则[1]。风险社会规范，高度依赖法律控制机制，立法积极主义有利于实现安全需求和信赖原则，对风险社会中的文化遗产治理提出新的标准和要求，即弱化行为控制，强化源头控制，建构系统性的整体治理策略，对可能导致危险的现实环节，实施符合比例原则的控制措施，并构建新的归责机制，避免负责机制踏空。此外，如果放弃比例原则的适当性、必要性和均衡性，过度追求对预期社会秩序的控制，则可能出现新的法权危害风险，为避免预防性规制策略蜕变为新危险源，要求通过法治框架约束政府的管制行为。传统规制领域的政策执行点，行政权的自由裁量空间包括执行工具选择、标准制定、政策价值的优先设定等内在扩张逻辑，预防性具有不确定性，预防性规制策略产生弱化法治约束的新风险[2]。对于法律规范设定的限制而言，期待可能性缺乏可实现性的义务，是责任要件的例外形态。文物预防性保护措施方面，鉴于文物具有历史、艺术、科学价值和不可再生性、不可替代性与价值永续等特点，保护文物关系到国家民族利益和公众利益，基层文物工作是国家文物事业基本单元，必须坚持被损毁的文物有序修复的原则，坚持真实性原则，避免破坏性、整容性修复。《文物保护法》草案征求意见稿明确，对不可移动文物进行修缮、保养、迁移的时候，必须遵守不改变文物原状的原则，保障文物修复的真实性与科学性，制定尊重历史与文化的规划方案，文博文保专业参与，遵循灾害中受损文物的黄金抢救期，参照文物修缮标准科学施工，保障监管部门全程跟踪，文物最大限度保留真实性。

---

❶ 尹培培. 网络安全行政处罚的归责原则［J］. 东方法学，2018（6）：49-59.

❷ 王明明，文琴琴，张月超. 基于风险管理理论的文化遗产地监测研究［J］. 文物保护与考古科学，2011（3）：1-5.

我国文化遗产保护领域较为关注预防性保护理念。近年出台的文物保护相关的规范性文件如《中国文物古迹保护准则》《关于加强文物保护利用改革的若干意见》等都明确:“文物保护行业要从以往单纯注重抢救性保护，向抢救性与预防性并重的保护方式转变。”作为不可再生资源的文物，面临自然和社会的潜在破坏风险。防御并非修结实就可以，次生灾害发生的情况和形成机制比较复杂，不确定因素和突发状况对古迹的破坏程度和冲击会比较大。古建历史存在更久，经历多次规律性的自然灾害，幸存下来的文物古迹在选址、环境处理、灾害防御方面有汇集古人智慧的有效预防策略，参考地方史志资料和文物古迹中的碑刻记载,可发现所在地区大型自然灾害发生的周期性规律。因此，要从处在两类灾害之中的文物来理解古迹的日常状态，预防性保护是系统工程，建立完整防灾理念和全民体系。从遗产防灾体系角度来说，准确翔实的文物档案本身也是有价值的对象。为文物建好档案，保留历史测绘数据、照片，确保档案资料在灾后及时获取，预防性保护档案记录是关键一步[1]。文物数字化保护是目前国家积极推进的一项工程，对文化遗产保护、研究和传承起重要作用，防止类似水灾、火灾等对文物造成不可弥补的损失，是重要档案依据。数字化开发利用有利于对文物本体的保护。应加强对古桥等文物的日常体检，对小问题及时修缮，存在结构安全问题的编制保护规划。对文物所处自然、历史的环境的破坏，如将历史河道渠化、裁弯取直，除破坏历史风貌，也将导致重大灾害的风险隐患。文物保护不仅仅是文物部门的事情，城市或乡村在开发建设中，也要统筹考虑，规划、建设、交通等多部门协调，共同推进。关注遗产与社会共同的健康状态是当下遗产保护的目标方向[2]。

防灾减灾能力欠缺，文物存在安全隐患，遗址遗迹等文物出现非人为坍塌或损害的事例不少见，防灾减灾技术研究不足是文物遗址存在安全隐患的原因之一。此外，防灾减灾整体能力不强，一些地方文物防灾减灾工作未得到应有重视，文物防灾减灾尚未作为重要和专项内容纳入地方自然地质灾害监测预警和防灾减灾体系当中；各地基层文物部门和文物保护管

---

❶ 周雅薇. 试论预防性保护在文物收藏和保护中的重要作用［J］. 文物鉴定与鉴赏，2016（7）：106－107.

❷ 陈蔚. 我国建筑遗产保护理论和方法研究［D］. 重庆：重庆大学，2006.

理机构队伍建设薄弱，人员力量普遍不足，长期缺乏维修保护等都是文物存在安全隐患的原因。完善文物防灾减灾应急机制，指导各地根据实际情况制定文物防灾减灾和抢险救灾应急预案，完善文物灾害险情监测预警、风险评估研判、灾情防范、受灾处置、信息报告、灾后修缮修复等一系列应急处置程序和措施，切实增强文物安全应急处置能力。文物修缮中就要考虑防灾问题，在坚持不改变文物原状的原则，不影响文物本体安全和环境风貌的前提下，应该采取将建筑加固、防震、防渗、泄洪等文物防灾抗灾措施，作为文物修缮内容予以同步考虑、同步设计、同步实施。同时开展专项系统研究，深入挖掘古城、古村落和古建筑等具有的独特防灾体系和抗灾功能，发挥在城乡防灾减灾中的作用。对文物遗迹加强主动保护、巡查和监测，利用科技手段，对文物本体沉降、文物外形改变及时监控处理，运用现代技术手段，避免更大灾害，主动监测和维护管理，消除隐患，将伤害程度降到最小。

现行《文物保护法》明确规定，文物保护工作的具体主管行政部门是各级人民政府。遗址遗迹出现非人为坍塌或损害时，当地文物行政部门、当地政府应当承担责任。遗址遗迹的使用人、所有人应承担修缮、保养等法定职责；不具备修缮能力的，当地政府应给予帮助。法律区分了使用人负责修缮、保养国有不可移动文物，所有人负责修缮、保养非国有不可移动文物，非国有不可移动文物有损毁危险且所有人不具备修缮能力的，属地政府应给予帮助，所有人具备修缮能力而拒不履行的，当地政府给予抢救修缮，并由所有人负担费用。文物与遗迹损坏主要存在两种情况：一种为主观故意，国家有相关的法律对违法者予以一系列处理和处罚，这种破坏相对而言较易追责，比如对文物遗迹未经过允许进行改变、破坏或损毁，这种情况按照《文物保护法》等相关法律法规进行处理即可。另一种非人为的损坏则较难处理，如洪水把文物古迹的桥梁冲毁等，非人为因素造成的文物保护方面的破坏，存在衔接的问题，比如，文物的日常管理和维护由文物保护部门负责，发现这一文物存在的问题，处理资金需要申请，资金拨放需要专家评审、验收、维护方案的确定等审批，事件出现和政府流程存在时间差，难判断主要的过错方。因此，须将主动预防和监控监测走在前面，以避免文物损坏的事件发生。

合理展示和利用文物，能够优化文物的预防性保护体系，遗址遗迹如何更好地保护、展示与利用。一是展示与利用一定要放在保护的后面，保护为先，所有对文物的展示与利用都要建立在不破坏文物这一前提下，之后再进行适当、合理的利用；二是秉持最小干预原则、远瞻性原则和不破坏文物本体等原则，对文物进行长期监测，及时对轻微的问题予以处理，避免出现大的灾害；三是利用视频监控、沉降监测等现代化技术手段，建立常态化的主动性保护和监测体系。对与文物保护责任有关的法律法规、政策进行梳理，制定出文物保护责任终身追究制的具体办法，坚持古建筑保护与城市建设并重的原则，合理规划古建筑保护范围，城市建设在总体上应该与古建筑的风格保持协调，增强公众保护意识，完善相关法律法规，提高文物遗迹保护的技术含量。不同类型的文物遗迹相区别，传统技术与现代科技相结合，定期进行维修和修复。修复和保护过程中，保持文物遗迹本身和所代表的历史性和美学性。加强对古建筑的灾害防护工作。最大限度减少火灾等自然灾害造成的影响，综合考虑古建筑与周边环境的互动关系。对于文物古迹的保护不应只关注文物自身，更应当充分考虑到古建筑与周边环境的互动关系，尤其是做好安全性保障。把握加强文物保护利用的原则要求，强化系统保护。正确处理文物保护与城乡建设、旅游开发、经济发展的关系，筑牢文物安全底线；要把考古工作放在更加重要的位置，加强古代遗址的有效保护，有重点地进行系统考古发掘；不仅严格保护文物本体，还要严格保护与文物相伴生的自然环境和文化生态，不仅着眼于当代科学保护，更要努力将文物的全部价值和历史信息完完整整、原汁原味地留传给子孙后代。让文物活起来已经成为文博行业和社会各界的共识，文物资源活化利用的广阔蓝海已然开启，然而，与文物资源所蕴含的巨大潜能相比，突出表现为不可移动文物社会功能发挥不足、文物价值挖掘阐释力度不足、考古研究成果传播不足、让文物活起来政策供给不足。做好新时代文物工作，正确处理历史与当代、守正与创新的关系，既要在城乡建设中坚守文明之重，又要在时代发展中开创文化之新，切实做到在保护中发展、在发展中保护，重点做好创造性转化和创新性发展，加强文物价值研究，系统阐释中华文明的时代新义与当代价值，发挥文物资源以史育人、以文化人、培育社会主义核心价值观的优势作用。推动构建历史文化遗产资源资产管理机制，研究制定配套制度和试点政策[1]；相关部门编制《不可移动文物资源保护利用专项规划纲要》，纳入国土空间规划实施；完善土地储备考古前置等基本建设考古制度。加快推进革命文物保护利用工程，重点实施濒危馆藏文物抢救计划，做好长城、大运河、长征、黄河等国家文化公园建设和长江文化保护传承弘扬工作。加快实施文物平安工程，特别是对偏远地区低级别不可移动文物采取有效安全防范措施；深化文物督察制度，加强文物安全保护。推进文物博物馆资源融入教育体系、依托文物资源传播国家文化地标和民族精神标识，融贯旅游线路、融置线上云端，扩大中华文化国际影响力，务实开展亚洲文化遗产保护行动，推进流失海外中国文物追索返还。建设国家文物资源大数据库，强化文物保护治理能力建设，实施历史文化遗产保护与文明传承国家重点研发计划专项，创建国家文化遗产科技创新中心[2]。

三、技术遗产的预防性保护

人类技术进步促进了文明的发展，技术是人类实现社会进步而创造、发展的手段、方法和技能总和。技术遗产有狭义和广义之分，前者是技术价值突出的文化遗产，后者是具有技术价值的文化遗产。18 世纪法国思想家狄德罗主编的《百科全书》给技术下的定义是，为某一目的共同组成的工具和规则体系的总称。技术遗产是人类为实现社会需要，通过各种技术手段创造的各类文化遗产，是改造自然的手段、方法和技能的总和，也是有价值的技术创造物遗存的总和。技术遗产既包括文化遗产中的有形物质文化遗产，也包括非物质文化遗产。有形技术遗产包括蕴含有技术价值的古文献、档案资料、馆藏文物、遗址等。无形技术遗产主要是传统工艺或技艺。技术遗产与科学技术史有密切联系，科技史是技术遗产的核心属性，技术遗产是科技史的载体与表现。技术遗产作为体现人类价值观及文明理念最丰富的载体和最具象的符号，承接技术发展嬗变的时代印记，折射科

[1] 陈蔚. 我国建筑遗产保护理论和方法研究［D］. 重庆：重庆大学，2006.

[2] 刘玉珠. 探索文物保护利用数字互联新格局［J］. 人民周刊，2020（18）：62-68.

学技术文化的流变态势。

技术遗产与科学遗产的关联也很密切。科学技术史工作帮助正确估计民族科技地位。广义的科学遗产包含技术遗产，中国科学技术史学科发展中，把技术史置于广义的科学史中，保护工业遗产的国际组织即国际工业遗产保护联合会（TICCIH）制定的两份国际工业遗产保护文件《下塔吉尔宪章》和《都柏林原则》强调物质遗存、非物质文化遗产和环境的工业遗产完整性保护问题，目的在于促进工业遗产保护，指出工业遗产由工业文化遗存组成，包括建筑与机器、车间、磨坊与工厂、采矿遗址与冶炼加工场所、仓库与货栈、能源生产与传输及使用场所、交通运输基础设施，与工业相关的居住、宗教信仰或教育等活动场所等，突出具有历史、技术、社会、科学价值。狭义层面的工业遗产包括工具、设备、契约、商号、样品等档案记录物品，以及车间、仓库、码头、作坊等遗迹；广义层面的工业遗产除上述外，还包括生产加工技能、工艺制作流程等非物质形态遗产[1]。工业遗产的突出价值是历史和技术价值，这也是技术遗产的核心价值，技术遗产与工业遗产在内容和价值方面有较多重合，工业遗产具有工业应用的产业属性，技术遗产偏向科学技术和科学属性，工业遗产理论并非适用所有技术遗产。技术类农业、军事工程、中医药类文化遗产中也含有技术性的内容，各自具备独特的技术遗产价值属性，其中农业文化遗产与农业生产相关，包括农业技术、产出结构和附属民俗文化等，分为耕作与土壤改良、作物栽培管理、畜牧渔业、农业生态环境优化等主要类型，以活态形式存在，具有活态、复合、生态和区域社会等价值；军事工程遗产具有历史文化价值和现实意义；中医药文化遗产中的医学文献、建筑遗址、辨证施治体系、诊疗方法、中药组方理论、制剂方法、炮制工艺和针灸理论技术等，是既有物质文化遗产又有非物质文化遗产的广义技术遗产[2]。

技术遗产按产业类型可以分为工业技术、农业技术和地理信息技术遗产等，按物质形态分为有形遗产和无形遗产，按可否移动分为可移动遗产与不

---

[1] 季宏. 近代工业遗产的完整性探析：从《下塔吉尔宪章》与《都柏林原则》谈起［J］. 新建筑，2019（1）：92-95.

[2] 华觉明，冯立昇. 中国三十大发明［M］. 郑州：大象出版社，2017：285.

可移动遗产，按发明创造的产生流程分为反映发明创造的材料、工艺、器具、产品、工程五类[1]。技术遗产反映古代发明创造的物质遗存，是中华文明技术演进与发展的载体，连片工业、农业遗存的保护性开发，使得该类型技术遗产具有现实性。技术考古为主的技术遗产研究，包括文献研究和田野调查[2]，技术遗产研究方法有历史文献方法、人类学方法、科技方法、考古学方法等，历史文献学的考据学、目录学、版本学、碑刻学及文献数字化，体现遗产的价值增值性；科技方法包括力学分析、化学分析、材料科学、技术复原、技术仿真等；考古学方法包括实验室考古、建筑考古、田野考古、工业考古及相关文物保护方法；人类学方法包括田野调查、数字化记录、工艺复原、文化谱系、社会重构等议题。与之相适应的技术遗产研究方法，科学技术史的编年实证方法、思想史研究的概念分析方法、科学社会史的社会学方法研究方法[3]，有借鉴意义，需要加强多学科交叉研究，理化检测与分析、扫描成像技术、计算机技术等先进手段与历史分析相结合，提取解读文献、文物和遗址所信息，进行传统工艺与器物的数字化仿真、复原等。有效保护技术遗产的本体及价值，实现技术遗产的展示利用与传承创新。

依照技术遗产的价值认知结果评估，制定技术遗产保护技术路线与方案，物质技术遗产的保护体系包括遗产本体保护、遗产保存环境研究和遗产保护材料和工艺研发等完整保护链。物质技术遗产的开发利用，现存技术遗产的状况与价值存量，因地制宜展示利用。可移动遗迹，探求技术遗产的价值基础上，赋予更新文化形象；不可移动技术遗产的开发利用，则与重点文物保护单位和建筑遗产、历史文化保护街区保护等联系，核心区的严格保护与核心区外的有限文旅开发利用协同互补，保护是经营开发的前置条件，严格界定保护传承与开发利用的关系，经营开发不能取代保护[4]。技术遗产的物质性

---

[1] 华觉明，冯立昇. 中国三十大发明［M］. 郑州：大象出版社，2017：285.

[2] 《中国科技史研究方法》中描述的科技史研究方法有：历史学与数学方法、综合分析法、模拟观测法、对比研究法、成分分析化验法、对古代器物仪器的复制方法、实地考察法。陈久金，万辅彬. 中国科技史研究方法［M］. 哈尔滨：黑龙江人民出版社，2011：183.

[3] 江晓原. 简明科学技术史［M］. 上海：上海交通大学出版社，2001：130.

[4] 华觉明，冯立昇. 中国三十大发明［M］. 郑州：大象出版社，2017：290.

和非物质性，虽然分属不同行政部门管理，但应统一保护、传承和利用。技术遗产是反映技术发展与文明演变的重要载体，科学技术史学科以科学和技术的演变发展作为研究对象，承担技术遗产研究、保护、传承和利用，针对技术遗产，科学技术史学科的技术史、传统工艺、科技考古与文化遗产保护等学科具有支撑作用，能帮助解决技术遗产保护传承的实际问题[1]。

[1] 潜伟. 技术遗产论纲［J］. 中国科技史杂志，2020（3）：462-473.

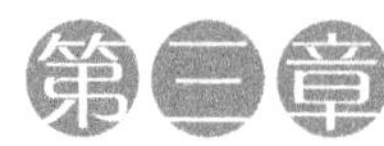

第二章 遗产真实性和完整性保护中的预防性规制研究

一、真实性与完整性的法律规定及内涵

联合国教科文组织2005年版《实施〈世界遗产公约〉操作指南》（以下简称《实施指南》）对于判定世界自然和文化遗产提出了真实性（Authenticity）[1]、完整性（Integrity）的概念。其具体内涵是，保护对象自身要具有真实、可信性（credible or truthful），以及完整、无损性（wholeness and intactness），并将二者放在一起统一考虑。《实施指南》特别强调了对真实性、完整性的衡量标准、检测和判断，并对检测的方法给予明确指导。真实性与完整性适用于世界文化与自然遗产体系，也适用于评估所有层次的建筑遗产、各种可移动遗产以及自然遗产。同时，真实性与完整性要求更为严格，要达到突出的普通价值的标准。相对于完整性，《实施指南》评定真实性涵盖的主要指标包括：材料与物质，形式与设计，基址与环境，使用与功能、传统、技术与

[1] “authenticity”的译法存在“原真性”与“真实性”两种。“真实性”更符合历史建筑的需要，“原真性”有正面价值倾向。“authenticity”最初用来鉴定、评估像画作、雕塑这样的艺术品，强调历时性原作的唯一性、不可复制性、不可混淆性，以及对原作者和原作品的尊重。从注重私权、所有权保护角度，在文化遗产保护中发展出对原作者的尊重。文化遗产中，原作者并非单指历史上的某人，而是所有对原作施加有意义影响的因素，也包括时光。因此是历时性原作，“authenticity”并非指“original”即最初的原始状态，“原”也不等于“元”，相对于中性的真实性，原真性含有对真实状态在道德方面的肯定。1994年《奈良文件》提出“It was noted that in some languages of the world, there is no word to express precisely the concept of authenticity”。值得注意的是，世界上有些语言可能并无精确表述“authenticity”概念的词语，因此，无论将“authenticity”翻译成“真实性”，还是“原真性”，都无法精确包含这个词所具有的语境与文脉。

管理体系，精神与感受，语言及其他形式的非物质遗产，其他各种内部与外部因素。[1]《实施指南》确定了较多无形的真实性评定标准，相当于提高了真实性内容的标准，明确真实性问题包括多方面的内容，体现了对真实性体系的更为完整的要求。其中，各种传统、技术与管理体系（traditions，techniques and management systems）主要指传统习俗、传统建造方式与技术，以及当地人对建筑遗产的传统管理方式，是有价值的，需要保留与保护，游客参观时也要尊重遗产地管理方式。精神与感受（spirit and feeling）指对遗产地原本具有的特有精神感受，主要与本土化的宗教或自然崇拜有关，尤其指旅游业对当地传统精神感受的破坏。以上真实性的标准和内容设置是理想状态，现代化进程中的遗产地的原生语言及其他非物质遗产形式（language，and other forms of intangible heritage）变化问题、遗产的博物馆化意味着必须与原有价值及功能（use and function）相独立等，因此即使世界遗产体系也通常难以满足以上真实性的所有内容。真实性要求更客观，更符合对一般历史建筑与文保建筑的区分判断、描述及可能策略，倾向于各种综合因素保护下的当前状态，而非寻求某个历史点或者原初状态。因此，完整本身应该是真实的，但不等于原真。否则，历史街区的重建与文保将成为难以平衡的问题。遗产保护中的真实性问题，更需要从修复案例经验中总结指导理论与指导体系，从遗产保护的整体效益层面，解决实践层面的问题。[2]

真实性作为建筑遗产保护的最基本原则，要求保存遗产原生、真实、真正的历史信息和历史沿革及其影响等。最早起源于欧洲中世纪，以神话传说宣传宗教的遗留物，突出神圣性和真实性。工业革命以后，考古学进步，提出对科学真理的探索和理性实证的要求。在建筑遗产保护中，真实性原则的应用随着时代发展而变化，国际会议对其阐述也有所差别，国际博物馆理事会制定的《文物建筑保护工作者的定义和专业》规范性文件提出，真实性要求是文物建筑、文物遗迹作为历史实体的存在和历史文献的见证，侧重历史文献及其身份认同。1994 年在日本奈良举办的与世界遗产公约相关的奈良真

---

[1] 联合国教科文组织. 实施世界遗产公约的操作指南［M］. 杨爱英，王毅，刘霖雨，译. 北京：文物出版社，2014：1-132.

[2] 刘昭君. 真实性原则在建筑遗产保护中的应用分析［J］. 当代旅游，2018（3）：139-140.

实性会议上通过的《奈良真实性文件》（以下简称《奈良文件》）明确了真实性原则，认为真实性不仅表现为历史遗产的价值，更为重要的是历史遗产的信息是否真实，强调文化遗产多样性的重要意义。真实性不是局部的和片段的，而是具有多元性的，文化遗产价值和真实性并非放置在特定语境或固定标准中，强调基于世界文化遗产多样性的综合特点，文化遗产根植于特定的自然与社会环境中，环境要素承载丰富的历史信息，能够唤醒历史记忆。真与实的标准认识，因文化语境的不同而有所区别，因此，注重环境真实性的要求即是对历史文化及传承的保护与尊重。真实性也体现在构造、设计、材料、装饰和技术工艺等历史信息方面，因此对建筑文物进行修缮时，应尊重原有构造、技术和材料及其内含的历史文化信息。保护对象既包括已被确定为文物的历史建筑，也包括尚未被认定但具有历史信息价值的建筑及附属物。保护更多真实的建筑遗产与城市发展之间的关系是辩证的。商业开发以牺牲文化遗产为代价，这种模式在城乡建设中具有模仿性和复制性效应。文物古迹是前人留下的真实历史，保留不是怀旧纪念，而是保留历史物证，保留历史记忆。在不可抗力建设、民俗文化建设和重大公共建设中，对文物古建异地重建也是对文化遗产的保护[1]，例如“二战”后的华沙重建，1980 年新华沙城市被世界文化遗产委员会列入世界文化遗产。又如日本伊势神宫重建。伊势神宫是日本神道教的重要建筑，按日本神道教的民俗传统，一千多年前开始每隔 20 年会在相邻两个地方轮流重建，每次重建按原建筑形制结构和工艺技术建造。日本也有更多文物古建没有按照这种方式重建，而是原真保护。以上个案，不能代表文物古迹保护的主流，也不能作为文物古迹拆除重建的依据和理由。文物古迹保护中的最小干预原则、可识别性原则、可读性原则、完整性原则、可持续原则、合理利用原则和可逆性原则等，均与真实性原则密切关联，因此，文物古迹保护利用规制，一般不遵从重建原则，因为遗产是承载历史文化、不同时间信息的重要物证，并非重建和文献资料能替代。重建后大量的真实历史文化信息会消失，历史价值会降低，因此遗产重建是迫不得已的选择。保护理论认为，历史发展过程中的每个状态都同等真实，

[1] 朱秋利. 为什么要保护建筑遗产的真实性？［EB/OL］.（2020－08－09）［2021－01－28］. https：//www.thepaper. cn/newsDetail_forward_8651627.

都是历史演进的见证，保护的目的是让人类留下历史文化记忆，便于理解完整的历史信息，保护文化与发展产业并不冲突。文物保护工程中，文物建筑维修保护的真实性具体体现在对真实性理念的理解、文物建筑现状的勘察分析、保护措施的制定、传统工艺的传承、维修材料的使用、维修定额编制[1]、工程管理的科学性合理性和相关技术的适用等方面。加强传统材料、做法和工艺的研究与文物保护工程研究体系建设，提供系统、连续的研究平台等，有利于实现文物建筑保护维修工程真实性的要求和目标。技术遗产是文化遗产概念的衍生，最早由加拿大学者 1971 年在经济学领域提出，随后该概念在技术史与文化遗产领域被传播与应用。2013 年出版的研讨会文集《技术遗产与科学传统》，较早使用技术遗产名称，2018 年中国科学技术史学会农学史专业委员会、技术史专业委员会等联合主办的中国技术史论坛和在浙江杭州举行的第六届中国技术史与技术遗产论坛，在廓清技术遗产基本概念的同时，探讨了技术遗产的分类、价值、研究方法、保护利用与传承等问题，认为文献发掘、传统工艺技术和材料的传承有待进一步进行保护和研究。与可移动文物不同，不可移动的文物不可再生，与环境之间存在保护协调的问题，一旦文物本体历史信息的真实性被改变或者被破坏，将失去文物保护的价值。目前，我国文化事业纳入企业实行产业化管理，管理单位的职责难以落实到位，地方政府的压力使得行政管理与法规管理存在差距，专业技术管理与行政管理存在相互制约。现实保护工程中，传统材料被现代材料所替代，技术的真实性和完整性受到影响；检查和工程验收方面也存在一定问题，文物主管部门对文物建筑保护维修工程的检查、验收环节管理力度普遍较弱，省级文物部门代行验收和责任机制不明确。[2]

二、不可移动文化遗产的预防性法律保护

现行《中华人民共和国文物保护法》（简称《文物保护法》，下文所及法律均为简称）将“不可移动文物”界定为“尚未核定公布为文物保护单位的

---

[1] 文物维修工程采用更换构件新作定额，没有形成文物保护工程维修定额。人工定额无法体现维修所需要工时，而且更换文物构件造成文物构件变成非文物构件，本质上失去文物建筑价值的真实性。

[2] 付清远. 当前文物建筑保护维修工程真实性问题的思考［J］. 中国文化遗产，2015（3）：29-31.

不可移动文物”概念体系。国际术语对于“不可移动文化遗产”表述为“一般不可移动文物”，主要涵盖建筑遗产、工业遗址等范围。

不可移动文化遗产保护理论流派众多，目前理性修复理论取代风格性修复理论成为主流理论。[1]修复与保护是建立在现代性基础之上的建筑遗产保护实践，在具体的遗产修复实践中建立了严谨、科学的规范，例如，修复之前对古迹进行历史调查、测绘、记录，包括结构分析、损毁成因分析等。古迹修复尽管有各种理论，包括文献性修复、历史性修复、科学性修复等理论，但均未建立起古迹修复的理论化、系统化的稳定体系。

遗产修复理论中，一直存在风格性修复派和反修复派的对立。反修复派以约翰·拉斯金和威廉·莫里斯为代表。拉斯金主张绝对的反修复，提出放弃积极修复。指出所谓的完美修复，实际是以虚假的手法毁灭文物。对古建筑遗迹只能维护保养，不能采取任何的人为干预与后期修缮措施，推崇废墟之美，以此保护与尊重历史文化真实一致。莫里斯在拉斯金理论基础之上做了一定的折中，提出采用保护性整修的方法，替代全面修复，加强日常维护，保存历史遗迹的原地真实；即使适当修缮，也不能采用新的材料和工艺，目的是防止建筑遗迹遭受影响和破坏。[2]寻求文物建筑修复的合适方式，是意大利文献式修复理论的主张。文献式修复是文物建筑修复理论新的里程碑，已经成为当前的文化遗产保护主流理论。这一学派借鉴语言文献学的理论，将古建筑视为记录历史信息的文献，是社会史和文化史的重要见证，认为原状不仅包括最初建造时的状态，也包含后世添加的各种信息，可以采用新技术与新材料，但新增部分必须与原物严格区分，修复目的是维持其物质性的存续以避免消亡，尽量保护原有自然和人文环境。修复之前需要先做认真的勘察和分析，修复过程中不片面追求历史原貌，更不凭想象构造已缺失的部分，

---

[1] 尤金·艾曼努尔·维奥莱·勒·迪克. 维奥莱·勒·迪克建筑学讲义［M］. 白颖，汤琼，李箐，译. 北京：中国建筑工业出版社，2015：103-117。 例如，当替换一个柱头的时候，不仅要进行测绘，而且在取下这个柱头后要立刻再打石膏模，防止搬运过程中不小心碰碎而没法再打石膏模；重新雕的柱头要以这些测绘与石膏模为准，保证精准；换下的柱头也不能随意丢掉，要将其保存在离原址不远的地方，作为历史证物；修复施工中，要先做好支护，再搭脚手架，防止脚手架的重量影响古迹结构的稳定性。这些操作规范仍是规范、有效和科学的。

[2] 刘昭君. 真实性原则在建筑遗产保护中的应用分析［J］. 当代旅游，2018（3）：139-140.

而是尊重其一切实物原形包括残损状态。

在世界文化遗产保护史上，1964 年于意大利威尼斯召开的历史古迹建筑师及技师国际会议通过的《国际古迹保护与修复宪章》（以下简称《威尼斯宪章》）是落实上述理论的国际法，全面体现了文献式修复理论的思想和保护准则。强调保护与修复的原则，旨在保存并展示建筑遗迹的历史价值和美学价值。指出建筑遗迹应作为历史文化古迹进行保护，也应作为艺术品来进行维护。建筑遗迹的保护与修复过程中，任何无法避免的添加，都必须与原建筑构成形成区别，以尊重确凿文献记录和原始建筑材料，新增材料必须标记为现代材料。其后国际遗产保护组织通过的一系列宣言、宪章和公约，进一步完善了文物建筑保护与修复的法律体系，各缔约国也进行了文物建筑保护方面的国内立法。但《威尼斯宪章》中的欧洲中心主义思维方式局限也很明显，从《威尼斯宪章》对历史遗物的界定到《奈良文件》文化发展过程的特征理解，真实性要求已经发生一定的转变。

我国在全国范围内组织实施历史建筑调查的基础上，记录和收集相关资料，为编制文化遗产普查体系奠定基础，建立遗产数据库，保存被列为遗产级别的建筑物和家具信息。强化重要文化遗产的监管，建立遗产教育与培训机构，通过遗产基金会和专题遗产协会组织为遗产保护提供支持。持续更新遗产名录，建成遗产的地位和价值被固化并呈现扩大的趋势。始终重视文物保护工作，建立文物普查和登记制度，颁布系列法律法规，对古建筑进行保护和修复。我国当前的文物建筑保护工作与国际接轨，并受《威尼斯宪章》等准则的影响，文物修复需要遵循的原则有最小干预原则[1]、可读性原则[2]、可

---

[1] 尽量保持建筑物的原状，保留其原有构件，用最少的添加物和最简单的技术手段来延续文物建筑的生命，而不是将其修复得完美无缺。参见余向军. 试论建筑遗产保护中的真实性［J］. 古建园林技术，2020（3）：82-84。

[2] 文物建筑的所有信息都应该是可辨别的，其各种历史构件及其存在状态都是真实的，残缺的地方尽量不加填补，新添加的构件与原物有明显区别。参见史靖塬，史耀华. 国际“真实性”概念、内涵演进过程及其对我国建筑遗产保护的启示［J］. 建筑师，2017（4）：115-118。

逆性原则[1]。

文物具有不可再生性，既然修复手段不能保证损坏后的挽回与挽救，应保留未来纠正的可能性[2]，以上要求具有层次丰富的文物建筑风险预防和修复期待可能性，可以看作预防性法律机制在文保领域的具体应用。建筑遗产预防性保护是在对建筑遗产保护和修复的争论中发展形成的概念，源自欧洲遗产保护领域，并历经实践自成体系。目前建筑遗产预防性保护的定义尚未形成定论，概念和框架尚在不断演变和完善。但建筑遗产预防性保护的三个层次、组成部分和相关行动等已形成基本的国际共识，建筑遗产预防性保护的历史发展脉络基本上可分为奠定现代理论基础、现代实践摸索与文物古迹监护和计划性保护、保护的重新定义和新技术方法的纳入四个阶段。在博伊托、布兰迪和费尔登等学者的保护理论的引领下，意大利、比利时、英国等欧洲国家对建筑遗产预防性保护进行了实践；联合国教科文组织（United Nations Educational，Scientific and Cultural Orgnization，UNESCO）、国际古迹遗址委员会（International Councilon Monuments and Sites，ICOMOS）等国际组织针对环境风险灾害和建筑遗产本体损毁两个方面开展国际联合实践和研究探讨，提炼各国成功的经验和理论，并通过国际行动和发布国际文件将之推广至全球，促进了建筑遗产预防性保护体系的形成。建筑遗产领域预防性保护的现代起源可追溯至 19 世纪中叶法国修复建筑师欧仁·艾马纽埃尔·维奥莱-勒-杜克将建造技术研究以及材料、技术创新纳入建筑遗产修复工程的科学态度和英国遗产保护专家约翰·拉斯金 1849 年在其著作《建筑的七盏明灯》中提出的以保养替代修复的保护理念，以及威廉·莫里斯 1877 年创立的古建筑保护协会（Society for Protection of Ancient Buildings，SPAB）提出的通过日常维护避免修复的主张。建筑遗产所处的环境在不断变化且难以控制，建筑遗产的使用需求、方式和社会作用也各不相同。自 21 世纪初以来，学者从不同角度定义建筑遗产的预防性保护概念。代表性的学者有：意大利学者斯特

---

[1] 文物建筑修复过程中采用的各种手段，包括支撑物、附加物，都应该是“可去除的”，不能对文物本体造成新的损害。参见高宜生，陶斌，石涛. 真实性原则在我国建筑遗产保护修复中的应用［J］. 山东建筑大学学报，2011（3）：232-236。

[2] 吕舟.《威尼斯宪章》的真实性精神［J］. 中国文物科学研究，2014（2）：18-20.

法诺·戴拉·托雷及其团队基于意大利本土在灾害风险研究和预防及区域性保护规划方面的积累和试点项目，将保护视为长期过程而非特定时刻发生的事件，强调基于长期愿景计划建筑遗产预防性保护的重要性。认为建筑遗产预防性保护的重要组成部分包括环境灾害风险评估、监测和管理，灾害发生前的灾害风险预防，灾害发生后的防范，对应预防性保护设计方法探讨，对建筑遗产本体损毁的诊断、监测和定期检查，对建筑遗产本体和所处环境景观的计划性维护，基于科学技术精密测绘建立知识管理系统和互操作信息管理系统等。比利时学者库恩拉德·范·巴伦及研究团队针对比利时在文物古迹定期检查和维护方面的实践，以及对建筑遗产结构、材料病害和损毁机制的研究，认为持续维护保养、定期检查和专项监测、有计划的干预措施、社会民众参与的有效途径挖掘和相关管理程序制定等，是建筑遗产预防性保护的重要组成部分，共同奠定建筑遗产预防性保护研究的基础。托雷教授将建筑遗产预防性保护视为长期过程，并认为需要与社会及环境进行共同演变，重视通过高科技信息管理系统实现共进式计划性保护。巴伦教授认为预防性保护是系统性工作，对民众意识和民众参与路径及管理模式、借鉴预防性的保健医学方法更为重视。但二人均追求对真实性的保护，认为预防性保护相对于修复或其他保护方法更能实现真实性的延续。建筑遗产预防性保护包括自然或人为的灾害风险评估、监测和管理，灾害前预防，灾害后风险防范中的预防评估和保护设计，对遗产本体的定期检查和专项监测，对本体所处环境景观持续维护保养，信息管理系统有效管理措施和政策以及其他干预措施。[1]

我国文物建筑修复的行政管理程序可以采取以下方法，首先由文物主管部门委托专家对需要修复的文物建筑进行详细勘察，包括考证其历史沿革，评估其历史价值、文化价值、艺术价值，发现存在的残损和病害问题，设计维修方案。然后由专业施工单位组织施工，参与人员、机构和单位必须具备相应资质，设计和施工环节必须符合《文物保护法》及相关法律法规。最后，由文物部门组织评审、监督和验收。管理和维修施工流程应是严密闭环的，

---

[1] 付清远. 当前文物建筑保护维修工程真实性问题的思考［J］. 中国文化遗产，2015（3）：29-31.

管理体系和施工过程应是规范的。文物建筑修复的成功案例有西安小雁塔、故宫乾隆花园倦勤斋等。[1]在执行过程中，除文物部门确定的文物建筑外，很多工业和农业历史建筑并不在文物保护范围内，通常还在使用中，修复既要参照通行准则，还要考虑实际功能，因此难度很大。修复的目的并非追求统一，而是体现各历史阶段的贡献累积及价值，并在修复前后获得对古迹的考古研究及历史研究。更多项目修复失败的原因，除设计局限外，还有施工周期太短，因资金不足使用不当材料或者工艺错误、施工不当，或者维修过度、野蛮修复、缺乏有效监管和文化遗产敬畏心等。专业施工需要减少行政干预，完善程序并严格监管，严格遵守修复科学规律，合理保障修复资金与充足的时间，提高修复的专业性和严谨科学的修复态度。[2]

三、文物修复周边环境理论中的预防原则

历史价值和文化价值具有连续性与统一性，保护建筑遗迹是当代人承担完整真实传递的共同代际责任。保护与修复指导原则在国际上得到公认并予以具体规定，在各缔约国的文化法、文化传统范畴内具体实施。1933 年国际现代建筑协会（CIAM）在雅典召开的会议上通过的关于城市规划的纲领性文件《城市规划大纲》后来被称《雅典宪章》，反映了法国新建筑学派的观点，即要把城市与其影响的周围地区作为一个整体来进行研究。《雅典宪章》还提到城市发展的过程中应该保留名胜古迹以及历史建筑。1964 年在威尼斯召开的历史古迹建筑师及技师国际会议上，明确历史遗迹保护包含对区域内具有一定规模的周边环境实施同等的保护，历史古迹与产生的环境不能分离，历史古迹涵盖建筑物以及周边具有独特文明形态的环境。1977 年的秘鲁利马会议在马丘比丘山的古文化遗址签署了包含若干宣言的代表城市规划理念发展的《马丘比丘宪章》，认为城市规划应从功能分割转向系统和综合的动态系统规划，物质空间规划应转向经济社会发展的综合空间规划，并积极鼓励公众参与。该宪章在认识人类社会发展、人与自然的关系方面，取得新的突破和重要指导价值。因此，在城乡建设和发展中，遗迹的周边环境与设施原则上

[1] 刘昭君. 真实性原则在建筑遗产保护中的应用分析［J］. 当代旅游，2018（3）：139－140.

[2] 付清远. 当前文物建筑保护维修工程真实性问题的思考［J］. 中国文化遗产，2015（3）：29－31.

不能搬离，不允许对环境存在地进行拆除、改动或新建，除非有重要公共利益以及古迹保护的需要，例如圆明园现代的防渗固化[1]工程，是应该保持遗址现状，还是重建圆明园昔日的辉煌，不论采取哪种方案，均不应对园中湖泊实施改造。在城市缺水的现实情况下，恢复当年圆内河流湖泊星罗棋布的景象是不现实的，因此，保持遗址现状的整修思路能够兼顾文物保护和生态环境保护。[2]除了建筑结构和装饰，建筑还是文明的空间起点和城市的地理开端、国家道路的原点。建筑与时空文脉的联系深深植入人类的基因。修复一个建筑，不是维修它，也不是修补或重造，而是将它重建为一个前所未有的整体状态。[3]遗产具有时空二重性和价值多重性问题，承认时空变迁和人事的代谢，动态修复则可使之得到保留，例如大报恩寺遗址公园和牛首山遗址公园的建设，大报恩寺在遗址原地修建，并建有保护性轻质琉璃塔；遗址中重光的佛顶骨舍利则被迁至新建的牛首山遗址公园的地宫内保存，与琉璃塔分踞南京两处名胜。该两处遗址被定为国家级文物保护单位，遗址核心区必须进行严格保护，并保持遗址的原真性，这样既能够保护遗址，重现历史风貌，又能够让民众目睹古迹原貌，延续历史记忆。此外，目前利用数字化手段保留遗产信息固然重要，但相比之下更重要的是遗产本身塑造的时空和人心的主体性价值。数字化的遗产信息主要提供对过去的说明，与当下的时空是脱嵌的。至于游戏建模和数字化遗产展示设备在修复中的实际价值，应依据修复原则确定。建成之物体现的是人类发展的认知和创造能力。数字化保护对建筑遗产而言，利弊同存。

---

[1] 典型事例如圆明园铺设湖底防渗膜工程，当时的修复观点有三种，第一种观点认为防渗固化是常识性错误，主张保持遗址现状。防渗固化是人为将湖水同自然隔断，是文物保护中淘汰的做法，是河道、湖泊整修中的大忌。自然水系是生命有机体和生态系统，防渗和固化后，水系与土地及其他生物环境分离，失去自净能力，从而加剧水污染程度。第二种观点认为，湖底防渗工程是圆明园环境整治工程的一部分，不属于建设项目，这项工程还包括清理淤泥、维修驳岸等。第三种观点认为，圆明园的环境用水未列入政府水指标计划，每年圆明园向水务部门申请到的环境用水量仅为 150 万立方米，与实际需水量 900 万立方米相差甚远，如不对有限的水资源采取堵截的办法，一年内将有 7 个月处于无水期，无法再现当年河流湖泊星罗棋布的美景。参见圆明园湖底铺设防渗 [EB/OL]. 京华时报，(2005-03-29) [2021-01-28]. http://tech.sina.com.cn/d/ 2005-03-29/0332563713. shtml。

[2] 贾珺. 修还是不修，这是个问题 [J]. 世界文化，2019 (6)：41-43.

[3] 陆地，肖鹤. 哥特建筑的“结构理性”及其在遗产保护中的误用 [J]. 建筑师，2016 (2)：40-47.

（一）行政规划中的文物及周边环境的法律预防性保护

城市化进程中，文物保护单位用地与城市规划用地可能出现重叠，合理划定保护区划，确定文物保护规划的物质对象，使不可移动文物保护需要的空间与城市整体融合，是文物保护规划中的关键。除了与城市规划融合，文物保护规划也可通过单项遗产项目的形式进行，例如《嘉峪关文物保护规划》是我国万里长城首个编制完成的文物保护专项规划，明确遗产本体包括嘉峪关关城、万里长城第一墩、悬壁长城及连接十五千米的明墙暗壁长城，周围的烽燧、墩台、城堡等相关历史遗迹和自然、人文环境是共同组成部分。遗产保护规划除了涵盖长城本体的完整性、真实性和历史延续性，更保护所承载的历史环境的完整性与延续性。明确科学规划、原状保护原则，保护和强化被保护地区的特点以及长城景观的生命力，改善公众对于世界遗产价值和重要性的理解。针对嘉峪关长城的保存现状，分析主要的破坏性影响因素，规划提出必要的保护工程，确定合理的保护措施。[1]对保护范围的划定、标志说明的设立、档案记录的完善、专门机构或专人管理方面的要求、日常维护、安全监控等措施提出具体的规划建议。针对遗存本体的安防及消防设施，划定遗址保护范围，强化边界划定明确和科学性问题。此外，随着我国水下考古水平的提高，以岛礁遗址和水下沉船为主的各类海洋文化遗产情况越发明晰。海洋文化遗产作为新兴的不可移动文物类型，基于《中华人民共和国水下文物保护管理条例》开展保护管理，需要探索岛礁类海洋文化遗产文物保护专项规划。[2]在对周边环境保护规划中，对遗址已发掘区域开展专项保护工程建设，对其他遗存提出可控及持续的保护计划和必要的保护措施，制订海岛环境风险的监控、防护措施及应急预案。要加强对历史沿革及变迁、规划区域内各类遗存遗迹的价值关联、系统性的价值阐释与展示研究，建立以文物安全管理为主要职能的复合管理机构。遗址保护要遵循整体保护与规划先

---

[1] 如对嘉峪关关楼进行现状修整和重点修复，更换损坏的构件，修复脱落油漆、彩绘；对西罗城及外城墙体进行防护加固；对柔远楼进行扶正维修；对长城第一墩讨赖河崖壁进行防护加固等。参见甘肃省文物局. 嘉峪关长城修缮史. [EB/OL]. (2019-08-30) [2021-01-28]. https: //www.sohu.com/a/337653784_120207621。

[2] 曹凤，安磊，张治国. 海洋文化遗产文物保护规划编制方法初探：以《甘泉岛遗址保护规划》为例 [J]. 自然与文化遗产研究，2020 (6)：79-88.

行的原则。按照整体保护原则，要在规划中对遗址及其遗存进行统筹考虑，根据遗址本体与环境特征，结合考古研究成果和遗址保护需要的双重因素，增强遗址保护区划的合理性。要注重生态保护，坚持环境优先原则，根据遗址所处生态环境的脆弱性评估，采取遗址保护与生态环境保护结合的整体策略，除与文物保护利用有关的重要基础设施建设外，禁止建设其他永久性建筑，对不符合要求的建构筑物逐步改造或搬迁，构建整体价值阐释体系。要对考古遗址公园以及遗址涉及的生态资源和文化遗产资源进行统筹规划、综合协调、合理分配，做到公益文化事业与经营文化产业相结合，探索文化遗产利用模式。[1]遗产本体的保护原则是必须进行原址保护、尽可能减少干预、保护现存实物原状与历史信息、按照保护要求使用保护技术，保留和使用传统材料、传统工艺，采用物理保护手段，保护措施应具备可再处理性，以及正确把握审美标准。例如，河北大名府故城文物保护纳入大运河文化带建设规划，借鉴国内历史时期都城城市考古理念和方法，厘清大名府故城城内水系与大运河永济渠位置关系。2006 年公布为全国重点文物保护单位的大名府故城遗址，位于河北省邯郸市大名县大街乡。大名府故城兴起于隋唐，随着大运河永济渠的开凿开通，成为沟通河北与江淮地区的交通枢纽。故城遗址文物保护工作在调查城址平面分布范围、三重城垣城市平面布局、内部道路网络、城内水系走向和重点区域城市功能分区的基础上，编制文物保护规划，并推动北宋都城制度、四京城市群格局、宋辽军事对峙、水运与城市经济发展研究的深入。同时，通过考古推进黄河以北区域历史时期中心城市兴起、发展和商品经济繁荣的研究，利用科技手段采集综合信息数据，实现大遗址基础数据的数字化、信息化和规范化，搭建地理信息系统平台，推动河北大运河文化带建设。[2]

根据考古专家和遗址保护研究学者的建议，2009 年国家文物局提出“国家考古遗址公园”概念，印发《国家考古遗址公园管理办法（试行）》，明确了考古遗址公园建设和大遗址保护、考古遗址公园建设与环境结合的方向。

---

❶ 高宜生，陶斌，石涛. 真实性原则在我国建筑遗产保护修复中的应用［J］. 山东建筑大学学报，2011（3）：232-236.

❷ 华觉明，冯立昇. 中国三十大发明［M］. 郑州：大象出版社，2017：129.

2010年，三星堆、圆明园和大明宫获得国家考古遗址公园称号并被授牌。国家遗址公园对遗址进行保护和展示，是融合教育、科研、游览、休闲等多项功能的城市公共文化空间。将大遗址保护从被动抢救保护、遗址本体修补式的局部保护，转向为大遗址目的规划性保护。依据遗址规模和特点，对遗址本体和周边环境开展整体性保护，突出文化因素，实施接近历史原貌的保护性措施。国家考古遗址公园与一般的城市公园有本质区别，遗址保护的核心是原状保护，而不是改造；遗址公园不是城市公园，不能按公园的要求改造。必须严格遵照考古发掘程序、合理应用现代科学技术、结合遗址历史原貌进行建设。遗址公园突出遗址本体的稳定性和展示效果，体现历史文化功能。文物保护部门实施不断改善的、接近历史原貌的保护性措施，明确社会责任，保持文化遗址的生存逻辑和整体价值。[1]遗址周边环境保护突出的文化价值与生态环境价值有时候未必完全一致。遗址公园改善遗址生态环境，但覆土种树则背离遗址保护的初衷，因此，保护的专业性要求是重要考量因素。周边环境整体保护中的考古遗址公园的社会责任，是促进古迹保护良性发展的前提，也是实现遗址的社会效益、生态效益、经济效益可持续发展的要求。

（二）外部空间对不可移动文物本体的预防性保护价值

遗产环境的保护规划以保存真实历史信息为核心，注重遗产本体和相关环境的整体保护。规划适当扩大建设控制地带，确保遗产环境的完整性。环境整治内容主要包括交通调整、建筑搬迁、电线与工程管网整治、构筑物清障、景观风貌控制、村落基础设施改善、基础设施工程规划要求，以及自然生态与环境保护要求等。目前法律法规对于文物保护区划的划定方法，仅提出概括性总结和原则建议，为各地在具体划定文物保护单位保护区时留出空间和余地，以灵活应对各类文化遗产的多样性与复杂性，但也可能影响保护区划定时的合理性与可行性。保护区划定依据包括地理环境、水平投影和安全距离划定。古遗址、古墓葬及古建筑的文物本体与周边地理环境存在紧密联系，《威尼斯宪章》即体现了地理环境划定法观点；划定保护范围时，依据

[1] 贾珺. 修还是不修，这是个问题［J］. 世界文化，2019（6）：41-43.

该文化遗存所处区域的地理环境，以其外边界的走向为路径，结合河流水系、道路、地形地貌等地理特征综合划定，适用于文化遗存分布范围及周边环境地理特征明确、可识别的文物保护单位；水平投影划定法是划定文物保护单位的保护范围时，从文物本体分布范围的四至边界向周围水平延伸一定距离作为保护范围的边界，延伸距离不得小于遗存本体的高度，适用于文物分布范围与城市发展用地叠合，地理特征不明确、无法识别且文化遗存规模较小，文化遗存主体裸露于地表以上，有明确的、可识别界限的文物保护单位，如城墙、古建筑等。城市建成区的文物保护单位，由于受文物本体构成的多样性及周围环境的复杂性等因素影响较大，其保护范围的划定可依据情况调整。《文物保护法实施条例》明确，文物保护单位的保护范围，应在文物保护单位本体之外保持一定的安全距离，以确保文物保护单位的真实性和完整性。安全距离的划定是在划定保护范围时，充分考虑文物保护应急预案有效实施的需要，保护范围自文化遗存本体分布范围四至边界向外水平延伸一定的安全距离。诸多危及文物保护单位安全的因素中，火灾是最主要和最具毁灭的灾害之一。为降低火灾潜在的威胁，在对文物保护单位进行保护区划定时，应从防范火灾安全隐患所必须设定的安全距离为出发点，并结合文物保护消防预案进行统筹考虑。安全距离划定法适用于位于建成区，周边环境无法进行大规模调整的文物保护单位。要将消防规划纳入文物保护规划，健全安全责任体系。将名城名镇名村及文物建筑消防安全工作纳入国民经济和社会发展规划，并建立消防经费保障机制，推进消防规划编制实施；建立消防安全委员会、消防安全联席会议等部门消防工作协调机制，对区域性重大隐患和屡禁不止、屡查不改的消防违法行为，提请政府牵头综合治理。同时，在政府的统一领导下，各部门各司其职，城乡规划建设部门要加强规划建设管理，文物部门要加强行业监管，公安消防部门要加强监督检查，指导单位加强消防安全能力建设，推动重点单位落实户籍化管理，对保护范围内的消防安全重点单位进行年检，强化考核和责任追究；在对一定区域范围内存在两处以上空间、不连续分布的文化遗存划定保护范围时，依据该区域文化遗存本体的考古勘探、发掘及相关学术研究成果、周边历史环境等信息，以各成片分布的文化遗存为保护对象，考虑全面布局，以点面结合的方式划定保护范围，适用于规模较大、文物价值突出、由多个空间分布不连续的单体文化遗存组成的大型古遗址、古墓葬、古建筑群、石窟寺等文物保护单位。空间比较集中的同一文物保护单位，成片划定保护范围，由两个及以上本体分布区域组成的文物保护单位，就组成该文物保护单位的各个单体文物遗迹单独划定各自的保护范围，并根据各文物遗迹的类型及特征制定不同的保护管理规定。[1]对于文物保护单位，将划定保护范围和控制建设开发。每个文物单位及周围一定范围作为重点保护区域，该区域内建筑只能进行修缮，且须报相关部门审批，对保护范围内的文物采取强制性保护，严禁在此范围内新建、改建任何构筑物。除划定保护范围，控制规划还要为所有文物保护单位划定区域，此区域范围内，限制建设项目，保护文物单位的安全、环境和历史风貌，以及周边整体环境和原有地形地貌。建设控制地带内，不得建设空中或地下建设项目，不得修建高度、体量、色调与文物保护风貌相违背的建筑，建筑密度、高度、色调都要控制。确需进行建设的工程，方案由行政主管部门同意后，报城乡规划部门批准。

有关外部空间的研究结论发现，划定建设控制地带时，应以真实、完整保护文物本体安全、历史风貌完整及重要自然环境要素，确保文物保护与城市建设合理衔接为标准，从遗存保护范围的外边界结合河流水系、道路、地形地貌等地理特征综合进行划定。地理环境划定法是为增强保护区划的合理性和可操作性，在保证文物本体安全和历史风貌完整的前提下，对建设控制地带进行层级控制，适用于文化遗存周边地理环境特征可明显识别的文物保护单位；划定建设控制地带时，要在保证文物安全的基础上，充分考虑文物周边建筑高度对文物本体的体形环境可能带来的视觉及心理影响，通过研究建设控制地带距离与文物空间周边建筑高度的合理比值，划定城市界面高度控制[2]，适用于与文化遗存相关的历史环境特征不甚明确或不可识别的文物保护单位。运用城市界面高度控制进行建设控制地带划定时，要针对文物保护单位的不同类型区别对待。对于位于地下的遗址或墓葬类文物保护单位，由于其地上的建筑与地下的文物之间很难建立直观的空间感受，其建设控制地

---

[1] 宋文佳. 文物保护规划中保护区划划定方法思考［N］. 中国文物报，2017-11-10.

[2] 芦原义信. 街道的美学［M］. 尹培桐，译. 天津：百花文艺出版社，2006：15-22.

带划定不适合采用城市界面高度控制，而是要在保证文化遗存安全性的前提下，结合周边实际空间环境综合进行确定。当文物保护单位的南北方向有较为通透的视场时，在其东西界面的建筑高度控制上应适当放松。❶保护区规划要遵循文化遗产真实性、完整性原则，并综合考虑操作性，在满足保护的前提下与城市发展建设相互促进。在文物保护项目审批效率和质量的提升，保护规划、行政许可、展示利用等方面，要针对重点文物保护单位的抢险、修缮、加固和保护性设施建设、迁移等工程，在落实文物保护法规范及实施条例、文物保护工程管理办法等法条规范的前提下，创新和规范文物保护项目管理，提高效率与质量，明晰原则、标准和程序。❷例如在编制乡土建筑的保护规划时，应明确文物本体构成是规划中的核心内容，明确文物本体构成的前提，以及公共建筑和私人宅邸是乡土建筑的重要组成部分，梳理出村落格局，以完整保留村落历史信息为出发点进行编制，集聚传统村落拼接呈现的完整村落文化所蕴含的价值。

四、文化遗产保护中的周边环境预防性法律保护

2019年版《实施世界遗产公约的操作指南》规定了申报世界遗产条件的详细目录，提名缔约国《世界自然遗产预备名录》❸中明确，如果遗产对原住民的土地、领土或资源造成影响，缔约国应当通过原住民自身的代表机构向原住民进行咨询，并与之真诚合作，以便在遗产列入预备名录之前，获得他们自愿的、事先的、知情的同意。各国预备名录的内容由涉及的缔约国全权负责。预备名录的公开发表不意味着世界遗产委员会或世界遗产中心或联合国教科文组织秘书处就任何国家、领土、城市或地区或其边界的任何意见和立场。国际古迹遗址理事会（ICOMOS）负责文化遗产的评审，世界自然保护联盟（IUCN）

---

❶ 韩骥，吴晓丛，傅清远. 西安唐大明宫国家遗址公园建设规划研讨会专家发言摘要［J］. 建筑与文化，2007（8）：100－103.

❷ 国家文物局公布《全国重点文物保护单位保护规划编制要求（修订稿草案）》［EB/OL］.（2018－01－16）［2021－01－28］. https：//mp. weixin. qq. com/s?src=11×tamp=1611828461&ver=2856&signature=VqEYg8d1PrAIWI－avxjlJQIT4q6QpGxG68I9b*4aj5LAsDJnb1Coz4FXW2DNtqW0f9n8iq3yEJi38J9XvsIJxJvY45jwNrDS2Qk－2jAJn6GJjrGVNlYvwXBWvmhABRcs&new=1.

❸ 廖汝雪，于晓磊，范家昱. 世界遗产预备名录的国际比较研究［J］. 中国文化遗产，2018（1）：34－38.

负责自然遗产的评审。按照自然价值和文化价值双重标准申报的遗产需要IUCN和ICOMOS共同对该遗产申报进行现场评估考察。考察之后，IUCN和ICOMOS将根据相关标准编制独立的遗产评估报告，并尽最大可能协调和整合其评估报告。例如，在《世界沙漠遗产景观》（IUCN，2011）中，对具有列入世界遗产名录潜在价值的沙漠的全球审查，报告推荐当时没有被缔约国列入《世界遗产名录》或预备名单，但展现最突出的沙漠景观和地貌特征的潜在混合遗产地[1]，提名地大面积分布的高大沙山、世界最高固定沙丘、高大沙山、丘间湖泊组合景观，连续的正在进行中的沙漠地貌等特征，在《世界遗产名录》中尚无代表，是目前《世界遗产名录》和预备名录中所有相同类型遗产地、提名地未能体现的。提名地具备全球范围内突出的美学价值和地球演化史价值，补充了《世界遗产名录》中干旱、半干旱类型沙漠景观代表的空白。

联合国教科文组织1972年通过的《保护世界文化和自然遗产公约》，是世界文化和自然遗产保护的专门公约，世界遗产委员会隶属于联合国教科文组织，负责《世界遗产名录》的建立和认定。在阿塞拜疆首都巴库召开的第43届世界遗产大会上，经联合国教科文组织世界遗产委员会审议通过，中国黄（渤）海候鸟栖息地被批准列入《世界遗产名录》，这是我国第一块潮间带湿地世界遗产，其重要价值在于填补了世界自然遗产滨海湿地类型的空白。第43届联合国教科文组织世界遗产委员会会议同时宣布良渚古城遗址正式列入《世界遗产名录》。良渚古城展现了中国长江下游环太湖流域新石器时代[2]文化遗产，填补了《世界遗产名录》中东亚地区新石器时代城市考古遗址的空缺。良渚古城遗址展现出中国新石器时代晚期以稻作农业为经济支撑，并存在社会分化和统一信仰体系的早期区域性国家形态，印证了长江流域对中国文明起源的杰出贡献。城址的格局与功能性分区，良渚文化和外城台地上的居住遗址分布特征，高度体现了遗产的普遍价值。我国是联合国粮农组织全

---

❶ 杨锐，赵智聪，邬东璠. 完善中国混合遗产预备清单的国家战略预研究［J］. 中国园林，2009（6）：24-29.

❷ 新石器时代在考古学上是石器时代的最后一个阶段，是以使用磨制石器为标志的人类物质文化发展阶段，拥有城市文明的早期国家社会型态。参见张之恒. 中国新石器时代遗址的分布规律［J］. 四川文物，2007（1）：50-53，95。

球重要农业文化遗产倡议的积极参与者、重要推动者与主要贡献者。青田稻鱼共生系统保护与发展及其他项目，被列入世界文化遗产保护名录，是中国在农业文化遗产发掘与保护领域作出的贡献。该农业遗产项目秉持在发掘中保护、在利用中传承的原则，探索充分利用独特的生态与文化资源优势，探索并完善政府主导、分级管理、多方参与的管理机制。农业遗产预防性法律保护也可以通过行政规划加以实现，例如河北省人民政府办公厅印发了《关于公布聚馆古贡枣园文物保护规划（2011—2030 年）的通知》，要求黄骅市政府将《聚馆古贡枣园文物保护规划（2011—2030 年）》纳入当地国民经济和社会发展规划及城乡规划，在编制相关规划及城乡建设过程中，注意与本体规划相衔接。要正确评价聚馆古贡枣园的历史价值，正确处理文物保护与经济建设、合理利用之间的关系，最大限度保护聚馆古贡枣园文物本体及环境的完整性、协调性和真实性。黄骅市聚馆古贡枣园是为明清两代帝王提供贡枣的冬枣园，聚馆古贡枣园经历了古代枣农栽培、嫁接冬枣树的全过程，是古代农业科技发展成果的重要实物见证，具有较高的历史、文化、科技等价值。2006 年聚馆古贡枣园被国务院公布为第六批全国重点文物保护单位，是活态文化遗产和文物保护的新发展。聚馆古贡枣园栽培的枣树是国内唯一被国务院确定为文物的植物种群，同时开创了中国文物保护事业的新门类，丰富了文物保护的内涵。[1]该枣园的预防性保护工作以保护为主、抢救第一、合理利用、加强管理为方针，编制了包括聚馆古贡枣园及周边环境的保护规划，以农业遗产和文物古迹保护为基本原则。聚馆古贡枣园文物保护规划的公布，不仅为黄骅城乡建设规划、经济社会发展等规划的编制提供了依据，而且为聚馆古贡枣园的有效保护和合理利用提供了规范。

联合国粮农组织 2002 年发起的国际合作计划全球重要农业文化遗产（GIAHS）保护与适应性管理倡议，旨在建立农业文化遗产及生物多样性、景观与文化、食物与生计安全的全面保护体系。2015 年联合国粮农组织大会将全球重要农业文化遗产管理列入常规职能，管理世界范围的农业文化遗产申请许可和可持续的动态保护。全球重要农业文化遗产具备合法身份，也成为

---

[1] 朱冠楠，闵庆文．对农业文化遗产保护的历史与文化反思［J］．原生态民族文化学刊，2020（4）：130－135．

继联合国教科文组织的世界自然遗产与文化遗产、非物质文化遗产等之后的遗产保护项目。该倡议赋权土著居民通过多样化的生产实践，提供多样化的产品和服务，以本地自然资源为基础，创造并保持自身独特的农业景观系统，维持并适应全球农业生物多样性要求和本土知识体系，保障食物安全和农业生计安全。农业遗产资源知识产权及利益关系调整，可以概括为源与流的关系协调，即在预防性法律保护体系中，如何将新型遗传资源相关知识产权权益纳入保护，在保护遗传多样性基础上实现惠益分享，实现传统知识保护的知识产权的可持续发展，规范资源获取与促进惠益分享和环境保护，实现协调发展。[1]农业农村部制定的相关标准和制度体系中，《中国重要农业文化遗产管理办法（试行）》规范了重要农业文化遗产的保护与管理，明确了各利益相关方的权利义务；《中国重要农业文化遗产认定标准》界定了重要农业文化遗产，从系统性、持续性、历史性、保障性、濒危性、示范性等方面提出具体标准；《中国重要农业文化遗产申报书编写导则》指导规范农业文化遗产申报程序。[2]针对当前全球农业现状和面临的共同问题，粮食和农业植物遗传资源、农业资源多样性亟待保护，单一基因农作物品种对种群内多样自然品种的大范围替代，将导致巨大农业隐患。农业可持续发展不仅是土壤改良、减少农药和化肥使用等，核心在于农业植物遗传资源的保护与共享。因此，我国应积极申请加入《粮食和农业遗传资源国际条约》，适时启动加入条约的程序，组织研讨论证，进一步完善惠益分享法律法规，制定接轨条约的法律法规。加入条约有利于中国深度参与国际事务，协同增效，充分利用加入粮食与农业植物遗传资源条约的积极影响，推进 2020 年以后的生物多样性保护，遏制农业植物不断丧失的趋势。[3]中国作为农业大国、世界八大农作物起源中心之一，保护和利用农作物遗传资源具有深刻意义。

农作物遗传资源与农业生态系统的安全关联密切，同时与自然界整体生

---

[1] 闵庆文. 哈尼梯田农业类遗产的持久保护和持续发展［J］. 世界遗产，2014（9）：60－63.

[2] 闵庆文，孙业红. 农业文化遗产保护的几个问题：全球重要农业文化遗产“稻鱼共生系统”动态保护与适应性管理研讨会纪要［J］. 古今农业，2007（2）：98－100.

[3] 闵庆文. 重要农业文化遗产及其保护研究优先领域、问题与对策［J］. 中国生态农业学报，2020（9）：1285－1293.

态环境密不可分，相互依存。生物多样性保护在生态文明建设当中占有重要位置，生物多样性是遗传基因的多样性、生物种类的多样性、生态系统的多样性，是地区生态圈稳定性的最重要因素，也是蕴藏丰富生物资源的宝库。农作物遗传多样性衰减产生的一系列生态危机，给人类可持续发展带来挑战。联合国粮农组织明确了全球重要农业文化遗产的特点，包括活态性、适应性、复合性、动态性、多功能、可持续等。[1]提出了农业文化遗产保护遵循的原则，包括保护优先、协调发展、动态保护、适度利用、整体保护、适应管理、活态保护、就地保护等，要求建立多方参与、惠益共享的机制。[2]独特土地利用系统和农业景观，其生物多样性特点突出，能够促进地区可持续发展。农业文化遗产因其濒危性和集约化、规模化等特点，与现代农业相比，在集约化和现代化等方面存在一定不足，应予以优先保护。农业文化遗产包括物质文化遗产和非物质文化遗产，有自然和文化的内容，需要予以整体保护，使其协调发展。农业文化遗产是活态文化遗产，应遵循生产性保护原则。农业文化遗产的静态展示特色较弱，在生产运作、推广应用技术体系、知识与保护理念、措施利用过程中，应注意发挥其生态、文化等特征。农业文化遗产是集生态保护、历史文化、产业发展、科学研究等价值的活态遗产，其保护、利用与传承涉及多部门的多元主体参与和惠益共享，在加强本体保护的同时，应注重生物多样性保护、利用传统知识做好森林与水资源保护，以下凸显遗产的文化价值和生态环境价值。要重视农业遗传资源国内立法，农业遗传资源必要披露、惠益分享及信息数据库建设，充分利用地理标志、商标等现有制度进行农业遗产及传统知识保护、农业遗传资源的知识产权保护及地方农业遗传资源保护实践。[3]

五、文物预防性保护体系的法律保障

预防性保护是我国文化遗产保护领域近几年较为关注的保护理念。法律

---

[1] GEF 项目：全球重要农业文化遗产动态保护与适应性管理［J］. 资源科学，2009（6）：898.

[2] 闵庆文. 哈尼梯田农业类遗产的持久保护和持续发展［J］. 世界遗产，2014（9）：60-63.

[3] Parviz Koohafkan. 全球重要农业文化遗产（GIAHS）的保护与适应性管理［J］. 资源科学，2009（1）：4-9.

保障层面体现为立法及规范性文件、执法层面和司法层面的公益诉讼关联措施。近两年出台的一系列文物保护相关的重要规范与文件（《中国文物古迹保护准则》《关于加强文物保护利用改革的若干意见》等）都明确提出，文物保护行业要从以往单纯注重抢救性保护，向抢救性与预防性并重的保护方式转变。国家文物局在文物防灾减灾工作方面的安排和考虑，主要提及五方面举措，包括统筹纳入防灾减灾体系、加强防灾减灾研究、文物修缮中考虑防灾问题、完善文物防灾减灾应急预案、发挥文物自身防灾功能。文物作为不可再生的社会资源，也在面临自然因素和社会因素带来的潜在破坏性风险，遗产预防性保护是处理不确定风险的最优机制。次生灾害发生的情况和形成机制复杂，不确定因素和突发状况会对古迹造成较大程度的破坏和冲击。除运用新技术手段对灾害造成的风险进行更准确的判断外，还需要学习、借鉴传统智慧与经验。古建在历史上存在了上百年甚至更久，往往经历多次规律性的自然灾害，能够幸存下来的文物古迹在选址、环境处理、灾害防御方面具有传统智慧的有效预防策略。可以参考地方史志资料和文物古迹中的碑刻记载，总结发现所在地区大型自然灾害发生的周期性规律。因此，要从文物历经灾害的角度来理解古迹的日常状态。预防性保护同样是系统工程，需要建立完整的防灾理念和全民体系，包括制定贯穿灾前、灾中及灾后一系列技术、管理的可行性措施，例如，底部采用船舷圆弧形设计的建筑结构，能够帮助阻挡水流的冲击，同时选择抗洪能力较强的材料。从遗产防灾体系角度看，准确翔实的文物档案也是预防性保护研究的对象，要注意建好文物档案，保留历史测绘数据，确保档案资料灾后能够及时获取，档案记录也是保护工作中非常关键的一部分。此外，文物数字化保护工程，对文化遗产预防性保护、研究和传承能够起到重要作用，对于防止类似水灾、火灾等对文物造成不可弥补损失可以提供一种档案依据。对文物本体的保护是核心，数字化保护和利用是手段。对文物所处自然、历史的环境的破坏，比如将历史河道渠化、裁弯取直，除会破坏历史风貌外，还会导致更大的风险隐患。因此，文物保护更需要统筹考虑，合力推进，要发动文保、规划、建设、交通等多部门协力为文保营造健康环境。文物古迹的修复，对灾后民众的心理建设能够起到重要作用，承载着团结、重建家园的动力。遗产保护不仅是健康保护文物本体，也是文化延续和技艺传承，需要民众参与。关注遗产与社会共同的健康状态，是遗产保护的重要目标。文物遗产不仅是常态下的旅游资源，更是民众的精神家园。加强文物保护和利用，涵养文化根脉，是历史责任。

党的十九届五中全会明确提出，强化历史文化保护、塑造城市风貌；加强文物古籍保护、研究、利用，强化重要文化和自然遗产、非物质文化遗产系统性保护，加强各民族优秀传统手工艺保护和传承，建设长城、大运河、长征、黄河等国家文化公园；保护传统村落和乡村风貌等。因此，要切实为文物预防性保护提供法律保障。目前检察机关在探索开展文物和历史文化遗产公益诉讼保护过程中，存在法律供给上的不足，总体法律依据不完善，在监督范围、立案标准、调查取证、诉讼等环节缺乏实体和程序法律依据；民事公益诉讼中，文物及文化遗产的损害认定、修复等缺乏科学评估方法和可参照的标准，增加了检察机关调查取证、确定诉讼请求、执行监督的难度。文物保护还涉及历史遗留民生问题。虽然文物和文化遗产保护没有作为民事诉讼法、行政诉讼法规定的公益诉讼专门领域，但检察机关可以用好现有政策和法律依据，对部分文物和文化遗产保护工作涉及的法定领域，探索开展公益诉讼，加大保护力度，例如，依据《环境保护法》关于环境包括人文遗迹、风景名胜区、城市和乡村等规定，将文物公益诉讼纳入生态环境和资源保护领域；依据《文物保护法》和《物权法》关于国有文物所有权的规定，将文物公益诉讼纳入国有财产保护领域；依托《英烈保护法》，将属于国有文物的英雄烈士纪念设施纳入英烈权益保护领域。检察机关要加强与文物保护部门协作联动，推动完善文物和文化遗产长效保护和利用机制，解决私有产权文物保护难题，提高文物保护综合治理水平，注重兼顾文物保护与地方经济发展相协调。公益诉讼可以使文物和文化遗产的预防性法律保护得到加强，增强社会公众的文物保护意识，有效激活地方政府对文物保护的主体责任。

增强文物和历史文化遗产预防性法律保护，要加强理论研究。在推动相关法律、法规修改时，可以增设公益诉讼条款，授权检察机关对妨害文物和历史文化遗产保护利用、损害国家利益和社会公共利益的行为，依法提起民事或行政公益诉讼。同时加强行政执法与检察公益诉讼协作配合建立长效机制。检察机关可以联合国家文物局、文化和旅游部、住建部等相关部委出台文物保护方面的协作意见，在线索移送、信息共享、调查取证、专业支持、联合督办、调研、培训等方面加强协作。检察机关办理的文物保护公益诉讼案件类型多样，可以充分积累经验，为该领域公益诉讼理论、制度和立法研究提供样本。从所涉的文物类型看，包括古遗址、古墓葬、石窟寺、传统建筑、传统村落等；从监督方式看，既有行政公益诉讼，也有民事公益诉讼；从监督的具体情形看，包括法人违法施工破坏文物、文物被违法改建或占用、文物被盗掘受损、产权人擅自修缮或无力修缮致文物受损等；从被监督对象看，包括地方政府、文物部门或其他行政机关、破坏文物的单位或个人等。例如，长城作为古代军事防御工程，具有独特的历史、艺术和科学价值，系中国首批入选的世界文化遗产，是中华民族的代表性符号和中华文明的重要象征，检察机关通过公益诉讼职能，可以督促地方政府严格履行文物保护主体责任，确立长城保护由政府主导和属地管理、文物行政部门承担监管责任、基层文管所等长城点段实际管理者承担直接责任的常态化文保管理机制，建立长城巡查保护长效机制，从而促进城市建设和文物保护利用协调发展。针对政府组织的工程施工导致的文物受损问题，检察机关可以通过公益诉讼职能，可以督促地方政府严格履行文物保护主体责任，在推动城市建设的同时注重对文物的依法保护。例如，违法行为人盗掘古墓葬致使墓葬受到严重破坏，检察机关可以依法追究其刑事责任，对其提起民事公益诉讼。违法行为人构成妨害文物管理罪相关罪名，并对文物造成实际损害的，检察机关可以依法对其提起刑事附带民事公益诉讼，并委托文物考古研究机构出具勘察报告，确定其修复责任和费用，要求其承担文物修复责任并公开赔礼道歉，保证被破坏文物得到有效、专业的修复，为民事公益诉讼制度在文物保护方面的应用提供有益探索。又如，传统村落保护涉及多个行政机关的职能，检察机关可以发挥公益诉讼职能，督促并协同相关职能部门依法全面履职，系统推进传统村落总体保护。有的传统建筑、革命旧址产权属私人所有，但因历史文化价值归属公共利益的范畴，依据法律规定，该类不可移动文物由所有人负责修缮，政府给予行政帮助。实践中因产权人修缮意见不统一、修缮资金紧缺及私人利益与公共利益平衡等问题，未能组织实施修缮，或者产权人不及时或无力修缮，会导致文物出现损毁风险。对于具有重要保护价值的私有产权革命旧址、传统建筑，检察机关可以督促行政机关与文物所有人签订修缮协议，化解公益保护与尊重私有产权处置的冲突。可以通过送达行政公益诉讼诉前检察建议，建议属地管辖政府尽快签订修缮协议，组织实施修缮项目，协调文物和民政等部门落实修缮资金补助。私有产权历史建筑所有人如果保护意识不强，可能进行违法施工、擅自修缮等，容易出现部分墙体倒塌、梁架塌陷，消防安全设施不齐全、过期或报废，文物保护标志被损毁、移动或掩盖等现象；也可能在文物保护范围内或建设控制地带区域存违规建房，从而破坏文物历史风貌等。针对该类历史建筑保护中的高风险与行政监管滞后、缺位之间的矛盾，检察机关要督促并助力相关部门依法履行职责，妥善保护文物和文化遗产公共利益，有效维护产权人合法权益。要以督促落实地方性法规为契机，与行政机关同向发力，推动解决文物保护的方法、标准、资金等难题，完善长效保护机制，发挥民间自治组织作用。检察机关要主动参与文物保护综合治理和旅游资源保护开发利用，回应公众关切，通过诉前圆桌会议推动多部门联动执法、协同治理，保护文物，督促治理文物周边生态环境，营造文物和文化遗产保护共建、共治、共享的浓厚氛围。文物安全隐患形成原因复杂，所涉监管部门较多、职责不清，且涉及企业经营活动。总之，检察机关发挥公益诉讼职能，协同多部门出台共同遵循和执行的文物保护方案，可以有力推动文物保护工作，同时保障地方经济的绿色发展。

中共中央办公厅、国务院办公厅印发的《关于加强文物保护利用改革的若干意见》指出，国土空间规划编制和实施应充分考虑不可移动文物保护管理的需要；地方政府规划土地储备时，对于文物遗存可能存在的土地，需要依法完成考古调查、勘探和发掘，才能入库。完善基本建设考古制度，强化考古项目监管，健全文化遗产监测预警和巡查监管制度，开展考古出土文物移交专项规划。建立国家文物保护利用示范区，依托不同类型文物资源，推动区域性文物资源整合和集中连片保护利用，创新文物保护利用机制，在确保文物安全的前提下，支持在文物保护区域因地制宜适度发展服务业和休闲农业。坚持依法保护利用，健全文物保护利用法律制度和标准规范，划定文物保护利用的红线和底线，落实文物保护属地管理要求和地方各级政府主体责任，提升全社会文物保护法治意识。创新文物价值传播推广体系，开展国家文物督察试点，发展中华文明标识体系。加强国家文物督察力量，试行向文物安全形势严峻、文物违法犯罪案件和文物安全事故多发地区派驻文物督察专员，监督检查地方政府履行文物保护责任情况，督察、督办重大文物违法犯罪案件办理和重大文物安全事故处理工作。推动文物保护中央与地方财政事权和支出责任改革，落实各级政府支出责任。落实基层文化文物市场综合执法，强化省级文物督察。建立文物资源资产动态管理，实行文物资源资产报告制度，地方各级政府定期向本级人大常委会报告文物资源资产管理情况。完备文物登录制度和国家文物资源大数据库建设。推进文物合理利用。强化文博单位的基本公共文化服务功能，推进文物领域政府购买公共服务指导性目录建设，提供多层次文化产品与服务。完善文物保护投入机制，完善资源存储和供给体系建设，抢救性与预防性保护并重，文物本体与周边环境整体保护并重。鼓励引导社会力量投入文物保护利用。合理规划资源建设内容。按照公共数字文化工程的功能定位和统一的技术标准，合理规划增量资源建设内容，围绕文化遗产数字化、文化精准扶贫、旅游等主题，开展公共数字文化资源建设，丰富适用于移动互联网传播的资源类型，优化资源结构，提升资源质量。适应移动互联网应用特点的服务模式，从用户需求出发，推动跨平台、跨系统、跨层级的资源相互调用和信息共享互认，提高资源获取的便利性。按照资源的适用范围要求，合理规划资源的授权，实现版权效益最大化。改变传统的资源配送模式，建立基于宽带互联网、移动互联网和虚拟网传输的公共数字文化资源配送体系。建立群众文化需求反馈机制，针对不同服务场景、特定服务人群精准推送公共数字文化产品。

除建立司法层面的文物抢救性修复和预防性保护制度外，还可发动文物保护协会等社会力量，借助现代科技力量开展公益诉讼取证工作。还可开展包括捐赠文物进行公证等预防性保护。文物收藏爱好者将收藏的文物捐赠给博物馆进行收藏、保管和展示，对捐赠行为进行公证可以获得更为合法、有效的效果。公证机关要审查提交的证件、藏品清册、藏品图录是否真实、合法；是否以恶意逃避债务等形式掩盖非法目的，藏品是否存在扣押、抵押、质押查封等权利限制。能够保障当事人的权利与义务，尽可能避免或减少损失，确保共同利益。

第四章 博物馆及馆藏文物的预防性法律保护

一、文博预防性保护的起源及发展

（一）文博预防性保护的起源与国际比较

文博预防性保护是通过评估博物馆和档案馆可移动文物的风险，采取必要的风险管理措施和方法，避免或减少可移动文物未来的受损或退变。1930年在意大利罗马召开的关于艺术品保护国际研讨会上首次提出文物预防性保护概念，其主要指博物馆、图书馆和档案馆的温湿度控制。预防性保护已成为文物保护的共识[1]，并在文物保护史上具有里程碑意义。预防性保护的理念随着实践而发展。关于博物馆领域的可移动文物保存科学，在国际联盟博物馆局（国际博物馆协会的前称）赞助下，于意大利罗马召开第一届科技方法应用于检验和保存艺术品的学术会议，初步界定预防性保护的定义与内容，当时主要是针对文物保存环境的控制，尤其是对文物保存与陈列环境的温度和湿度的控制。可移动文物保存科学包括文物蜕变产物、病害认知、蜕变过程研究，保护材料和技术、材质和制作工艺研究，文物保存环境和控制研究，文物保护和修复处理研究等。预防性保护的内容丰富，包括博物馆规划与选址、建筑设计与建筑材料选择、展厅与文物库房设计、库房缓冲间设置，对

[1] 隆军花. 预防性保护的理念与实践［C］// 继承、发展、保护、管理：北京博物馆学会保管专业十年学术研讨纪念集. 北京：燕山出版社，2010：51-60.

文物所处环境的整体控制、文物保存和陈列小环境的控制等[1]，其中与陈列、保存环境相关的预防性保护尤其受重视。环境因素涵盖全面，不仅包括文物环境温度、相对恒湿、光线尤其紫外光、空气中的气态和颗粒物污染、虫害、霉菌等方面，还包括文物的包装材料、运输方式、安全防范、灾害的预防和应急等方面。意大利学者切萨雷·布兰迪在 1963 年出版的《修复理论》一书中明确指出，文化遗产保护最重要和最优先的原则，是预防性保护，其效果优于紧急情况下的抢救性修复。[2]预防性保护与抢救性保护相对应，前者是主动保护，针对文物环境；后者是被动保护，针对文物本体。预防性保护的初级形态是针对文物保存环境的温度及湿度控制，通过监测、评估、调控干预和质量管理等方式，实现长久保存。控制环境因素对文化遗产的危害，稳定环境和洁净环境能够最大限度阻止或延缓文物性质改变及老化。预防性保护是文物保护的前提和重要组成，可以延缓和抑制文物病害的发生。国际文物修复协会（IIC）和国际文化遗产保护和修复研究中心（ICCROM）对预防性保护的概念规定及适用解释存在差异，但基本原则是一致的。国际文化遗产保护与修复研究中心的预防性保护，是在不危及物品真实性的前提下，为延迟任何形式的、可以避免的损害所采取的必要措施和行动。[3]随着预防性保护理论的成熟与完善，博物馆的预防性保护包括博物馆规划、宏观决策、经费投入、物理位置选择、建筑材料及装饰材料的选择与应用、展厅及库房缓冲空间的设置、环境监测及调控、病害及有害生物调查和预防、文物提取及运输、自然灾害预防等方面。因此，预防性保护是一项综合性的保护工程，涉及会展、运展、文物商店、私人博物馆等方面的文化遗产保护逆向工程。[4]随着顶层设计和政策引导的加

---

[1] 赵国兴，刘建忠. 浅析影响馆藏文物保存的环境因素及预防性保护［J］. 文物世界，2015（2）：70-73.

[2] 切萨雷·布兰迪. 修复理论［M］. 陆地，译. 上海：同济大学出版社，2016：45.

[3] 隆军花. 预防性保护的理念与实践［C］// 继承、发展、保护、管理：北京博物馆学会保管专业十年学术研讨纪念集. 北京：燕山出版社，2010：51-60.

[4] 逆向工程（Reverse Engineering，RE），是与正向工程相对的概念，指客观存在的实物通过 CAD 模型等相关的技术处理，将数字化技术、几何模型重建技术以及产品制造技术进行整合，实现对已有产品剖析、重塑的过程。逆向工程关键技术包含数据采集技术、测量数据处理技术、CAD 模型重塑技术等，目前主要用于产品定型、三维实体重塑、商业媒体传播行业、产品（含文物）修复等。参见王霄. 逆向工程技术及其应用［M］. 北京：化学工业出版社，2004：56。

强，以及从业人员认识的深化，可移动文物的预防性保护进入新时代。为传播先进文化，中共中央宣传部联合多部门即发《关于全国博物馆、纪念馆免费开放的通知》，要求文化文物部门归口管理的公共博物馆全部免费开放。免费开放政策实施以后，博物馆事业的发展、观众数量的快速增长给文物保护工作带来挑战。

预防性保护概念源自欧洲遗产保护领域，在博物馆馆藏文物领域已经形成完整的知识体系和规范性参考框架。现代起源方面，馆藏文物领域的预防性保护可追溯到18世纪威尼斯艺术品修复师彼得罗·爱德华提出的在充分了解艺术品保存现状条件，包括对材料和潜在威胁的研究等基础上谨慎修复的理念。[1]1850年英国国家美术馆成立专门委员会后，科学家迈克尔·法拉第采取实验研究方法，研究伦敦大雾、天然气照明、煤烟、表面清漆和不同清洁方法对历史画作颜色变化的影响。[2]国际层面，早期的博物馆建立在最利于艺术品保护的加热、照明和空气例如干湿度、纯度等条件下，要求任何清洁和修复工作，都要在全面科学检查后才能进行，为基于微环境控制的博物馆收藏品的预防性保护实践奠定基础。1931年第一届历史文物古迹建筑师和技术人员国际大会通过的《雅典宪章》，明确指出通过建立长期的定期维护系统来避免文物古迹等面临的危险，鼓励通过多学科包括物理、化学和自然科学等合作，研究文物古迹损毁机制以制定合适的保护方法，奠定建筑遗产预防性保护实践的基础。2011年南京举行的建筑遗产预防性保护国际研讨会提出预防性保护概念，2015年的《中国文物古迹保护准则》首次将预防性保护概念引入文物保护行业规范。预防性保护目的是减少保护工程对文物古迹的干预，通过防护、加固的技术措施和相应的管理措施减少灾害发生的可能、灾害对文物古迹造成的损害，以及灾后需要采取的修复措施的强度。[3]从预防性保护的目标上来看，预防性保护有以下原则：要满足最低限度干预原则、要

---

[1] 吴美萍. 欧洲视野下建筑遗产预防性保护的理论发展和实践概述［J］. 中国文化遗产，2020（2）：59-78.

[2] 馆藏文物与建筑遗产在预防性保护方面的侧重点不同，前者研究艺术品的最佳保存现状条件，后者分析科学、新技术应用和保养替代修复，以保护不同阶段信息真实性的措施。参见商鑫龙. 浅析馆藏文物的预防性保护［J］. 东方收藏，2020（23）：76-79。

[3] 赵国兴，刘建忠. 浅析影响馆藏文物保存的环境因素及预防性保护［J］. 文物世界，2015（2）：70-73.

通过技术措施和管理措施共同实施、应减少或避免文物古迹遭受威胁与灾害。文化遗产保护理论体系中的预防性保护，需要强化预防性保护中的影响因素控制与灾害风险防御，针对不同类型的文化遗产采取不同的预防性保护实施策略，注重预防性保护的管理手段及相关技术手段。[1]

党的十八大以来，我国文物保护事业蓬勃发展，一系列规范性文件出台，例如，中共中央《关于全面深化改革若干重大问题的决定》，国务院《关于进一步加强文物工作的指导意见》《关于实施革命文物保护利用工程（2018—2022年）的意见》和《关于加强文物保护利用改革的若干意见》等。国务院机构改革中，文化和旅游部的挂牌成立以及各省市的文化和旅游厅（局）的相继组建，从战略层面全方位推动文化和旅游的深度融合发展，也为博物馆的发展带来新的机遇。为改善可移动文物保存环境，国家文物局办公室印发《国家文物局办公室关于加强可移动文物预防性保护和数字化保护利用工作的通知》，明确可移动文物预防性保护的主要内容，涵盖以文物保存设施配置、文物保存环境监测与调控为主的基础性预防性保护以及以博物馆防震、减震为主的拓展性预防性保护等工作，可移动文物的日常养护、防止人为因素导致的可移动文物损坏和长效预防性保护风险预控机制等。

根据2015年公布施行的《中华人民共和国博物馆条例》中对博物馆的法律定义，作为经登记管理机关依法登记的非营利组织，博物馆内供研究、欣赏、收藏、保护、展示的对象是可移动文物，保护好可移动文物，才能发挥博物馆的职能和价值，提升民族凝聚力，实现文化交流和文化产业发展，发挥文物和博物馆传播先进文化的作用，带动博物馆及周边文化旅游等产业发展。同时，可以节约因文物损坏而产生的修复经费。依据文物保护由注重抢救性保护向抢救性与预防性保护并重转变，由注重文物本体保护向注重文物本体与周边环境、文化生态的整体保护转变的要求，文物保护从传统保护转向建立在文物保护知识及理论基础上的科学保护。依据文物预防性保护的体系性要求，要完善周边室外环境、大环境、小环境及微环境的预防性保护体系。[2]预防性保护要求变被动保护为主动保护，避免因保护不力而导致的文物损害。

---

[1] 宋家慧. 关于预防性保护措施在馆藏文物保护中的应用［J］. 文物鉴定与鉴赏，2020（15）：96-97.

[2] 张小坤. 馆藏文物保管中的影响因素及预防性保护措施［J］. 文物鉴定与鉴赏，2019（19）：101-103.

（二）博物馆馆藏文物的预防性保护

广义的文物预防性保护包括法律、政策层面和具体操作层面，狭义的预防性保护包括馆藏文物保存环境空气质量的监测和调控、馆藏文物保存环境光照强度的监测和曝光量的控制、可移动文物储存和展示柜架等微观环境[1]，以及风险预警能力。基于科学保护的观点，文物材料的蜕变可以通过施加另外的材料加以干涉和控制。预防性文物保护是基于间接控制导致文物损坏的因子，减缓文物蜕变的速度。[2]文物的劣化由不同因子造成且不可控，预防性保护控制可以最大限度减缓文物的老化速度，可以使蜕变劣化过程能够被人为主动、有效地延迟。也可以控制观众流量，避免观众密集和流量较大时，人体呼出的气体和散发的热量造成局部区域温度和湿度的增高，影响文物环境的稳定。另外，博物馆铺垫橡胶地板后，橡胶含硫，观众在走动中形成的地板摩擦，可致含硫气体增加。因此需要控制观众流量，以有利于文物的保存。对观众流量进行动态控制，对参观者实施引导、疏散和总量控制，是从观众总量控制角度采取的预防性文物保护措施。对于可移动文物的预防性保护，ICCROM 引入澳大利亚和新西兰的风险管理评估标准（AS/NZS4360）理念和结构，量化可移动文物遭受的风险等级，预测可移动文物保护措施的优先性，使保护工作更具有针对性。可移动文物预防性保护研究近年来发展迅速，研究预见可移动文物可能会面临的损坏因素，运用新知识新方法对馆藏文物进行风险评估，并制定相应的防范措施，对文物保存环境提出更科学的要求，以抑制病变发生，对文物进行主动保护。研究内容涵盖长期、持续存在的累积型风险、事件型风险，以及风险管理在文化遗产领域的应用等方面。可移动文物累积型风险是指对可移动文物的危害并非突然产生的，而是长期积累产生的。对于该类风险，要从环境因素入手，结合环境和文物自身性质，进行预防性保护，例如，温湿度的波动、光辐射、生物危害、污染物和灰尘沉积等均为累积型风险，对此开展的预防性保护更接近传统保护。对于光照和紫外线而言，需要量化可移动文物的褪色率，同时要满足可移动文物和观众需要的光照强度。基础研究加深了对腐蚀机制的理解，为预防性保护的发

---

[1] 韩玲. 浅析濒危档案文献遗产预防性保护的双重策略［J］. 黑龙江档案，2012（3）：29.

[2] 韦春凤. 浅谈馆藏文物预防性保护措施［J］. 文物鉴定与鉴赏，2019（7）：66-67.

展奠定了基础。风险管理方面涉及室内博物馆环境中的空气污染物、虫害和霉菌等，为控制策略提供指导，其中的综合虫害管理成为预防性保护的一部分，是风险管理的重要内容；霉菌生长对建筑物或历史古迹风险的影响评估及预测模型可以描述孢子湿热的行为，通过监测文物表面温度和相对湿度的变化预测霉菌的生长。运行保护理念更新后，累积风险成为涉及风险管理应用的内容。累积风险是渐进过程，因此要集中对环境因素、文物本体性质进行理论或实验分析。[1]随着预防性保护理念的深入和风险管理的应用研究，对遭受累积风险破坏的可移动文物的被动修复，以及灾后对博物馆建筑及其可移动文物的抢救性保护修复已不充分，需要对可移动文物进行主动保护，即将风险管理引入可移动文物的预防性保护。风险管理方法有过程控制模型、新西兰和澳大利亚的风险管理评估标准、加拿大自然博物馆（CMN）的风险评估模型等。ICCROM（国际文化保护与修复研究中心）、CCI、CMN 和 ICN（荷兰文化遗产研究所）等机构曾合作举办可移动文物风险防范的预防性保护研修，旨在全球范围内介绍风险评估系统及其在文化遗产领域中的应用，介绍预防性保护研究的最新进展，完善应用于文化遗产领域的风险评估方法，逐渐推动计算机化和人工智能化。预防性保护在馆藏文物领域的应用和系统研究早于建筑遗产领域，目前针对馆藏文物的预防性保护已形成明确的定义和工作框架，针对建筑遗产的预防性保护尚未形成明确定义和工作框架。[2]

（三）逆向工程与预防性保护

当前对于逆向工程的研究不断深化，尤其在数据采集技术、测量数据处理技术、CAD 模型重塑技术广泛应用下，VR 技术、3D 打印技术兴起与发展，使得逆向工程在文化遗产保护与开发中得到更为广泛的应用，包括利用逆向工程实现文化遗产数字化和利用逆向工程快速成型技术重塑文物样本等。传统展览只能挑选个别具有代表性的文化遗产进行展示，出于文物保护的原因，无法进行大范围的展出。利用逆向工程中的虚拟现实技术（Virtual Reality，

---

[1] 安程，吕宁，张荣. 预防性保护理念对我国石窟寺保护的影响与实践［J］. 东南文化，2020（5）：13-19.

[2] 吴美萍. 欧洲视野下建筑遗产预防性保护的理论发展和实践概述［J］. 中国文化遗产，2020（2）：59-78.

VR）则能展示庞大的文化遗产群体，可以将文化遗产的翔实图片资料、三维立体模型、虚拟展示以及音频资料等进行汇集展示。将文物以数字的形式进行全面展示，是运用新技术对文化遗产进行开发与保护的典范。在此基础上建立的文化遗产数字博物馆，是对文化遗产进行保护的新策略，是利用现代科学技术与方法，把逆向工程与历史文化遗产开发和保护相联系，最大限度实现对文化遗产的数字化、永久性、高效性、低成本开发与保护。[1]针对珍贵文物遗产面临的风险以及文物寿命的内在规律，传统方法通过人工复制进行保护，但需要花费较多的人力、物力，产生高昂的文物遗产修复成本。且复制的文物体积过大时不易保存，加上精确复制文物的技术人员匮乏，复制效果不能满足复制保存的需求。数字时代通过逆向工程可以实现对文化遗产进行数据测量、数据处理、模型重建，对文物进行重塑，以样本形式使得文物以另一种生命形式抵抗风险，长久存在。对于濒危档案文献遗产的预防性保护，根据传统意义上的环境技术层面上的控制，通过环境的控制、特殊管理的实施和社会因素的影响，使濒危档案文献遗产处于一个良性保存环境。预防性保护包括档案馆对濒危档案文献遗产进行特殊保护，以及濒危档案文献遗产的政策支持、标准规范和法律保障等不同层面。微观层面，应用逆向工程中的 3D 技术，可以最大限度满足对文物复制的需求。三维扫描技术可以在不碰触文物的前提下，实现对文物的精准扫描，并将文物的复杂形状打印出来，对保护形状特殊、复杂的珍贵文物，具有较高价值。逆向工程技术能够实现对文物的深度预防性保护与开发利用，创新文化遗产开发与保护方式。

二、博物馆预防性保护及法律因应

（一）预防性保护和风险管理

中国国家文物局与国际文化遗产保护与修复研究中心合作，结合国际文化遗产保护的成果，通过文献整理和分析，综合保护现状，提出了有待研究的问题。ICCROM 在全球博物馆推广广义预防性保护并已发展成熟，其中既包括环境控制等技术层面的因素，也包括管理层面和社会层面的因素。在不

[1] 韩玲. 浅析濒危档案文献遗产预防性保护的双重策略［J］. 黑龙江档案，2012（3）：29.

危及真实性的前提下，为延迟任何形式的、可以避免的损害所采取的必要行动即广义预防性保护。[1]事件风险是风险对可移动文物产生的危害，指突发事件，如火灾、水灾、地震灾害、外力、盗窃、恶意破坏和不当运输等造成的破坏。预防事件风险是拓展性的预防性保护，主要集中于灾后响应及紧急处理，风险管理方法还不多。通过灾害发生后对博物馆建筑及其可移动文物的抢救性保护，认识事件风险的破坏性及灾害中总体规划的重要性，在探索中总结经验，可以使可移动文物对于事件风险的应急准备系统化。[2]从风险防范角度对文化遗产领域的遗产管理系统进行阐述，针对不同文化遗产类型，可以将风险应急框架分为准备、反应和修复阶段，并提出文化遗产风险防范和风险准备原则，以及应对不同风险的评估措施，形成完善体系和整体框架。随着风险管理理念的发展，荷兰保护专家 2004 年创建的可移动文物应急准备项目小组形成的可移动文物应急准备预案（CEPP）为事件风险处理奠定了基础。CEPP 的成立标志着预防性保护进入新阶段；CCI 的 JeanTétreault 运用风险管理方法，对博物馆火灾进行系统评估，应用新方法评估事件风险。随着预防性保护理念的推广，文化遗产的预防性保护拓展到事件风险是必要的，是预防性保护非常重要的组成部分。灾害风险防范是文化遗产保护的重要理念，国际文化遗产灾害防范研究，包括从突发的自然灾害及抢救，到依据气候变化、洪水对文化遗产危害的评估与预防。联合国遗产中心和 ICOMOS 是遗产风险防范的倡导与组织机构，包括《神户—东京宣言》[3]在内的国际纲领，对加强国际文化遗产风险的预防具有重要价值，对我国的文化遗产风险预防保护建构具有一定的借鉴意义。

风险管理方法在文化遗产领域的应用，是可移动文物预防性保护发展的突破。可移动文物的预防性保护，与文物保存、环境质量和建筑设计等基础性研究相关。事件风险方面的实例，如 2005 年中国民族文化宫图书馆珍本书

---

[1] 魏峻. 中国博物馆的发展新导向［J］. 东南文化，2019（2）：107－112.

[2] 凌勇，胡可佳. 国内外预防性保护研究述评［J］. 西部考古，2011（6）：411－420.

[3] 《神户—东京宣言》首次将风险纳入文化遗产保护领域，提出国际、区域、国家及地方层面的合作框架，明确灾前预防、灾中应急和灾后恢复的整体策略，完善了世界文化遗产风险预防机制。参见张文波，侯卫东. 国际文化遗产风险防范的理论架构与策略实施：《关于文化遗产风险防范的神户—东京宣言》评述［J］. 建筑史，2017（2）：231－237。

库的供热管道破裂，作为一起罕见的热水灾害的案例，修复专家对其成因、应急行动、抢救和恢复进行分析，结合最新技术，设置适当的备灾计划，提高图书馆、博物馆的灾害防范意识；又如2008年汶川特大地震，世界文化遗产都江堰古建筑群出现山体滑坡、建筑倾倒等严重问题。国家文物局启动应急机制，成立抗震救灾应急保障协调小组和灾后文物保护协调小组，研究部署文物系统抗震救灾和灾后重建工作，引入文物银行的新保护概念，即选择建筑安全系数较高、设备较为先进的地区对珍贵文物集中进行托管，确保其安全。同时，开展地震文物征集工作，为真实完整保留地震信息和研究预防地震灾害提供珍贵的实物资料。

预防性保护理念的突出特点是多学科参与和团队合作，比单纯的环境保护更为全面和深入，文物在保存、保管和使用的各环节达到最适宜文物保护的要求，才是对文物科学有效的保护。博物馆风险管理需要具体细化、量化风险的手段和方法，作为预防性保护的内容。文化遗产保护方面需要向全面、规范的体系转化，目前需要构建和落实文化遗产本体的日常养护长效机制，增加馆藏文物保护科研、保护修复、日常养护经费的投入，加强文化遗产保护基础研究，进行损失调查及原因分析，提高文化遗产科学管理和保护能力，强化文化遗产的保护力度。预防性保护是未来文化遗产保护的总趋势，但其理解有多面性，目前对预防性保护理念的探讨尚没有形成体系。预防性保护研究的新命题是风险管理及防范，将跨学科经济学的风险评估引入文化遗产，形成系统风险评估模型，涉及文物储藏、维护、展示等的整体分析和持续评估。[1]风险防范可以有效保护存在风险隐患的文化遗产。此外，强调预防性保护理念的推广，提高公众的意识，理解文物保护工作。可移动文物预防性保护研究体系，不仅涵盖传统的环境和文物自身材料性质研究，也包含事件风险的研究及风险管理方法在文化遗产领域的应用。该风险评估的方法相对主观，其结果的准确程度，受到对文物保护的认识、经验，对研究对象的情况及信息的熟悉程度等的限制；在风险评估的整个过程中，风险分析环节里风险指数预期值评定的准确度至关重要，因为它与风险评估的结果直接相关，

[1] 吴玥，龚德才. 文化遗产保护中的风险管理原则［N］. 中国文物报，2016-07-28.

因此，应将评估的重点放在风险分析环节上；评估有助于整体把握可移动文物潜在的风险[1]，如果评估建立在长期的环境检测基础上，其结果的准确度将会大大提升。因此，需要完善我国相关的法律法规，市县级博物馆、文管所要配备基本的环境控制和监测设备，推广预防性保护和风险管理的方法，开设文化遗产保护专业的系统培训，提升理论的普及度，加强国内外的沟通和联系，尤其是应急准备和风险评估，提高民众意识，增强社会关注度，使我国文化遗产保护事业更加深入人心。

（二）行政法规划角度的博物馆预防性法律保护

行政规划可以保障行政政权的有效行使，保障行政相对人的合法权益，促进法治化治理的发展。文物包含各历史阶段的社会、经济和文化等信息，博物馆承担保护和修复文物的职能。博物馆文物预防性保护需要对考古、保护、展示及建设等进行规划编制，以保护文物本体及环境，协调、处理文物保护与周边区域的关系。在规划设计中，要降低对文物的干扰，根据古迹的类型、等级选取具体保护措施。遗址博物馆是在遗址发掘现场营建保护性的建筑，展示文物所处历史时期的原始面貌。遗址与博物馆具有不可移动性和整体不可分割性，与传统博物馆不同，遗址本身也是文物，是展示的中心内容和博物馆赖以存在的基础。由于遗址与大地连通，遗址博物馆的大空间、水、土、气、人为活动等多种环境因素的影响，不同的建筑结构、材料，以及保护利用功能的差异，不同类型的遗址博物馆存在不同类型和程度的病害，预防性保护技术和方法较为缺乏。考古遗址的预防性保护中的藏坑全围护保护模式可以隔离文物保存环境与展示参观环境，使得降尘、空气污染物和微生物等被有效隔离，温、湿度的变化稳定，遗址文物保持原真性，也减缓考古遗址和文物的劣化程度，对土遗址及文物的预防性保护具有优势。除选址规划外，预防性保护中的行政规划包括数字化专项规划。其中，遗址保护方面的创新方法是利用三维扫描摄影，获取高精度三维数据，在虚拟空间对遗址进行真实还原，结合遗址文化、展览展示、传播影响等需要，打破时空限制，实现互动漫游，利用 VR 设备使观众对遗址有不同体验。不同于以收藏

[1] 周萍，齐扬. 国际文化遗产风险防范的发展与现状［J］. 中国文物科学研究，2015（4）：79-84.

为目的的综合性博物馆，考古遗址博物馆规模更宏大，将考古学、博物馆学、文物保护学、规划学等相关学科融合，保护要求更高，展示方式更多元。文物保护按实施目的，分为预防性保护和抢救性保护。多数馆藏文物的保存情况属良好或尚可，亟待抢救保护或修复的文物在馆可移动文物总量中所占比例不大。依据最小干预原则，以预防性保护为主，预防性保护也是博物馆工作的基础。[1]

博物馆的功能和性质随着社会发展而演变，不再是单纯的文物保存组织，兼具文明传承、科学研究、终身教育、公共服务等职能。博物馆是保障人民基本文化权益的阵地，也是公共文化服务体系建设的重要内容，国家文物局制定的规范性文件《关于推进博物馆改革发展的实施意见》，强调分类指导，优化发展布局。国家文物部门负责推动完善文物和博物馆公共服务体系建设，组织拟定文物和博物馆公共资源共享规划并推动实施，指导全国博物馆的业务工作，协调博物馆间的交流和协作，指导社会文物管理，将博物馆事业发展主动融入国家经济社会发展大局，统筹推进不同地域、不同层级、不同属性、不同类型博物馆均衡发展，构建均等化、普惠化、便捷化的现代博物馆服务体系。强化保护职能，夯实发展基础，强化预防性保护和数字化保护，着力推动研究型博物馆建设。从可移动文物角度来说，不同时代代表性的物品都可以成为文物，应对近现代文物和红色文化遗产给予更多关注，加强珍藏，拓展利用途径，完善服务供给。要深化博物馆供给侧改革，创新博物馆传播内容、形式和手段，增强博物馆法人自主权。健全激励机制，开展博物馆科研成果转化收益分配试点。《文物保护法》《公共文化服务保障法》《博物馆条例》等法规的实施，《博物馆事业中长期发展规划纲要》《国家文物事业发展“十三五”规划》等的发布，《博物馆建筑设计规范》《馆藏文物登录规范》等标准规范的制定，在立法层面为博物馆事业发展提供了有力保障。国家文物局制定发布了《全国博物馆定级评估办法》《博物馆定级评估标准》，博物馆质量评估体系逐步确立，作为博物馆行业管理和引导示范的重要手段，得到全行业乃至社会的高度认可。中国博物馆协会连续三轮开展全国博物馆

[1] 赵治瑞. 浅析博物馆文物的数字化保护与管理［J］. 文物鉴定与鉴赏，2019（13）：116-117.

评估工作。众多博物馆按照文化体制改革要求，建立健全以理事会制度为核心的法人治理结构，广泛吸纳社会力量参与运行和监督，为博物馆可持续发展提供了重要推动力。但是还存在以下问题：博物馆免费开放政策动态调整机制未确立，相对固化的政策模式滞后于经济社会和博物馆行业快速发展的节奏；政府部门对博物馆微观事务的干预较多，发展活力受到一定程度的制约；现代博物馆制度尚未有效建立，以理事会制度为核心的博物馆法人治理结构未有效发挥功能；刚性政策天花板与有效激励机制的协调机制不足，造成部分隐性人才流失。

（三）IP 文博创意产业的法律引导、规制与行政监管

IP（Intellectual Property）即知识财产所有权，包括著作权、专利权和商标权在内的一种无形的文化资产。IP 被引申为可供多维度开发的文化产业产品，如后续衍生的电影、电视、游戏、音乐、动漫、文学、周边创意等产品。文创可以理解为文化创意、产品、产业或概念。文创 IP 是富有文化创意思维，凝结创造智慧，并且具有开发和运用价值的知识产权作品。博物馆 IP 主要是指博物馆拥有的知识产权，例如文物藏品的研究成果，博物馆的品牌图像、建筑、陈列设计方案等。文博 IP 开发以著作权为核心，辅以外观专利、商标、商号等知识产权的运营并贯穿全局，所构成的权利链条既是每个环节的有机串联，又是项目开发的基础。如果知识产权合规性方面存在瑕疵，就可能对项目整体开发产生隐患。文博 IP 开发的知识产权由各方通过意思自治做协议约定，授权范围、权利归属、使用方式、对价支付、批准权行使等内容为合同要件，强调对 IP 授权管理办法、操作流程和保障机制的合规性与合法性审查。博物馆藏品不是博物馆 IP，国有博物馆对其藏品没有所有权，只有法律规定的管理权、使用权和有限的收益权。非国有博物馆对其藏品拥有完整的所有权，但必须向博物馆行政主管部门进行登记，且不得随意处置其已登记的藏品。

近年密集出台的鼓励文博和文化产业发展的政策、法规有国务院发布的《关于进一步加强文物工作的指导意见》《博物馆条例》《关于推进文化创意和设计服务与相关产业融合发展的若干意见》和文化部、国家发展改革委、财政部、国家文物局的《关于推动文化文物单位文化创意产品开发的若干意见》

等，明确鼓励具备条件的文化文物单位，可以采取合作、授权、独立开发等方式开发文化创意产品。博物馆 IP 的价值主要体现在为其他的行业和产品提供创意与内容来源，文创产品开发只是博物馆 IP 运营的一部分。通过赋能的方式，跨界融合进行全产业链的二次开发是博物馆挖掘 IP 价值的核心方法。博物馆作为提供公共产品和服务的场所，具有公益性和文化事业属性。深入挖掘馆藏文物资源，提炼文化内涵，进行 IP 开发与生产，并按相应标准，将 IP 开发的产品提供给消费者，是满足人民日益增长的美好生活需要的现实举措，通过 IP 产业化运作，实现传统文化创造性转化的同时，获得良好的经济收益，实现博物馆社会效益与经济效益的良性发展。博物馆 IP 开发，主要通过博物馆文化授权实现。博物馆通过将拥有的藏品形象及内容、商标、品牌等授权进行文创衍生品的开发，博物馆 IP 开发与运营处在多元、动态、多因素影响的环境中，包括公众的文化消费偏好、对博物馆资源的认同感、博物馆自身的知名度、授权标的物本身的知名度、市场推广与营销等。[1]因此，博物馆 IP 开发与运营需要适应公众文化消费环境的变化，提升博物馆自身的品牌和影响力。

文创视角下，博物馆文化产业具有高产业关联性与融合性。通过 IP 授权和互联网平台，开展跨地区、跨行业、跨产业门类的合作是发展趋势。IP 开发与运作中应重视藏品内涵，兼顾文化传播与普及教育功能，重视文化价值，注重方式创新，利用现代科技手段及创意思维，以人民为中心，传播中华文化，更好满足人民的精神文化需求。[2]重视 IP 开发授权的准备、合作方的选择、授权后的监管，以及 IP 授权后可能会受到的干扰因素，进行分类经营，例如，新时代叙事类博物馆策展，主要围绕记忆、教育、信息和精神元素，展陈存在区别于艺术类博物馆展陈、自然与科学类博物馆展陈的特殊性，由文物仓库转变为记忆的叙述者[3]，不仅保存历史记忆，也让历史记忆能被后人感知，强调教育融入展陈的全过程，突出以实物与信息共为核心，达到透物

---

[1] 于炜炜. 濒危档案文献遗产的预防性保护的管理层面探究［J］. 智库时代，2018（30）：176，178.

[2] 曹兵武. 重构大变动时代的物人关系与社群认同：谈社区博物馆与新型城镇化及城市社区文化建设［J］. 中国博物馆，2014（2）：57-63.

[3] 田钰新. 浅谈博物馆与网络社群的关系［J］. 才智，2015（20）：348.

现精神的传播价值。数字技术在融入博物馆的过程中，可以解决很多传统展陈的瓶颈问题，但数字技术应回归人的需求。博物馆不仅是教育机构，也是重要的社交体验活动场所，观众期待主动参与和互动体验，数字化展览提供给观众思考的时间与空间，会产生好的传播效果。文博IP的数字化，往往从延伸体验媒介、丰富体验形式、转换内容载体等角度，进行技术优化。在此基础上，数字文化IP还应从国家、民族、主体文化等方式来理解，建立它们之间的联系，成为数字文博IP创新的内核。数字文博IP的创新维度需要关注想象与知识共鸣、多维世界与平行时空共鸣、群体能量和社会情感共鸣，体现数字时代的仪式性。博物馆IP授权在于文化资源产权交易，通过藏品的产权确认、物权处置、版权授权等交易呈现，将拥有知识产权的文化资源以合同的形式授予被授权者使用。被授权者根据合同规定，在指定的时间段和地域内从事一定的文化经营活动，并向博物馆支付授权金。博物馆IP授权给博物馆、被授权者和消费者三方带来共赢的效果，建立博物馆IP授权可持续化的关键在于IP授权的顶层架构规划，以及其具体操作的管理和运营落地模式。博物馆作为授权方，必须具备国际拓展与博物馆深耕的专业知识，深入了解不同市场的文化想象、艺术焦点。IP授权产业之下的领域与类别划分精细，因而得以弹性发展出众多操作模式。博物馆作为IP授权者，如何面对多元化且快速发展的授权环境，平衡文化价值与商业价值？[1]整体而言，商业用途的图像授权因存在比例制授权金的市场规则，博物馆可依据授权条件收取固定比例的授权金，单件个案的经济效益比非营利使用高出许多，因此也将成为备受瞩目的博物馆营运策略新窗口。作为IP授权的双重角色，博物馆内部要建立统一部门进行IP授权管理，相关部门配合，涉及法律、产权、市场和价值等方面的风险评估。后续IP授权中，要对产业影响因素系统分析进行动态调整，前端与不断推陈出新的市场消费衔接，中端整合不断活跃创新的市场化专业服务，后台基于文化资源数字化做基因提取，并建立文化资源库。有效利用和运营好博物馆IP，必须形成审核流转机制，加强授权方资质审核和监督，授权内容可以包括文物图像以及馆标、馆名、注册商标。选择被授

[1] 刘勇伟. 艺术授权：博物馆文创产业发展的新途径［J］. 博物馆研究，2018（2）：38-44.

权对象时，必须审核被授权方资质，要挑选专业性强、市场影响力大、产品覆盖度高、品类互补性强、独特性强、原创性强的合作方。博物馆 IP 授权中的因素有文化资源整合、内容知识产权、数字化及评估、产品转化与生产流通、授权后监管等，是博物馆最原初和古老的功能，随着社会的发展，这种功能不断加强。按照同心圆理论，收藏、教育和研究是博物馆的基本职能，三者是同心圆关系，圆心是物的收藏，内圆是科研，外圆是教育，第二职能是第一职能的延伸，第三职能是第一、第二职能的延伸。[1]博物馆征集面临国际视野下的对国外文物的收藏和展示、中国文物回流、国内文物考古文物的资源整合、社会流散文物的征集政策、拍卖行、资金政策等问题。受西方博物馆运营概念从藏品本位到公众体验的影响，国内博物馆表现出藏品管理和研究工作不足的问题，必须解决如何在保护文物的同时，让文物活起来，讲好文物背后的故事，在供给侧改革的背景下，加大文化创意产业的发展力度。博物馆收藏与藏品包括博物馆决策层对文物收藏的关注与重视程度及趋势问题，博物馆年入藏文物量变化趋向问题，文物入藏的途径、来源方式类型变化，文物行政部门及其管理下的博物馆、文物商店对民间文物的市场引导作用和服务功能发挥，民间捐赠文物的质量变化等。

涉及文物资产的属性和文物资产管理的相关规定有《中华人民共和国文物保护法》《中华人民共和国文物保护法实施条例》《中华人民共和国博物馆条例》《博物馆管理办法》《博物馆藏品管理办法》《事业单位国有资产管理暂行办法》《文物事业单位财务规则》等，博物馆文物作为特殊资产，与一般资产管理不同。博物馆馆藏文物账、资产账、财务账是文物资产管理的重要手段，登记方法分别由国家文物局、国务院国有资产管理委员会、财政部的法规、规章规定。文物部门偏重其历史价值、艺术价值和科学文化价值的管理，遵守文物管理方面的规章制度，资产财务部门偏重其经济价值和使用价值的管理，遵守资产财务方面的规章制度。各主管部门的侧重点不同，账目登记方法不一致，导致三套账目衔接不顺畅，管理部门之间职能交叉、数据记录重复、清查盘点难做等问题。国家文物局 2019 年发布《博物馆馆藏资源著作

[1] 苏东海. 博物馆的沉思：苏东海论文选［M］. 北京：文物出版社，2010：47.

权、商标权和品牌授权操作指引（试行）》，涵盖了授权内容的界定，模式、流程、权利与义务等，具有普遍的适应性。这使得博物馆在开展IP授权执行项目中有了更清晰的依据，并使这项工作具有了合法性，重点是合理开展文物资源授权使用、文物资源信息的有序开放。激发博物馆创新活力，盘活用好博物馆馆藏文物资源，推动博物馆逐步开放共享文物资源信息，切实解决制约博物馆文化创意产品开发工作中馆藏资源IP授权制度的瓶颈，这为博物馆发展授权机制提供了良好的契机。博物馆资源进行IP化、生活化、产业化、国际化，文博单位向社会有序开放文物资源，推出授权文创产品，可以推动文物活化。博物馆IP相较于其他IP具有独特优势，应依照尊重文物、合理使用、因地制宜的原则，清晰规划馆藏资源著作权、商标权和品牌授权的操作路线图，参照国际和相关国家的普遍做法，严格遵照我国相关法律法规的要求，对具有普遍的、适应性的授权内容、授权模式、授权流程、权利义务进行解释。博物馆藏品的丰富性可以保证授权素材多元化，文化艺术IP授权适用的行业和品类广泛，旅游景区文创IP产品延展性大。开展博物馆馆藏资源授权可以激活丰富文物资源存量，调动文创的开发主题力量，发挥市场对资源的配置作用。但在授权开发文创产品过程中，存在文博单位文创产品开发体制机制不完善、文创开发能力较低、创意设计人才缺乏等问题。文创产品的无形性、虚拟性和品牌性，文创IP开发对战略思维和策略要求高，使得基于馆藏IP开发运营的著作权、品牌经营等博物馆知识产权问题凸显。[1]博物馆馆藏资源的本质是包括实物和数字化的信息，法学界目前对信息生产与交换未能提供充足的制度供给和法理依据，反映在博物馆馆藏资源授权领域，造成概念模糊和权界不清。博物馆的IP授权的问题涉及博物馆馆藏是否受知识产权法律保护、博物馆如何基于馆藏进行知识产权运营、博物馆知识产权运营的法律风险和保护措施、品牌授权、法律风险防范等领域。[2]以及纪念馆藏品管理批注文献的定级、定名规范化标准化等问题。例如，故宫形成以注册商标为主要法律形式的品牌建设和保护的基础，扩展到依托古建筑和文物

[1] 李玉雪. 文物的私法问题研究：以文物保护为视角［J］. 现代法学，2007（6）：136-146.

[2] 范朝霞. 文物的私法保护：以《文物保护法》与《物权法》的衔接为视角［J］. 求索，2018（2）：140-147.

作品著作权，以及古建筑、文物及其元素形成的部分产品设计的专利权。又如，恭王府的知识产权许可、对知识产权的周期性维护、对知识产权管理采取的定期监控。传统博物馆的馆藏文物并非知识产权法保护的客体，博物馆作为展品的拥有者，具有公开陈列美术作品、摄影作品的原件或者复制件的权利，即展览权。博物馆知识产权运营是博物馆文创产品的知识产权运营，基于藏品的二次加工或为藏品而制作的相关的文件、资料、数据、图像、视频等信息资源，包括实物和数字化信息等，可能产生新的权利，比如基于藏品而形成的学术文章、研究成果等形成的版权，为藏品制作的相关说明材料、宣传材料等，对藏品、画作进行具有独创性的整理、排版等或进行电子化处理后形成的电子模型或电子文件等。创新文化创意产品开发模式、优化收入分配激励机制、完善文化创意产品营销与管理等方面的探索，争议焦点集中在公益一类事业单位开展经营活动与事业单位分类改革相冲突，文物单位作为事业单位在管理体制与机制方面的制约等，公共文化服务单位的主要职责是提供文化服务，是公益性事业单位，经营活动是辅助性的，文化创意的收入纳入部门预算而非财政预算，财政宏观调控的权利实现等。[1]博物馆文化创意产品开发首先应界定为公益属性，博物馆创造的文化创意产品，至少包括原创性的展览、有意义的社会教育项目、文化创意衍生商品三类，创新创意和创造性劳动是其中的关键。

三、文物预防性保护及法律因应

（一）修复干预与预防性保护

对文化遗产从抢救性保护到预防性保护，显示文物保护的要求向更高和更深的层面提升。深刻认识和理解这个转变，有必要将干预引入修复概念体系，有机实现预防性保护。干预本意中有介入和参与之意，即打破事物运行轨迹，或在原有事物添加外力、外物，并对事物本体产生影响。文化遗产保存领域的干预概念，是从文化遗产认识哲学视角，即唯物历史观和辩证法角度，对文物重新定义。德国哲学家黑格尔将赫拉克里特的这个逻辑思辨纳入

---

[1] 韦春凤. 浅谈馆藏文物预防性保护措施［J］. 文物鉴定与鉴赏，2019（7）：66-67.

历史观，写成《历史哲学》，提出世界精神在历史上的进展[1]，哲学核心是理解历史进展的方法。黑格尔认为历史就像一条流动的河，河水的流动受上游河水的涨落与旋涡的影响，上游河水的涨落与旋涡又受到人所站立的位置的河湾或岩石的影响[2]。将抽象哲学概念具象化。以文物修复为例，多次修复中的主体不同，材料不同，甚至修复理念也不同，被修复过的壁画进行多处填补和色彩补全，这种修复被认为是对文物进行了过多的干预，但前位修复者是从当时的历史时间点上，实施当时被认为合理的修复。后位修复的艺术品，如果放在未来，是否也会被认为实施了过度干预？修复者干预了物质的历史发展进程，而这个干预的过程未必总是正确的。结合黑格尔的历史哲学观点，理性的历史就像一条流淌的河流，人的思考方式受到宛如河水般向前推动的思潮和当时环境的影响，因此无法确定哪种思想是对的。就其置身之处和所处的历史节点，这种思想在当时可能是正确的。文物修复理念的先进与否，是不确定的价值判断。修复行为是对文物本体的干预，这是意大利学者、美学家和文化遗产管理者切萨莱·布兰迪提出的观点，认为修复行为本身很重要，修复者和艺术品同时站在历史河流面前，任何一次失误的操作，即使是轻微的，也会给文物留下痕迹。错误的修复干预会带来灾难事件，过度干预会造成文物的损失[3]，例如，过度的机械清洗使艺术品失去历史附加的保护层即包浆，而肆意添加则掩盖文物的原真性。布兰迪提出干预概念，认为修复行为根本上是一个对文物进行干预的行为。但如果不修复，文物将面临毁灭的危险。如何处理这对矛盾，布兰迪强调三个修复原则，即在修复的同时，修复者应遵守可逆性、可辨识和最小干预的修复原则。并提出二元论观点，即同一件文物，同时具有美学和历史两种价值。因此，最能解决所有问题的观点，是从文物的被动干预转换为主动预防。主动预防文物产生病变，使文物一直能够被很好地保存和传承，替代被动和被迫在文物的本体上进行的修复、添加和更改等干预行为，使文物及文物承载的信息，保持在最接近原本的状态。

---

[1] 黑格尔. 历史哲学［M］. 潘高峰，译. 北京：九州出版社，2011：180.

[2] 黑格尔. 历史哲学［M］. 潘高峰，译. 北京：九州出版社，2011：77.

[3] 切萨莱·布兰迪. 修复理论［M］. 陆地，译. 上海：同济大学出版社，2016：38-46.

修复干预和预防性保护的关系是，在保存不利的情况下，文物处于危险的状态，修复干预不可避免，即修复干预是当文物处于危险状态下才能被实施的抢救性的不得已行为。危险状态的情况是，当构成文化遗产的材料从物理和化学的角度已经发生相当的劣变，预防性保护行为已经不再有效的时候，才是对文物实施修复的时候。预防性保护能够保证投入的资金与受益比，在长时间内比修复投入的资金小很多，获得的效果比实施修复干预要好很多。实施预防性保护措施比实施修复更为容易，预防性保护能有效防止或减缓文物的损坏过程。当然，即便采取预防性保护，也是对文物本体自然老化过程的干预，是延长文物的生命和延缓文物自然老化的行为和措施，因此预防性保护是一种主动的干预。预防性保护是文物保护的前置，可以延缓和抑制文物病害发生，体现文保的专业性、规范性和可行性。文物预防性保护概念首次提出后，随着人们认识的不断深化，文物预防性保护的理念已经从最初的“减少或避免修复干预”，发展到“广泛的控制文物保存环境”，目前已经提升到“文物风险管理”的战略高度。它改变了传统的文物保护思维，变被动的文物本体保护修复为主动的预防性保护，已经成为国际文化遗产保护领域的共识。[1]文博界多将预防性保护理解为单纯通过现代科技手段加强博物馆诸如温度、湿度、空气质量、光照条件、虫害霉菌隔绝等文物保存环境的控制，以此达到减缓文物蜕变速度的目的。对于博物馆而言，预防性保护的概念更为宽泛，应包括文物的灾害预防和应急方法、安全保卫措施、文物操作规范、包装及运输的材料和方式选择等方面。博物馆的选址建设、建筑材料的选择应用及库房防火、防震、防水工程的设计安排，某一件可移动文物在库房内的摆放位置、摆放方式，包括对某件可移动文物进行提用或运输时应采取何种方式及保护措施等诸多问题，均属于预防性保护的研究和实施范畴。文物的预防性保护是博物馆长效性、综合性工程。[2]国际文化遗产保护与修复研究中心所理解和阐述的预防性保护，即利用一切与博物馆文物风险管理相关的科技手段，对馆藏文物保存环境的有效控制与监测，在不影响文化遗产真实性前提下，从源头上延迟可避免的损害所采取的必要措施，最大化减缓、抑

[1] 徐方圆，吴来明. 馆藏文物预防性保护发展浅析［N］. 中国文物报，2019-11-08.

[2] 李健. 博物馆可移动文物保管部门：文物保护的最先预警者［N］. 中国美术报，2019-05-07.

制环境因素对文物的影响。国际文物修护学会（IIC）将引起文物损坏的因素归为十大类，包括机械损伤、偷盗和破坏、火灾、水灾、保管疏忽、生物因素、化学因素、辐射因素、不当温度、不当湿度，文物预防性保护就是运用风险管理的手段对这些因素进行识别、评估和干预控制。[1]

可移动文物保护的原则是预防为主、防治结合、研究损坏原因、改善环境。首先是环境监控，其次是阻止腐朽，对可能产生进一步朽变的部位进行处理，确保其稳定状态。保护不足时即采取修复措施，恢复文物原状。预防性保护通过监测控制环境，抑制病害发展，将文物损害控制到最低限度。对遗产价值的认知有必要性与复杂性，价值判断是保护和活用的前提。遗产没有永恒的价值，价值认知是一个长期任务，遗产的价值是被赋予的，而不是内在固有的，同时与修复的行为有密切关系。遗产价值的认知需要明确主体和客体，不同的人群对于价值的认知是不同的，对于遗产保护工作来说，需要更多学科的支撑，最终明确文化遗产的核心价值。以永泰庄寨的保护修缮为例，其保护修缮过程中保留了最应该保留下来的的核心价值，强调预防性保护应该以明确文化遗产的核心价值为前提，阐释了文化遗产核心价值的判断与分级保护的预防性保护策略。遗址本体界面劣化是所有遗址中共同面临的问题，但不同遗址本体界面材料特性不同，无法用一种普适性的方法解决具体的材料劣化问题。应针对不同遗址本体界面的材料，采取对应界面的保护修复干预措施。保护方式上的界面保护、光保护、加固保护，可以借鉴意大利文物修复实践中的工程做法及表面修复材料进行研发，如等离子清洁方法、激光清洁方法、系统清洁方法，以及纳米二氧化硅界面整合修复产品等，为文物遗产保护方法提供新的技术思路。中国近代建筑遗址本体上存在大量彩画，彩画作为历史信息的承载者，本身具有极高的艺术观赏价值与历史价值，但是由于彩画的特性，目前近代彩画保存现状不容乐观。遗产古代彩画与近代彩画存在区别，应针对彩画的地区特征及总类划分，提出针对性的保护策略。应对现存彩画病害进行分类，分析彩画病害的成因，探讨传统彩画保护方法如铲掉重绘、覆盖刷绘、清洗显色等方法的适应性，从预防角度出

---

[1] 周萍，齐扬. 国际文化遗产风险防范的发展与现状［J］. 中国文物科学研究，2015（4）：79-84.

发，重视材料病理学、界面科学的分析，有针对性地提出建筑彩画预防性保护策略。

（二）公法体系中的文物预防性法律保护

就文化遗产立法体系保护的法理价值而言，文化具有历时传播与代续传继和同时传播与横向传播特点，其实质是文化基因的复制与“再生产”。[1]传统文化的立法模式体现了文化选择与价值引导，文化遗产保护体系中的可移动器物与不可移动遗迹、预防性保护中的价值定位与行为规范等，是法律引导及保护的内容。法律保护体系上是特别法和一般法相结合[2]，国内法与国际法规制结合，具体包括科学合理界定文化管理部门的职责，保证文化产业发展进程中的文化权利，注重保护、引导与激励相结合，制定数字文化保护标准与传播制度，加强公共文化服务保障等内容，并通过预防性规定形成制定法建构，明确政府是文化遗产保护的主体，通过法律权利、责任体系拓展现有法律体系规定。[3]综合而言，应完善文化遗产刑事法律保护、行政法保护、物权法保护、知识产权法保护等机制。专门法方面，2015 年 3 月 20 日实施的《博物馆条例》在完善操作细则的基础上，促进博物馆运营的良性循环，尤其体现在有关公平[4]对待国有博物馆和非国有博物馆，规范博物馆的设立、变更、终止，加强藏品保护管理，提升社会服务水平，增强教育研究职能和开发衍生品等内容方面。国有博物馆和非国有博物馆同等承担公共文化产品提供和文化建设促进的职能。鼓励国有博物馆在非营利性前提下，多渠道筹措资金，文旅产业结合，开发衍生产品。明确非国有博物馆的法律性质、设立条件、扶持政策和监管。博物馆文化艺术衍生品的兴起促进了社会参与，国有博物馆开办经营由各级政府财政拨款负担，学校博物馆由学校拨款，民办博物馆由个人或企业出资。但是国有博物馆和非国有博物馆运营均存在程

---

[1] 杨建军. 通过立法的文化传承［J］. 中国法学，2020（5）：127-145.

[2] 王良顺. 非物质文化遗产刑法保护的问题辨析与路径选择［J］. 贵州社会科学，2019（6）：76-83.

[3] 如《民法典》第七、八、九条关于诚信原则、不得违背公序良俗、有利于节约资源、保护生态环境等规定；第一百八十五条专条规定捍卫英雄烈士的姓名、肖像、名誉、荣誉权利。这为红色文化精神传承发展和尊崇、铭记英雄烈士精神等立法奠定法律渊源基础。

[4] 博物馆三种基本类型，一是国有博物馆，属于城市文化建设、公共设施；二是学校的博物馆；三是机构或个人的博物馆。

度不一的资金来源可持续问题，需要形成产业化予以支撑。拓展社会资本的参与意愿和公众化路径，增强社会资本对博物馆的投资信心，是有机补充，可以促进运营形成良性循环。[1]在严格执行博物馆藏品不允许买卖的前提下，可以完善机制，发展受公众欢迎的文化衍生品，开拓 IP 文创产品的产业化路径，且目的侧重于文化传播而并非营利。博物馆 IP 文创运营的目标应是在获得基本的运转成本外，健康发展文博的公共性、研究性和社会性，所以衍生品必须控制成本。否则，社会资金捐赠给博物馆用来保护文物，而博物馆靠衍生品营利，会造成博物馆文化传播的公信力受挫。文化遗产承载着国家和民族的历史情感与共同记忆，亟待专门法保护制度给予保护。因此，应加强对文化遗产登记确认法律制度。[2]登记确认制度符合现代行政法的需要，本身具有一定的社会治理功能。2012 年国务院发布好《关于开展第一次全国可移动文物普查的通知》提出，对可移动文物进行调查、认定和登记，掌握可移动文物现状等基本信息。国家建立文物登录制度，完善文物资源管理，推动文物信息共享，具体标准及办法由国务院文物主管部门制定。但文化遗产登记不应局限于规定文化遗产的记录、存档、资料收集，不应混淆文化遗产资质认定、公示与信息收集和登记确认法律制度的本质，登记制度应应主要由行政法规、规章具体建构，明确文化遗产产权登记的价值与局限。登记制度应通过公权力干预，登记形成的行政确权应以必要性为限度，维护文化遗产保存、交易等方面的安全与秩序，确保文化遗产的公共属性。应区分自愿登记与强制登记并制定相应目录；建立可移动文物、不可移动文物、非遗收录和传承人登记代码和标识确认，明确文化遗产登记主管机关。国际上通行的做法是由知识产权管理部门和文化主管部门承担[3]，我国因文化遗产保护涉及文物行政部门、住房和城乡建设部门、文化旅游管理部

---

❶ 中国博物馆协会城市博物馆专业委员会. 致力于可持续发展社会的城市博物馆：依法经营与城市博物馆未来发展［M］. 上海：上海交通大学出版社，2016：155－159.

❷ 登记制度源自日耳曼法的不动产物权的确认与变动，并不断发展获得广泛应用。文化遗产登记确认包括不可移动文化遗产登记、可移动文化遗产登记，以及非物质文化遗产收录和传承的登记制度等，登记客体包括不动产、动产、知识财产权等广泛领域。

❸ 凌勇，胡可佳. 国内外预防性保护研究述评［J］. 西部考古，2011（6）： 411－420.

门、档案部门等[1]，主体分散限制了文化遗产登记的治理功能，需建立文化遗产登记协作机制和府际联合，拓宽融资渠道，完善登记公开、争议处理和救济制度，建立代谢代偿、功能代偿及结构代偿的文化遗产生态发展代偿法律体系。[2]借鉴博物馆治理的社群参与与授权国际经验[3]，对地方社群在遗产事务中的参与和赋权做出相关规定。即与地理上邻近、有特殊兴趣或类似情况的人群协同工作的过程，以解决影响这群人福利的事情，且可以以多种形式进行，协作伙伴包括组织团体、机构、机构或个人。授权是将社群纳入博物馆活动，包括决策过程；赋权包括其他利益相关者在开发、展览或指定某地作为受保护遗址的最初计划阶段中的参与[4]，社群参与[5]，授权与赋权，增强对文化资源的归属感与认同感。通过吸纳社群积极参与，为整体社群创造经济和社会进步的条件。社群发展旨在通过向个人和团体提供在社群内实现变革所需的技能来赋权。随着为共同议程而工作的大型社会团体的形成，这些技能通常会由此产生。联合国会员国有义务确保社群得到充分授权。联合国教科文组织（UNESCO）制定的公约，指导缔约国如何授权和吸引社群参与文化资源和遗产管理。《教科文组织文化景观管理框架》六项指导原则中有一项与地方赋权和参与有关，即与文化景观相关的人员是管理工作的主要利益相关者，文化景观随时间推移被塑造和赋予价值，因此，更新每代人的管理

---

[1] 分别对应可移动与不可移动文物、历史文化名城镇村的管理和保护、文化遗产地与风景名胜区的保护、重要历史文献的管理和保护工作。

[2] 生态代偿制度，包括通过引导、鼓励与支持文化遗产内容、载体和表现方式的创新、发展，补偿文化遗产损失，以及损害补偿制度，规定公民、法人或其他组织因对文化遗产造成损害所应当承担的恢复与补偿、补救义务，依法补偿受损文物的方式与程序；补偿文化遗产生态环境损害，引导支持互联网+文化遗产保护模式，构建文化遗产保护示范区，调动文化遗产保护过程中的多元结构力量，促进政府、民间社会和公民在文化遗产保护过程中互动。

[3] 1972 年《津巴布韦国家博物馆和古迹法案》（25. 11 章）与国际遗产管理框架结合。参见凌勇，胡可佳. 国内外预防性保护研究述评［J］. 西部考古，2011（6）：411-420。

[4] 李博雅. 多元与包容：“和”“同”语境下的博物馆与社区、社群关系审视［J］. 中国博物馆，2020（2）：22-26.

[5] 国际博物馆协会（ICOM）指出，博物馆是一个为社会及其发展服务的、向公众开放的非营利性常设机构，为教育、研究、欣赏的目的征集、保护、研究、传播并展出人类及人类环境的物质及非物质遗产。博物馆不以营利为目的，博物馆授权不能直接转化为经济利益，因此维持其存在需要依靠政府或捐赠社群的资助。

承诺是重要的。代际方式景观管理是其后代或相关社群成员，在没有直接所有者时，该责任由其他个人、组织或政府机构承担。利益相关者是多元的，管理过程中需要关键人员和组织参与。教科文组织发起的《奈良文件》是具有促进社群参与条款的国际框架，其第 8 条规定，文化遗产的责任和管理首先属于产生文化遗产的文化群体，随后属于关心文化遗产的文化群体。文辞、文化遗产及其衍生的文化权利，成为全球性的人权问题[1]，国际古迹遗址理事会（ICOMOS）将与文化遗产相关的人权问题分为七个对保护成果产生负面影响的新的和复杂的全球压力。文化遗产立法的精英主义化，将社群排除在遗产的积极管理之外，但 Logan 等学者的观点，是让参与遗产保护项目的人员理解其工作价值更为广泛的经济、政治和社会意义。政府对遗产的干预可能受到包括政治议程在内的多元动机驱动，干预的逆向价值反而加剧分离社群身份、文化多样性和文化权。[2]对于博物馆社群中的遗产纠纷，例如，非物质遗产以及遗产景观所有权争议，传统争端解决机制是较好的选择。人民享有发展、接触和享受文化及其表现形式的权利。文化政策的目标是增进遗产文化方面的预算、参与和消费，中心城市不再是权益独享地区；影响社群参与和赋权的法律政策框架。界定博物馆参与和惠益共享社群，首先需要解决服务社群的标准及与原住居民的关系，复杂利益群体使博物馆社群的界定存在困难，削弱参与和授权的基础。展览对社群和博物馆有益，展览的物器、资源和知识，可以增强竞争与社会联系，提高社群成员的参与技能与遗产保护意识。博物馆提出“博物馆之友”概念，博物馆生存优先考虑社群参与、赋权、参加和投入，积极、系统提高参与水平，确保社群所有权，提升参与和授权的可持续性，发展和保持利益相关者的参与。这需要综合策略，需要明确立法干预定义运作准则，立法应加强博物馆与当地社群之间的关系。已发现的

---

[1] 联合国 1948 年通过的《世界人权宣言》（UDHR）确立基本人权包括公民权利和政治权利，如生命权、自由权以及经济和文化权利；《公民权利和政治权利国际公约》（ICCPR）和 1966 年通过的《经济、社会和文化权利国际公约》（ICESCR）两项主要人权公约赋予《世界人权宣言》条款以条约地位，这些公约与文化遗产管理有紧密相关性，ICESCR 第 15 条申明公约缔约国承认人人有参加文化生活的权利，博物馆社群应由国家系统赋权，在遗产管理和博物馆参与方面具有话语权。

[2] 曹兵武. 重构大变动时代的物人关系与社群认同：谈社区博物馆与新型城镇化及城市社区文化建设[J]. 中国博物馆，2014（2）：57-63.

遗址较多在荒野或边远地区，动员社会力量参与，例如，将遗址保护工作分配给当地居民并支付合理报酬。社群化目标在于明晰遗址保护原因及如何协同博物馆进行保护[1]。

文化遗产在塑造共同身份认同感和归属感中发挥着重要且独特的价值，亟待完善建立保护的有效和长效机制，建立保护的激励机制，例如，鼓励上交新发现的可移动文物，向善意发现者支付合理补偿或给予税收激励；保护基金等社会力量参与；专门税收立法以文化遗产保护为目的，永久留在本国的遗赠和转让文物享受税收减免；鼓励个人将文物转让给国有收藏机构，鼓励流落海外的中国文物回归。在文物保护和返还方面，应加强双边、多边合作，在文物追索、技术交流、人员培训、文物展览等方面开展交流与合作。国际法律规范和国际合作[2]不能取代国内立法，基础在于国内法与国内政策的培育完善。规范文物收藏和拍卖，抑制投机行为和截断非法挖掘地下文物销赃渠道[3]，经过鉴定、登记和注册的文物[4]才能进入流通领域与合法收藏。加强对经营文物拍卖的市场监管，规范文物拍卖活动，严格规范文物拍卖许可证制度、专业人员资格考核[5]和文物拍卖鉴定制度，强化行业自律和信用惩戒

---

❶ 田钰新. 浅谈博物馆与网络社群的关系［J］. 才智，2015（20）：348.

❷ Cultural Property Forum：The Export Policies of China，Korea，and Japan，Japan Society，New York：April9，2003，http：//www. japansociety. org/email_images/gallery transcript. pdf，visitedDec. 12，2005.

❸ 霍政欣. 追索海外流失文物的国际私法问题［J］. 华东政法大学学报，2015（2）：105-114.

❹ 2004 年 7 月第 28 届世界遗产委员会会议在苏州召开，大会通过《世界遗产青少年教育苏州宣言》，呼吁国际社会和世界各国要更加重视青年人在世界遗产保护中的作用，加强针对青年人的世界遗产保护教育。《世界遗产青少年教育苏州宣言》作为实现世界遗产青少年教育集体行动的纲领，目标是让全世界所有青少年均接受世界遗产教育，确立保护世界遗产的意识，自觉担负起保护世界遗产的责任。世遗大会宣言，呼吁青少年加强遗产保护教育.［EB/OL］.（2004-07-08）［2021-07-29］. http：//tech.sina.com.cn/other/2004-07-08/0805384705. shtml.

❺ 2004 年 5 月国家文物局重新审核拍卖公司资质，没有文物拍卖许可证的拍卖公司不得从事文物拍卖经营活动。根据文物市场现状，为保护古遗址、古墓葬等不受破坏，国家对经营第一类文物从严控制。现在未从事文物拍卖的拍卖企业申领许可证，暂批准其经营第二、三类文物。为加强拍卖企业人才培养，使专职人员符合法规规定的条件，从 2007 年起，各文物拍卖企业将不得聘用离退休人员申请文物拍卖专业人员资格。另外，对取得文物拍卖许可证的拍卖企业和取得文物拍卖专业人员资格证书的人员进行年审，如果发现违规现象，文物部门将重新考虑该公司的文物拍卖资格。中国改革信息库. 文物局关于印发《文物拍卖企业资质年审管理办法》的通知.［EB/OL］.（2011-01-15）［2021-07-29］. http：//www. reformdata. org/2011/0105/1334. shtml.

机制，促进文物保护中的公众教育与公众参与，加大文物保护基础设施、人员培训、登记归档、考古遗址监管等方面的资金、技术投入，加强立法规范、司法效能，深化与文化遗产培育和发展相关的一系列重要的行政法规制和调适问题。社会力量利用民间收藏的文物、资料等依法设立，并向公众开放的民营博物馆，以及国有企业设立的博物馆，不具有事业单位身份，只能依法登记为民办非企业单位，上述两类博物馆归属同一范畴，导致民营博物馆的属性和管理混乱。私人博物馆的兴起，是藏家观念的改变与相关政策法规的完善。好藏品不加以弘扬及惠益分享，只能是仓库保管员。私人博物馆设立依然受法律法规制约，收藏并非都能达到私人博物馆标准。基于专项收藏与综合博物馆的不同，主管部门也不同，文物收藏博物馆获得属地原则下的文物主管部门行政许可，艺术品归口则是文化部门，博物馆法人注册登记内容涉及建馆宗旨、馆址、馆名、面积、展陈内容、藏品数量、种类、人员机构、经费来源等，具备博物馆章程、注明来源的馆藏品目录、馆舍产权证明或三年以上租赁合同、博物馆运转资金证明、博物馆展陈大纲、馆长和主要专业技术人员从业资质等。2015 年实施的《博物馆条例》在法律层面明确了非国有博物馆的属性，同年国家文物局发布的《关于贯彻执行〈博物馆条例〉的实施意见》明确要求，严格管理和保护文物藏品，博物馆禁止获得来源不明或者不合法的藏品。《博物馆条例》明确规定，利用或主要利用非国有资产设立的博物馆为非国有博物馆，国有企业创办的博物馆归属国有博物馆；藏品保护和管理方面，包括收藏保存、登记著录、科学保护等领域，要建立藏品账目档案，博物馆不得从事文物藏品商业经营活动。2020 年深圳市修订《深圳市非国有博物馆扶持办法》，提高了非国有博物馆扶持标准[1]，鼓励开办私人博物馆，给予不同程度的政府补贴。鼓励开办私人博物馆有利于加快建设

---

[1] 非国有博物馆，是指以教育、研究和欣赏为目的，收藏、保护并向公众展示人类活动和自然环境的见证物，由社会力量利用或主要利用非国有文物、标本、资料等资产设立，经登记机关依法登记的非营利性组织。该办法规定私人博物馆运行补贴上限从 50 万元提高到 100 万元。新增运行评估和定级补贴，对国家一、二、三级非国有博物馆，分别给予 1000 万元、800 万元、500 万元补贴，对被评为“优秀”的非国有博物馆给予 30 万元补贴。深圳市财政局. 关于印发《深圳市非国有博物馆扶持办法》的通知.［EB/OL］.（2020－07－08）［2021－07－29］. http：//szfb.sz.gov.cn/gkmlpt/content/7/7870/post_7870904. html#4457.

文化城市，推动粤港澳大湾区文化繁荣发展，调动社会力量参与文化遗产保护利用的积极性，有利于流散民间的文物走进博物馆，以政府引导方式保护文物。所需资金由深圳市文化事业建设费及宣传文化事业发展专项资金安排，统一安排给市文物行政部门。非国有博物馆可以自愿向市文物行政部门申请，优先发展红色文化、体现区域特色和行业特点、填补门类空白的非国有博物馆。文物行政部门委托第三方机构对非国有博物馆运行和专项资金实施情况进行评估。评估结果作为非国有博物馆获得政策、资金扶持的重要依据。

私营博物馆产业在欧美的发展历史悠久，其中，以法国文化遗产保护最具特色。为吸引社会力量参与，法国政府有关职能部门发挥主导作用，在税收、行政、立法等制度方面建立配套、互补的鼓励和约束机制。2002 年颁布的《法国博物馆法》是法国针对博物馆领域制定的全面法律，与文物有关的内容涉及：改善对藏品的保护；保证藏品的所有权；保证藏品的管理模式；新获得藏品质量及修复质量；接受国家严格的科学检查，以确保藏品及保护过程的安全等。《法国博物馆法》规定，国家对被列为“国宝级艺术品”的文物进行重点监控，保证其不流出法国国境。[1]对被列为“国宝级艺术品”的文物，在其出口许可申请被拒绝后的 30 个月内，文化与新闻部可向其拥有者提出购买要求。只有国家放弃购买，该文物才可以离开法国国土。在国家财政拨款有限的情况下，为获得充足的购买“国宝级艺术品”的资金，鼓励法国私营企业和个人积极参与“国宝级艺术品”的保护。《法国博物馆法》新增了两个条款，当私人或私营企业为国家购买“国宝级艺术品”而出资时，可以获得税收减免；当私营企业为自己购买“国宝级艺术品”时，可获得一定比例的税收减免。企业出资帮助国家购买被定为“国宝级艺术品”文物的，将享有相当于其出资金额 90%的税务减免优惠，减税金额最高不超过其应缴纳税金的 50%。企业出资帮助国家购买非国宝级文物，享有 60%的税务减免。企业为自己购买一件国宝级文物，享有其出资金额 40%的税务减免。并明确规定，艺术品须在法国的博物馆内展出 10 年，且在此期间不得再出售。2003

[1] 朱忻艺. 海外流失文物追索的国际私法问题浅析：以福建肉身坐佛为例 [J]. 山西省政法管理干部学院学报，2019（1）：23-27.

年颁布的法律中，进一步加大促进和鼓励企业和个人对文化事业的资助力度，针对企业和个人帮助国家购买“国宝级艺术品”的税务减免扩大到对购买“具有重要利益”的艺术品，即历史、艺术和考古价值低于国宝级的并在法国本土或以外的艺术品，对企业和个人资助博物馆除收购艺术品之外的项目给予相当于其资助额 60%的税务减免，同时减免额度上限有所提高：针对个人，减税额度从不超过其可征税收入的 10%提升至 20%；针对企业的减税幅度提升至 5‰。2004 年出台的补充法律条款中，法国进一步规定，企业对博物馆收购艺术品进行资助，可以享受相当于其资助总额 5%的税务补偿，即当企业资助博物馆进行“国宝级艺术品”收购时，政府对企业的税务减免和补偿总和理论上几乎可以达到相当于其资助的全部金额。综上所述，法国文化遗产保护理念、方法具有科学性，并得益于政府的行政主导作用。以法国国家博物馆艺术品的收藏为例，收藏途径主要是国家通过法国国家博物馆联合会购买艺术品，借助博物馆之友协会将艺术品交给国家，并用以抵税。法律规定，拥有一定经费自主权的大型博物馆可根据门票收入来调整用于购买藏品的预算，但至少将年门票收入总额的 20%用于收购艺术品。每件拥有“法国博物馆”称号的博物馆藏品须进行登记并编号。每 10 年进行一次全国范围的文物普查。由于私人企业管理博物馆有无法避免的缺陷，以及根据法国特有的国情，在博物馆领域，国家在资金支持和行政管理上扮演着重要角色。科学研究的任务由国家承担，纯粹由私人管理博物馆藏品的模式仍然是空白。

（三）私法体系中的文物预防性法律保护

文化遗产的公法保护与私法保护分别对应人文价值与商品价值，人文价值决定公法保护模式，商品价值决定文化遗产衍生物的私法保护模式。国家保护与政府监管，兼顾私法确立市场秩序及规制的结构，形成公私法结合的保护模式。公法通过公权力协调保护对象，公法地位明确有利于私法的协同保护作用。公法的保护依据除公共利益之外，也具有公共产品供给的形式即公共福利。因此，文化遗产人文价值内涵的保护，是私法主体无法完成的。文化遗产被作为文化产品进行消费时，可以获得历史资源和自然资源提供的内在文化价值享受。人文价值仅靠私法机制难以有效保护。意思自治作为私法核心价值，通过市场机制处置民事权利，这种自由处置方式，可能使公益成为次位考虑，不通过市场交换，权利蕴含的人文价值又可能处于闲置。因此，文化遗产内在价值的法律保护，需要融合公法私法机制。公法保护具有主动性和全面性，无须基于申请而启动。基于法定性或者授权性，作为预防性司法手段的文化遗产公益诉讼即为典型，私法保护有具体和任意特点，以请求权为限[1]，针对具体请求启动。文化遗产具有国家公共利益属性，与经营性国有资产、行政事业性国有资产具有属性差别，以公法保护为宜，并应关注对文化遗产中的文化多样性保护，注重公私法体系协调。历史研究中的文物是重要史料和稀缺文化资源，法律体系中的私法对于文物的保护作用显著。应明确文化遗产的国家所有权制度、保护补偿机制，在确权登记的基础上，分析研究补偿对象、主体、内容、方式等，确定不可移动文物保护管理制度，包括管理机构及职能，申报登录与公布、降级、撤销以及濒危名录等问题；文化遗迹考古管理制度，包括土地出让、建设工程前的考古勘探、文物影响评估，考古工作引入社会力量参与、重大项目公开招标，文化遗产和文物移交、展览、考古报告出版等规范；文化遗产中的可移动文物管理制度，包括民间文物流通登记，古玩旧货市场监管，文物鉴定评估标准、办法及资质管理，对文物捐赠、上交行为的激励机制和办法等；文化遗产和文物利用制度，需要研究并明晰利用原则和多途径合理利用方式，以及文创激励措施的法治化等；明确文化遗产的保护经费保障，包括纳入各级政府财政支持范畴的文物保护利用项目、扩大文物保护利用专项补助经费的使用范畴等，包括文化行业从业资格管理、职业教育等的专业队伍建设制度；文化产业发展公众参与制度，明确公众参与文物保护利用的法律地位，畅通文物申报、认定途径，文物保护纳入公益诉讼范畴，以及评估与监管，社会组织培育，对捐助、出资者的财税、金融优

---

[1] 陈劲松. 传统文化的法律保护：基于黑龙江省四个少数民族的考察分析［J］. 华北水利水电大学学报（社会科学版），2019（5）：83-89.

待等；[1]文化遗产保护法律责任制度研究，包括规范违法行政处罚的种类，完善与刑事责任、民事责任、行政责任的衔接，以及纳入政府绩效考核体系、部门协作与综合执法等；其他重要制度。譬如非物质文化遗产、可移动文物的范畴与认定，各级政府向同级人大进行文物资源资产报告制度，文化遗产、流失境外文物追索等的管理，以及文化遗产及文物保护法律制度与物权、规划、工程、非遗等相关法律制度的关系调节；与文旅产业结合，发展文化产业传统知识体系研究，强化私法的文物保护规范功能。[2]

强化文物私法保护，为公法保护提供了前提条件，是有效的文物保护策略，文物保护观念应贯穿私法规范过程。从一般保护角度看，文物具有民法上物的权利与属性，交易和流转的过程中受相关法律规范调整；从特别保护角度看，文物与民法上的物存在区分，需要采取特殊保护法律措施，以特殊法进行规制。可以以一般不可移动文物概念取代现行《文物保护法》尚未核定公布为文物保护单位的不可移动文物概念，首先，后者显示过渡的不确定状态，不利于保护措施的制定和具体落实，从法律预防性功能角度看，会造成所有的不可移动文物未来都会被核定公布为文物保护单位的认知与判断。其次，核定为文物保护单位的文物，只是不可移动文物总量的一部分。一般不可移动文物的概念，使该部分文物认定相对明晰和准确，也不妨碍各级文物保护单位的文物核定、公布、保护、管理职能。现行法律要求县级文物行政部门对尚未核定公布为文物保护单位的不可移动文物予以登记、公布，制定具体保护措施。涉及建设工程选址的，应当尽可能避开不可移动文物；因特殊情况不能避开的，要求对文物保护单位尽可能实施原址保护；涉及不可移动文物迁移、拆除的，现行法律规定了文物保护单位的相关批准程序和要

[1] J. David Murphy，Plunder and Preservation：Cultural Property Law and Practiceinthe People's Republic of China［M］. London：Oxford University Press，1995：155.

[2] 刘光嘉、朱荣周对上海市闵行区政府提起强迁违法及行政赔偿诉讼，系私人博物馆馆主状告政府强拆诉讼。强拆行为的法律依据是 2012 年 4 月 10 日最高人民法院出台的《关于办理申请人民法院强制执行国有土地上房屋征收补偿决定案件若干问题的规定》，裁执分离作为房屋搬迁强制执行新规定，实行法院审查、政府组织实施新模式。诉讼请求是扩占博物馆范围是否属生效法律文书确定的拆迁补偿范围。参见上海法院网. 长宁法院依法审结刘光嘉等诉闵行区政府强拆行为违法及赔偿案.［EB/OL］.（2015-09-15）［2021-01-29］. http：//shfy. chinacourt. gov. cn/article/detail/2015/09/id/1704336. shtml。

求。在城乡基本建设中，县级单位避让几百处不可移动文物不太现实。因此，文物保护单位的保护措施完全套用一般不可移动文物保护措施，实施存在客观难度，文物保护需要分级分类，突出重点，采取不同保护措施，通过明确政府属地管理职责，强化一般不可移动文物的保护。

私法规范中，文物所有权法律结构规定具有特殊性，对于文物价值的判断应遵从专业视角，包括历史时间、学术研究价值等。物权法体系中的物所有权保护平等，但文物价值存在个体属性差异，尤其是关于海外流失文物追讨的法律建构。[1]民营博物馆与国有博物馆具有同等的法律地位，打通了社会资本连接收藏行业的渠道。博物馆是社会事业，经营贴近企业化；博物馆制是民间收藏阳光化的起点，收藏是创作过程；博物馆承接创作的成果，并予以保存、整理，向公众进行展示。民间收藏制度化、法治化与公益事业相辅相成。法治化的民营博物馆也能进行古玩行业的鉴定、评估，真正的收藏不通过文博专家鉴定，而是收藏家之间的交流。博物馆的开放，实现了这种收藏交流。民营博物馆不仅是公立博物馆的补充与助益，更构成强大的竞争，开启了中华文明传承的新纪元。民营收藏家与博物馆塑造新的文物市场价值体系。区别于文博专家根据文化研究价值对文物定级、分类，民营收藏从观赏性、可开发性角度，对收藏品价值予以重构，改变以拍卖公司为主体的价格发现机制，且经营更具效率，并以收藏细分领域的定位、文化创意产品的开发与经营等方面，引导文博事业进入新发展阶段，推动博物馆规范运行。目前，相对于国有博物馆，非国有博物馆在政策覆盖范围、政策支持力度和政策配套性、操作性上依然还不平衡，应尽快出台相应税费纲领性政策。同时，实行非国有博物馆免费开放措施，也是落实好非国有博物馆与国有博物馆公平对待的重要方面。对于符合条件的、公益性突出的非国有博物馆，应逐步纳入国家财政补贴名单，加强公益项目资金对非国有博物馆的投入，支持更多公共文化服务项目向非国有博物馆倾斜，形成良性运营。中共中央办公厅、国务院办公厅印发了《关于加强文物保护利用改革的若干意见》，聚焦我国文物工作的重点难点和改革发展问题，推进文物治理体系和治理能力

---

[1] 李玉雪. 应对文物危机的路径选择：以国内法和国际法对文物的保护为分析框架［J］. 法律科学，2009（3）：106-118.

现代化。文物收藏和保护事业的发展不仅依靠政府主导，还要培养公民的文物保护意识。首先是博物馆法律主体资格的确定。如果私人博物馆对外开放，不管是否收费，必须经有关部门登记注册，否则就是非法机构。但如果不对外开放，就不能称为博物馆。其次，私人博物馆陈列品涉及的法律问题，如果陈列的是真品，那就是文物，这些文物多数是出土的，按法律规定属于国家所有，私人没有所有权；如果是赝品又涉及作假问题。同时，陈列品真假没有定论。[1]

党的十九届五中全会提出“繁荣发展文化事业和文化产业，提高国家文化软实力”具有十分重要的现实意义。开放私人收藏，建立民营博物馆，加速文物资本化，欧美资本市场已体系完备，博物馆以及艺术品都已经加入资本体系，成为基金甚至财团的信用值，并且有其完备的评估体系，其中包括大量中国文物。[2]中国文物分量举足轻重，在欧美的资本体系中有天文评估数字作为文物保障。但这个评估价值相对中国民间收藏低廉价格有天壤之别，不仅形成超级资本泡沫，同时博物馆系统缺乏独立深度研究，沿袭欧美很多现成的文物理论，而国内拍卖沿袭这些理论进行商业行为。大量文物冲击了整个文博体系和文物拍卖体系，同时出现了大量民间博物馆，使得财政拨款

---

[1] 2019 年咸阳市人民检察院公诉被告单位天水成纪博物馆涉嫌掩饰、隐瞒犯罪所得罪一案，焦点围绕天水成纪博物馆是不是法律规定的文物收藏单位、天水成纪博物馆的购买途径是否合法、购买行为是否助长盗掘古墓等展开。首先，天水成纪博物馆是甘肃省文物局登记在册的非国有博物馆，具有文物收藏、购买、征集、保护、研究、展览文物的合法资质，是甘肃省、天水市两级爱国主义教育基地，取得公开向社会征集、购买、保护、研究、展览职能的民办非企业法人资格。因此，天水成纪博物馆是符合法律规定的合法文物收藏单位，即非国有博物馆。其次，文物法区别了非国有博物馆取得文物的方式比其他单位或个人取得文物的方式广泛，既可以向文物商店购买或通过拍卖渠道购买，也可以向民间征集、收购。最后，不应把本属于执法机关的监管义务或者监管不到位的失职行为强加给通过善意从合法市场并有合法手续的购买者，天水成纪博物馆作为文物收藏单位，在具有监管机构监管的合法古玩交易市场购买文物的行为，符合《文物保护法》的规定，符合其业务范围，《文物保护法》第五十一条第一款已经把所有非法文物概括其中。第二款“非国有馆藏珍贵文物”条款，主要针对私人行业组织拥有的博物馆收藏的馆藏珍贵文物，这些文物不允许再买卖。因为现实中还有一些传世文物、境外回流文物是珍贵文物，国家法律允许这些文物在国内合法交流转让拍卖。所以《文物保护法》第五十一条第二款强调，非国有“馆藏珍贵文物”不能买卖，是约束私营博物馆的法律条款，而不是针对社会上所有珍贵文物而言。没有经过鉴定的社会文物并不在此列，因其中可能存在赝品，非国有博物馆无须鉴别是否为珍贵文物才能收藏。霍政欣. 追索海外流失文物的法律问题探究：以比较法与国际私法为视角［J］. 武大国际法评论，2010（12）：1603.

[2] 钟夏. 境外流失文物所有权争议解决的相关问题探究：以国际私法与比较法为视角［J］. 法制与社会，2011（4）：61－62.

的国有博物馆等文博体系受到严峻的考验，藏品意识落后。国际拍卖公司联合打压民间收藏、控制艺术品资本市场，表面迎合博物馆体系的馆藏理论，实际是控制艺术品国际资本市场。共同利益下，欧美以博物馆为核心的基金体系和收藏体系形成资本化。而探讨文物的资本价值，不能忽视这一特殊商品的文化价值，文物是民族的文化和精神力量，文物具有资本和文化双重性。博物馆具有非营利性主体的特点，2007 年国际博物馆维也纳会议对博物馆的定义是："一个为社会服务的、向公众开放的非营利性常设机构，为教育、研究、欣赏的目的征集、保护、传播物质及非物质遗产。"国务院《博物馆条例》第二条规定，"本条例所称博物馆，是指以教育、研究和欣赏为目的，收藏、保护并向公众展示人类活动和自然环境的见证物，经登记管理机关依法登记的非营利组织。"国际规范和国内法的定义，均将博物馆明确为非营利性组织。博物馆以教育、研究和欣赏等公益性为目的成立，是事业单位的非营利法人，但非营利法人并非不能通过合法经营或投资实现盈利，法律保护这种盈利回报[1]，现行法律法规明确允许博物馆等非营利性组织的合法经营与投资。但其获得的利润不能向出资人、设立人或者会员分配，必须全部用于博物馆设立时的公益目的和促进博物馆自身发展。多样态民间藏品交易市场中，文物商店作为时代产物存在于中华人民共和国成立初期，国家规定普通文物由文物商店统一经营运作。当时文物商店属国有经营单位，目前现实变化，文物商店难以生存，转型为民营文物经营场所，有的文物商店利用专营权，与古玩市场形成竞争关系。改革开放后的古玩城市场、民间古玩交易市场得到迅速发展，这些场所起到收集、管理、购销、保护民间文物的积极作用，民间收藏多来自上述市场。古玩市场的存在保护了容易流失至国外的文物及残缺的文物，私人博物馆的建设，也有利于民间文物的传承和保护，应当鼓励承认其合法性，并给予法律保护。《中华人民共和国民法典》（简称《民法典》）实施后，民间收藏获得进一步规范与保障，公民占有文物被视为合法，古玩市场购买的文物被视为合法，除非有证据证明与盗墓或文物犯罪有关联，鼓励

---

[1] 《中华人民共和国慈善法》第五十四条规定："慈善组织为实现财产保值、增值进行投资的，应当遵循合法、安全、有效的原则，投资取得的收益应当全部用于慈善目的。"《博物馆条例》第五条第二款规定："国家鼓励设立公益性基金为博物馆提供经费，鼓励博物馆多渠道筹措资金促进自身发展。"

民间收藏与打击盗墓活动并非对立。鉴于我国公民保护文物，积极从海外回购文物，应当视为当前民间文物收藏的渠道，法律应支持和鼓励，单列该保护条款，鼓励更多的流失海外的文物通过民间途径回国。[1]

博物馆私法保护中，具有突出价值的是馆藏文物和与文物、博物馆相关的知识产权。[2]博物馆知识产权的合法开发、经营、保值增值符合法律规定，符合资产经济的原则，符合传播中华传统文化的价值取向。但因博物馆具有非营利的特性，博物馆文创衍生品开发经营，依旧服务于博物馆的公益目的，完善博物馆的治理制度与治理能力，核心是博物馆内藏品著作权的归属问题。延伸至文化遗址公园的景区、景点著作权问题，例如，2007 年龙门石窟管理局在《大河报》刊登宣传广告，该广告未经许可使用了摄影师张某拍摄的四幅龙门石窟夜景照。与龙门石窟管理局协商未果后，张某以著作权被侵犯为由提起诉讼。[3]本案中龙门石窟管理局从行政管理的角度去限制摄影师拍摄，但《文物拍摄管理暂行办法》已废止，若摄影师不是拍摄外景，而是直接拍

---

[1] 霍政欣. 追索海外流失文物的国际私法问题［J］. 华东政法大学学报，2015（2）：105-114.

[2] 《博物馆条例》第三十四条第二款规定，“国家鼓励博物馆挖掘藏品内涵，与文化创意、旅游等产业相结合，开发衍生产品，增强博物馆发展能力”。

[3] 就新闻图片广告问题，摄影师与龙门石窟互诉侵权。国家文物局 2001 年颁布《文物拍摄管理暂行办法》规定，对全国重点文物拍摄前，需要征得文物主管部门的同意。法院审理认为摄影师对照片享有著作权，室外拍摄的风景照，是较远距离拍摄的夜景，未违反文物保护的有关法律法规，龙门石窟管理局未经授权使用照片，构成侵权。但照片并非龙门石窟管理局提供，龙门石窟管理局不应承担民事责任。其后，龙门石窟管理局反诉摄影师侵权，称根据相关规定，对龙门石窟这样的全国重点文物进行拍摄之前，需履行报批手续，并征得文物主管部门同意，张某没有履行上述手续，其所拍摄照片属违约侵权行为。该案争议核心是拍摄文物是否需要履行报批手续。龙门石窟是对社会公众开放的文物单位，摄影师作为普通观众，对龙门石窟的纪念性及非商业性拍摄的行为并不在报批范围之内。远距离对龙门石窟的外围进行拍摄，并没有拍摄龙门石窟的内景，而且其拍摄行为并没有对龙门石窟产生不利的后果，也没有影响其他观众参观浏览。龙门石窟管理局自然保护区反诉张某没有履行报批手续并经其同意，所拍照片属违约侵权的说法不成立。而且，即使需要履行报批手续，文物管理部门只能合理收取因文物拍摄所发生的文物保护利用费，至于收取文物管理人员劳务费、因拍摄文物影响正常开放造成的门票损失费，明显缺乏法律及事实依据。另外，龙门石窟管理局委托《大河报》发布广告行为，未经著作权人许可，侵犯摄影作品的发表权、署名权、发行权。龙门石窟管理局作为广告主，应当尽到合理的注意义务，审查广告内容是否侵犯他人合法权益。而且龙门石窟管理局通过该广告获取宣传效果，是该广告的直接受益人，其不能把自己的法定义务用合同转嫁给广告经营者，即使双方在广告制作委托协议中约定由广告经营者承担法律责任。因此，龙门石窟管理局应当承担法律责任。《大河报》社为作品广告发布者，有审查广告内容的注意义务，但其未尽审查义务，致使广告侵权，且这种影响是能通过《大河报》直接散播的，因此也应承担责任。但本案中，原告未起诉报社及其广告部，根据不告不理原则，法院仅审理龙门石窟管理局侵权责任问题。参见张建梅，苏吉吉. 景区景点的著作权保护不容忽视：评摄影师状告龙门石窟管理局侵权案［J］. 旅游论坛，2009（6）：864-867。

摄藏品本身，是否可能构成侵权？若摄影师将拍摄的成果样式用于开发文创产品，是否构成侵权？博物馆禁止拍照摄像，镇馆之宝限制参观时间，一方面是保护藏品本身的需要，有些藏品不能经受闪光灯曝光；另一方面也为防止藏品的具体数据被采集。实践中，博物馆较为关注保护本馆藏品的知识产权，杜绝藏品的经典图样被别人盗用或抢先开发。但博物馆能否垄断自身藏品文创产品的开发权，根本上还需要从博物馆藏品著作权归属的问题来解决。博物馆是否享有馆藏藏品的著作权，首先需明确藏品所有权与著作权的区别，博物馆拥有藏品所有权并不意味着享有藏品著作权，况且很多藏品的所有权也不归属博物馆，博物馆内的藏品来源基本为购买、接受捐赠、指定保管、调拨、交换、借用等形式。因此，一般情况下，博物馆只是拥有藏品的所有权，并非著作权，此时藏品的所有权和著作权可能是分离的。按照《文物保护法》规定，若藏品被认定为文物，根据文物的实际情况及取得方式，所有权归属国家，博物馆本身只享有保管的权利。博物馆的藏品所有权状态复杂，有的属于国家，有的属于中国社会科学院考古研究所或者研究机构，有的属于私人家传或私人收藏，有的属于博物馆。知识产权法律体系规定著作权属于作者，目前博物馆直接享有藏品著作权的情况不多，而主要是博物馆通过购买、接受捐赠等方式取得藏品时，按照《中华人民共和国著作权法》、《中华人民共和国著作权法实施条例》和《信息网络传播权保护条例》等法律法规的规定，收藏品的著作权人明确表示将该藏品著作权许可使用或转让给博物馆，签订了著作权转让书面合同并明确了转让的具体权利内容；若是著作权人身份不明的收藏原件，博物馆享有除署名权以外的著作权；收藏的若是作者生前未曾发表过的遗作原件，作者生前未明确表示不发表且没有继承人又无人受遗赠的，在作者死亡后的50年内，该作品的发表权由博物馆行使；还有一种情形是，博物馆内收藏的藏品属于自身的法人作品、特殊职务作品及明确了著作权归属于博物馆的委托创作作品。因此，除以上情况外，博物馆即便拥有藏品的所有权，也只能依据《著作权法》等相关规定合理使用，并不享有藏品的著作权。关于博物馆能否垄断文创产品的开发权问题，博物馆的文创活动本质上是开发商业产品或服务，并非博物馆的主业与本业，博物馆没有开发、设计、销售能力，需要委托文创机构进行文创衍生产品的开发，是对藏品的再创作，博物馆并不能垄断对藏品再创作的权利，这属于收藏品著作权归属及授权的范畴。如果藏品著作权还在保护期内，博物馆享有藏品的著作权，对于藏品的再创作与文创产品开发，需要获得博物馆同意，博物馆也可以通过合同形式约定开发产品著作权的归属；但如果藏品著作权保护期已届满，因发表权、财产权已经进入公共领域，博物馆不享有藏品的独占著作权，他人无须获得博物馆授权即可开发文创产品。对于已过权利保护期但又具有开发价值的藏品，博物馆可以从著作权的角度，对藏品进行积极创作，包括收藏品的数字化，通过对藏品原件及数字化的方式限制他人进行文创产品开发。另外是从商标法的角度，通过注册商标进行保护，但《商标法》有关于标志不得作为商标使用、不得作为商标注册的规定，即博物馆无法通过商标注册的方式垄断文创产品的销售。文物知识产权法律规范问题中，突出的有复制、仿制文物[1]，数字化文物中和衍生作品中的著作权问题。《著作权法》对文物保护的力度有限，政府行政条例作为有机补充手段，有利于博物馆及收藏品的知识产权保护。

四、可移动文物会展法律制度

（一）会展法理论框架

“会展”是一个外来词，目前尚未有权威定义。广义理解是会议与展览的合称，狭义专指展览会。会展法主要是会展活动相关的法律法规，完善会展法对会展业的有序发展起着关键作用。目前关于会展的法律建制需要完善，对市场不正当竞争的法律约束欠缺，会展场馆租赁及招展合同的相关专门法缺如。会展法律关系是由会展法律规范确认的、在会展活动中形成的当事人之间具有权利义务内容的社会关系[2]，包括展览主办方与承办方之间的法律关

[1] 我国相关法律法规对文物复制、仿制没有明确规定，实践争议也较大，如山寨兵马俑事件、故宫馆藏古书画仿真印刷等。复制具有规范准确、原样重现等特征，仿制则具有很强的随意性。安徽安庆的高仿行为是否构成侵权存在较大法律争议，一方面是由于法律规定空白，另一方面基于文物超过了著作权的保护期限。但《著作权法》中明确规定作者的署名权、修改权、保护作品完整权的保护期，并不受限制。其中的修改权，是修改或者授权他人修改作品的权利；保护作品完整权，是保护作品不受歪曲、篡改的权利。当文物仿制品粗制滥造，或者背离原作对原作构成歪曲篡改时，著作权人可以行使相应权利制止侵害。

[2] 张万春. 会展法［M］. 北京：北京交通大学出版社，2015：99-115.

系、主办方与参展商之间的法律关系、展览主办方与观众之间的法律关系、参展商与观众之间的法律关系等内容。会展法律关系由法律关系主体、对象和内容要素构成，主体包括会展管理者、会展组织者与会展参与者，自然人、组织和国家；对象包括物、行为、智力成果和信息等。会展业及会展经济的发展，产生了大量复杂的法律关系，但我国目前还没有《会展法》，有关会展业务开展的规定和要求见于相关国际规约、行政法规、部门规章、地方性法规、地方政府规章、行业规范及政策；国际法层面为会展条约、会展惯例。关于会展的国际条约为1928年在法国巴黎签署的《国际展览会公约》，并经1948年、1966年、1972年三次《议定书》和1982年、1988年的《修正案》增补，公约明确了展览会的定义和宗旨、国际展览会组织事务总则、展览会申请与登记注册、注册展览会组织者与参展国义务，以及为监督和保证本公约的实施而成立国际展览局等内容。根据1993年国务院关于决定加入《国际展览会公约》的批复，我国加入经1972年《议定书》修订及1982年《修正案》增补的《国际展览会公约》，成为公约的成员国。[1]此外是会展双边国际条约，但这些双边条约没有在条约名称中出现“会展”或“展览”，具体为经济贸易协定、文化合作协定、文化合作执行计划、科学技术合作协定、经济技术合作协定、联合声明、联合公报和谅解备忘录等形式。[2]我国还加入或签署了与知识产权保护有关的国际条约，对展会的筹办和运营产生影响，例如《保护工业产权巴黎公约》确立的国民待遇原则、优先权原则、独立性原则等，为国际展览会知识产权保护提供保障，推动了国内会展业的发展。此外，会展业属于服务业范畴，受世界贸易组织中的GATS约束，我国承诺遵守GATS的有关义务，是主办方举办展会应履行的注意责任。

会展国内法多为行政法规、部门规章、地方性法规和规章。展会作为商业活动，与其他经济活动一样存在营利性、公开性、参与主体多等特征，遵守诚实

[1] 张万春. 会展法［M］. 北京：北京交通大学出版社，2015：79-83.

[2] 张万春. 会展法［M］. 北京：北京交通大学出版社，2015：106-119.

信用、等价有偿、公平竞争、安全环保等法律原则。《中华人民共和国刑法》[1]《中华人民共和国民法典》《中华人民共和国公司法》《中华人民共和国保险法》《中华人民共和国反不正当竞争法》和知识产权法体系、传统知识的国家法与民间法保护体系以及行政法《大型群众性活动安全管理条例》《海关暂时进出境货物管理办法》《户外广告设施管理办法》《社会生活噪声污染防治办法》等法律规范，也是规制展会法律关系的依据。会展专项法律规范主要是《国务院关于进一步促进展览业改革发展的若干意见》（国发〔2015〕15 号）、《国务院关于第二批取消 152 项中央指定地方实施行政审批事项的决定》（国发〔2016〕9 号）、《对外贸易经济合作部关于印发〈在境内举办对外经济技术展览会管理暂行办法〉的通知》（外经贸政发第 325 号）、《展会知识产权保护办法》等。从目前的规定看，2015 年实施的《上海市展览业管理办法》，以及《上海市展览业行为公约》《上海市展览业自律公约》等协会规范规定，组织举办会议类活动的主管部门是文旅部门，展览类活动则根据内容不同而由不同部门分管，科技类展览会由科技行政部门主管，教育类展览会归口教育行政主管部门，经贸类展览会由商务部门统一管理和协调；展会的特点有由主办方以招展方式在固定的场馆及预定时期内举办，通过物品、技术或者服务的展示，进行信息交流，促进科技、贸易发展的商业性活动；举办地点在中华人民共和国境内；主办方为境内的企业及/或其他组织，参展方包括境内、外企业及/或组织；非营利性的展示活动或以现场销售为主的展销活动不在此列。展会的举办、运营过程中存在多元的阶段性的参与主体，各参与主体之间产生的法律关系不同，如主办方与行政部门的行政管理关系、主办方与场馆方的场馆租赁关系、主办方与承办方的委托合同关系、主办方与参展方的招展合同关系等，多数法律关系产生交叉，交叉点为主办方，因此主办方处于展会核心地位，展会的筹办、报备、运营是主要法律关系线。

---

[1] 按照《中华人民共和国刑法》及“修正案六”的规定，与展会有关的竞合罪名有：《刑法》第一百三十五条第二款大型群众性活动重大安全事故罪、《刑法》第一百三十九条第一款消防责任事故罪、《刑法》第一百三十九条第二款不报、谎报安全事故罪。以上罪名均与举办单位的安全保障义务有关，这些安全保障义务散见于《中华人民共和国消防法》《中华人民共和国治安管理处罚法》《大型群众性活动安全管理条例》《商品展销会管理办法》及地方性法规和规章之中，包括消防设施、消防器材、消防通道、临时搭建的设施、建筑物、治安管理、安保措施、医疗救护、应急预案等多方面的内容。

（二）会展法核心问题及应对

展会主办方面临的法律问题是，会展行业的组织结构多元，包括主办、指导、协办、承办、联合主办、联合协办、联合承办、执行承办等，还有组委会顾问，组委会名誉主任、主任、秘书长、部长等。法律意义上的展会主办方标准不清晰，发起者、投资者、运营者、直接受益者与风险承担者均涉及主办事宜。目前各地颁布的关于会展的地方性法规和规章中的典型表述是，主办单位是负责制订展览的实施方案和计划，对招展办展活动进行统筹、组织和安排，并对招展办展活动承担主要责任的单位。这种表述只强调了主办方的责任，未体现作为主办方的权利，即便能够将展会主办方在众多参与方中指向展会项目实际承办方，承办方却可以是受主办方协议委托担任项目执行，也可以兼具主办和执行双重身份。现实中主办多以政府、政府部门牵头或购买服务，市场主体及展览公司为实际发起者与责任承担者，列为承办方。展会本身具有典型的经营活动特征，投资、运营与合法获利过程是权利义务对等原则，本身就是隐含契约形式的交易，会展活动中参与方以契约形式来调整各方利益。因此，展会主办方的法律定义，应是“展会发起策划并投资运营该项目的法人或自然人”，负责制订展会项目方案，展会过程控制，享有展会品牌价值，承担展会项目运营的法律责任。展会主办方面临的风险有自然风险、政策风险、安全风险、投资风险、知识产权纠纷风险等。展会最突出的法律问题是安全责任与知识产权法律问题。展会安全涉及面宽，只有厘清政府与企业的角色关系，才能明确责任关系。对于参展商及参展产品的知识产权保护与纠纷问题，可沿用已有法律法规进行处理。品牌展会知识产权问题累积较多风险，涉及品牌国际化市场化战略、项目可持续发展、投资者合法权益、会展产业的法律地位，以及关联保险行业。知识产权的保护困境，因主办方法律概念模糊性、主办方对展会资源的整合能力、政府部门对重要产业的影响，其突出问题是展会题材的高同质性、会展业的准入资质、展会名与展会创意的易复制性、会展专门法律的缺失。[1]会展立法亟待明确的问

[1] 部分观点参考了 2020 年 7 月 30 日举办的 2020 中国会展经济研究会年会暨中国会展经济（东莞）论坛开幕式暨主题报告会上，国务院发展研究中心市场经济研究所原所长任兴洲发表的《后疫情时代的会展业发展》的主旨演讲。

题是会展业范围、会展主办方、参与方的法律界定，展会名称与创意的知识产权法律保护，政府对会展业行政行为的界限。

（三）可移动文物会展法专项问题

博物馆 IP 文创产品的开发与策展关系密切，策展中展品的选择，既要保证是文物价值与文化价值高的展品，还要有吸引消费者的文创衍生展品。法律的预防功能可以为参展方顺利进行交易提供风险防范，尤其是可以在事前控制风险，减少纠纷发生。举办展会是风险较大的经济活动，如果展会各方没有明确权对利义务进行约定，或者展会安全保障预防不足，纠纷或事故发生将给展会带来极大法律风险。会展法律风险的多样态和复杂性，与会展行业的法律主体多元及群体聚集特点有关，主办方、承办方、参展商、配套机构、维护部门的法律关系交叉。会展经济发展中会展纠纷和会展安全问题凸显。在可移动文物会展过程中，包括博物馆文创衍生品会展、数字文物会展，也面临多元化风险以及保险除外风险。[1]巡展文物的科学保护分为主动保护与预防性保护，两者实际为交融保护状态。巡展展品在路途和异地甚至室外时间较长，各地不同的气候条件、温湿度差别、虫害袭击、灰尘侵袭等，均会对巡展文物产生较大影响，因而巡展文物的预防性保护具有重要意义。[2]博物馆环境分为文物保管环境和文物陈列环境。巡展文物所处的环境主要是陈列环境，而在特定陈列环境中的保护责任，面临在风险规制不可能将风险全面控制的前提下产生的现实损害，进而出现责任划分与救济等问题。预防性的展会备案制是考量文物巡展政府责任和科学行政行为的新课题。2015 年国务院颁布的《关于进一步促进展览业改革发展的若干意见》指出，理顺管理体制，下放行政审批权限，并适时将审批制调整为备案制。运用互联网等现代信息技术，推行网上备案核准，提高行政许可效率和便利化水平；2016 年国务院印发的《关于第二批取消 152 项中央指定地方实施行政审批事项的决定》，再次取消一批中央指定地方实施行政审批的事项，其中涉及取消对省级商务主管部门负责的地方境内对外经济技术展览会办展项目审批，明确要求行政许可只能依据《中华人民共和国行政许可法》规定设定。展览业属于完

---

[1] 吴玥，龚德才. 文化遗产保护中的风险管理原则［N］. 中国文物报，2016-07-28.

[2] 张贵玲. 巡展文物的预防性保护［N］. 中国文物报，2017-07-04.

全竞争领域，对于规范不诚信办展、重复办展、安全事故等问题，部分地方政府推出备案制，但同时并发与上位法抵触、是否属异化的行政许可行为，以及填补审批取消后的监管空白等问题。审批制与备案制是基于行政范畴内的两个二律背反命题[1]，各自法理依据有重叠更有区别。审批制一般指行政许可，作为强制性的要式行为，未经审批行为不具备法律效力，行政许可是一种事先控制手段；备案则是具备法律效力后的一种行政管理服务，申请手续完备且符合法律规定的形式即可备案，备案不属于行政许可，所备案事项的制定无法律层面要求，由行政主体在管理范围内，根据工作需要制定，突出服务意识，为相对人提供便利。审批是事前监管，属于行政许可范畴，备案是事中事后监管的服务管理模式。按照审批要求，展会能否举办需要行政主体的审核批准，否则不予举办，也不会发生租赁场地、招展招商等行为。备案则要求具有法人资格的主办方提供有关招展招商、场地租赁合同等契约，即可自主向主管部门备案，行政主管部门不具有许可的羁束性权力，但可以对行为主体的市场行为如合同履行、展品质量实施监督，进行行政引导或行政干预。保障机制方面包括公共信息服务平台和诚信体系的建设、商务部引导支持展会评选的考量因素、展品通关管理的参考依据、会展专项资金扶持的依据、大型展会风险评估控制、第三方绩效评估方式等。预防性保护是通过对文物材质状态及文物所处环境这两项影响文物稳定、相互作用的因素的研究，掌握保存文物及与其相适应的周围环境。巡回展览过程中，需要避免人为因素造成的文物损坏，集中于文物出入库和文物的包装、运输要符合国际通用惯例，需要防潮、避免震动颠簸，需要限速，上下车装卸文物箱时，需要专业指引。文物布展过程中，坚持文物安全宗旨；文物撤展过程中，加强安全防范。巡回展览中，人为因素造成的文物损坏可以通过行为调整加以避免；自然因素造成的文物损坏虽然难以克服，但可以采取积极适当的措施，尽量减少风险。要注重从理论上将风险行政法与博物馆学的分支学科灾害博物馆学[2]（The museology of disasters）进行结合，综合研究博物馆藏品保护技术与安全防范，包括虫菌危害防治、温湿度控制、光线照明调节、预防及治

---

❶ 郭庆珠. 法治视域下行政备案的规范化思考［J］. 南都学坛，2019（3）：77-81.

❷ 张贵玲. 巡展文物的预防性保护［N］. 中国文物报，2017-07-04.

理空气污染、安全防盗、文物与珍贵自然标本的保险等。结合前述分析，存在涉及公共安全、公共需求的问题。对于绿色展览、诚信展览的公共诉求，备案制无法及时进行事前控制和干预，需要监管提高系统性，强化行政保障抓手。关于登记性质，有行政许可属性说、行政确认属性说和行政许可属性向行政确认属性转变说几种。登记是公法行为，是国家授权特定的人从事商业经营的行为，是行政授权行为；将行政登记视为登记机关在甄别后给予其确认、认定、证明并予以宣告的具体行政行为，登记机关在该过程中仅为确权而非设权，确认主体资格和一般营业能力，并向公众进行公示。备案本身是一种事后通知，但在行政实践中已经异化为行政许可，成为一种事实上的行政核准甚至行政审批行为。行政主体受到较强羁束力约束，必须符合法定条件和法定程序，只能认可与确认，没有自由裁量空间，登记性质从《行政许可法》中将行政机关确认主体资格的行为规定为行政许可转变为行政确认。[1]

从规范的预防性保护制度视角来看，加强文物风险管控的措施包括会展文物综合保险，涵盖火灾、爆炸、暴风雨等自然灾害和意外事故风险、意外情况造成的损害赔偿。文物保险虽然是事后理赔而非事前防范，但因其将过程风险管控也纳入，通过保安公司、保险公司的成熟风险管控能力，包括承保前的安全风险问询、明确告知义务和承保后的事故预防服务，有效提升文物的安全风险管理能力，投保方也因违反法定及约定的告知义务、危险增加通知义务、增加或加重的法律责任，而会强化事前的预防性保护措施。历史建筑和不可移动文物也可被纳入保险体系。此外，区块链应用背景下，可以通过区块链为文物艺术品交易建立可靠的鉴证体系，为防伪和防欺诈提供新的解决方案，构建细化和高效的保险服务。基于区块链和科学估值体系的文物艺术品保险合作，以全球文物艺术品可比交易大数据库为核心支撑，以博物馆文物展品保险估值为标准，以区块链技术不可篡改、全程溯源的数据节点为技术架构，构建新型文物保险体系，为国家文物展览交流、海外文物回流、文物艺术品进出口贸易、文物艺术品保税贸易、保税巡展等提供保险保

[1] 张学文. 商事制度改革背景下商事登记效力的变迁［J］. 福建论坛（人文社会科学版），2016（12）：131－137.

障支撑。[1]文物的保险保障体制中的核心是文物展品的估值。价值评估的内容和维度强调科技的地位，区块链技术的应用，在确权、溯源、去中心化、去中介性等方面的作用，以及公开透明、不可更改撤销等信用保障，可以大幅降低文物艺术品交易成本，提高价值评估可信度。

法律调整需要将合理利用与预防性保护做创新规定，推动优秀传统文化创造性转化和创新发展，加强文物保护利用和文化遗产保护传承。2018 年，中共中央办公厅、国务院办公厅联合发布《关于加强文物保护利用改革的若干意见》，要求加强文物政策制度的顶层设计，做好文物保护利用各项工作。大力开展社会力量参与以及在保护中发展、在发展中进行保护的探索和实践。要让公众了解并享用文物的文化价值。保护与利用并非对立，强调保护为主的同时不能排斥合理利用。实现文物保护与经济建设共赢，科学规范的合理利用制度是有效途径。文物遭受破坏与未良性利用存在一定程度的正相关，例如，因政府保护资金的缺乏，可以采用以社会力量参与的方式，让有资金实力的私人与企业投入资金，认领低级别的不可移动文物或建筑遗产，使失修文物重新被修缮，恢复公共文化服务功能与社会效应。强化相关法律制度，夯实对一般不可移动文物的保护。规定不可移动文物的认定制度，在法律时效上明确不可移动文物保护的责任，文物的保护纳入政府绩效考核，强化监督。明确文物保护监督检查制度，地方人民代表大会、地方人民政府、政府管理部门、社会各界纳入监督主体范畴。[2]明确文物保护的信息公开制度和行政民事公益诉讼制度。政府文物主管部门为文物建立档案，设立标志，制定保护措施，借鉴河长制，建立文物保护长制，明确保护主体及法定权利义务，明确文物保养、修缮的责任主体与程序，明确文物迁移等审批程序，鼓励社会组织、公益基金的修缮资助。

---

[1] 李健. 博物馆可移动文物保管部门：文物保护的最先预警者［N］. 中国美术报，2019-05-07.

[2] 戴有山，周耀林. 完善非物质文化遗产公法保护机制［N］. 中国社会科学报，2017-09-13.

文化遗产保护与城市发展的关系

一、城市拆迁、旧城改造与文化遗产保护的关系

土耳其诗人纳乔姆·希格梅曾说过："人一生中有两样东西是永远不能忘却的，这就是母亲的面孔和城市的面貌。"[1]城市作为人们生产与生活的聚集地，是一个地区经济水平进步、政治制度完善以及文化日益丰富的最好见证。伴随着科技水平与经济水平的协同并进，作为人们生活载体的城市也在这个过程中进步与发展。其中，作为城市进步与发展的见证，"城市化"这一概念逐渐发展成熟，河北省"城市化"的发展亦是如此。经过半个世纪的发展，河北省城市经济水平得以提升、人民生活状况得以改善，但环境污染、生活拥挤、交通堵塞、文化遗产破坏等问题也接踵而至。而且，伴随现代化思想的发展，公众对现代建筑的向往日益加深。部分城市以"旧城改造"和"城市拆迁"为缘由，对城市中存在的历史文化古迹采取了"大拆大建"的开发方式。此种大规模的开发运动，一方面，使得大量的文化遗产以及城市古建筑群遭受破坏，城市空间与历史文脉发生相应的割裂；另一方面，此类以拆迁为核心内容的发展活动，不仅改变了城市原有的历史文化属性，某种程度上还弱化了现代化城市所推崇的文化功能，城市特色也日益殆尽。作为一个处于变革期的省份，河北省在响应国家政策号召的前提下，发起了多项文物保护活动，诸如保护承德避暑山庄、保定市清西陵等。但是由于涉及多方的利益关系，诸多问题随着保护管理工作的推进逐渐显现出来，如过度开发、

[1] 孙轶玮. 中国城市的六种方案：城市规划和建筑不应随意选择［N］. 瞭望东方周刊，2005-07-15.

过量拆除、忽略遗产整体保护等。在这些问题的背后，客观上反映了现代化建设中多元主体“重经济、轻文化”的思想意识。鉴于此，在文化遗产保护面前，便出现了诸多不同的价值观以及利益观的碰撞与博弈。然而，尽管存在着不同的利益碰撞，文化遗产的可持续发展仍是现代城市发展理念的重点。在推进城市化的过程中，地方行政机关不仅要将现代化发展中的遗产保护放在城市建设与发展的首要地位，同时还需要合理运用整体原则，将文化遗产的整体性保护应用到整个开发过程中。笔者通过检索发现，针对目前实践中的燕赵文化遗产保护而言，多数的指向均是从法理操作层面出发，有关其与城市建设的双向关系尚不存在具体阐述。日常研究视角的关注点更多是以挖掘文化遗产的经济利益为出发点，如何维护并平衡城市建设与文化遗产保护间的双向互补关系，既是阐述较少的难点，也是不可回避的焦点。因而，本章节以分析两者的双向关系为出发点，力求有效地促进城市建设中的遗产保护。

（一）城市发展与文化遗产保护的良性关系

河北省现代化建设的外在形态与其内在体现的城市文化遗产，诸如古建筑、不可移动的文化遗产等，不是相互割裂、相互对立的关系，而是有机关联、相得益彰的。

一方面，城市建设乃保护与发展文化遗产的基础举措。需要指出的是，受制于时代的影响，传统的城市化模式过多地追求经济价值。那时的城市建设由于处于低级阶段，文化自觉相对匮乏，社会群众对于文化活动，乃至文化生活的追求欲望处于较低的状态。[1]随着城市的进步与发展，在政府积极引导社会公众提高文明水平的基础上，人们也开始日益关注精神生活，尊重、保护以及享受文化遗产亦包括在这种追求之中。现代化建设下，文化遗产的保护无论是前期规划还是后期保护，资金投入、科学技术、现代设计以及人力资源等都是充足且丰富的。就保护规划而言，河北省由于面积辽阔，文化遗产的分布及保存状况不一，故部分地区之前针对文化遗产的保护规划多是延续之前的“老式”规划。但是，自国家大力倡导文物保护政策以来，河北

[1] 宋暖. 城市化进程中的文化遗产保护与文化认同［J］. 理论学刊，2015（9）：123–124.

省立足现有的遗产保护分布规划，在整合外来有效经验与自身实践经验的基础上，归纳总结出自己的特有保护方案，具体包含以下三项内容：（1）反对片面拆建的改造模式，将整体性保护原则纳入城市规划前期。各地在面对文化遗产的保护与发展时，深入分析当地的自然环境、人文地方特色、社会经济水平以及居民生活习惯等，力求人民和家乡享受到遗产的历史、经济和文化价值。（2）各地要求文化遗产管理部门在准确评估文化遗产及其价值的基础上，深入分析目前保存情况，科学制定整体保护规划，理性确定符合实际的保护重点和保护方法。特别是在历史城区如何合理调整功能、控制人口容量、疏解地区交通、改善市政设施等方面，制定特殊的实施措施。❶（3）根据遗产保护的具体情况，进一步制定城市文化遗产的总体规划与局部规划。于宏观角度而言，文化遗产保护工作需具有整体性与全局性的基本特征，因而遗产自身及其周边环境都应成为保护工作的辐射范围。鉴于此，在设计相关规划时，应当以整个城市为立足点与出发点，切忌孤立地、片面地设计相关规划。于微观角度而言，遗产所在地要注重平衡城区的基本职能，避免过度关注经济职能，弱化城市的文化职能。实务中，应避免对重点城区过度开发，禁止建设商场、中心等建筑物，避免在文化职能与经济职能的基础上再对文化遗产城区进行功能叠加。同时，城市建设者应避免叠加功能的过度聚集所导致的客流量增加、环境承载力减弱的不利后果。比如保定市古建筑曾经的开发与利用模式：保定市的古建筑群多集中于裕华街区域，由于前期的不合理开发，该地区的商业氛围浓厚，人文环境以及自然环境均遭受了不同程度的损害。后保定市政府通过实地考察与具体统筹规划，将该区域的历史价值与其商业价值相结合，成功将其打造为多功能区。在现代的城市发展中，我们需要综合对待建设与保护之间的关系，即让城市现代化建设为文化遗产的保护与发展提供物质性基础，而拥有深厚文化底蕴的民族遗产，这是现代化城市的有效发展根基。同时，我们须认识到，文化遗产的发展既不是照抄照搬，也不是一味地借鉴外来文化经验，而是需要在因地制宜的基础上，抛弃文化遗产中糟粕的部分，继承其中的精华部分。对于城市文化遗产，适度开

❶ 单霁翔. 从“大拆大建式旧城改造”到“历史城区整体保护”［J］. 文物，2006（6）：37-39.

发与可持续利用应当成为其发展的永恒主题。实务中，我们应合理利用丰富的文化遗产资源，借助经济力量打造地方文化品牌，进而实现文化遗产的经济价值与历史价值的双向促进。

另一方面，历史文化遗产引领着城市发展与民族感情的有效进步。文化遗产保护背后的价值观，一是出于对燕赵文化的肯定与正向评价，另一是意识到燕赵文化在城市发展中的有力促进作用，即文化遗产所能带来的社会效益、经济效益与文化效益，例如，承德市避暑山庄及其周围寺庙所带来的综合效益。避暑山庄自 2017 年正式获批国家级文化产业示范园区创建资格以来，逐步成为带动承德与河北经济发展、辐射全国旅游业进步的示范性文化遗产。[1]实务中，避暑山庄所带来的总体效益主要包含以下几个方面的内容。首先，良好的社会效益。避暑山庄在发展过程中，积极弘扬我国的民族精神与时代价值观。同时，利用当地旅游以及传统文化资源进行精准扶贫，有效完善了园区以及周边寺庙的基础设施建设。其次，经济发展水平提高。承德市区两级的行政机关高度重视当地小微企业的孵化与培育，不仅出台相应的扶持文件与优惠政策，还为小微企业在税收、人才引进、人员招聘、技术支持以及企业融资上提供服务与支持。同时，当地十分重视本土龙头企业的优先发展，诸如承德皇家珠宝文化城有限公司等 6 家公司分别获得了国家以及省级资金的补助，龙头企业无论是在结构上还是方向上均发展势头猛劲。最后，文化示范模式鲜明。避暑山庄秉持传统文化与现代文化发展，将清朝历史景象通过高科技方式再现，诸如康熙大典的实景演出、机器人 VR、AR 体验等。此外，其以文旅项目发展为契机，打造新型文化产业发展平台。通过资金注入、政策扶持、环境优势等因素，吸引大批量的京津冀企业在此投资发展，真正意义上实现了产业结构的调整与升级。同时，避暑山庄重点加强与企业、园区、高校的有效对接合作，与中国传媒大学、北京执惠旅游等企事业单位建立人才共享、技术互利等发展模式，使得园区的发展更富有生机

[1] 21 世纪避暑山庄文化旅游管理处. 以文塑旅 以旅彰文：承德“21 世纪避暑山庄”文化旅游产业园创建启示［EB/OL］.（2020－12－11）［2020－12－24］. https：//www.163.com/dy/article/Gc311U2G05505AV6.html.

与活力。[1]避暑山庄的成功示范，从实践上阐释了我国遗产保护行业的本质意义，同时也揭示了遗产保护与城市建设的良性互补关系。

一个城市的现代化发展，离不开传统产业与新兴产业的合力支撑。作为新兴产业中的国家级保护资源，文化遗产通过彰显城市的自我个性与文化底蕴以获得大量经济利益的方式，为城市的发展提供了充足的资金保障。除了社会层面的积极作用，文化遗产还被当地居民倾注了丰厚的家国情怀。作为城市发展的有效见证者，文化遗产是城市居民共享的集体记忆，承载着人们对于一座城市的情感寄托。文化遗产所在地区是一个城市记忆保持最完整以及最丰富的地区，有着最深厚的文化底蕴，同时也是人们的精神家园。文化虽然具有多样性，但其最可贵的就是继承与沿袭的居民生活方式，因此，历史名城、街区或者古迹会被人们倾注很多的感情与情绪。对于世代生活于此的居民，特色的文化遗产不仅承载着他们对于家乡的情绪，还承载着他们对于家乡的认同感及感知力。这种认同感与感知力不仅使得他们拥有着随时奉献家乡的情感，还使得他们具备实践民族精神的基本觉悟。[2]伴随着遗产保护理念的推进，文化遗产已成为现代化和城市发展中的一张亮丽的名片。现代城市要不断充分汲取文化遗产的传统与精华，提炼与凝聚富有特色的城市精神，以此来培养民族的文化自信和文化信仰。有了文化遗产做后盾，在城市化进程中就会更加自信地面对外来文化与传统文化，真正实现古为今用、洋为中用。[3]综上所述，城市现代化建设和遗产保护之间是双向支撑的发展关系，即雄厚的经济基础为文化遗产的保护提供资金支持，文化遗产的发展为城市经济带来更多的动力支持。

（二）城市建设与文化遗产保护的互动关系

不可再生性乃文化遗产之首要属性，这主要是由文化遗产难以复制的历史文化内涵以及其自身的千年发展过程决定的。因此，相较于发展与利用，

---

[1] 21世纪避暑山庄文化旅游管理处.“21世纪避暑山庄”文化旅游产业园区成功获得“国家级文化产业示范园区”称号［EB/OL］.（2021-01-04）［2020-01-15］. https：//www.163.com/dy/article/Gc311U2G055AV6.html.

[2] 单霁翔. 城市文化遗产保护与文化城市建设［J］. 城市规划，2007（5）：10-12.

[3] 宋暖. 城市化进程中的文化遗产保护与文化认同［J］. 理论学刊，2015（9）：127-128.

保护文化遗产应该成为第一要义。但是，进入21世纪以后，部分城市过度追求经济利益和所谓城市形象，完全拆除或者完全损毁历史建筑，仿照重建或者新建古建筑群。这种看似是在保护文化遗产的做法，实际上是对文化遗产保护的误解。因为此种人为元素浓厚的现代建筑，并不具有文化遗产的历史价值特征，也达不到保护文化遗产的真正目的。鉴于此，在城市迁拆与旧城改造中要注意以下四点内容：一是制定体系完整、结构严谨的文化保护法律体系。法治是推进遗产保护的根本保障，要不断完善现行法律的基本体系。具体到文化遗产保护，除立法与行业标准要严格加以制定外，国家应利用统一的技术规范指导实践操作，避免于法无据下的权力不合理分配/运行。二是保证现代城市的崭新风貌得到展示。这也就意味着城市建设者需以保护文化遗产和保持城市特色为基础，在整体统一与局部协调理念的指导下，对城市面貌和内涵作出整体设计。政府在进行城市规划前，应当对改造地区的文化遗产进行深度调研，根据调研结果制定历史文化遗存保护方案，强化规划结构分布计划，形成规划先行的工作路线，避免规划与历史文化遗产保护之间的冲突。[1]三是重点挖掘文化遗产的文化内涵，避免过度追求商业利益而忽视历史文化遗产的价值。在文化遗产开发中，如何平衡经济建设与文物保护，是所有文化遗产开发计划，包括管控城市建设方向的地方立法者所应面临的首要难题。文化遗产并非静止不动的物品，相反，其应是促进城市进步与活化城市文化的助推器。因而，遗产的内在价值也是我们所应注重的。城市建设者可在保护遗产历史价值的基础上，合理利用其经济价值，最大限度做到经济价值与历史价值的统一。四是为达成平衡经济建设与遗产保护之动态目的，遗产所在地行政部门应当考虑采取何种措施、遵循何种原则、维护何种利益。基于全球化背景下的遗产保护意识，现代化城市的关注点不能仅放在高楼大厦上，能否体现独特的文化底蕴、城市所特有的民族精神以及当地千年所积累的地域文化应是城市建设的重点。城市拆迁与旧城改造中的文化遗产保护应以整个城市发展为立足点，使得城市在展示现代文明崭新风貌的同时，又突出城市历史文化特色；既能将现代技术发挥得淋漓尽致，又能将传

[1] 梁霭雯. 谈旧城改造规划与文化遗产保护：以广州市荔湾区东漖村地块改造为例［J］. 中国文化遗产，2017，(1)：50-52.

统元素巧妙融合在城市建设之中。

同时，除了从建筑以及文化遗产自身入手，保持当地居民与遗产保护之间的和睦关系亦可以促进我国现代化的健康发展与进步。从某种程度上来说，地方文化遗产的保护程度取决于当地居民的配合程度，因此，在城市发展中保护遗产地原生居民的利益应成为城市进步的突破口。实务中，为达成维护遗产地居民利益的目的，一般是将地方经济、文化发展与居民就业相结合，建设符合当地文化底蕴的特色企业。那么，何为地方特色企业？从简要概念来说，利用当地特色文化，并以其为基点发展具有文化底蕴的企业就是现代社会所倡导的地方特色产业。地方文化产业根植于地方，是由特定地域空间中地方居民共同拥有的生活方式、民间习俗、历史文化等积淀而来的产物。相较于其他普通企业，其突出特征在于其所拥有的民族性与地域文化价值。这种独特的价值可以为当地的文化产业、商业开发以及居民的经济收入带来巨大的发展空间。在其发展过程中，地方文化产业应当吸收足够多的当地居民进入其中，此种做法一方面可以加强文化遗产与居民日常生活的交互；另一方面，居民的多元生活乃活化文化遗产价值的重要体现。[1]同时，地方企业自身的特殊性与其所包含的民族地域性，必须保证以地方居民为主体，由地方居民自发、自主地参与地方文化产业的发展工作。此外，企业还应以地方特色、地方条件、地方人才为基础，以地方利益为出发点，通过空间与产业的多样性、联结性和整合性，形成一套地方生产模式，进而实现振兴地方经济的目标。[2]除了上述地方文化企业，尊重传统习俗与居民的生活方式亦可促进现代化的发展。从传统习俗角度讲，文化遗产的诞生往往与当地的传统习俗密不可分，而传统习俗的重要表现形式之一就是传统的节日庆典。作为特定地方人们生活方式的文化表达，举办或复兴传统节庆活动，有助于保留地方传统历史文化，宣扬地方的文化意义，增进人们自我身份与地方的联系，

---

[1] 单霁翔. 城市文化遗产保护与城市文化建设［J］. 中国党政干部论坛，2009（7）：28-29.

[2] 廖春花，杨坤武. 全球化与地方认同：城市历史街区研究的新视角［J］. 云南师范大学学报，2014，46（1）：52-54.

进而增强群体凝聚力和认同感。[1]实务中，地方人民对于节日庆典的活动往往是充满热情的，而这些活动又与当地的特色文化保持着紧密联系。因此，复兴节日庆典不仅符合人民的传统情怀，同时还通过连接当地的传统习俗与现代生活，利于原生居民乃至外来游客对遗产地的传统文化进行认识。此外，地方传统的节庆活动充满了社会意义，在其传播的过程中，当地遗产的历史价值、经济价值以及文化价值可以潜移默化地得到强化。当地居民乃至城市旅游者或者是外来者也可以在这里体会到文化遗产带来的魅力。从居民生活方式上讲，文化遗产的最大价值就在于其所承载的不仅是地方的文化内容，还承载着一个地方居民的生活面貌。鉴于此，城市在被“翻新改造”时，必须保护好居民传统的生活方式，即使是对当地遗产进行修缮，也要优先维护原生居民的利益。现代文化遗产的开发方式容易陷入孤立追求经济进步的困境中，而忽视居民的生活方式以及居民对于文化遗产的人文情怀。基于此种现实情况，遗产地政府应优先考虑遗产地原生居民的基本诉求及其所倡导的合理利益。综上所述，相辅相成、互相促进应当是我国现代化建设与文化遗产保护关系的贴切表述。两者和谐统一，城市才会健康发展；反之，文化遗产则可能限制城市发展，城市发展也可能迅速摧毁文化遗产。

随着时间的推移，有关文化遗产保护的理论与实践也在逐步完善，其内容范围也由之前的孤立关注经济发展延伸至现今的综合性、多元化地关注整体利益。关于发展与保护遗产的理论，学术界在逐步达成共识，但在具体实务操作中，如何将理论与实践相结合又成为一个需要讨论的焦点。作为经济发展的必然趋势，旧城改造及城市化建设在一定程度上解决了目前城市土地资源紧张、基础设施落后的问题，但其所带来的遗产破坏问题仍有碍于城市进步。在我国的城市开发与建设探索中，只有将城市建设与历史文化遗产保护结合起来，积极探索政府引导、市场运作的新途径，做到保护与开发并行，才能促进城市的现代化建设。尽管在城市发展中，利益博弈以及观念冲突已经成为遗产保护与利用的矛盾点，协调解决需要投入大量的时间、人力、财力，但我们仍不能随意放弃对于文化遗产的基本认知，要坚定对其保护与发

---

[1] 刘博，袁振杰. 传统节庆在地方认同建构中的意义：以广州“迎春花市”为例［J］. 地理研究，2012，31（12）：2189-2191.

展的决心。要深刻认识到，作为城市文化底蕴与城市传统习俗的重要载体，文化遗产是丰富城市文明、促进旅游业及系列产业发展、实现社会长久效益的关键所在。只要城市决策者与城市规划者共同努力，旧城改造与文化遗产保护就能建立起一种相互促进、相互依赖的和谐关系，历史城市所要求的保护与发展的双重目的自然也能得到实现。

二、行政法基本原则对于文化遗产保护的适用

建设法治省份与法治城市，必须具有完备的行政法律体系。指导城市建设与保护文化遗产，同样必须具有完善的行政法律体系。新时代下的行政法律体系的一个重要特点是立法更加系统化与细致化，即使面对纷繁复杂的行政实践，立法者也尽量使其有法可依。然而，受制于我国不断发展的社会背景，无论是制定法律制度，还是适用现行法律，均存在相应的问题与挑战。在这之中，以覆盖范围广、容易变动为特点的行政法表现得尤为明显。由于社会事务的复杂多变性，以及法律自身所具有的局限性，诸如行政协议、食药监管、知识产权、城市治理等领域在行政法上存在一定的立法空白。[1]为应对此种立法滞后于实践的现状，我国制定了具有补充性以及指导性的行政法基本原则。实务中，基本原则在适用上蕴含着以下两项必要性：

第一，基本原则的稳定性降低了行政性法律的不稳定风险。基本原则制定之目的，并非直接或者是明确地指导行政事务的处理，相反，其最大功能在于以较为简洁与凝练的语言向公众显示行政法所具有的公平与正义属性，因而在内容上其多为概括性与抽象性的语言表达。此种概括性与抽象性的内容表达，不仅使得基本原则在包容行政管理事务上的阈值达到了最大化，同时也使得它成为行政法领域中最具有稳定性的存在。如前所述，鉴于我国当前行政实践的复杂性、多变性，以及数量众多而成为现行行政法律体系的基本特征，这就需要具有共性与稳定性的基本原则来对其进行指导。同时，法律自身也是具有有限性的，因而其不可能解决社会生活中的所有行政事务。为防止行政机关无故损害相对人的基本权益，或是滥用法律所赋予的自由裁

[1] 应松年. 关于行政法总则的期望与构想［J］. 行政法学研究，2021（1）：3-4.

量权，我们需要利用基本原则的稳定性来制约与弥补此种立法空白。基本原则在行政法中的作用，类似于“兜底条款”在法律体系中的地位。一方面，基本原则的内容包含着行政法律的最低限度。行政机关在“无法可依”时，无论是行使权力还是履行义务，其均须依照基本原则的限度要求，以实现行政法“制约国家权力，维护人民利益”的根本目的。另一方面，为避免行政机关或机械或教条地适用行政法律，对行政主体需要给以基本原则的指导与补充，此举有利于克服行政法典成文化的局限性。[1]

第二，基本原则协调了行政法律条文之间的关系。在现行的法律体系中，行政法律规范的数量占据了半壁江山。这是因为随着我国行政法律体系的日益健全，行政法律规制社会内容的范围也在逐渐扩展。但是，此种范围扩展也造成了实务中的三大问题。首先，多元制定主体下，法律条文之间存在矛盾性。实务中，对于涉及范围广泛且缺乏统一性法律的行政领域，其规范制定主体往往呈现出多元化的特征。基于此种多元化，不同机关所设置的条文内容极易发生重合与冲突。其次，下位法违反上位法规定，进而造成的内容不统一性。根据《中华人民共和国立法法》第九十六条第二项的规定[2]，我国下位法违反上位法规定的，有关机关可以按照具体程序予以撤销。尽管法律上已做出明文规定，但实践中违反该原则的下位法数量并不在少数。最后，不同地域行使行政权的不统一性。作为统摄行政法律规范的准则，基本原则的重要价值之一在于协调行政法律体系。基本原则所承载的秩序价值，通过消除条文之间的冲突与利益争端，防范了因内容不一所造成的体系受损，进而维护了行政法律规范在实务中的运行。

目前，由于部分地区过于重视经济利益，文化遗产保护在城市建设中遭受重创，两者之间是处于失调状态的。就河北省来说，主要存在以下四个方面的问题：一是建设者在进行城市建设之前缺乏对于城市的深入研究，因而，其制定的城市规划既不能合理定位文化遗产的应有位置，也不能体现文化遗

[1] 周佑勇. 行政法总则基本原则体系的立法构建［J］. 行政法学研究，2020（1）：13-16.

[2] 《中华人民共和国立法法》第九十六条：法律、行政法规、地方性法规、自治条例和单行条例、规章有下列情形之一的，由有关机关按照本法第九十七条规定的权限予以改变或撤销：……（二）下位法违反上位法规定的；……

产的历史价值。目前来说，城市建设不仅破坏了整个历史文化环境，还严重破坏了整体文化结构。二是城市化进程扩展所导致的文化遗产破坏。市政道路建设、房地产开发以及旧城改造在所难免，但如若建设者不重视城市的文化建设，其对于文化遗产的拆除态度就会变得主观又武断。三是盲目建设所导致的城市文化特色危机、民众“文化自觉”缺失等问题。随着城市化的逐渐深入，由于不具备现代化外观设计的属性，遗产建筑群被大量地“改造”与拆除。在这个阶段中，现代城市理念逐渐取代遗产所承载的历史与文化属性。四是随着经济的发展、旅游业的兴盛，许多文化遗产在过度开发中遭到破坏。建设者在挖掘文化遗产历史价值的同时，也将其商业价值利用到最大限度。但是，相对于保护遗产的文化内涵与深厚底蕴，城市建设者更注重挖掘遗产的经济效益。文化遗产被破坏以后，取而代之的是“千篇一律、千城一面”的现代城市建筑群，此种建筑群虽然代表着历史的进步以及城市建设步伐的加快，但是根本无法支撑起城市的文化底蕴，城市固有的文化命脉遭到破坏。[1]从表面上看，城市化进程越快，文化遗产破坏或消失的速度越快；越是经济发达、文明程度高的大城市，其城市文化遭受破坏的程度越高。鉴于此，作为日常的行政管理事务，河北省的文化遗产保护需要以下列基本原则来进行指导与规制。

（一）“法律保留原则”在文化遗产保护中的适用

法律保留原则起源于德国，后经我国学者的推崇，逐渐被我国行政法律体系所吸纳。对于其基本含义，可以简单概括为“明确权力秩序，确立授权禁区”或者是“法无授权即禁止”。在文化遗产保护领域，之所以引进法律保留原则，其法理依据在于：第一，法律保留原则划分了中央与地方的历史文化立法权设置，构建了中央立法与地方立法的权属构造，诸如地方性法规虽能对历史文化做出相关规定，但其均不能与法律相抵触；第二，行政机关所做具体行政行为，须有明文法律之规定，亦即“法无授权即禁止”。这里需要注意的是，此种语境下的“法律”代表的是广义上的法律，其范围包括法律、法规以及规章。作为配置国家立法权的基本原则之一，法律保留原则在释义

[1] 宋暖. 城市化进程中的文化遗产保护与文化认同［J］. 理论学刊，2015（9）：125-128.

法条、权力范围设置以及引导行政人员依法行政上发挥着引领作用。实务中，其主要包含以下三项内容。

第一，利用法律保留原则对《立法法》第七十二条第二款[1]进行分析。第七十二条第二款的进步之处在于首次将历史文化的立法权下放至设区市一级。此条规定出台以前，地方立法权的实践价值长期处于被忽视的状态，主要表现在：① 设定内容过于狭窄而无法充分表达其意志；② 下位法规定得过于宽泛，因抵触上位法而趋于无效。[2]此条规定出台后，借助于法律保留原则，历史文化的立法权可以划分为中央立法与地方立法。此种划分一方面使得中央与地方各司其职，减轻了中央的立法压力；另一方面使得地方立法权在真正意义上拥有了自己的实践价值。具体到河北省的文化遗产保护领域，在《立法法》下放了历史文化的地方立法权后，河北省先后制定了《河北省旅游条例》《河北省长城保护办法》这两部地方性法规。此举的优势之处在于：遗产所在地的立法机关能够具体了解文化遗产保护与开发过程中所遇到的问题及矛盾，其所制定的文件不仅具有针对性与实操性，同时亦能规避自由裁量权过大局面的形成。但是，需要指出的是，此项规定扩大了地方立法权的立法范围，赋予了地方立法行为的新属性。此种属性扩张间接造成了地方立法者拥有不合理权力的隐患，如当地方立法者拥有某种事项的完全立法权时，出于地方保护的目的，其极易制定违反上位法的规范性文件。

第二，法律保留原则下的行政处罚权设定。根据法律保留原则的内涵，我国在历史文化领域的立法模式可以区分为中央立法与地方立法。第七十二条第二款对于地方立法的内容并未做出详细规定。但在具体适用上，地方立法需坚持法律保留以及遵循上位法规范的基本原则。前者通过允许与禁止将

---

[1] 《中华人民共和国立法法》第七十二条第二款规定：设区的市的人民代表大会及其常务委员会根据本市的具体情况和实际需要，在不同宪法、法律、行政法规和本省、自治区的地方性法规相抵触的前提下，可以对城乡建设与管理、环境保护、历史文化保护等方面的事项制定地方性法规，法律对设区的市制定地方性法规的事项另有规定的，从其规定。设区的市的地方性法规须报省、自治区的人民代表大会常务委员会批准后施行。省、自治区的人民代表常务委员会对报请批准的地方性法规，应当对其合法性进行审查，同宪法、法律、行政法规和本省、自治区的地方性法规不抵触的，应当在四个月内予以批准。

[2] 牧宇. 法律保留原则下地方行政处罚的界限设定 [J]. 地方立法研究，2020（4）：71-74.

某层次处罚立法接纳或排除该领域[1]，比如地方立法机关制定的历史文化立法，对于人身自由限制以及吊销企业营业执照的行为必须予以回避，因为此两项处罚行为属于法律的绝对保留事项。后者通过对规范的分析，以中央非禁止性立法领域为前提，进而确定地方性立法的内容。《河北省实施〈中华人民共和国文物保护法〉办法》中（以下简称《办法》），对于法律责任的设置多为罚款与责令停产停业，此种责任设置不仅满足法律保留原则的实质内涵，同时亦满足《行政处罚法》第十一条[2]的规定。出于规避地方立法权不合理的目的，此两项原则的限定存在其合理的根据以及实践基础。然而，不能忽视的是，地方违法行为种类的增加，要求我国相关法律做出改进。对于该问题，立法已有考虑。在最新出台的《行政处罚法（修订草案）（二次审议稿）》第九条中，已将行政处罚的种类由此前的 10 种扩大到草案中的 13 种。相较于之前的规定，此举虽然有利于满足地方管理的现实需求，然则尚未充分发挥地方立法权的实践价值。因而，笔者建议可引用法律保留原则之内容来对其进行解决。根据法律保留原则，其审查事项中，并不包括对手段与方式的限制，其重点主要是限制内容不得违反上位法。[3]鉴于此，地方立法行为需以符合法律与行政法规为基础要件，中央立法可以适当赋予地方以创设行政处罚种类与手段的权力。此种权力赋予一方面符合下位法不违反上位法内容的法理依据；另一方面地方机关在面临法律尚未规定的情况时，可以自行采取措施来保证行政行为的合法性。

第三，法律保留原则下的依法行政。在实务中，法律保留原则要求行政机关及其工作人员必须依法办事，亦即“法无授权既禁止”[4]。根据法理要求，行政执法行为的做出，应首先依照行政法律规则，在无规则对应或者是存在立法空白时，其才可依照原则做出。究其根本，一方面是因为行政法律规则

---

[1] 牧宇. 法律保留原则下地方行政处罚的界限设定［J］. 地方立法研究，2020（4）：71－74.

[2] 《行政处罚法》第十一条：地方性法规可以设定除限制人身自由、吊销企业营业执照以外的行政处罚。法律、行政法规对违法行为已经作出行政处罚规定，地方性法规需要作出具体规定的，必须在法律、行政法规规定的给予行政处罚的行为、种类和幅度的范围内规定。

[3] 牧宇. 法律保留原则下地方行政处罚的界限设定［J］. 地方立法研究，2020（4）：71－74.

[4] 需要指出的是，此处的“法”应作狭义理解，仅指行政法律规则。

的具体性与明确性、针对性较强；另一方面是因为规则具有严密的逻辑结构，反复适用性强，便于行政机关操作。具体到文化遗产保护工作中，法律保留原则包含如下三项内容：① 遵循特别法优先于一般法的规则。即在文物执法过程中，对于位阶相同的法律，文物行政机关应严格按照文化遗产保护的法律法规行使权力。② 对于文化遗产保护事项的法律空白，文物行政机关应遵循统一的行政法律规范，比如损坏文化遗产行为所应遵循的行政处罚程序。③ 对于行为既无文化遗产保护类法律可依据，也无统一性可遵循的法律，行政机关可以按照基本原则的价值与内涵，做出相应的行政执法行为。在具体实务应用中，针对上述三种行为，基于基本原则的抽象性与概括性，行政法律赋予了行政机关较多的自由裁量权。此时的行政机关，应在法律保留原则的基础上，依合理性原则或者是比例原则的要求来评价行为的危害性与结果的适当性，避免过度裁量下的权力不合理，或是因行政权力的违规行使而遭受到法律的负面否定。

（二）“合理性原则”在文化遗产保护中的适用

19 世纪以来，基于行政权不断地扩张与发展，自由裁量权也逐渐呈现出违法扩大趋势，行政法治日渐受到威胁与损害。同时，合法性原则因其刚性控制与硬性标准，无法合理评估行政自由裁量权的正确使用。鉴于此，学者们便完善了发端于英国的合理性原则。作为合法性原则的重要补充，合理性原则要求行政机关做出的行政行为，不仅应当在法律规定的条件、种类和范围幅度内进行，还要求其以理性为前提做出最佳选择判断。从理论角度来讲，衡量行政行为的合法性较为容易，但衡量合理性存在难度。两者就犹如“法律是道德的最低限度”中法律与道德的关系，法律裁量基准不仅客观具体，与其匹配的法定刑种类与幅度也昭然可见。而道德标准则是在合法基础上叠加了情理、诚信、公平、惯例等主观因素，需对其进行个案的自由裁量。在行政法领域，只要一个行为的主体、内容以及程序均合法，法律就可以将其归入行为合法的行列当中。但是对于该行为的合理性，因为赋予了行政机关自由裁量权，就需在合法性基础上考虑法律目的、正当动机、客观因素以及公正法则等因素。合理行政中的理性是最低限度的理性，即一个正常理智的普通人的理性，它不仅要求行政决定符合理性的最低要求，也对行政机关做出行政决定时的理性思维有所限制，其必须符合社会公德和基本公理的要求。❶

在行政领域，合法性原则是合理性原则适用的前提，合理性原则是合法性原则的补充要求。行政行为的合法性不仅是行政行为成立的基础，也是行政执法的首要遵循。在行为合法的前提下，行政机关需具体借助合理性原则对其“情理”标准进行判断。在这里需要强调的是，由于思想价值以及认知水平的不同，私人生活价值观也存在着差异，这里的“情理”标准指的是普遍性的、一般性的生活价值观。❷此外，为达成限制自由裁量权的目的，行政机关不仅需要判断其所实施的行为与手段是否符合法律的立法目的，又要综合考虑刑罚幅度、法律公理等基本因素，防止出现客观现实与处罚种类不相适应的情况。❸

纵观我国现行的文物保护类法律，对合理性原则均体现得较为宽泛。考虑到文化遗产保护的现实状况、城市经济发展的实际情况和合理性原则的平衡，下面以合理性原则的具体适用为基础，具体从法理、程序以及法律规定几方面对其进行阐述。首先，行政机关需要在保护文化遗产的前提下，综合分析经济进步与城市发展的实际情况。实务中，文物行政机关首先应依法实施相应行为，并在法律允许的范围内合理运用自由裁量权。针对文化遗产保护，地方决策者需在遵循法律的基础上，将地方特色与经济发展相结合，“因地制宜”地建设特色文化城市。其次，行政机关需尊重合理性原则所包含的“情理”要素，即要求行政机关在执法过程中要尊重地方的优良风俗，尊重行政相对人的宗教信仰与传统习惯。实务中，在对城市进行拆迁或者改造时，城市建设者由于过分重视经济利益，破坏了大量的特色文化遗产以及城市文化底蕴，此举与合理性原则的要求是完全相悖的。文化遗产作为城市发展的印记，是地方文化的集中体现，这就意味着地方建设者需在遵循当地历史文

❶ 吴偕林. 论行政合理性原则的适用 [J]. 法学，2004（12）：27-30.

❷ 卢少华. 行政合理性原则探究 [J]. 中国市场，2017（5）：126-128.

❸ 程思进，沈力平. 论行政自由裁量权的合理性原则 [J]. 四川师范大学学报（社会科学版），2003（5）：36-38.

化特色与传统习俗习惯的基础上，打造具有历史文化品牌的特色城市。再次，行政机关在行使法律所赋予的权力时，须遵守社会相应的道德规范。此种道德规范并不一定限于用来调节一般的人际交往，只要是包含合理性原则所要求的公平、公正要素的，均应其纳入行政机关所遵守的行列。在遗产的保护过程中，行政机关需采取公正、公平的手段与方法，这种手段与方法既要符合形式正义的要求，又要符合实质正义的要求，才能在文化遗产保护中充分利用合理性原则。最后，对于文物违法行为的责任施加应符合其社会危害性。在《文物保护法》第七章以及《办法》第六章，立法者对于不同的违法行为设置了不同处罚程度的法律责任，诸如浮动数额的罚款、情节严重时的刑事追责等。此种立法设计的目的在于，合理性原则的适用要以考量该行为已造成的社会危害性与潜在的社会危害性为基础，只有该行为的危害值达到最大化，行政机关才可对相对人适用“顶格处罚”的条款。因此，在文化遗产保护执法活动中，合理性原则的把握既要建立在保护文化遗产的前提下，更要建立在文化遗产秩序保障的基础上。这就要求执法人员灵活运用合理性原则对文化遗产的保护，综合考量个案中法律、道德、情理、刑罚的适用，进而做出相应的处罚结果。

（三）“比例原则”在文化遗产保护中的适用

作为行政法的黄金原则，比例原则在指导城市建设与遗产保护中发挥着关键作用。其严密的运行框架以及层层递进的分支原则，为行政机关达成立法的根本目的提供了价值指引，进而使得立法者近乎理想地权衡其所应考虑的因素。[1]根据比例原则的基本要求，城市建设者在运用此原则时，应考虑以下三个方面。

第一，考虑为了实现经济发展的目的，对文化遗产进行保护的必要性。根据比例原则，城市建设者必须衡量立法目的与所采用的行政手段是否合乎比例。在城市拆迁与旧城改造的过程中，当存在保留文化遗产与拆除文化遗产两种方案时，如果保留也能产生大体的作用，出于立法目的的需要，就应当选用保留方案。在没有阻碍或者影响城市发展的前提下，如果一味地将文化

[1] 蒋红珍. 比例原则位阶秩序的司法适用［J］. 法学研究，2020（4）：41-42.

遗产拆除，会违反比例原则的基本要求，恐有不合理利用权力的嫌疑。

第二，追问所制定的文化遗产政策能否实现经济发展与自身保护的双重目的。考察我国的实践现状，无论是城市拆迁还是旧城改造，其首要目的都在于促进城市经济发展。因此，在城市发展进程中，城市建设者需考虑保留文化遗产是否能够达到经济发展的目的，还是将城市的旧址古迹予以拆除才能达到经济发展的目的。虽然在立法上对于文化遗产的态度是保护与发展，但由于部分地区对于经济利益的优先追求，其制定的文化遗产政策往往以“发展为主，保护为辅”。此种情形下，城市建设者不仅很难达到经济发展的目的，且文化遗产也会受到不同程度的损害。因此，有关文化遗产政策的制定，不应过度追求城市进步与经济发展，轻易将文化遗产的重点由保护转移至发展，否则不仅不利于立法目的的实现，反而会造成更大的损失。

第三，在衡量城市发展与文化遗产保护时，相较于损失的利益，城市获得的利益是否更大？不可否认的是，作为第三产业的中流砥柱，文化遗产为当前的产业结构调整贡献了不可磨灭的力量。但是，其在城市建设中所发挥的作用与地位也饱受着质疑。从城市更新来看，老式、旧式的古建筑并不符合城市化进程中对于现代化建设的基本要求。从资本角度来说，稳定且固定的修缮资金流乃文化遗产开发与利用的必备条件，但修缮投入资金与后期旅游收益能否成正比多数是处于未知状态的。鉴于此，对于城市发展与文化遗产保护，如果获得的利益大于损失的利益，就应当优先坚持文化遗产保护；如若获得利益与损失利益是持平的，出于立法目的，也应当优先坚持保护文化遗产；如果获得的利益小于损失的利益，此时应当优先坚持城市的现代化建设。

（四）“信赖保护原则”在文化遗产保护中的适用

正如拉邦德所言：“苟无诚信原则，则民主宪政将无法实行，故诚信为行使一切行政权准则，亦为其界限。”作为民法领域的“帝王条款”，行政法领域对诚实原则也有引进与利用。然而，基于民法原则在行政领域的不能直接适用，立法者便在公法领域推出了可操作性较强的信赖保护原则。[1]作为诚信

[1] 阎尔宝. 行政法诚实守信原则研究［M］. 北京：人民出版社，2008：175-179.

原则在行政法领域的直接体现，信赖保护原则要求行政机关不能随意撤销或者改变行政相对人已产生信赖利益的行政行为，否则须补偿行政相对人因此遭受的合理信赖利益损失。作为“二战”后发展成熟的行政法原则，国外经常将该原则与法律安定性原则相联系，并由此形成以下三种观点：① 德国直接将信赖保护原则等同于法律安定性原则，并认为私人的合理信赖利益大于国家做出行政行为的利益；[1] ② 欧洲法院认为，法律安定乃实现信赖保护的必要前提，其主要目的在于对私人利益的保护与维护；③ 英国克雷格教授将信赖保护作为法律安定性的自然结果。[2]上述三种观点各有其存在的历史基础与理论依据。在实务中，以上述三项观点为基础，法的安定性原则与信赖保护原则拥有着大致相同的含义：一是两者均把行政行为的稳定性当作其基本要求；二是两者均注重对相对人的信赖利益保护，并且在此种利益因撤销或者改变行政行为而受到损害时，其必须要对行政相对人进行赔偿。然而，由于所产生的法理基础与社会基础不同，两者在保护范围上仍存在着一定区别。在保护范围上，信赖保护原则重在强调私人领域的保护，其将保护私人利益的合理信赖状态作为首要准则；而法律安定性原则以维护法律秩序为基础，重点保护整个社会的运行秩序。这意味着相较于信赖原则对私人利益的优先保护，法律安定更注重公共利益的维护。并且，当私人利益有违反法律嫌疑时，安定性原则并不会对其实施任何的信赖保护。[3]除了法律安定性原则，基本权利原则也被认为是信赖保护原则的基础理论之一。此原则并不像“诚实信用原则”“法律安定性原则”那样直接给予信赖保护原则最直接的借鉴与源流，而是需要进一步分析权利与信赖保护原则的关系才可得出。根据宪法规定，基本权利主要包括财产权、荣誉权、肖像权等与民众切身利益相关的权利。为避免公民的私权利受到公权力的不当影响，就需要对其基本权利予以保护，此为信赖保护原则的重要出发点。在此基础上，信赖保护要求行政机关必须正当合理地衡量行政权力的使用，明确要求其不得随意撤销已经生效

---

[1] 胡建淼. 法行天下，胡建淼法治咖啡屋［M］. 北京：法律出版社，2017：131.

[2] 李洪雷. 面向新时代的行政法基本原理［J］. 安徽大学学报，2020（3）：85-90.

[3] 刘飞. 信赖保护原则的行政法意义：以受益行为的撤销与废止为基点的考察［J］. 法学研究，2010（6）：4-6.

的行政行为，以此来保证行政相对人的正当信赖利益。

作为贯穿行政权运行的基本原则，信赖保护原则不仅体现着行政法的基本精神——制约国家公权力，保障行政相对人的基本权利，同时还发挥着监督行政法律规定适用，制约行政机关不合理权力的作用。具体到文化遗产保护领域，信赖保护原则在适用中呈现出以下四点要求：

第一，文物行政部门依法全面履行基本职责。在河北省，无论是《承德避暑山庄及周围寺庙保护管理条例》还是《清东陵保护管理办法》，都明确规定了文物行政部门严格履行其职责的法规内容。作为遗产保护的主体，行政机关以诚实信用的方式履行基本职责，不仅是管理文化遗产的需要，同时也是提升公信力、建设信用政府的要求。此外，以诚实守信为基础，体现了国家对于行政机关的有效约束，进而有利于提高公民、法人和其他组织的合理信赖。

第二，以“法律安定性原则”为基础，行政机关在依法履行其基本职能时，应坚持“法不溯及既往”的原则，即不得适用于施行前已经终结的事实，即使制定了具有“假溯及力”的法规范，我们也需保护公民、法人以及组织的合法权益。[1]法规范内容应当是明确的、具体的和稳定的，这是法治国家中法安定性的必然要求。文化遗产保护之所以借助法律，是因为法律能在最大限度之内将外来力量对文化遗产的损害降至最低，进而达到保护文化遗产的根本目的。鉴于此，我国现行的生效法律均禁止任意的溯及既往。

第三，针对河北省文物局批准的建设工程的信赖保护。按照行政行为的理论分类，河北省文物局批准工程建设的行为应属于具体行政行为中行政许可的范畴。在依法行政的要求下，行政机关针对违法行为须根据有错必纠原则予以撤销或者是变更。但是，在信赖利益原则保护下，文物局对自己错误的行政许可行为并不必然撤销，其需要衡量撤销、变更行政许可后的存续利益与行政相对人值得保护的信赖利益，并以此为基础做出最佳选择。除了撤销，行政许可的废止亦需要行政机关进行衡量。但是，相对于撤销，废止的法理基础在于客观情况或者是法律依据的改变，此时的公共利益明显是高于私人利益需求的。鉴于此，行政机关只需根据客观情况采取相应的补偿措施即可。

[1] 杨建顺. 正确理解和适用信赖保护原则［N］. 检察日报，2018-02-07.

第四，行政协议的信赖保护。为达到保护文化遗产的目的，文物行政机关往往会与非行政主体通过协商一致的方式达成文化遗产保护的行政合同。但是，根据行政法的规定，此时的文物行政机关并非一方民事合同主体，其仍旧为行政主体，并享有法律赋予的行政优益权。此时行政相对人的信赖保护来源于两个方面：一是文物行政机关与相对人双向的信赖利益。根据全面履行原则，文化行政机关与相对人因缔结合同而互负权利与义务，双方的全面履行不仅是合同成立的基础要求，也是合同履行的必然结果。二是文物行政机关作为一方行政主体，其须保障相对人对其的信赖利益。此种信赖利益，一方面来源于民事契约的内容，另一方面来源于国家对行政机关的强制规定。鉴于此，行政机关对于因各种问题更改或者是废止行政合同时，需利用信赖保护的内涵来平衡公共利益与私人利益之间的关系。

综上，基于基本原则的补充性，其于遗产保护的内涵在于立法空白时的行政性指导。根据我国社会的发展现状，行政事务将更加复杂。鉴于此，基本原则，尤其是填补法律空缺、弥补法律漏洞的原则，要更加凸显公平、正义、效率、秩序等价值内容。在更加注重依法行政、依法治国与权责统一的背景下，无论是实务界还是学术界，都应对基本原则的独立价值重新进行认识。这是因为基本原则的引入，不仅能够为行政行为提供方向指引，同时还能保障行政行为符合行政法的基本要求，避免缺乏实体依据下的裁量权过宽与程序空转。在实务中，基于行政法基本原则的指引，行政机关能够在保护文化遗产的前提下进行城市拆迁以及城市改造。鉴于此，基本原则虽然具有一定的抽象性与概括性，但是由于其稳定性与指导性，其在我国文物保护领域仍有足够的适用空间。

三、城市更新与文化遗产保护

2020 年，住房和城乡建设部办公厅下发的《关于在城市更新改造中切实加强历史文化坚决制止破坏行为的通知》[1]指出，在城市更新改造中切实加强历史文化保护，坚决制止破坏行为。同年 11 月 18 日，河北省住建厅官网转

[1] 住房和城乡建设部. 关于在城市更新改造中切实加强历史文化坚决制止破坏行为的通知［N］. 中国建设报，2020-08-03.

载了王蒙部长《实施城市更新行动》一文，明确要求在城市更新中杜绝“媚洋求怪”的建筑乱象，活化利用历史文化遗产在城市风貌中的综合价值。之所以以全国性文件的方式强调城市更新中的文化遗产保护，是基于更新进程中遗产保护工作的双重复杂性，各地政府不仅需要解决大量的难点问题，亦需要完善大量的痛点问题。作为城市化的“助推器”，城市更新在实现城市面貌迭代转换的同时，也对文化遗产造成了“毁灭式”的破坏。鉴于此，为达到城市发展的根本目的，我们需要对城市更新中的相关情况进行分析与讨论，以期通过借鉴外来实践或优秀经验来保护相应的文化遗产。

（一）城市更新概念以及现存缺点

现代的城市更新运动可以划分为三个阶段：第一阶段为 19 世纪末至 20 世纪中叶，经济基础雄厚的欧美国家逐渐将发展焦点转移至城市布局与产业结构调整上，例如，豪斯曼对法国巴黎的改造；第二阶段为 20 世纪中叶至 20 世纪 70 年代，此时的城市更新活动服务于经济发展，并未考虑城市的历史发展与居民情怀；第三阶段为 20 世纪 70 年代至今，城市更新仍以服务经济发展为主线，但同时关注到居民利益、文化发展等多重发展因素。[1]由此可见，随着城市更新理论的不断成熟，其实践内容从孤立地关注城市结构发展至现今的综合多元开发，城市更新概念内容也是如此。无论是 20 世纪 80 年代的“新陈代谢”理念、20 世纪 90 年代的“有机更新”理念、21 世纪的“自我调解”理念，还是 21 世纪 20 年代的“包容性发展”理念，随着城市化进程的不断加快，我国学者对于城市更新的概念也在不断深化。20 世纪 90 年代，吴良镛先生从改造目的、环境整治、保护范围三方面入手，定义了“旧城更新”的基本概念。[2]2020 年，李郇教授正式将“城市更新”定义为“原有城市基础上的更新迭代过程”，同时指出了更新过程中的四项优化，即“功能优化”“人口数量与结构优化”“城市布局结构优化”“城市发展更新模式优

---

[1] 丁凡，伍江. 城市更新相关概念的演进及在当今的现实意义［J］. 城市规划学刊，2017（6）：86-87.

[2] 吴良镛在《北京旧城与菊儿胡同》一书中提出过旧城更新的三个含义：“1. 改造、再开发或改建，指比较完整地剔除现有环境中的某些方面，目的是开拓空间，增加新的内容以提高环境质量。在市场经济条件下，对旧城物质环境的改造实际上是一种房地产开发行为；2. 整治指对现有环境进行合理的调节利用，一般只作局部的调整或小的改动；3. 保护则指保持现有的格局和形式并加以维护，一般不许进行改动。”

化”。[1]作为一个动态发展的学术用语，“城市更新”应当在现今所倡导的“包容性发展”基础上予以深化。鉴于此，结合上述我国学者对于城市更新的定义，可以认为，城市更新是指城市建设者按照法定程序对不符合发展理念的老旧城区进行优化、整改或者是拆除重建的活动。

实务中，由于个体的差异与地方的特色性，河北省城市更新的情况并不乐观，更新主体职责呈现交叉状态，统筹协调的难度也大于其他城市保护措施，可供借鉴的实践经验也并非完全适合燕赵文化的保护与发展。就现状而言，城市建设中主要包含以下两个更新方面问题。

第一，城市历史文化遗产遭受破坏。实务中，为应对文化遗产保护的基本要求，部分行政机关往往采取违背整体性原则的隔离保护措施，导致遗产保护不符合城市发展的整体进度与方向。周详发表在微信公众号“城市中国杂志”上的文章《历史性城市景观：城市更新中的遗产保护理念》指出，基于经济利益优先的思想，城市遗产的发展方向也逐渐走向两个极端：一是缺乏渐进式的维护方式，原有文化遗产不再符合现代居民的审美要求，逐渐丧失其应有的美学价值、历史价值以及旅游价值；二是采取突然式干预，对文化遗产采取完全式隔离措施，毫不考虑原生居民的生活利益与公众对其基本情怀需求，从而造成文化遗产与城市进步的彻底割裂。此外，由于不同主体所追求的价值取向不同，遗产在实践中遭受着不同的破坏，具体表现有：部分地方政府尚未全面认知文化遗产的综合价值，在经济利益的驱使下对遗产古迹大拆大建；为获取丰厚的经济利益与不菲的经济利润，房地产以高强度开发为重点，不惜损害遗产及其周边的整体环境；公众不仅遗产保护意识薄弱，其参与遗产保护的力度也较弱。

第二，城市更新规划编制不科学。就目前而言，城市更新的焦点之一仍是平衡城市发展与文化遗产保护之间的关系。作为城市发展的风向标，只有城市规划内容匹配现存的遗产分布格局，城市才能真正实现有机更新的目的。然而，河北省的部分城市在更新过程中不仅缺少详细而明确的城市先导规划，就连遗产在城市更新中的定位与价值判断也存在疏漏。同时，城市规划的主

---

[1] 李郇. 城市更新的定义与内涵［N］. 清华同衡规划播报，2020-12-23.

体较为单一，无法对社会资源进行合理分配。此种不符合公平价值观的利益分配方式，不仅使公众丧失了已有的利益资源，还增加了社会的不稳定因素。

（二）城市更新下的文化遗产保护

1. 城市更新下的文化遗产保护建议

作为城市更新中的关键环节，遗产保护不仅为城市发展提供着深厚文化底蕴，同时还为城市现代化发展提供着文化方向上的指引。我们需要从地方营造、管理体制、发展理念上出发，全面且具体地保护城市更新中的文化遗产。

第一，重视地方营造❶，合理开发现有资源空间。作为起源于美国城市规划和管理的概念，地方营造重在“以人为本”，最大限度地利用空间资源，荷兰的阿姆斯特丹史基浦机场就是该概念的典型代表之一。❷史基浦机场的地理区位优越，距离阿姆斯特丹仅 15 千米，是世界距离市中心第二近的国际机场，同时该机场也是 Schiphol 火车站。在基础设施上，除了设置一般机场的消费、饮食、休息等功能，还增设了赌场、博物馆、商务中心、按摩中心等多种娱乐功能。该机场的最大优势在于以空间资源的合理利用为前提，营造出极富荷兰特色的空间建筑。与史基浦相比，河北省的综合发展情况是更占优势的。河北省应注重原生居民的直观感受，尽可能地在遗产地打造多元化的发展模式。同时，在保障环境承载力的前提下，可效仿史基浦机场，在遗产地增加经济、政治、娱乐等功能，营造出极具燕赵特色的文化遗产。

第二，完善历史文化遗产管理体制，建设历史文化遗产管理部门。由于历史文化遗产的多重属性，其管理体制的设置也受到多重外来因素的影响。但从根本上来说，确立政府在遗产保护中的领导核心地位，明确遗产保护步骤以及程序，加强文化遗产保护的监督，均对文化遗产管理体制的完善有着促进作用。在实践中，文化管理体制从宏观上保护文化遗产，而其相关的微观事项与具体细节则须交给文化遗产管理部门处理。文化遗产管理部门分为

---

❶ 地方营造是指对某地进行考察与评估后，制定符合当地发展的方案与措施，以此来改善当地环境，提高居民生活质量的一种综合性活动。

❷ 谢涤湘，范建红，常江. 从空间再生产到地方营造：中国城市更新的新趋势［J］. 城市发展研究，2017（2）：110-115.

两种：当历史文化遗产片区历史文化资源丰富、片区规模大、功能定位综合时，选择设立综合性文化遗产管理部门是尤为必要的；在片区历史文化资源相对不多、片区规模较小、功能定位为商业时，可以选择设立协调机构的管理部门。[1]不同地区应当根据片区规模、资源丰富程度以及功能作用来选择不同的管理部门。

第三，引进 HUL（Historic Urban Landscape）发展理念[2]，保持遗产的原真性建设。将其放到我国语境内，HUL 理念是指地方文化遗产的保护应以突出地方特色为标准，避免生产流水线化与同质化的地方建筑遗产。在 HUL 的指引下，遗产保护应保持其原有的历史特色与文化底蕴，可以在打造“怀旧”风格的基础上，重点修缮历史价值鲜明的古建筑，进而满足游客的视觉感受与历史体验感。河北省邯郸市涉县是河北省运用 HUL 理念的代表。涉县政府以当地先天的生态资源为基础，主打山体修复、水体治理、城景合一的城市更新发展模式。[3]其优势在于集中开发涉县先天的自然资源，并以此为基础寻找经济发展与环境保护的契合点。同时，其既未模仿我国境内的城市更新模式，也未“洋化”自身的发展模式，而是独树一帜地发展出特有的生态城市更新路线。

2. 文化遗产保护应以科学的城市规划体系为出发点

文化遗产保护作为一项系统性工作，涉及社会中经济、文化、政治等各个方面的内容，因而需以科学的城市规划为基础。在城市更新中，首先要保障规划的整体性与系统性。就城市规划者而言，其不仅要考虑规划设计的物质属性，诸如经济效益、社会效益等，还要研究文化遗产等非物质层面的规划，诸如城市的文化遗产保护等。其次，制定精确的评价体系。城市更新规划是规划制定、实施和评价的完整过程。为了保障评估的有效性，城市更新

[1] 苗红培. 城市更新中的历史文化遗产保护［J］. 重庆社会科学，2014（8）：80-82.

[2] HUL，即历史性城市景观，包含两重含义：一是它既有历史的过程属性，又有当前的现实属性；二是它既包含了历史地区当前存在的所有有形的物质空间要素，又包括了对历史地区景观的形成产生作用的社会、文化和经济机制。

[3] 涉县住房和城乡建设局. 涉县：实施城市生态修复 推动城市更新［EB/OL］.（2020-06-12）［2020-12-30］. http：//zfcxjst.hebei.gov.cn/zhuantizhuanlan/zhuanti/DangJian/wzqh/jcdt/202006/t20200612_289444.html.

的评估标准应当尽早制定。其中，有关遗产保护的原则、程度、措施、标准等均应以详尽式规定列出，进而确保行政执法人员在履行职责的过程中“有法可依”。此外，需对“公平与效益”的内容以后期监督评估的形式予以评价。最后，要保障城市规划的有效实施，就要赋予其一定的权威性以及强制性。在城市更新体系中，监督评估与定期测评有利于解决城市更新中所出现的具体问题与规划疏漏。但是如果在前期就对其赋予一定的强制力，城市更新工作将会更加符合法治要求。同时，由于规划的权威性与强制性，行政执法人员也不会贸然对文化遗产采取“大拆大建”的利用方式。行政法的基本原则要求权责统一，执法人员需以保护文化遗产为发展前提，否则其必须承担不利的法律后果。在接下来的城市更新中，我们不仅要注重历史文化遗产的保护与进步，还要在正确定位文化遗产价值与位置的基础上，综合开发利用文化遗产。

作为城市发展的手段之一，城市更新在现阶段属于不可阻挡的潮流与趋势。然而，城市更新过程中过于注重经济利益，忽视文化遗产的规划与保护也是不容争辩的事实。城市更新促进了地区的“新陈代谢”，实现了地方政府对于现代化的建设要求。但是由于实践经验不足，难免会忽略文化遗产的整体保护与价值定位，进而以不合理的拆建方式对遗产造成破坏与损害。这需要立法者、城市建设者以及社会公众立足于我国实践之发展现状，积极探索不同形式的保护路径，以期达到平衡城市发展与遗产保护的真正目的。综上，我国现今的文化遗产保护需以城市有效运行为前提，同时以利用与发展为基本考量，具体探讨其保护措施与发展机制。只要我们建立起合适的、正确的文化保护观，就能达成文化遗产保护与发展的最终目标，城市和谐发展的根本目的也可在此过程中得到实现。

第六章 传统村落与整体性保护原则*

传统村落作为活化的文化遗产，见证了人类社会的变迁与发展，其在我国当前的社会主义进程中发挥着建设性作用。但是随着我国城市化进程发展的加快，传统村落并没有得到有效的保护与利用。由于开发力度的加深以及保护意识的不足，我国传统村落面临着开发过度以及面积逐渐减小的窘境。这是本章讨论传统村落的前提。基于其需要被保护的现实，笔者将整体性原则保护与传统村落相结合，旨在实现我国传统村落的可持续发展与利用。

一、传统村落概述

（一）传统村落概念与价值

1. 传统村落的概念定义

作为一个专业术语，“传统村落”于 2012 年首次被传统村落保护和发展专家委员会提出，在此之前，我国学术界均将其称为“古村落”。之所以出现此种转换，一是因为我国更加注重挖掘传统村落的历史价值与人文价值，二是因为我国学术界对于传统村落的研究范围以及研究内容逐步呈现多元化的特征。2002 年，阮仪三先生从建筑学的角度出发，认为古村落指的就是产生时间较早、目前仍然存在、拥有较高的科学价值和历史价值，并应当予以保护或已经受到保护的古代建筑群落。[1]2006 年，冯骥才先生从传统村落所承

* 本章节主要研究人居形式的传统村落。

[1] 阮仪三，邵甬，林林. 江南水乡城镇的特色、价值及保护［J］. 城市规划学刊，2000（1）：1–3.

载的内容出发，将古村落定义为承载了大量历史信息、文化生态源头清晰和完备、各种形式的文化遗产丰富、地域特征显著的居民点。[1]2012 年，住房和城乡建设部、文化部等四个部门联合印发的《关于开展传统村落调查的通知》（以下简称为《通知》）中，明确将“传统村落”的概念定义为形成较早，传统资源也较为丰富，具有一定历史、文化、科学、艺术、社会、经济价值、被国家纳入保护范围的村落。[2]国家统一性法律文件的出台，明确了传统村落在实务中的界定难题。同时，以此概念界定为基础，我国实务界还延伸出了传统村落的文化内涵，具体包含以下三点：①现存建筑风貌完整。亦即村落中应包含一定数量的传统建筑或者是古建筑。此种建筑的布局紧凑且合理，所占面积应达到划定保护区域的 70%以上。同时，该类建筑的外观，诸如形式、高度、宽度、门窗等，符合国家所要求的地方特色之标准。②村落选址和格局保持传统特色，亦即村落的传统建筑与独有特色，应保持始建之年所具备之特征。同时，我国古代所蕴含的天人合一与和谐共生发展思想亦在传统村落特色中有所体现。村落布局大体保持着传统空间所要求的布局特色、基本形态与基本肌理。③通过各种“活化方式”传承的非物质文化遗产，亦即在村落几千年发展中所形成的具有生命力与活态性要求的非物质文化遗产，诸如皮影、口艺、声音、戏曲等。[3]此类型的文化遗产承载着我国村落的历史文化属性，其在当今仍能以各种“活化”形式活跃于人民的生活中。

2. 传统村落的经济价值与非经济价值

在我国的历史长河中，农村生活逐渐累积起生产价值、生态价值以及文化价值。传统村落作为具有浓厚人文历史、悠久生态文明以及特色乡村建筑的生活共同体，相对于一般村落，其价值则更显得具有综合性与多元性。在对传统村落的综合性价值进行总结归纳后，笔者发现其可分为经济价值与非经济价值两种形态：前者是指传统村落对于公众以及社会的经济利益与意义；后者是指传统村落对于公众与社会的非经济意义，主要包括生态、文化、习

[1] 冯骥才. 保护古村落是文化遗产抢救的重中之重［J］. 中国房地产，2006（6）：24-25.

[2] 详见《住房城乡建设部 文化部 国家文物局 财政部关于开展传统村落调查的通知》，建村〔2012〕58 号。

[3] 胡燕，曹玮，曹昌智. 传统村落的概念与文化内涵［J］. 城市发展研究，2014（1）：10-11.

俗等非经济层面的价值。

传统村落的经济价值包括两种情形：一是直接经济价值，即传统村落自身所具有的价值；二是间接经济价值，即传统村落被开发后的附属经济价值。得益于千年的历史发展过程，传统村落在实践积累中形成独一无二、别具一格的历史文化景观，本身就具有一定的经济价值。此外，传统村落独特的建筑外观、风俗人情、文化遗产以及特色农作物养殖，亦承载着其应有的经济价值。以农业为例，传统村落的世代农民为达到繁衍生息的目的，直接将农业活动作为其生产与生活的主要方式。辛勤的农民通过开展农作物种植、家禽饲养以及手工生产作业来满足自身的家庭支出，同时，其通过售卖农作物的形式来满足家庭日常的资金开销。在我国的村落发展过程中，传统村落“靠山吃山、靠水吃水”的生产方式依赖于肥沃的土壤、水源、种子等生产资料，以满足其维持家庭日常开支的生活需要。依托家庭和村落共同体的农业生产方式，劳动人民可以在实现技术传承与适应季节变换的基础上，开展相应的生产分工与合作，进而实现“遵天时，顺地利，寻人和”之“道法自然”和“民以食为天”的惠及苍生的农业生产价值。[1]之所以说农业生产是传统村落直接经济价值属性的体现，一是因为农业生产自身所具有的天然经济价值，其反映了自然条件经济化的过程；二是因为劳动人民通过辛勤劳作与不断耕耘，满足了自己获取经济利益的生产目的。

诚如前文所述，传统村落的间接经济价值体现为对村落开发利用后的产业经济价值。从地理区位上看，传统村落多数集中于环境宜人、温度适宜且农耕经济发达的地区，极具自然资源优势，因而可作旅游发展之首选地。实务中，相对于其他地区的旅游资源，传统村落拥有着无可比拟的历史继承属性与文化属性。因而，传统村落的旅游发展应着重以突出其地方历史属性与传统文化属性为主线，在突出村落历史价值的基础上，融合当地特色的传统习俗与风土人情，例如，传统的民族文化资源、极富当地特色的曲目表演、农耕时节的舞龙、舞狮等。此处需要指出的是，我们不能忽视历史文化景点的吸引力小于风景景点吸引力的现实，因而在强调历史属性的基础上，一定

---

[1] 鲁可荣，胡凤娇. 传统村落价值活态传承与乡村振兴的共融共享共建机制研究［J］. 福建论坛（人文社会科学版），2016（8）：193－194.

要注重提升游客的亲身参与感。为此，传统村落在开发中要尽量保持其原真性，使游客亲身感受村落文化的不可复制性与独一无二性，感受农耕文明所带来的魅力。作为河北省传统村落的第一大县，石家庄市井陉县在对其传统村落进行开发时，就以保持村落的原真性与独特性为原则。截至今日，井陉县已成功修复了约 150 处古建筑，抢救保护了王家大院、四和楼院等 100 余处历史建筑，极大发展了当地的旅游资源。除了发展传统村落所带来的旅游效益，与之相伴产生的派生经济亦属于间接经济价值的一部分，诸如餐饮业、文化娱乐业的发展。此种派生经济的内容不再赘述，但笔者认为此种经济的发展一定要以保护传统村落为基础。传统村落的历史价值在于其不可复制性以及建筑独特性，如若一味地追求经济利益大肆修建现代建筑，恐有破坏传统建筑之嫌疑。因此，传统村落的发展要坚持“保护中开发”的基本宗旨，使村落在发展经济的同时，还能符合其可持续保护的基本目的。

传统村落的非经济价值，是实现经济价值之基础，主要包括历史文化价值、情感价值、生态景观价值等多种价值。传统村落的历史价值属性是指其在上下五千年的历史发展中所积累与沉淀的民族属性。作为传统村落的基本属性，历史文化价值为传统村落的文化复苏提供了素材基础与方向指引。同时，基于传统村落的此种历史属性，可将《中华人民共和国文物保护法》第四条[1]的规定应用到我国现今的村落开发与研究中。如若在开发利用过程中管理部门过度关注经济利益而忽视传统村落的历史价值，必然将会造成传统村落被破坏的后果。传统村落的发展应从可持续角度出发，坚持“规划先行，资金投入”的基本策略，积极改善传统村落被破坏的现实情况。情感价值是指传统村落中的居民对传统村落所形成的感情寄托，主要包括宗族脉络、宗教信仰、节庆风俗以及生活方式等方面。作为传统村落最具现实意义的价值，情感价值在维系村民情感以及维持村落的和平发展中发挥着关键作用。基于宗族观念在我国的产生与发展，传统村落的居民逐渐发展到以血缘关系为纽带的集体家族。在此过程中，村落逐渐形成了尊老爱幼、长幼有序、勤俭节

[1] 《中华人民共和国文物保护法》第四条：“文物工作贯彻保护为主、抢救第一、合理利用、加强管理的方针。”

约、耕读传家的优良家风祖训，守望相助、和睦邻里、淳朴敦厚的乡风民俗以及村规民约等良好的农村传统。[1]例如，石家庄市滦平县百湾镇周台子村以“孝”字为村落情感发展之核心，为村内老人免费提供入住公寓生态。生态景观价值，是指传统村落依托于当地自然资源与村落特色景观所形成的基本价值。传统村落的形成受当地自然地理条件的制约，但此种制约也塑造了劳动人民的人居生活方式。一般而言，以安居乐业为目的，人们往往选择水源充足、地形开阔、温度适宜的地方作为村落选址，劳动人民在此选址的基础上，造就了符合地方环境特色的村落发展模式。这批以生态系统为支撑的传统村落，大都有自己的名特优农林牧产品，可连续稳定使用数百年乃至数千年以上。传统村落的此种价值，从实践意义上说明了资源利用与环境保护的和谐共生关系，其不仅维持了村落的可持续发展，还有利于稳定我国传统的封建国家秩序。[2]

（二）传统村落的明显优势与现存不足

1. 传统村落与国家的互补关系

传统村落作为一种“活态”传承的人居形式，其生态景观价值与历史文化价值是其他文化遗产所不能比拟的。同时，传统村落也拥有保障国家政权稳定以及维系社会秩序的活态价值。自鸦片战争开始，西方资本主义国家就试图用不同的方式来瓦解中国，诸如战争侵略、政治封锁、经济瓦解等，其未能成功的主要原因之一就在于传统村落与国家政权之间保持着极为紧密的联系。与西方多数以宗教或者强权维持政治统治的国家不同，我国传统村落与国家政权之间是相互依靠、互惠互利的关系。一方面，统一且稳定的封建政体为传统村落提供了坚实且可靠的发展环境。传统村落受自身属性限制，在发展中往往势单力薄，但如果获得国家的支持与认同，其发展地位则会由被动变为主动。另一方面，传统村落不仅是皇家赋税的重要来源，还是政体稳定的潜在影响因素。传统村落作为国家重要的构成单元，是一国巩固统治

---

[1] 鲁可荣，胡凤娇. 传统村落的综合多元性价值解析及其活态传承［J］. 福建论坛（人文社会科学版），2016（12）：116－118.

[2] 罗康智. 中国传统村落的基本属性及当代价值研究［J］. 原生态民族文化学刊，2017，9（3）：76－78.

的基础。如果国家能和村落人民形成政治上的合作互利关系，自然不必考虑暴力的政权更迭问题。同时，传统村落的稳定性不仅促进了其与国家之间的紧密关系，也促进着我国小农经济的进步与发展。19 世纪 20 年代，中国总产出占世界总产出份额的 32.9%，[1]即便是到了 70 年代，坚船与利炮打开了中国的大门，但是其总产出仍占世界总产出份额的 17.2%。究其根本，主要是因为中国所拥有的坚不可摧的农村传统经济系统。在传统的集权主义体制下，皇权政府不仅为传统村落的经济发展提供了稳定的成长环境，也为农产品在国内乃至全球的流通提供了政治保障以及经济支持。然而，企图侵吞中国的西方列强自然不会放任此种情况的发展。由于当时清政府的腐朽与落败，通过战争手段控制中国政府便成为不二之选。但是西方列强并未认识到传统村落发展的稳定性，也未认识到中国政权与农耕文明的紧密关系。尽管其所实施的战争行为、经济封锁以及意识形态的侵入，一定程度上瓦解了小农经济，但是并未从根本上危及传统村落的发展。除了上述物质层面的支持、政治层面的认同以及经济上的促进作用，传统村落推动国家统一与稳定的另一重要原因在于其顽强的自我修复能力。我国的传统村落在选址时多是因地制宜，衣食住行皆与当地的风土人情相吻合。后经过劳动人民的不断探索，传统村落与其周边环境达到了相互契合的状态，以至于在面对实质性灾害侵犯时，即使遭受了严重的损害后果，其仍能进行自我修复。这主要是因为，传统村落在修建之初便坚持着“天人合一”与“和谐发展”的共生理念，周边环境得益于村落的此种“共生建设”，自然不会受到破坏，并为村落提供生存条件。就我国现如今的传统村落文化或者是地方特色古建筑来说，多数存在时间达千年以上，这足以说明我国传统村落发展的稳定性。

2. 传统村落的现存不足——以河北省传统村落为样本

自 2013 年河北省政府颁布《河北省历史文化名城名镇名村保护办法》，特别是 2016 年《河北省城乡规划条例》中专门增加了保护传统村落的措施以来，传统村落保护逐渐成为河北省各县市关注的热点问题。截至 2020 年 12

[1] 罗康智. 中国传统村落的基本属性及当代价值研究［J］. 原生态民族文化学刊，2017，9（3）：78－79.

月底，河北省已有206个传统村落被纳入中国传统村落目录，数量位居北方地区第二。[1]石家庄市井陉县、唐山市西刘各庄村、邢台市柴关乡、邯郸市李岗西村和白土镇等传统村落，得益于国家政策的扶持与培养，成功实现了当地传统文化复苏与现代经济进步的双重目的。然而，自进入21世纪以来，城镇化发展在给传统村落带来经济进步的同时，也给传统村落带来了一系列危机。河北省传统村落的保护和发展工作任重而道远，一些问题急需加以解决。

（1）保护力度不够。就当前来看，传统村落的保护主体以政府为主，传统村落村民辅之，但是具体保护措施存在重大偏差。当地政府一方面未能全面认识传统村落的社会价值，仅片面地顾及当地经济效益，另一方面未形成统筹保护的模式。传统村落多数散落在偏僻、贫困的山区，除少数极具特色的山区村落会得到政府的扶持与重视外，大多数村落仍处于经济困难、基础设施不完善的状态，如太行山的传统村落群。在我国当前的扶贫背景下，此种类型的传统村落自然被列为“精准扶贫”的重点对象，有关其综合发展水平，尤其是村落经济发展情况，被地方政府列为首要发展目标。鉴于此，相对于执行传统村落的保护与发展措施，部分政府在推进精准扶贫政策时的态度要更加积极与乐观。同时，不能忽视的是，部分政府存在着“重经济，轻文化”的不平衡做法。值得我们考虑的是，即使国家明文出台了保护传统村落的政策，实践中“重经济，轻文化”的做法为何还是屡禁不止？究其根本，主要是因为以经济带动村落发展的意识已经根深蒂固。即使部分政府已经认识到传统村落所带来的综合价值，但是由于“利用经济带动传统村落”的思想束缚，其往往缺乏对传统村落的系统性、整体性认识。在此基础上，多数地区缺乏大局观与统筹观，仅孤立地关注本地区的旅游产业发展，导致后期保护措施不力。

就村民来说，其对于传统村落的保护力度欠缺，既有自身价值观的判断选择，也有外来因素的干扰与影响。首先，世代居住的长期生活经验淡化了

---

[1] 河北省住房和城乡建设厅. 我省大力保护传统村落取得积极成效［EB/OL］.（2020-12-29）［2021-01-15］. http：//zfcxjst. hebei. gov. cn/.

村民的保护意识，传统村落在毫无预防性保护措施的前提下经受着外来的“自然性损毁与打击”。世代居住于此的居民，对当地环境与气候已经习以为常，并不会对此种“自然性损害”采取预防与修缮措施。就河北省来说，在现存的 206 个传统村落中，除 9 个村落景点[1]收取费用外，其余均为免费参观。对于免费参观的村落而言，由于获取的经济利益较低，村民对村落的保护意识自然是低下的。其次，出于对现代高品质生活的追求，村民对原有居住环境的不满意造成了对村落保护措施不足的内在压力。在社会进步的驱动下，以往规制农民共同生活的传统伦理观念已不复存在，产生于旧时代的封建大家族因时代理念影响而重新排列组合为独立且分散的单个家庭。其中，单个家庭为满足日常的生活需求，或从事极具现代化特征的经营方式，或外出打工积攒积蓄。当这些人的经济基础达到丰厚状态时，其便不断以“旧”换“新”，拆除了富有地方特色的百年老宅，模仿国内与国外的建筑方式建造新房，破坏了传统特色建筑的统一性。最后，村民缺少当地政府的有效保护引导。尽管我国大力宣传义务教育的重要性，但是仍未改变我国村落居民受教育水平低、思想意识落后的状况。从实践来看，一方面，村民的思想意识上升不到保护村落的基本高度，保护村落的思想更新缓慢；另一方面，部分引导措施并不符合实践发展的需求，诸如部分地方的宣传政策与措施多是应付形式，不会产生实质意义上的影响。

（2）村落规划的不合理性。根据住建部于 2013 年印发的《传统村落保护发展规划编制基本要求（试行）》的要求[2]，我国传统村落规划是以保护村落为出发基点，进而对传统村落规划的基本任务与基本要求进行了系统且详细的规划。但在具体执行上，部分政府规定的内容往往并不符合住建部文件的要求，主要表现在：由于实践经验不足或者理论指导欠缺，部分政府的规划

[1] 其分别是武安市朝阳沟村、赞皇县嶂石岩村、蔚县西古堡、阳原县开阳村、怀来县鸡鸣村、井陉县于家村、邢台市伸头村、保定市南腰山村、邢台市王硇村。

[2] 住建部于 2013 年印发的《传统村落保护发展规划编制基本要求（试行）》规定“编制保护发展规划，要坚持保护为主、兼顾发展，尊重传统、活态传承，符合实际、农民主体的原则”，同时明确了村落发展的五项基本要求：明确保护对象、划定保护区域、明确保护措施、提出规划实施建议、确定保护项目。

缺乏前瞻性与系统性，其所制定的“区域规划”并非指导村落改造的最佳方案，甚至有的规划方案与当地的实际情况背道而驰，导致了延缓村落进步的后果。作为一项综合开发性活动，传统村落需在兼顾当地风土人情、传统建筑、文化民俗的基础上，制定符合当地特色与当地发展实践的地方特色规划。

（3）过度“商业化”的旅游发展模式。随着我国传统村落旅游业的兴起，多数地区均开始重视并积极推进村落旅游业的发展，村落旅游也因此得到发展。得益于政策扶持，越来越多的市场主体参与到村落的开发与建设当中，此种现象一方面有利于促进村落的开发利用与保护管理；另一方面，由于利益博弈与利益需求的多样性，此种多主体参与开发的旅游发展模式也产生了较多的不利后果。相对于村落的可持续保护与发展，多数主体参与村落发展的初衷在于追求经济利益，此种不合理的价值观导致其并不会顾及村落的整体性利用。随着村落经济价值的日益展现，多数经济主体选择忽视对传统村落的整体价值与效益进行分析，直接将商业利益最大化的旅游模式“套用”在不同的村落，不仅损害了村落的独特性，还使村落的文化内涵日益丧失，形成了不伦不类的村落景象（如图 6－1 中的邯郸涉县赤岸村）。此外，部分市场主体所采用的旅游模式，大多脱离了村落的历史基础与其丰富的文化底蕴。部分地区修建或者模仿了大量的与人居环境并不协调的人造景观与仿古建筑；或是开展毫无地方生机与特色的民俗文化展示或者表演活动，孤立地将传统村落作为其赚取商业利益的工具。此种单一固化的旅游经济路线不仅造成了同质化的发展后果，亦即“千村一面”，还加速了村落历史价值的衰退。此外，从宏观角度而言，此种村落发展模式破坏和侵蚀了传统村落“天人合一”的自然环境和深厚持久的乡土文化，影响且阻碍了传统村落的有效保护及可持续发展。❶

---

❶ 鲁可荣，胡凤娇. 传统村落的综合多元性价值解析及其活态传承[J]. 福建论坛（人文社会科学版），2016（12）：115－117.

图 6-1 邯郸涉县赤岸村旅游开发

（4）传统村落文化的逐渐衰败。“核心文化”是一个民族、一地域或一个村落的文化根基，是能展现民族气质、集体性格，反映地方历史进程的根本性文化。[1]传统村落作为“核心文化”的载体，为地方区域的文化传播发挥着促进作用，但是随着传统村落发展中的外来介入因素增多，传统村落文化逐渐失去了生命力。这主要是因为，首先，随着我国经济的发展，大量村落人口（多为青壮年劳动力）从农村向城市转移，农村常住人口日益减少，“空心化”现象严重。这种“空心化”现象给拥有传统文化的古村落带来了文化传承中断的危机。[2]我国传统村落是以大户人家为基础的社会结构，但是随着青年劳动力外出不归，老年劳动力逐渐减少，村落的存在和发展呈现出基础结构断层的现象。此种断层现象不仅使得传统农业技术无人继承，还加剧了农业劳动人才的流失。除此之外，村落“空心化”现象也会加剧土地、基础设施等使用的“空心化”，进而导致村落经济的衰败。在村落居民无法维持其基本物质生活的条件下，沿袭与发展村落文化的愿望自然也难以得到实现。其次，传统村落作为记载传统文化的村落“文本”，是村落文化的根脉和推动传统村落文化发展的有力助手。[3]然而，在传统村落实践发展过程中，多数地区受制于对“文本”的片面性看法，进而阻碍了“文本”在村落发展中的应有

[1] 李兴军. 关于传统村落空间重构的思考［J］. 原生态民族文化学刊，2019，11（5）：73-74.

[2] 廖军华. 乡村振兴视域的传统村落保护与开发［J］. 改革，2018（4）：132-135.

[3] 闵英，曹维琼. 重构传统村落文化保护与发展的文本意识［J］. 贵州社会科学，2016（11）：76-77.

价值。上至行政机关，下至村落群众，不仅未从整体角度去考虑村落传统“文本”的范围，也未能认真分析传统村落特色与“文本”的基本情况。这主要是由于我国传统村落在以下三个问题上陷入了跟风移植、粗糙嫁接、简单模仿、盲目复制的误区：一是传统村落管理部门在制定传统村落保护与发展规划上；二是村落基层组织在策划村落文化产品开发与经营上；三是村落居民对待村落传统文化的保护与传承上。[1]最后，传统村落公共文化空间的割裂。一方面，我国传统村落设计规划多数是沿用城市设计规划，缺乏具体性与针对性。以此为基础的文化空间亦缺少规划与设计。在理论上，传统村落文化面状空间的形成取决于其早期的点状与线状空间的结合。但这种点状空间零星分散在村落的各个部分；线状空间之间的通达性比较差，缺少进一步的开发与利用，两者叠加导致了面状空间的不完整性，进而使得传统村落的空间发展缺少连接性与延展性。同时，由于资金问题，传统村落的面状空间的改进亦缺少专业人员的指导与辅助，诸如规划师、设计师、史学家和古建筑保护专业人员等。[2]另一方面，传统村落居民并不是十分认同现代文化空间。村落的文化空间可以区分为传统空间与现代空间两种形式。前者的成立基础为村落的千年历史价值与丰富的地方人文特色，自然可以得到村民的拥护与认同；后者的成立基础为政府投资或是满足村落新兴产业服务的需要，多为匹配经济发展所建立，因而尚未得到村民的有力支持。

二、整体性保护原则

（一）整体性保护原则的发展

作为文化遗产保护领域类的重要原则，整体性保护原则自 20 世纪以后便被联合国与其他国家频繁使用。1931 年，国际博物馆办事处组织在雅典举行了一次国际会议，并通过了著名的《关于历史性纪念物修复的雅典宪章》（简称《雅典宪章》）。该宪章分为七大部分，内容涵盖了建筑遗址的保护标准与保护立法、历史遗址保护技术与保护方法、历史遗址周围环境保护等内容。1964 年，第二届历史古迹建筑师及技师国际会议在威尼斯通过《国际古迹保

---

[1] 闵英，曹维琼. 重构传统村落文化保护与发展的文本意识［J］. 贵州社会科学，2016（11）：80－82.

[2] 高春凤. 传统村落公共文化空间的保护与振兴策略［J］. 长白学刊，2019（6）：147－148.

护与修复宪章》即《威尼斯宪章》，该宪章是对《雅典宪章》所包含内容的重新解读，其对整体性原则的阐述成为此后古迹遗址保护与修复的重要依据，是文化遗产整体性保护原则的里程碑式文件。《威尼斯宪章》对整体性原则的阐述分为保护、修复、发掘和出版四个方面，其中以保护与修复两部分内容阐述最多，也是整体性原则最核心的内容。[1]20世纪70年代，整体性保护原则的辐射范围由单纯的建筑环境保护类发展至城市的外观设计以及非物质文化遗产保护。由于当时缺乏正确的理论指导与实践经验，多数国家以频繁拆除历史建筑作为更新城市与发展文化遗产的唯一途径。为对社会整体风貌进行整顿，1987年，国际古迹遗址理事会通过了《华盛顿宪章》，强调保护历史城镇与城区，应该了解保护、保存和修复的必要步骤，以实现和谐发展与适应现代生活之真正目的。[2]2005年，我国西安成功举办了第15届国际古迹遗址理事大会，大会通过的《西安宣言》明确指出，承认周边环境对古迹遗址重要性和独特性的贡献，理解、记录、展陈周边环境对定义和鉴别古建筑、古遗址和历史区域的重要性十分重要。根据上述文件关于古迹遗址保护理念的发展，可以总结出“整体性原则”的两项基本内容：一是“内容观”，即保护遗址、古迹在资料内容上的完整，在修复时与遗产整体保持和谐一致；[3]二是“环境观”，即文化历史遗产与其周边环境所形成的共生共存关系。因此，对于历史文化气息浓郁的景区、景点，不仅要保证文化遗产自身建设，还要着重保护文化遗产所具有的历史、科学、文化、情感等方面的内涵以及文化遗产所形成的各个要素。

实务中，为满足整体性原则的根本要求，需契合自然环境与人工环境之间的基本关系，保持居民生活需求与其意识形态的一致性，进而达到协调不同主体之间利益冲突的目的。但是，由于社会实践的纷繁复杂以及生态环境的不断变化，整体性原则在运用中也存在一定的局限。首先，在对不同要素进行识别的过程中，文化遗产管理部门缺乏整体性的理念，其所设计的规划多数只是停留在对单个建筑物或者是点状空间的修复保护上，缺乏对于建筑

---

[1] 吴尧. 建筑文化遗产保护中整体性原则的解析与引申[J]. 南京艺术学院学报，2008(2)：128-129.

[2] 吴尧. 建筑文化遗产保护中整体性原则的解析与引申[J]. 南京艺术学院学报，2008(2)：128-129.

[3] 王巨山，夏晓晨. 整体性原则与非物质文化遗产保护［J］. 非物质文化遗产保护，2011(3)：4-5.

所承载的周边环境的综合考量和整体认知。这种仅考虑建设速度和文物本体，忽略建筑背后文化内涵的做法，使得文化遗产与周边环境产生割裂，进而造成整体环境的碎片化发展。其次，在价值评估上，我国国内现有的价值评估体系，比如《历史文化名镇（村）评选办法》《中国历史文化名镇名村评价指标体系》等，多是强调文化遗产的普适性与客观静态价值，缺乏对地域性和动态发展价值的考虑。[1]仅考虑静态价值对于文化遗产自身的保护与修缮是大有裨益的，但从整体性角度出发，此种做法不免有忽视自然环境仅重视遗产自身利益之嫌疑。从综合效益的角度出发，实务中应以静态发展为基础，综合该遗产的动态价值与地域特征，全方位、多角度、可持续地实现村落自身及其文化的发展。最后，保护手段较为单一，不能运用整体性思维对文化遗产进行多重保护。以整体性原则对文化遗产进行保护，需从周边环境、人文价值情怀、遗产自身特征等多角度出发，因而其保护方式也应是具有多维性的。但在实务中，文化遗产保护的立足点多为经济利益，对于其文化内涵以及可持续发展的要求较少，导致遗产规划发展缺乏多样愿景的思考和整体设计的统筹。笔者认为，针对保护手段单一的问题，可以在保护文化遗产的基础之上，“借鉴各社区的历史、传统、价值观、需要和向往”，以集体记忆的传承为目标向导，采用非单纯商业化的创新手段，将遗产保护纳入更广泛背景的政策规划和实践，进而实现协调发展与整合。[2]鉴于此，要审时度势地判断村落及其基本情况，全方位、多维度地发展传统村落。

（二）传统村落与整体性保护原则

就地理区位而言，传统村落的选址均依赖于自然环境的整体布局，其以“天人合一”与“人与自然环境和谐共生”的思想为基础，并以此实现了人、环境和居住条件的统一与协调。因此，基于整体性与协调性，传统村落应在保持其历史可读性的前提下，实现自身的有机更新，以此来达成其在 21 世纪的进步与发展。但是，自然毁坏、人为破坏、不合理的开发利用等因素使得

[1] 李和平，杨宁. 基于城市历史景观的西南山地历史城镇整体性保护框架探究［J］. 城市发展研究，2018（8）：66－67.

[2] 李和平，杨宁. 基于城市历史景观的西南山地历史城镇整体性保护框架探究［J］. 城市发展研究，2018（8）：67－68.

传统村落的数量以及范围处于不断减少的状态，传统村落在经济利益面前遭受着不可预估的冲击以及挑战。究其根本，城市进步会辐射村落发展，当决策者只顾经济利益而忽视历史利益时，传统村落就会和文化遗产一样，遭受致命的破坏与打击。现如今，伴随着传统村落数量锐减以及其周边环境遭受破坏的影响，传统村落的历史价值也在不断降低，这违背我国可持续发展战略的需要。同时，即便是强调保护传统村落的措施，也容易陷入忽视对整体的把握，将关注点聚焦于局部发展或是仅关注局部功能。因此，为重新规划传统村落的整体格局，需要从整体性原则出发，平衡村落特色与结构布局的基本关系，进而达到维持传统村落及其周边环境整体性发展的根本目的。一般意义上的传统村落保护，指的是对传统村落所拥有的价值的保护，其中包含了村落的生态环境、建筑物、民俗活动以及其中所蕴含的民族精神以及由它们所组成的核心价值。而以整体性原则为基础，进行整体传统村落保护是指将村落自身及其周边环境连接起来，促进各种有形要素与无形要素的统一发展，形成一个完整的体系，以此来达成传统村落整体平衡进步之目的。传统村落保护的整体性不仅仅体现在建筑、道路以及河流资源等有形物质上，还体现民俗文化、风土人情以及历史属性等无形要素上，例如保护村落时注重开发利用的整体性，既有利于保护有形的村落建筑，又便于继承其无形的核心价值。2018 年 9 月，中共中央、国务院印发了《乡村振兴战略规划（2018—2022 年）》，并以此规划作为我国传统村落发展的纲领性文件。在该规划中，传统村落的整体性保护得到了淋漓尽致的展现，例如，第一章中对乡村及其周边环境关系的界定，重点强调村落与其所处区域的整体性发展；第四章中对乡村全面振兴的支持态度，通过准确把握乡村振兴的科学内涵，挖掘乡村各种功能和价值，统一规划乡村的政治建设、文化建设、社会建设等；第八章中要求对各种特色类村庄进行整体规划以及合理利用，在此基础上，发展乡村旅游和特色产业，进而形成特色资源保护与村庄发展的良性互促机制。[1]

传统村落的整体保护性原则是积极借鉴学术研究和人类村落保护实践经验的结果，它既吸收了文物保护的有益经验，又大量继承了人类保护自然的

[1] 张勇. 乡村振兴战略规划（2018—2022 年）辅导读本［M］. 北京：中国计划出版社，2019：59.

成果。笔者认为，根据整体性保护原则，传统村落的整体性保护理念应是传统村落自身建设、生态环境和历史文化的统一，其包含以下三个方面：第一，传统村落的整体性保护应是关联遗产之间的完整保护。作为村落文化的重要表现形式，民族文化不仅与传统村落的生活习俗紧密连接，同时还与非物质文化遗产、物质文化遗产之间存在着密切联系。鉴于此，我们需要在保护传统村落自身的前提下，关联保护其有关的遗产形式。这就要求村落建设者深入挖掘相关遗产的关联性，考察民俗文化背后的不同遗产种类与遗产所共有的民俗文化，进而对其实施有针对性的保护措施。此举不仅可以有效规避孤立保护下的文化割裂结果，也可以在尊重现实的基础上达到完整保护的效果。第二，传统村落的整体性保护应是对其所承载的历史文化的整体保护。作为我国村落历史的积累成果，传统村落承载着其所在区域的上千年的历史文化。因而，我们在关注村落自身的发展建设时，也要注意对传统村落所承载的整体优秀文化予以高度关注和保护。如果仅仅对部分文化进行关注，而忽视对历史文化的整体性保护，将会使得越来越多的优秀文化被人类所“抛弃”，传统村落的历史属性也会在此过程中不断被削弱。第三，传统村落的整体性保护是对传统村落及其周边环境的整体保护。此类型的整体性保护类似于非物质文化遗产所强调的“文化生态观”。“文化生态观”是指以区域文化体系协调发展为视角，注重文化遗产项目与区域内其他文化事项的密切联系，同时，基于文化事项间的普遍联系，通过充分考察其与人文生态、社会制度等因素的诸多联系，将各种遗产项目放置于区域社会的整体发展体系中，以此来寻找上述要素和谐共存的关键点。[1]作为一项活态的历史资源，缺少自然环境的助力，传统村落将不会形成；缺少传统村落的支持，自然环境也不会被更进一步地利用。鉴于此，村落建设者需以保护村落周边环境为基础，增强传统村落的发展活力，进而使传统村落的发展进入良性发展的轨道。

三、整体性保护原则下的传统村落保护

传统村落作为兼具人居性以及文化性的综合空间，在对其进行保护的过

[1] 王巨山，夏晓晨．整体性原则与非物质文化遗产保护［J］．非物质文化遗产保护，2011（3）：5－7.

程中，不仅要强调村落建筑与其空间环境的整体性、村落中多种文化之间的关联性，还要注重村落与整体外部环境、历史背景以及现代社会的内在联系。传统村落作为我国几千年来农业文明的产物，是农村人民生活所必须依赖的生产生活空间。在这个空间中，作为生存发展依托的环境、生存中必不可少的物质基础、激励人们不断发展的精神文化以及国家为村落制定的各项政策，均是促进村落治理的有力保障。鉴于此，我们需要维护传统村落组成元素的均衡性发展，采用具体问题具体分析的基本思路，进而多维度地维持和延续传统村落的整体性。

（一）加强村落的可持续保护

党的十九大报告指出：“加强农村基层基础工作，健全自治、法治、德治相结合的乡村治理体系。”这一理念为我国当前传统村落的开发与治理指明了思路，即村落发展要立足于自身与周边环境的和谐共生，以此为前提，明确权力分配下多元主体的不同职责，实现传统村落的可持续进步与发展。就政府来说，首先，应强调对于村落的分级分类管理。对于传统村落而言，做好其分类分级不仅需要对各个村落的客观性载体进行现状摸查，还要对其所承载的村落文化进行相应的梳理与价值判断，进而达到“重点突出、彰显特色”的目的。政府应坚持“分类保护、分级发展”的科学理念，以此来避免村落的同质化发展，诸如对经受破坏的传统村落予以修缮，在风景优美的区域修建景点等。其次，政府应强化对于传统村落保护的发展指引。可将传统村落保护作为引领传统村落发展的首要定义，结合政策宣传、村落保护方案等，把村落周边环境、基础设施建设等纳入村落发展方向中。此外，在保护过程中，政府应注重对居民利益的有效维护。政府以及村落设计师可以“多沟通、多协调”为基本原则，针对涉及村民利益的常见问题，通过与当地居民的密切配合，进而实现村民利益最大化的根本目标。最后，政府应强化传统村落保护的配套措施建设。政府应当健全传统村落发展的后期评估机制、消防安全、管理保护等配套措施，建立相关部门联合保护与信息分享的平台。同时，政府应积极完善资金投入与人才配置的基本政策。[1]不能忽视的是，相关资金

[1] 郐艳丽. 我国传统村落保护制度的反思与创新［J］. 现代城市研究，2016（1）：6-8.

的不充足与相关人才的缺乏，是我国村落发展的一大阻碍。鉴于此，政府应拓宽村落资金投入的多元渠道，建立相应的专项资金，并同时设立资金流动方向的公示制度，保证资金能够完全用之于民。此外，从人员配置上来说，传统村落保护工程中必须配备相应的技术人员和设计人员。必要时，针对村落中的发展问题，可以及时咨询专家、学者的意见，以期利用理论指导实践。日本白川乡作为当地有名的传统聚落，其优势之处主要在于资金注入与人员扶持。从 1929 年起，白川乡就进入了被保护的时代，自此日本政府就为其配备了相应的学者支持与政策鼓励；同时，聚落保护也得到了多种渠道的资金支持，诸如政府、社会团体等，截至 2020 年，聚落不仅拥有自己专门的修复经费，还拥有着专门募集资金的社会组织。村落保护作为一项系统的、需要结合经济价值与文化价值的综合发展工作，必然需要专家学者的前期规划、中期参与以及后期评价。因此，村落保护工作需配备一定知识含量的技术人员，以此来达成传统村落有效可持续进步的目的。[1]

作为传统村落的核心领导者，政府主要是从政策以及制度层面实施保护措施；而村民作为村落的最大受益者，是传统村落保护的直接实施者。从整体性的角度出发，村落保护不仅要实现与其周边环境的和谐共生，还要保护与传统村落所交融的历史、人文以及经济价值。而多数村民受知识水平低和现代化观念的影响，意识不到传统村落保护的重要性。鉴于此，提高村民文化教育素养以及提高村民保护传统村落的基本意识，应成为村民保护传统村落措施的关键。针对村民目前文化程度较低，思想意识不足以达到保护村落的现实情况，地方政府应充分发挥有效引导作用，积极通过各种媒体宣传传统村落保护工作。对于基础设施较为落后的村落，可以采取广播或者张贴字报的形式予以宣传，同时可以组织人员进村进行实地宣传。此外，政府要充分提高村民保护传统村落的积极性，及时引导其参与村落保护的工作，并对保护工作中表现良好的村民予以奖励。除了政府的积极引导，村落居民也应借鉴“村落活化”的基本思想，主动提高其保护传统村落的意识。作为近年来流行于传统村落保护中的基本思想，“村落活化”主动关注着村落

[1] 郐艳丽. 我国传统村落保护制度的反思与创新［J］. 现代城市研究，2016（1）：2-9.

文化的传承和传播，引导着村民从“被动保护”到“主动保护”，践行着中华传统的优秀文化精神，并以实际行动支持村落的保护和发展。[1]在实务中，为使“村落活化”充分发挥其价值，国家应考虑村民的实际利益，满足村民的日常生活需求。同时，在立足于保护多元主体利益的基础上，将保护村落与建设美丽新农村等统筹规划，纳入我国现今的国家整体规划中。以此为基础，使村民在获取相应的经济利益后，进一步产生对村落文化的自信感与归属感，致力于村落的遗产保护、文化传承等工作。德国的弗隆姆恩村，得益于村落群众的保护与重视，一直是德国乃至全欧洲的优秀景点。村落群众不仅十分重视村落历史发展，而且其保护村落的意识浓厚。同时，出于保护村落历史的目的，村民建立了展示村落传统文化的小型博物馆，并承担了挖掘村落相关历史文化的工作，诸如农具以及农产品的展出或者是通过图片的方式展示村落历史。

（二）探寻全面综合性发展道路

传统村落作为村民生产与生活的重要场所，无论是保护方案，还是发展模式，均必须将系统性与整体性相结合。因而，对其保护不能是片面或者是孤立地仅针对其自身，还需从村落整体性出发，积极探索其与周边环境和谐共生的可持续发展之路。河北省农业农村厅在其官网刊登的《科学推进乡村规划建设》一文中[2]，明确将乡村规划作为农村发展的首要统筹事项，这主要是因为，村落规划在我国村落的整体发展项目中发挥着引领作用。如前所述，村落规划目前存在着沿袭城市规划、与乡村发展实际不符等不利情形。针对此种不足，笔者认为应从整体角度出发，编制可持续利用以及可行性较强的村落规划。首先，在制定传统村落规划的过程中，应当立足于村落历史文化与生态环境的双重优势，以保护为前提，以发展为目的。在严格保护传统村落历史与生态资源的前提下，谨慎理智地规划村落发展路径，使村落发展不仅能提高农村整体效益，还能促进区域经济的发展与进步。同时，村落规划

---

[1] 陈兴贵，王美. 反思与展望：中国传统村落保护利用研究 30 年［J］. 湖北民族大学学报（哲学社会科学版），2020（2）：117-118.

[2] 韩晓斌. 科学推进乡村规划建设［EB/OL］.（2020-12-28）［2020-12-31］. http：//nync.hebei.gover.cn/.

还应将人与自然、社会各个主体之间的良性关系纳入规划设计中，使村落保护与发展计划得以高效率推进。其次，为了避免规划不符合村落发展的实际需求，应当充分尊重与考虑村民的利益诉求与自身需要。行政机关在对村落进行实地考察或者是摸底排查的过程中，应当坚持“从村落居民中来，到村落居民中去”的基本理念，切实了解村民的真正需求。实务中，纵观我国成功的村落保护案例，其不仅注重村落规划符合当地可持续发展的基本要求，同时还使村民积极参与到村落的发展与保护过程中来，诸如云南省昆明市的鲁企组村、贵州省大利村、福建省西安村等。最后，要充分发挥村落所在地政府在村落规划中的指引作用。在村落发展的过程中，规划设计的主体往往是由政府委托的社会主体来完成。此类主体往往陷入“仅发展经济”的本位思想，或者是不深入考察村落的实际情况，导致村落规划的整体编排或者是具体内容不符合当地发展的实际情况。鉴于此，在整个规划设计编排中，可构建以政府为核心、社会主体辅助设计编排的多元规划体系。政府可以制定传统村落的分类要求、规划设计的基本内容与技术指南。在此基础上，对于传统村落规划设计的内容、方法、深度、期限、进程、成果等，由承接单位与当地政府以及村落根据具体情况自行决定。同时，政府应取消不必要的规划评审，如需技术咨询或者理论指导，可以引进相关科研单位或者是有名的专家学者。[1]

现阶段，对于传统村落的保护，应整合其中的多方要素，诸如有形遗产、无形遗产、自然资源、人文环境、物质内容以及精神内容等。如此，探索出一条可持续且综合性的旅游发展模式不失为村落发展的捷径。然而，纵观我国村落的现行生产方式，多数仍处于初级手工作坊阶段，无论是商品的附加值还是商品的竞争力都无法与现代性商品相媲美。发展现代农业，将初级农业作坊模式转换为现代农业发展模式则显得尤为必要。以农业为中心的可持续发展模式，首先可以保持村落的本质属性，使村落在发展过程中能够保持正确方向；其次以农业为核心的发展模式，可以使农民摆脱外来经济的束缚，进而更易实现自身经济的满足；最后农业发展模式不仅可以丰富村落的产业

[1] 朱良文. 对传统村落研究中一些问题的思考［J］. 南方建筑，2017（1）：5-7.

结构，同时也能提高村民的基本收入，真正实现提升其生活品质的目的。物质生活条件的丰盈是居民保护村落的前提，因而我们需着重强调农业发展在其生产生活中的核心地位。此外，基于当今现代性产业的普及，我们需认识到单纯发展农业模式的孤立性与不足性，应将体现村落的历史价值的旅游产业纳入村落的规划与发展中。就当前来说，不同学者根据不同的学科理论，对我国传统村落的旅游发展提供了多维化建议，笔者通过检索与归纳，整理出以下三个方面的内容。

（1）2015 年，根据我国生态文明发展的需要，中共中央与国务院联合印发了《生态文明体制改革总体方案》。在该文件中，立法者以建设生态文明为目标，以正确处理人与自然关系为核心，明文要求推动我国人与自然和谐发展之新格局的建立。同时，对于我国传统村落环境的发展，文件明文要求将其放置于整个生态环境体系中予以关注。此外，以适度有序与科学合理为前提，需将传统村落保护的内容纳入我国整体战略保护规划当中，实现传统村落旅游发展与其周边环境相契合的有益探索实践。[1]

（2）充裕的文化资源与和谐的生态环境是传统村落可持续发展的前提，村落建设者需在整合两者发展的基础上，积极开发契合村落可持续发展的旅游之路。一方面，为提高村落的客流量的承载力，需加强本土的旅游服务设施建设，以期为当地的旅游发展提供有效的基础保障；[2]另一方面，传统村落需在保护当地环境的基础上，充分挖掘当地的文化资源，以此来满足旅游产业所需要的文化遗产类活动或者相应的文化产品。

（3）从理论上讲，借助旅游业发展所携带的外来资本注入，激活传统村落的内在文化能量，是促进村落经济进步得较为理想的手段。鉴于此，在当前乡村旅游业不断升级的背景下，可将体验式农业嵌入旅游业的规划板块或作为一个独立的产业板块进行设计并加以运作。此举不仅可以丰富当今乡村文化旅游业的基本内涵，还可以在局部实现对村落文化以及村落生态环境的有效修复。换言之，体验式旅游作为农村产业的一个辅助发展模块，不仅有利于实现对传统村落的传承与保护，还有利于加强原生居民以及外来游客对

---

[1] 张松．作为人居形式的传统村落及其整体性保护［J］．城市规划学刊，2017（2）：46－48.

[2] 李莹．旅游视角下的古村落保护与规划［J］．建筑与规划，2015（9）：192－193.

传统村落的内涵理解。这是因为体验式旅游的设计初衷就在于唤起多元主体对祖辈生计方式的记忆以及追思。因此，发展体验式农业旅游，是在传统村落产业不断升级的进程中，实现传统村落文化生态局部性修复与重构的可选项。[1]

（三）完善村落发展的文化措施

社会学家 E. 希尔斯说："传统是一个社会的文化遗产，是人类过去所创造的种种制度、信仰、价值观念和行为方式等构成的表意象征；它使代与代之间、一个历史阶段与另一个历史阶段之间保持了某种连续性和同一性，构成了一个社会创造与再创造自己的文化密码，并给人类生存带来了秩序和意义。"文化作为一个村落的精神财富，决定着传统村落的可持续发展道路。前文阐述过我国村落文化面临着"空心化"、逐渐衰败等现实问题。针对此些问题，洋化外来经验或者是照抄其他模式均不可行，需根据村落现行的发展实践加以解决。

首先，针对村落中产生的"空心化"现象，可通过提高经济水平的方式予以解决。受制于农村的经济落后，村落人口为提高生活水平不断从农村涌向城市。鉴于此，提高村落经济水平、调整相应产业结构乃是促使村落人口回村发展的最佳途径。实务中，可以第一产业（畜牧业、农业）为基础，以第三产业（旅游业、服务业）为核心，多渠道发展吸引村民返乡的经济。此外，随着我国扶贫力度的加大，扶贫政策也日趋完善。传统村落作为经济水平欠发达的典型代表，应当被优先列为精准扶贫的发展对象。实务中，对于其文化基础设施水平远落后于一般标准之现状，当地政府可以利用扶贫资金或者是专项的扶贫基金予以经济扶持。同时，村落人民要意识到其所在村落的历史价值。实务中，除政府积极采取宣传措施进行引导外，村落居民也应积极主动学习文化知识，夯实传统村落的教育基础，以此来缓解村落的"空心化"趋势。其次，作为承载村落文化的有力载体，村落文本需发挥其在村落发展中的意识重构作用。重构传统村落文化的文本意识，要在村落职能管

[1] 麻勇恒. 传统村落保护面临的困境与出路 [J]. 原生态民族文化学刊，2017（2）：91－93.

理部门、村落基层组织、村落居民大众三个层面上花费时间与精力。[1]就村落职能管理部门来说，重构村落文本的文化意识要从两个方面出发，一是管理部门需立足于整体性角度，将村落文化重构当作一项系统的、整体的、相互融合的工作。同时，对于传统村落的文本开发需注重村落文化的全面性与整体性。二是要提高村落管理者对于村落文本的利用意识。村落文本作为记载村落文化的有效载体，承载着村落的历史底蕴与人文情怀，对其有效利用是发展村落旅游产业的文化基础。就村落基层组织而言，其应当充分挖掘村落文本的共性特征，充分有效地分析村落文化之间的逻辑关系。基层组织可以从最具有特色的村落文本入手，进而展开对村落诸多文本的整体解读，形成一个完整的村落文本描述框架。同时，转换村落文本的研究视角，将承载地方特色的村落文本，塑造成兼具物质价值与精神价值的文化产品。就村落居民大众来说，重构村落文本就是重构文本传承意识。村落文本形成于传统村落的千年历史发展进程中，是村落社会生活与居民感情的生动体现。重构村落文化文本意识，首先要提升村民认识村落文化文本的积极性，同时使他们了解重构村落文本意识对于村落发展的重要性，诸如提升经济水平、改善当地文化旅游现状、促进传统文化有效宣传等。其次要充分培养村落居民的主人翁意识。不能忽视的是，受制于村落居民的传承意识不足，多数地区的村落文本在其发展过程中损毁或者是消失。鉴于此，或是通过居民传承，或是通过国家政策扶持，传统村落必须将村落文本通过不同的形式、途径予以保存。现今来说，传统村落文本意识重构乃我国传统村落保护与发展的必然趋势，因而，我们不仅要将当下的村落发展现状纳入文本意识重构中，同时还要使村落文本融合于日后的村落发展中。鉴于此，我们需及时规划出村落发展的总体方案，确保村落文本意识能够在村落保护中得到及时有序的体现，加快村落旅游发展的脚步。

近年来，随着我国现代化进程的加速，村落保护问题也日益凸显。一方面，村落群众尽管世代生长于村落当中，但是其尚未认识到村落所拥有的历史价值与经济价值。许多居民只是把村落当作单纯的生活居住地，不仅忽略

---

[1] 闵英，曹维琼. 重构传统村落文化保护与发展的文本意识［J］. 贵州社会科学，2016（11）：81－83.

了其对于提高自身生活质量的基本价值，还忽略了传统村落拉动区域经济增长的经济价值。另一方面，村落文化的保护与利用处于相对弱势的发展地位。究其根本，相较于村落的整体综合性发展，不少地区将发展重点置于见效快、周期短、收益高的项目上，诸如房地产开发、科技产业的发展等。此外，村落发展不仅需要政府进行大量的财政补贴，还需要邀请大量的专业人士进行规划与监督。因此，多数地方政府选择将发展重点转移至成本低、收效快的经济项目上。基于上述两项现实要求，我国在传统村落的保护与发展中引进了整体性保护原则。作为加快村落自身建设的基础性原则，整体性原则不仅包含着村落自身与其周边环境协同共生的依赖关系，还暗含着我国可持续发展战略要求下的和谐共生理念。根据整体性原则，传统村落在现实社会中并非孤立存在，若脱离了周边环境，传统村落便不能更好地得到发展。鉴于此，为实现传统村落的良性可持续发展，不仅应将其归入遗产保护的行列中，同时还应将其统筹规划进我国整体的可持续发展战略中。此外，需要指出的是，虽然部分现代化的农村村落对周边环境的依赖程度较低，但是并不影响“整体环境观”成为衡量传统村落是否具有保护价值的重要标尺。综上所述，对于传统村落的保护，要以整体性发展为视角，充分且准确地了解不同村落的传统习俗，在此基础上积极开展与村落居民的有效对话，确保村落居民从内部理解文化，进而形成准确的阐释成果。同时，要从实践上珍视各种传统村落文化，最大限度地发掘与利用村落文化，达成真正意义上的整体性保护和传承。

文物保护下的行刑衔接制度研究

当某一行政违法行为达到一定程度的社会危害而触犯刑法，行政违法行为即向刑事犯罪行为进行转变。此种转变不仅衔接了行政法与刑法，同时也使得行政执法机关与刑事司法机关之间的衔接成为必然。目前，我国的行刑衔接制度涉及多个领域，如食品、药品、环境、医疗、金融证券、文物保护等。笔者基于我国当前对文化软实力的要求，通过对文物保护中的行刑衔接制度进行梳理与介绍，力求以点及面，由此及彼，给河北省文物保护工作带来些许益处。

一、行刑衔接制度的理论梳理

基于我国当前的二元立法体制，文物违法行为的处罚横跨行政法与刑法两大实体法领域。要研究我国文物保护领域的行刑衔接问题，基本前提是对行刑衔接的基础概念以及理论基础进行讨论。

（一）相关概念界定

1. 文物行政执法

从现行解释出发，对于行政执法的概念，主要有三种定义。第一种是广义的行政执法，其可以等同于行政，具体含义是指行政机关依照法律、法规以及规章的规定，履行政府职能的所有行为。第二种是狭义的行政执法，此种定义目前存在争议，但多数是坚持姜明安教授对于行政执法的定义。姜教授分别以内容和行为方式为区分标准，将行政执法概念与其他行政概念进行了区分。在内容上，姜教授将行政执法与行政立法、行政司法进行了区分；[1]于行为方式而言，姜教授所认为的行政执法行为仅包括行政处罚、行政强制措施以及监督检查。[2]第三种是国务院《行政执法机关移送涉嫌犯罪案件的规定》（以下简称为《规定》）中对其所做的规定，其将行刑衔接制度下的行政执法机关等同于法律或者法规赋予行政处罚权的机关，将行政执法行为等同于这些机关所做的执法行为。在行刑衔接语境中，由于执法行为涉及违法相对人的权利义务变更，所以其成立应当满足具体行政行为的内容要素以及可诉性要求。一方面，行政执法行为可以直接建立、变更、消灭其与相对人的权利义务关系；另一方面，相对人认为自己权利遭受侵害时，可以提出复议或者提起诉讼。若以第一种定义理解，广义概念下的行政执法行为，涉及行政行为的范围过于宽泛，行政执法的基本目的难以确定。尤其在执法机制尚不成熟与完善的今天，部分执法行为并不会产生任何实质意义上的效果，也不会引发后续的救济机制。若以第二种定义理解，狭义概念下的行政执法行为，以内容为基点，其定义下的行政立法行为一般不会直接与行政相对人产生联系；以行为方式为基点，此时定义的执法行为范围过于狭窄，不能充分体现行政机关的职能范围。若以国务院对行政执法行为的理解，其不仅满足具体行政行为的主体要求与行为要求，同时也可以引发后期的救济程序。因而，根据上述逻辑分析，国务院《规定》中所做的定义是较为合理且实际的，即行政执法是具有行政处罚权的或者是法律、法规授权的行政组织、行政机关在履行其职能的过程中，对于相对人做出的能够直接影响其权利义务的行政行为。将该概念推及文物保护领域，即文物行政执法的概念是文物监管行政机关以及文物保护机关依照有关文物保护的法律、法规和规章的规定，处罚相应违反文物法律法规行为的活动。

2. 文物刑事司法

与上述行政执法不同，刑事司法在概念上是确定的，即司法机关按照法律规定，在办理诉讼案件和非诉讼案件中的执法活动。[3]但是，由于立法原因，

---

[1] 姜明安. 论行政执法［J］. 行政法学研究，2003（4）：5-8.

[2] 姜明安. 行政执法研究［M］. 北京：北京大学出版社，2004：3-4.

[3] 陈和华，叶利芳. 刑事司法学［M］. 1版. 北京：中国方正出版社，2004：1-2.

刑事司法的主体类型尚存在争议。广义上，刑事司法的主体包括公安机关、检察机关、审判机关、监狱、监察委员会以及国家安全机关；狭义上，刑事司法主体包括公安机关、检察机关、审判机关。目前而言，由于行刑衔接适用领域的有限性，笔者建议将上述主体范围按照法条目的进行缩小。法律依据上，《规定》第一条[1]便显示了该法律文件的订立目的，其中对于刑事机关的主体仅限制在公安机关。同时，纵观该领域的其他规范性文件，其名称多数与公安机关有关，诸如《公安机关办理刑事案件程序规定》《公安机关受理行政执法机关移送涉嫌犯罪案件规定》等。可见，行政性法律文件在多数情况下将公安机关默认为刑事司法的主体。除了上述的公安机关，我国监察机关亦有被纳入刑事司法主体之必要性。因为在实务中，文物保护的违法主体通常包含两方，即普通的行政相对人以及涉嫌公职犯罪的文物机关工作人员，此时案件的调查主体分别为公安机关与监察机关。同时，在文物领域，文物行政机关人员滥用职权、挪用公款以及玩忽职守的情况不在少数，将监察机关纳入行刑衔接的司法主体有利于提升文物行政领域的廉洁性。综上，在文物保护领域的行刑衔接上，本书所认为的刑事司法主体包含公安机关与监察机关。在文物保护刑事司法主体确定的基础上，本书将刑事司法的概念推及文物保护领域，即文物保护刑事司法为公安机关与监察机关对于违反文物法律、法规以及规章的犯罪行为，根据法律赋予的刑事职能，及时追究当事人刑事责任的行为。

3. 文物行政执法与刑事司法衔接的界定

在理论界，有的学者以程序为基点对其进行认定，即认为其将行政执法过程中的违法行为剥离出来，进而转移到刑事司法机关予以侦查的制度。有的学者将其定义为部门协调制度，即行政机关与刑事机关在分工合作的前提下，确保违法人员得以追究刑事责任的制度。[2]上述三种定义分别有其存在的合理性与理论基础。但是，基于执行性与可操作性的要求，行刑衔接之概念不仅需要考虑法律意义，还需要考虑其在实践中的应用。上述三种定义中，

---

[1] 《行政执法机关移送涉嫌犯罪案件的规定》第一条规定：为了保证行政执法机关向公安机关及时移送涉嫌犯罪的案件……制定本规定。

[2] 刘远. 行政执法与刑事司法衔接机制研究［J］. 法学论坛，2009，24（121）：72-76.

定义一以理论为基础对其进行了概念阐述，但并未体现其在实践中的基本内容。该定义中，学者对于行政违法的定义是极为宽泛的，但事实上适用该制度的违法行为多限于破坏市场秩序的行为。定义三对于行政执法机关的范围未作出限定。而在行刑衔接的《规定》第二条[1]中，明文界定了执法主体仅限于具有处罚权的行政机关。定义二虽然仅从程序角度对行刑衔接进行了说明，但是其表现了行刑衔接的程序性特征。因而，笔者认为其可以作为本章节定义行刑衔接制度的基础理论。具体到我国的文物保护领域，在结合程序性特征的基础上，文物行刑衔接可以定义为文物执法机关在履行行政职能的过程中，对于不属于其管辖的犯罪行为，应及时移交刑事司法机关的制度。

（二）行刑衔接的基础理论

1. “一事不再理”原则

一事不再理原则具有悠久的发展历史，其最早起源于古罗马时期。在当时刑事诉讼与民事诉讼合一审判的背景下，一事不再理原则是指对于已经产生相应法律效果的案件，除非法律另有规定，当事人不能另行提起诉讼。[2]其后，随着罗马法的发展，大陆法系国家继承了该项原则。1791 年，法国将一事不再理原则写进其宪法当中，同年，其在刑事诉讼法典中规定了此项内容。继而，德国的《德国基本法》第一百零三条[3]以及日本的《日本宪法》第三十九条[4]分别对一事不再理原则进行了规定。需要我们注意的是，与之前整合刑事诉讼与民事诉讼于一体的审判模式不同，这三个国家对于一事不再理原则的规定均集中在刑事诉讼领域。然后，联合国在《公民权利和政治权利国际

---

[1] 《行政执法机关移送涉嫌犯罪案件的规定》第二条规定，本规定所称行政执法机关，是指依照法律、法规或者规章的规定，对破坏社会主义市场经济秩序、妨害社会管理秩序以及其他违法行为具有行政处罚权的行政机关，以及法律、法规授权的具有管理公共事务职能、在法定授权范围内实施行政处罚的组织。

[2] 王亚明. 一事不再理原则与刑名交叉问题研究［J］. 法律适用，2011（6）：81-83.

[3] 《德国基本法》第 103 条规定，依据普通刑事法律，任何人不得因同一行为遭受多次刑罚。

[4] 《日本宪法》第 39 条规定，任何人在其实施的当时为合法的行为或已经被宣判无罪的行为，均不得再追究刑事责任。同时，对同一犯罪行为不得重复追究刑事上的责任。

公约》第十四条第七项[1]中也对该项原则进行了确立。[2]上述四份文件均认为在刑事诉讼领域，针对同一违法行为，不得对行为人进行二次处罚。区别于上述四份文件，我国在刑事诉讼领域并未制定任何的“一事不再理”或者“一事不两罚”规定，甚至有些规定与该原则是相悖的，比如审判监督程序。但是我国制定的部分法律对其有所体现，比如行政领域的“同一行为不二次罚款”、民事诉讼领域的禁止重复起诉制度。[3]

法律缺位引发了实务中的争论，在行刑衔接适用范围不断扩大的今天，对同一行为施加行政责任与刑法责任是否违反该项原则成为理论界与实务界讨论的焦点。在学术界，陈兴良学者明确表示了一事不再理原则在行刑衔接领域的不适用性；[4]练育强学者则认为可将有限的一事不再理原则应用到行刑衔接领域。[5]在实务界，《行政处罚法》第八条[6]与第二十七条[7]分别对行政责任向刑事责任的转换做出具体规定。第八条中，其前半部分明确承认了对于同一违法行为施加民事责任与行政责任是可行的；其后半部分明确在违法行为构成犯罪的情况下，应当追究其刑事责任，但并未做出是否需追究其行政责任的规定。在《行政处罚法》第三十五条中[8]，第一款规定的是拘留与拘役、

---

[1] 《公民权利和政治权利国际公约》第十四条第七项规定，任何人已依一国的法律及刑事程序被最后定罪或宣告无罪者，不得就同一罪名再予审判或者惩罚。

[2] 宋英辉，李哲. 一事不再理原则研究［J］. 中国法学，2004（5）：128-129.

[3] 《最高人民法院关于适用〈中华人民共和国民事诉讼法〉的解释》第二百四十七条第一款规定：当事人就已经提起诉讼的事项在诉讼过程中或者裁判生效后再次起诉，同时符合下列条件的，构成重复起诉：（一）前诉与后诉的当事人相同；（二）后诉与前诉的诉讼标的相同；（三）后诉与前诉的诉讼请求相同，或者后诉的诉讼请求实质上否定前诉裁判结果。第二款规定：“当事人重复起诉的，裁定不予受理；已经受理的，裁定驳回起诉，但法律、司法解释另有规定的除外。”

[4] 陈兴良.《论行政处罚与刑罚处罚的关系》［J］. 中国法学，1992（4）：29-32.

[5] 练育强.《行刑衔接视野下的一事不再罚原则反思》［J］. 政治与法律，2017（3）：129-130.

[6] 《行政处罚法》第八条：公民、法人或者其他组织因违法行为受到行政处罚，其违法行为对他人造成损害的，应当依法承担民事责任。违法行为构成犯罪，应当依法追究刑事责任，不得以行政处罚代替刑事处罚。

[7] 《行政处罚法》第二十七条：违法行为涉嫌犯罪的，行政机关应当及时将案件移送司法机关，依法追究刑事责任。

[8] 《行政处罚法》第三十五条：违法行为构成犯罪，人民法院判处拘役或者有期徒刑时，行政机关已经给予当事人行政拘留的，应当依法折抵相应刑期。违法行为构成犯罪，人民法院判处罚金时，行政机关已经给予当事人罚款的，应当折抵相应罚金行政机关尚未给予当事人罚款的，不再给予罚款。

有期徒刑的日期折抵，第二款规定的是罚金与罚款的折抵。之所以规定两种法律责任之间的折抵，一方面是我国立法设置上要求保护公民，出于保护公民等行政相对人的立法目的；另一方面则是吸收了一事不再理的基本要求。通过上述法条可以得出，第八条的后半部分，虽然尚未明确规定两种责任可以并罚，但是可以反映出立法者对于一事不再理原则并非持反对态度；第三十五条的“折抵”则体现了立法者对于一事不再理原则的肯定；除了《行政处罚法》，我国的行政规范性文件对“一事不再理”原则亦有表态。在国务院制定的《行政执法机关移送涉嫌犯罪案件规定》中，第十一条第二款[1]明确表明了公安机关对于行政违法案件的调查，并不影响违法者承担行政责任；在公安部印发的《公安机关受理行政执法机关移送涉嫌犯罪案件规定》中，第六条第三款[2]也明确表明了即使行政案件已经移送审查，行政机关仍拥有对该案件作出相应处罚的权力。这两款规定虽然并未明确表明行政责任与刑事责任的叠加适用，但是其立法目的均表明行政责任与刑事责任可以共生于同一个违法行为中，其所表达的核心仍是支持一事不再理原则。从上述引用的学者观点与立法实践来看，尽管存在一定的分歧，但是认为叠加不同责任形式符合一事不再理要求的观点占据着优势地位。

笔者认为，对同一违法行为既实施行政惩罚又实施刑法处罚是不违反一事不再理原则的。理由如下：

（1）两种责任的自身法理基础存在区别，其具体适用也是存在区别的。刑事责任是以国家公权力为基础，可对违法者施加限制乃至剥夺人身自由类的刑罚方式；行政责任虽然也是以国家公权力为基础，但是其对违法者的限制手段多为金钱罚与申诫罚，自由罚的种类也仅局限于行政拘留。在面对同一违法行为时，如果行政责任与刑事责任可以产生相同的法律效果，因刑事责任是最严厉的制裁措施，如果行政责任已经承担，则刑事责任吸收行政责

---

[1] 《行政执法机关移送涉嫌犯罪案件的规定》第十一条第二款规定，行政执法机关向公安机关移送涉嫌犯罪案件前已经作出的警告，责令停产停业，暂扣或者吊销许可证、暂扣或者吊销执照的行政处罚决定，不停止执行。

[2] 《公安机关受理行政执法机关移送涉嫌犯罪案件规定》第六条第三款规定，移送案件的行政执法机关在移送案件后，需要作出责令停产停业、吊销许可证等行政处罚，或者在相关行政复议、行政诉讼中，需要使用已经移送公安机关材料证据的，公安机关应当协助。

任。如果刑事责任已经先行承担，则刑事责任吸收行政责任；[1]如果两者所产生的法律效果不同，分别施加不同程度的法律责任即可。在江苏省宿迁市宿城区人民检察院诉沭阳县农业委员会[2]一案中，在第三人仲某因盗伐林木已被追究有期徒刑、罚金与追缴违法所得的前提下，沭阳县农业委员会仍旧对其作出没收违法所得和罚款的行政处罚决定是不符合两法衔接目的的。此案中，刑事罚金与行政罚款的法律效果是一致的，追缴违法所得与没收违法所得的法律效果是一致的。当仲某被施加了刑事责任后，罚金与追缴违法所得应当吸收行政责任中的罚款与没收违法所得决定。而后，林业局以《中华人民共和国森林法》第三十九条第一款和第三款[3]为依据，代为补种林木后，向仲某追缴补种费用的行为是可以与刑事责任并存的。因为刑事责任的目的是惩戒与制裁；而追缴行为的目的是恢复与修缮，两者的法律效果不同，因而行政责任可以与刑事责任并用。

（2）两种责任设置的基本目的存在区别。就行政责任的设置来说，其责任承担形式虽然具有一定的制裁性，但其是以行政管理为立足点，以维护社会不同主体的利益为根本目的；而刑事责任的设置是以法益受到侵害为基础，通过打击违法行为，使社会公平与正义得到维护。从其立法目的中我们可以看出，不同责任所针对的立法目的、行为性质以及保护权益均是不同的，鉴于此，根据行为之性质对其施加不同责任并不违反一事不再理之原则。

（3）对于同一行政违法行为不得进行双重处罚乃一事不再理原则的核心要求。行刑衔接语境下的行政行为，一般均具有双重违法性，此种性质决定了其应当受到行政法与刑法的双重处罚，当然也就不再局限于“一事”当中。就我国当前实务界来说，我国的行刑衔接制度主要集中于知识产权、食药品、环境污染以及渔业整治等领域。这些领域的违法行为往往具有双重违法性，一方面因扰乱市场秩序需要施加行政处罚，另一方面因为危及人身法益以及

---

[1] 来源于〔2017〕苏1302行初348号判决书内容。

[2] 来源于〔2017〕苏1302行初348号判决书内容。

[3] 2009年《中华人民共和国森林法》第三十九条规定，盗伐森林或者其他林木的，依法赔偿损失，由林业主管部门责令补种盗伐株数十倍的树木，没收盗伐的林木或者变卖所得，并处盗伐林木价值三倍以上十倍以下的罚款。……拒不补种树木或者补种不符合国家有关规定的，由林业主管部门代为补种，所需费用由违法者支付。该法已于2019年重新修订。

社会法益需要施以刑法处罚。此种情况下，因为保护的法益不同，对同一行为施加不同性质的责任并不违反一事不再理原则。实际上不仅是我国，国外的法律也是允许一行为被施加两种不同性质的责任形式，比如美国在宪法中并未规定一事不再理原则，而是采用了意思相近的禁止双重危险原则，但是美国的案例审判中仍存在大量的“一事两罚”案件。比如美国1943年的赫斯案，当事人在被判处刑事处罚以后，又被判处相应的民事赔偿。此案中虽然对同一行为法院并未施以相同性质的处罚，但仍按照其社会危害性对其实施了不同性质的责任处罚。

2.“刑事优先”原则

刑事优先原则，是指当某一案件同时涉及刑事责任、民事责任或者行政责任，应当首先通过刑事责任进行归责，然后再通过民事责任或者行政责任进行归责。[1]该项原则首先被应用于刑民交叉领域，并且在该领域一直是占有主导地位的。随着我国对行刑衔接制度研究的加深，该项原则又被应用到行刑交叉领域。与在刑民交叉领域的适用一样，该项原则在行刑衔接领域不仅占有主导地位，还同时得到了诸多学者的推崇。陈兴良教授认为在行政犯罪中，应坚持刑事责任优先适用原则，并且刑事责任的适用并不影响行政责任的适用。[2]刘远教授认为行刑衔接的设置目的是打击犯罪行为，追究犯罪分子的刑事责任。因而刑事责任优先才是行刑衔接制度的立法目的。[3]周佑勇教授和刘艳红教授则明确指出“在适用程序上衔接行政处罚与刑罚处罚的关系，首先必须遵循刑事优先原则”[4]。除了上述理论界多位教授对于刑事优先原则的认同，此项原则在我国法律文件中也有体现，诸如《行政处罚法》第八条中刑事处罚的不可替代性、2001年《规定》中“行政机关需要及时移送案件”。但是，该项原则在我国也在不断遭受质疑。周兆进教授认为优先适用刑事责任是值得商榷的，他指出相比较于优先适用，该项原则应该成为行刑衔接中

---

[1] 需要指出的是，此时的刑事优先不仅指法律位阶上的刑事优先，还包括刑事措施的刑事优先。

[2] 陈兴良. 论行政处罚与刑罚处罚的关系［J］. 中国法学，1992（4）：28-32.

[3] 刘远，汪雷. 行政执法与刑事执法衔接机制立法完善研究［J］. 政法论丛，2006（5）：74-76.

[4] 周佑勇，刘艳红. 论行政处罚与刑罚处罚适用衔接［J］. 法律科学，1997（2）：90-91.

的一般原则。[1]练育强教授则对此项原则明确提出了质疑，练教授基于社会基础条件的变化，从刑罚措施自身性质入手，认为刑事优先原则不应作为行刑衔接制度的基本理论原则之一。[2]根据以上学者的意见，针对刑事优先原则，可归纳出三种观点：第一种为刑事完全优先原则，即刑事优先原则在行刑衔接程序中处于完全的优先适用地位。此种观点不仅得到多数学者的支持，同时还有大量的法律规范性文件予以认同；第二种是有限的刑事优先原则，即认为刑事优先原则在行刑衔接制度中可以优先适用，但是需要分情况讨论；第三种明确表明刑事优先原则作为基础理论的不适宜性，而应以同步协调原则将其代之。此种观点下，行政机关与刑事机关对于各自的案件分别负责，贯彻谁发现、谁立案、谁调查、谁惩罚的程序模式。上述第一种观点与第二种观点均存在相应的法律实践予以证明；第三种观点目前仅为一种程序性构想，并无相关制度与其配套。这三种观点分别存在一定的理论基础，具有其存在的合理性与正当性。但就行政违法案件的实践而言，相较于对刑事原则的优先适用与完全不适用，笔者认为处于中间环节的有限刑事优先原则[3]较为可取。实务中，之所以设置行刑衔接制度，基于的是行政处罚与刑事刑罚之间的关联性。然而，由于法理基础以及立法设置的不同，两者的处罚不可能是完全对应的，此为有限刑事原则成立的基础性因素。同时，从当前我国司法的自身特征来说，有限刑事优先原则相较于完全刑事优先原则更符合我国的法治实践，表现在：

（1）从定位上来说，刑法在我国法律体系中处于保障法的位置。对于需启动刑事追诉程序的行政违法行为，如果行政责任的实现足以将被破坏的管理秩序恢复到行政犯罪发生之前的正常状态，则刑事追责程序完全没有启动的必要。[4]但是，如果行政责任的施加并不能使行政行为得到应有的处罚，或

---

[1] 周兆进. 行政处罚与刑事处罚的衔接问题研究［J］. 中国人民公安大学学报（社会科学版），2017（4）：48-50.

[2] 练育强.“两法”衔接视野下的刑事优先反思原［J］. 探索与争鸣，2015（11）：77-79.

[3] 此种原则的理论基础在于行政处罚与刑事处罚的适用情形与功能不同，刑事优先应限定于特定情况。相较于刑事完全优先原则，此种观点目前在我国理论界与执法界逐渐成为主流观点。

[4] 田宏杰. 行政犯罪的归责程序及其证据转化：兼及行刑衔接的程序设计［J］. 北京大学学报（哲学社会科学版），2014，51（2）：140-141.

是不能预防其再次发生，则仍需要对该行为施加刑事责任，我国对逃税罪[1]的规定即体现了上述旨趣。因此，在行刑衔接制度中，有限的刑事优先原则更符合刑法的谦逊性以及其保障法的位置。

（2）从效力上来说，刑法效力在我国法律体系中具有终极性。与行政权力的效力相比，我国司法权力的效力一般具有终极性。因而，对于刑事法律下所要求的程序以及责任实现均需严谨而慎重。此外，刑事责任由于其终极性，其调查程序以及审理程序往往是冗长的。如果坚持刑事完全优先原则，时间上的滞后性可能导致部分案件有扩大损害后果之危险。出于对刑事责任的谨慎性，笔者建议采取有限的刑事优先原则。

（3）行刑衔接下的行为往往触犯两种性质不同的法律，如果坚持一部法律优先适用，并不符合我国当前的司法实践现状。实践中，环境犯罪的惩罚机制说明了该问题。当实务中出现环境污染情况时，首先是环保部门等行政机关介入，当该环境违法行为涉嫌犯罪时，该案件才会交由司法机关进行处理。但是环境案件由于自身的特殊性，往往具有不可控制性。如果先交由刑事机关进行调查，则行政机关会无法采取任何行政措施，恐会造成更加严重的后果。为了避免前述问题的出现，需要我国行政机关与司法机关灵活运用该原则。针对违法行为有可能扩大以及危害结果有可能恶化的情形，应当允许部分行政措施先于刑事措施实施。同时，当行政机关与刑事机关所面临的违法行为性质不同时，可以允许行政措施先行于刑事措施。因为此时的刑事机关不能代替行政机关，刑事处罚也不能代替吊销营业执照或者责令停产停业等行政处罚。因而，行政机关与刑事机关的分别处理并不会影响各自的处理结果。

行政事务的纷繁复杂需要行政机关的灵活处理。笔者认为，相较于固化的完全刑事优先原则，灵活的有限刑事优先原则更符合我国行政实践的基本情况。因而，笔者建议将有限的刑事优先原则作为我国现行行刑衔接制度的理论基础，以此来应对我国行刑衔接制度适用范围与适用内容的扩大现状。

---

[1] 《中华人民共和国刑法》第二百零一条第四款："有第一款行为，经税务机关依法下达追缴通知后，补缴应纳税款，缴纳滞纳金，已受行政处罚的，不予追究刑事责任；但是，五年内因逃避缴纳税款受过刑事处罚或者被税务机关给予二次以上行政处罚的除外。"

二、文物保护行刑衔接制度的问题检视

（一）文物保护领域行刑衔接的立法现状

1. 原则性立法

行刑衔接的原则性立法指的是具有普遍指导意义和普遍适用性的规范性文件，当既有的法律规范无法解决实践难题时，文物部门或者刑事机关可以依照此类型文件解决实践难题。在现行的法律体系中，原则性立法可以区分为行政法律模块以及刑事法律模块。在行政法律模块中，以法律位阶为依据，规定行刑衔接内容的法律规范可以划分为法律、行政法规、规章以及其他行政规范性文件。就目前的法律体系而言，我国的行刑衔接体系尚不存在统一性的法律文件。2001 年出台的《规定》，作为行政法规，首次对行刑衔接的具体内容进行了阐述，其分别从职责、程序、监督以及证据等方面对行刑衔接进行了介绍。在刑事法律模块中，规定行刑衔接内容的，首先是《刑法》第四百零二条[1]，其规定了行政执法人员不移交刑事案件的具体责任；其次是两高为行刑衔接的适用发布了系列的指导性案例，如胡某、郑某徇私舞弊不移交刑事案件案等；[2]最后是公安部为完善行刑衔接制度，发布了系列的指导性文件，诸如《公安机关办理刑事案件程序规定》《公安机关受理行政执法机关移送涉嫌犯罪案件规定》等。上述现行文件构成我国目前行刑衔接制度的原则性框架。

2. 文物保护下的行政类法律文件概括

我国对于文物保护的行政法规制，主要体现在《中华人民共和国文物保护法》《中华人民共和国文物保护法实施条例》。作为我国文物保护法律法规的核心文件，行政领域的文物保护性文件均是在此基础上建立的。尔后，文化部制定了《文物行政处罚程序暂行规定》，具体规定了文物保护行政执法的各个程序，以此奠定文物行政执法的法律依据。2015 年，我国

---

[1] 《中华人民共和国刑法》第四百零二条："行政执法人员徇私舞弊，对依法应当移交司法机关追究刑事责任的不移交，情节严重的，处三年以下有期徒刑或者拘役；造成严重后果的，处三年以上七年以下有期徒刑。"

[2] 练育强. 行刑衔接中的行政执法边界研究［J］. 中国法学，2016（2）：238-240.

《立法法》第七十二条将历史文化保护建设的地方立法权下放至所有设区市，以此来加强我国的文化保护。这一规定出台后，地方开始根据各地特色制定地方性法规，诸如湖北、湖南、河南、河北等。此外，我国还制定了大量的文物保护类规范性文件，以此来应对实践中所出现的紧急事件，诸如《博物馆藏品管理办法》以及《古建筑消防管理规则》等。现行实务中，我国已经构建起以行政法律为根本，行政法规为主干，同时辅之行政规范性文件作补充的行政法律治理体制。在这种多层治理下，文物保护工作日趋完善，文物保护的根本目的也日益得到了实现。具体到河北省，除上述在全国范围内统一适用的法律文件外，其根据本土文物保护的实际情况亦出台了相应的地方性文件。笔者通过检索与归纳，将河北省行政法律类文件制定情况整理出表 7–1。由表格所归纳的内容可以看出，不可移动的古文化遗址乃河北省文物保护的焦点。此外，对于游客在旅游途中的违法行为，河北省亦通过制定相应的投诉处理办法以及旅游条例予以规制。

表 7–1　河北省文物保护法规概括

文件名称	效力等级
《河北省长城保护办法》	地方性法规
《河北省旅游投诉处理办法》	地方性法规
《河北省人民代表大会常务委员会关于〈清东陵保护管理办法〉适用于清西陵保护管理的决定》	地方性法规
《承德避暑山庄及周围寺庙保护管理条例》	地方性法规
《河北省实施〈中华人民共和国文物保护法〉办法》	地方性法规
《河北省旅游条例》	地方性法规

3. 文物保护下的刑法法规概括

目前，文物犯罪由于保护法益的不同，被分别规定在《刑法》的不同章节中，它们分别是：走私文物罪（第 155 条）；故意毁坏文物罪（第 324 条）；过失毁坏文物罪（第 324 条）；非法向外国人出售、赠送珍贵文物罪（第 325 条）；倒卖文物罪（第 326 条）；非法出售、私赠文物藏品罪（第 327 条）；盗掘古文化遗址、古墓葬罪（第 328 条），失职造成珍贵文物碎毁、流失罪（第 419 条）。在上述八条刑法规定中，除了走私文物罪的侵害法益为对外贸易管理秩序，其余文物型犯罪的侵害法益均为国家文物管理秩序。2015 年，为加大惩治文物犯罪的力度，高级人民法院、高级人民检察院联合印发了《最高人民法院、最高人民检察院关于办理妨害文物管理等刑事案件适用法律若干问题的解释》（以下简称《解释》）。在该文件中，两院将上述罪名的文物种类、涉案金额、具体手段、刑罚责任等进行了明确的规定。由于澄清了以往定罪标准模糊的问题，细化了不同罪责的具体标准，自该文件出台后，文物案件自立案、调查至审判均具有了更强的操作性，公安机关打击文物犯罪的效率也因此得到了提高。除了上述两部专门规定文物保护的规范性文件，其他有关保护文物类的法律文件中亦存在着相关刑事责任的表述，具体表现为："违反……的行为，处何种行政处罚；构成犯罪的，依法追究刑事责任。"综上所述，对于文物保护，我国建立了行政处罚与刑法处罚相结合的二元立法体制，即行政文物执法机关对于涉嫌犯罪的文物违法行为，必须及时移送至刑事机关予以追责。

（二）文物保护行刑衔接制度下的立法问题剖析

行刑衔接制度自 2001 年被提出，距今已有 19 年之久。这期间，我国不同的行政主体制定了大量的法律性文件对其进行规范。但是，由于我国文物保护领域并未出台特别的法律文件规制该制度，因而行政机关处理文物违法事件多是沿用统一性的法律文件。就目前而言，行刑衔接制度在实际应用中出现了诸多问题。

1. 法律未对"行刑衔接"制度进行规定

有关行刑衔接的法律规范尽管数量众多，但是目前对其的规定均未上升到法律层面。于行政法律体系而言，《行政处罚法》第八条、第二十七条中的"行政处罚不得替代刑事处罚"虽说体现了行刑衔接之理论基础要求，但是其并不能代表行刑衔接的整个制度运行；《治安管理处罚法》第二条[1]、第九十五条[2]所包含的"治安管理类案件须追究刑事责任"，在理论构造上与行刑衔

[1] 《治安管理处罚法》第二条："依照《中华人民共和国刑法》的规定构成犯罪的，应法追究刑事责任。"

[2] 《治安管理处罚法》第九十五条："治安案件调查结束后，公安机关应当根据不同情况，分别作出以下处理：……（三）违法行为已涉嫌犯罪的，移送主管机关依法追究刑事责任。"

接思想相似。但在具体操作上，公安机关是治安管理案件的处理主体，此规定与《意见》第十七条[1]之内容明显存在区别。因而，可以排除《治安管理处罚法》作为行刑衔接之法律依据。于刑法法律体系而言，《刑法》第四百零二条所规定的徇私舞弊罪虽然包含了行政责任向刑事责任衔接的内容，但其仍不能成为该制度的法律依据。行刑衔接制度包含了立法、程序以及责任承担这三大部分，而第四百零二条只涉及了行政执法人员徇私舞弊后的责任转化，其尚不足以说明行刑衔接制度。同时，行刑衔接作为一项涉及范围广泛的制度，仅将其规定在《刑法》分则中是不足以显示其重要性的。综上，在文物保护领域，行政法与刑法均不能成为行刑衔接的法律依据。

2. 法律位阶低

由于当前统一法律的欠缺，我国行刑衔接的法律体系是复杂的。在法律位阶层面，尽管有关行刑衔接的文件数量不在少数，但是其位阶效力普遍偏低（见表 7–2）。《规定》作为规制行刑衔接的最高效力文件，仅属于行政法规层级。两高、中央政法委员会等主体制定的行政规范性文件，部分内容无法排除缺乏指导性与执行性的可能。同时，我国行刑衔接文件的制定主体亦呈现出不统一的状态，上至国务院，下至地方立法机关，均可对行刑衔接制度做出细化与规定。在无统一法律依据的前提下，此种行为极易导致不同机关对同一问题产生不同理解和分歧，进而危及法律的统一性与稳定性。

表 7–2 我国现行行刑衔接文件

制定主体	文件名称	文件属性
国务院	《关于整顿和规范市场经济秩序的决定》	行政法规
国务院	《行政执法机关移送涉嫌犯罪案件的规定》	行政法规

[1] 《关于在行政执法中及时移送涉嫌犯罪案件的意见》第十七条：“本意见所称行政执法机关，是指依照法律、法规或规章的规定，对破坏社会主义市场经济秩序、妨害社会管理秩序以及其他违法行为具有行政处罚权的行政机关，以及法律、法规授权的具有管理公共事务职能、在法定授权范围内实施行政处罚的组织，不包括公安机关、监察机关。”

续表

制定主体	文件名称	文件属性
最高人民检察院、全国整规办、公安部	《关于加强行政执法机关与公安机关、人民检察院工作联系的意见》	规范性文件
最高人民检察院、全国整规办、公安部、监察部	《关于在行政执法中及时移送涉嫌犯罪案件的意见》	规范性文件
中央政法委员会	《关于深化司法体制和工作机制改革若干问题的意见》	规范性文件
中共中央办公厅、国务院办公厅	《关于加大惩治和预防渎职侵权违法犯罪工作力度的若干意见》	规范性文件
中共中央办公厅、国务院办公厅	《关于加强行政执法与刑事司法衔接工作的意见》	规范性文件
两高、地方机关、公安部等	意见、规定	规范性文件

3. 行政法律中存在的“稻草人”条款

我国法律中的“稻草人”条款是普遍存在的，其基本表述是“构成犯罪的，依法追究刑事责任”。于文物保护领域而言，《文物保护法》第六十四条、第七十六条、第七十八条；《中华人民共和国文物保护法实施条例》第五十四条、第五十五条、第五十六条、第六十三条；《河北省长城保护办法》第二十三条；《河北省旅游条例》第四十八条、第四十九条、第五十五条；《河北省实施〈中华人民共和国文物保护法〉办法》第四十六条、第四十七条；《承德避暑山庄及周围寺庙保护管理条例》第二十六条、第三十一条，均存在“稻草人”条款的描述。此种规定从立法模式上衔接了行政法律与刑事法律之间的关系，满足了行刑衔接的基本构造要求。但是，深究其内容，此种条款存在两项缺陷，表现在：

（1）此种规定过于笼统，使得行政法与刑法的衔接欠缺紧密性。在实务中，此条款的作用主要是指导执法人员确定对应违法行为的刑法罪名。但就目前的文物法律法规而言，其并未发挥法律所赋予的指导作用，主要表现在：第一，文物性法律并未将行政违法行为与刑事犯罪进行具体的关联，加大了实务中对于刑事责任认定的难度与时间。第二，综观现行的文物保护法律，刑法罪名的设置并非能完全契合于行政违法行为，以《文物保护法》第六十四条为例。在此条款中，盗掘、损坏、走私、私自出售与赠送等七项行政违法行为，在达到一定的社会危害性后，可以转化为刑事违法行为。通过与《刑法》条文进行对比，笔者发现，盗掘、走私、损毁、倒卖、非法出售与赠送以及失职所造成的损毁与流失这六项行政违法行为，均存在相应的刑事罪名，但是盗窃、哄抢、私分或者非法侵占国有文物的违法行为尚不存在与其相对应的文物刑法罪名。此种断层现象的出现，使得刑法与行政法在衔接上产生了脱节的结果，进而导致了实践中“找法难”的程序性问题。[1]

（2）此种规定存在“越权”嫌疑。在行刑衔接领域中，“构成犯罪的，依法追究刑事责任”是指，行政机关认为该项行为构成犯罪，因而将该行政违法行为移送至刑事司法机关进行审查。此举意味着行政机关拥有对违法行为进行实体判断的权力，这与我国实体审判权仅属于审判机关的初衷相违背。实务中，行政机关的司法裁量权在此种规定的指引下得到了一定程度的扩张，案件是否移送完全取决于其一方的意志，这就加剧了实务中的“有案不移”“有案难移”等现象。同时，由于涉及实体判断，我国审判机关的权威也受到了挑战，执法与司法极易出现法律标准不统一的现象。

（三）我国文物保护领域行刑衔接的执法现状

由于立法上的疏漏，文物违法案件在实践中“有案不移、有案难移、以罚代刑”现象日益严重。同时，由于行政执法人员缺乏相应的刑事知识，进一步加大了实践中的执法难度。因而，我们需要了解当前文物行刑衔接领域的执法现状，并剖析相关现状背后的原因。

1.“有案不移”与“以罚代刑”现象日益严重

对于文物违法案件移送数量，笔者查阅了国家文物局官网上公布的2012

[1] 徐平，王洋奕. 环境案件行刑衔接的困境与对策［J］. 延安大学学报（社会科学版），2019（3）：106-108.

年至2019年的基本情况。[1]根据国家文物局官网的此部分数据显示，行政机关自2015年到2019年查处的文物违法案件年数量平均为77件，年移送平均数量为5.6件，移送比例从2015年的15%降低至2019年的3%。以此为依据，笔者首先需要指出的是，由于该部分的数据基数小，在每年的案件盘点中所占比例较低，其并不能说明在行刑衔接机制中，我国对于文物违法案件整体移送数量较低的问题。但是，在我国提高打击文物犯罪力度的背景下，此部分移送数据亦能反映出我国当前行刑衔接制度的部分问题。根据表7-3中的内容，2012年至2014年有关案件移送数量尚处于缺位状态。[2]在这之中，尽管2013年的违法案件数量达到了8年中案件数量的峰值，但是移送案件的数量仍处于未知状态。数据缺失反映的是文物执法机关处理文物违法案件的态度与力度。从态度上说，零移送案例反映了文物执法机关缺乏对于案件移送的积极性；从力度上来说，零移送案例反映了对文物违法案件刑法评价的不足。2014年至2019年，移送案件数量的可查询反映了国家机关对于行刑衔接制度的重视，但是移送案件的数量仍处于偏低状态。相较于文物违法案件日益严重的社会危害性，上述偏低的移送数量反映了行政执法机关对于文物违法案件的处理方式，即“有案不移”。此种“有案不移”的处理方式并非文物领域的专属现象，而是整个行刑衔接领域的共有现象。究其根源，行政违法行为只要涉及刑事领域，其程序、证据以及审理期限都将变得复杂。执法人员出于效率或者结案的目的，将案件移交给刑事司法机关的积极性自然降低。除了上述“有案不移”现象，行刑衔接领域中的“以罚代刑”问题也变得比较突出。这是因为，“移交刑事机关”已经成为部分执法人员威胁违法相对人的理由与依据。为了避免刑事责任的施加，相对人往往会接受行政处罚。此种做法不仅会降低行政执法与刑事司法的衔接度，使得行政权力呈现扩张趋势；还会增加行政执法人员贪赃枉法的风险与概率，对于打击违法行为是

[1] 笔者通过检索河北省文物局官网、河北省文化与旅游局官网、石家庄市文物局官网、邢台市文物局官网等地方网站，并未发现河北省移送案件的执法具体数据，故本章节选取了国家文物官网的相关执法数据。

[2] 此项数据来源截至2020年12月。

极其不利的。

表 7-3 2011 年至 2019 年文物执法机关移送文物违法案件数量统计[1]

年份	2012	2013	2014	2015	2016	2017	2018	2019
违法案件数量	54	123	52	47	97	90	85	66
涉嫌犯罪移送案件数量	—	—	—	7	11	6	2	2
涉嫌犯罪移送案件比例	—	—	—	15%	11%	7%	2%	3%

2. 文物保护犯罪的执法较为困难

在我国二元刑事立法体系下，刑法存在着既定性又定量的立法特征，而且在犯罪构成要件上，设置了较高的入罪门槛，使得很多具有严重社会危害性的不法行为无法进入刑法的评价半径之内。[2]以倒卖文物罪为例，我国对于倒卖文物的行为最高可以判处十年的有期徒刑，相较于其他罪责承担方式较为严厉。深究其根本，是因为倒卖文物罪的归责机制，要符合“以牟利为目的”这一基本前提。对于该限制性条件，《刑法》条文并未配套相关的说明。2015 年出台的《解释》中，对于倒卖文物罪，立法者仅对其情节认定做出了规定，对“以牟利为目的”并未做出相关说明。然而，对于认定倒卖文物的行为，行政执法人员往往难以辨别该行为是否以牟利为目的，这就间接阻拦了部分倒卖文物的行为进入刑法评价的半径。此举不仅使得行政执法机关无法精准辨别违法行为是否符合刑事标准，还加大了行政机关处理执法案件的难度。除了《刑法》自身设置的原因，执法困难的另一阻碍来源于行政执法

[1] 此数据来源于国家文物局官网《国家文物局关于历年度文物执法和安全监管工作情况的通报》，文章所列数据仅包括文物执法巡查和违法案件处理情况中的全国重点文物保护单位违法案件，并不包含安全检查和安全案件事故情况中所应包含的案件。

[2] 于冲，郁舜. 知识产权案件“行刑衔接”机制的构建思路：以《中国知识产权保护状况白皮书》的统计数据为分析样本.［J］. 知识产权，2016（1）：114-116.

人员的刑事办案能力欠缺。文物领域的专业性较强，需要执法人员具备更强的办案能力与实践经验。然而，受制于专业领域的不同，执法人员虽然精通文物行政性法律，但并不了解刑事法律规范，适用法律能力存在欠缺。同时，由于缺少系统的刑事培训，执法人员无论是认定犯罪还是调取证据，其能力均不能与司法机关相比。因此，行政机关对执法案件的把握力度更显薄弱。

（四）文物行刑衔接制度下的执法问题剖析

1. 衔接的思想意识不足

衔接意识的不足，导致了我国案件移送困难的现实问题。在行刑衔接的程序运行中，此种不足主要是以下三种原因导致的。首先，刑事司法机关作为案件的接收方，缺乏接收案件的积极性。由于文物案件所要求的专业性与较高水准，其需要的是具有丰富经验的侦查人员。然而，由于刑事专业性的限制，文物执法人员常常难以找准案件的核心突破点，进而贻误案件的最佳办案时间。鉴于此，刑事司法机关对于接受此类案件的积极性不高。其次，行政执法人员的移送意识薄弱。作为行刑衔接程序的启动者以及案件的移送方，执法人员在移送程序中具有绝对的话语权，其不移送案件的情形主要包括以下三种情况：第一，专业知识储备不足，执法人员未意识到案件需被移送；第二，出于行政效率的目的。执法机关每天面临的是成千上万的行政事务，如果要求其像刑事案件一样精细而漫长，恐有耽误行政效率的嫌疑。因此，执法人员秉持“效率第一，行政优先”的基本原则，坚持行政机关内部消化多数违法案件。此种观念虽有一定的合理之处，但也是实务中“有案不移”“有案难移”的原因之一。第三，部门利益思想盛行。文物领域催生了旅游产业的发展，而旅游产业所产生的罚款以及税收，乃地方政府及其相关部门的重要收入来源。[1]出于地方经济收入以及部门经济利益的考虑，其自然不愿将案件移交给刑事机关。第四，对案件移送的监督乏力。作为我国唯一的法律监督机关，我们需发挥检察机关在行刑衔接中的关键作用。但是，就目前而言，检察机关的法律监督职能并未得到良好的发挥。立法上，虽然《中

[1] 吴彬彬. 食品安全行政执法与刑事司法衔接机制研究［D］. 湖南：湘潭大学，2017.

华人民共和国宪法》第一百三十四条[1]确认了检察院的法律监督属性，但未对其监督职责以及监督程序做出详细规定。此外，其他相关的立法规定，或法律位阶较低，不具有相应的法律效力；或规定粗略，未对监督职责做出说明。同时，由于立法缺失，检察机关的监督手段也存在着不同程度的局限性。根据法条规定，检察机关的监督手段可以分为事前监督、事中监督以及事后监督。但在实务中，由于部分检察主体缺乏监督意识，其往往忽略事前监督与事中监督，仅关注事后监督。作为一种法律监督方式，事后监督具有准确监督行为是否违法的先天优势，但是也无法排除其不能及时有效地检测出违法性的嫌疑。此种背景下，检察机关的事前与事中监督仅作为一种形式手段存在，自然不能发挥出其应有的效果。

2. 证据衔接不通畅

根据《刑事诉讼法》第五十四条第二款[2]以及《公安机关办理刑事案件程序规定》第六十三条[3]的规定，对于符合条件的行政执法证据，可以在刑事程序中当作刑事证据予以使用。相较于之前的规定，此条规定的完善有助于行刑衔接程序中证据的使用。但是，由于规定内容尚不精细，该法条在适用中存在着一定歧义。在法条规定上，“可以”与“等”成为本条款适用的歧义点。根据《刑事诉讼法》与《公安机关办理刑事案件程序规定》的规定，刑事司法机关对于行政执法证据是“可以”使用。此种表述虽然扩展了行政证据的基本属性，但同时也使得行政证据在刑事证据中的使用充满了歧义。对于“可以”的含义，有的观点认为就是将自由裁量权赋予刑事司法机关，证据是否被采纳完全取决于刑事司法机关的审查；有的观点认为就是承认了行政证据的证据能力，此时的行政证据等同于刑事证据。[4]至于“等”字，其基本含义尚不存在可讨论的内容，但是，其涉及范围仍是我们需要讨论的问题。对于

---

[1] 《中华人民共和国宪法》第一百三十四条：“中华人民共和国检察院是国家的法律监督机关。”

[2] 《刑事诉讼法》第五十四条第二款：“行政机关在行政执法和查办案件的过程中收集的物证、书证、视听资料、电子数据等证据材料，在刑事诉讼中可以作为证据使用。”

[3] 《公安机关办理刑事案件程序规定》第六十三条：“公安机关接受或者依法调取的行政机关在行政执法和查办案件过程中收集的物证、书证、视听资料、电子数据、鉴定意见、勘验笔录、检查记录等证据材料，经公安机关审查符合法定要求的，可以作为证据使用。”

[4] 练育强. 行政执法与刑事司法衔接中证据转化研究［J］. 探索与争鸣，2017（4）：97-99.

"等"字的范围，目前存在两种歧义点：第一，其是否包含言词证据？第二，现场笔录可否作为刑事证据使用？《刑事诉讼法》与《规定》的出台，本意上是加强证据衔接的可操作性，但是由于部分字眼的不精准性，反而造成了更大的争议。

在证明标准上，集中于行刑衔接制度的主要问题是刑事证据的证明标准高于行政证据的要求。足以证明违法行为的发生是行政证据的证明标准；而刑事证据标准则需要符合《刑事诉讼法》第二百条第一款的规定，亦即案件事实必须清楚，证据必须充分。由于此项标准不同，两方主体收集证据所采用的手段与措施也不尽相同，其中，采集时间、采集强度、保存措施与评价手段等因素均可能阻碍行政执法证据向刑事证据的转化。实践中，在不能确定该行为是否涉嫌犯罪的前提下，行政机关一般多是按照行政证据的标准来收集证据，然而，此种情况下收集的证据又远低于刑事证据的基本要求。文物领域中，故意损坏文物罪就是此种标准不一的典型代表。文物损坏违法行为与文物损坏犯罪行为的区别点在于损坏程度，而这种程度判断仅靠肉眼是无法辨别的。文物执法人员面对损坏行为时，在不能当场区分违法与犯罪的情况下，多数会按照违法行为的标准来收集相应的证据。但当后期认定该行为属于犯罪行为时，执法机关前期收集的证据则会产生不能满足刑事证据标准要求的后果。

三、文物保护行刑衔接机制的完善路径

（一）域外行刑衔接制度的经验启示

1. 重视立法层面的制度构建

国外对于立法层面的构建，主要体现在以下两个方面：

（1）统一立法。对于"行刑衔接"制度，国外一般是将社会危害性较大的行为直接规定为刑法犯罪，然后通过统一的刑法立法予以规制，如日本的《禁止私人独占及确保公正交易法》等。[1]此种立法方式的优点在于：① 避免了违法行为与犯罪行为衔接的不畅性，执法机关对于较为严重的违法行为完

[1] 吴彬彬. 食品安全行政执法与刑事司法衔接机制研究［D］. 湖南：湘潭大学，2017.

全“有法可依”。② 避免“稻草人”条款的模糊性，有力提高精准打击犯罪的效率。如前所述，由于“稻草人”条款的立法模式，其在实务中存在着“找法难”的现实困境。统一性立法模式不仅可以规避“稻草人”条款的产生，还可以规避“稻草人”条款所产生的法条模糊性。③ 降低了执法人员贪赃枉法的可能性。由于违法行为转换为刑事犯罪的直接性，执法人员不能以“不易移交刑事机关”为借口来对违法行为人进行威胁与索贿，进而降低了其职务犯罪的概率。

（2）重视程序功能在立法中的作用。综观域外的法律，多数对于程序有着较为严格的规定。这是因为，一方面，国外法律将程序视为达到公平与正义的关键运行环节，正如杰斐逊所言“执行法，比制定法更重要”；另一方面，程度公正是实现实体公正的前提。美国尤为重视立法程序，为防止行政程序中出现危害私人与公共利益的行为，其制定了缜密的行刑衔接立法程序。美国的行政机关可以行使调查取证以及控诉的职能，而刑事机关可直接根据行政机关搜集的证据予以逮捕和采取其他强制措施。[1]此种立法模式不仅打消了行刑衔接的运行障碍，同时还使执法机关与刑事机关各司其职，避免了“法律灰色地带”的出现。

2. 英国“行政监察制度”对我国的经验启示

区别于我国法律监督的立法构造模式，在英国，该项职能是由其行政监察专员来行使。在英国实务中，此类专员不仅专业性很强，精通行政执法领域与监察服务领域的所有事项，同时，其覆盖范围很广，只要是涉及行政执法的领域，国家都会为其匹配相应的专业监察人士，例如保障公民权益、公共卫生领域等。[2]此外，为保障行政专员公正公平地行使权利，英国法律规定其只需要对议会负责。与英国在行政执法领域的做法相对比，我国的执法监督尚存在着部分不足之处。笔者认为我国可以借鉴英国行政监察制度的优势之处。首先，与英国对行政机构的设置存在相似之处，我国的行政部门种类繁多，数量广泛，涉及的行政执法领域也是多种多样。我国行政机关的基本特点正好与英国行政监察专员的设置基础相仿，因此其可以作为我国借鉴经

---

[1] 吴彬彬. 食品安全行政执法与刑事司法衔接机制研究［D］. 湖南：湘潭大学，2017.

[2] 张越. 英国行政法［M］. 北京：中国政法大学出版社，2004：628-629.

验的基础。[1]其次，我国的法律监督制度虽然可以规范行政机关人员正确行使其职责，但是，由于领域不同，无法避免不能及时监督的问题，因此，我们可引入专业性较强的行政监察专员制度，及时有效地对行政执法行为进行监督。最后，行政监察制度能够有效控制行政机关的自由裁量权。基于监督的有效性，监督专员可以第一时间获取有关违法案件的基本情况，并及时判断是否需要移交给刑事司法机关进行处理。此举可保证执法机关准确及时地移交案件，避免行政机关滥用权力的可能性。需要注意的是，行政监察制度乃英国行政执法经验的成果，符合英国的发展现状。如果我国予以借鉴，还需在吸取其有益经验的基础上，发展出符合我国现行行刑衔接情况的制度，以期达到契合我国本土发展实践的目的。

（二）立法层面的完善

1. 完善行刑衔接的立法体制

对于完善行刑衔接的立法体制，主要包含以下两个方面：

一是提高行刑衔接有关规范的法律位阶。有关行刑衔接的法律规范，其位阶在法律体系中均处于较低的位置。此种背景下，法律规范虽然具有一定的约束力，但是避免不了执行力弱的问题。因而，需要处于顶层位阶的统一性法律来予以规制。同时，私有化浪潮下，市场经济管理混乱，行刑衔接的适用领域也在不断扩张。制定统一性法律有利于提高行政执法与刑事司法的可操作性，进而达到整顿市场秩序、维护经济发展的根本目的。

二是转换现行立法模式，构建独立性、散在性立法方式。我国现行行刑衔接的立法模式为依附性、散在性的立法模式，即行政犯罪的定罪与量刑取决于《刑法》的基本规定，此种方式不仅符合我国的依法治国思想与罪刑法定原则，同时也巩固了《刑法》的保障法地位。但是，此种模式下，由于法律规范较为宽泛，其在实务中并不利于行刑衔接的具体操作。鉴于此，为使行政法律与刑事法律的衔接得到有效契合，国外的独立性、散在性立法[2]便成为我国可借鉴的首要方式。独立性、散在性的立法方式产生于19世纪末期，并为现代法治发达国家所运用，比如美国1934年《证券法》与1974年的《反

---

[1] 李辰星. 行政执法与刑事司法衔接机制研究［D］. 武汉：武汉大学，2013.

[2] 此种立法模式下，法律可以在《刑法》外的单行法中设置具有独立罪名和法定刑的刑法规范。

托拉斯诉讼程序与处罚法》、联邦德国1966年《竞业法》等。[1]此种模式下，刑法性规范不再局限于《刑法》这一部法律中，经济刑法、环境刑法等法律规范可以设置相应的罪名与罚则。笔者之所以赞同此种立法模式，主要是基于以下三点：第一，随着我国经济发展与社会进步，行政犯数量势必呈不断上涨的趋势。如若将所有行政犯罪名均规定于《刑法》中，恐有危及《刑法》威慑力与保障性。因而，为保证《刑法》的权威性以及满足现实生活的多变性，可在《刑法》外设置相应的刑法规范。第二，独立性、散在性立法可以提高行刑衔接制度的可操作性。我国目前的行政法律设置中，存在着大量的"稻草人"条款，即构成犯罪的，依法追究刑事责任。如果允许依附性立法模式转化为独立性立法模式，"稻草人"条款便转换为可具体操作的法律条文，避免了行政执法人员"找法难"的现实困境。第三，独立性、散在性立法模式符合明确性原则的基本要求。在行刑衔接立法中，明确性原则包含以下两方面的内容："一、刑法对具体犯罪的构成要件、刑罚种类及刑罚幅度均应做出明晰而确切的规定；二、行政法规范的刑事责任条款规定应引述正确。"[2]但是，在我国依附型立法模式下，行政法规范中的行政违法行为并未做出任何的引述说明，亦未设置相应刑罚种类与刑罚幅度。此种立法模式尚不符合明确性原则下的语言标准及可预见标准[3]，因而并不利于行刑衔接制度的具体操作。鉴于此，笔者建议采用独立性的立法模式，使尚不明确的行政法规范皆有《刑法》条文可依据。

2. 完善"稻草人"条款[4]

现行《文物保护法》以及《文物保护法实施条例》中，有七条规定了"构

---

❶ 张红. 让行政的归行政，司法的归司法：行政处罚与刑罚处罚的立法衔接［J］. 华东政法大学学报，2020（4）：61-62.

❷ 王春丽. 行政执法与刑事司法衔接研究：以医疗两法衔接为视角［D］. 上海：华东政法大学，2013年.

❸ 姜涛教授在《当代刑事立法应当遵循明确性原则（下）》中指出，明确性原则的语言标准以及可预见标准为明确性判断的基本要件。前者含义为立法者在刑法规范中使用的立法语言非难以理解，后者含义为《刑法内容》需要为一般民众所理解，能够成为行为人行动的基本准则。

❹《承德避暑山庄及周围寺庙保护管理条例》、河北省实施《中华人民共和国文物保护法》《河北省旅游条例》中亦存在着七条"稻草人"条款，但是基于该七条条款均有与其相对应的刑法罪名，不能满足本书研究之需要。故在本章节中，笔者选择统一性立法条款来进行分析与完善。

成犯罪的，依法追究刑事责任”。此种规定由于粗略性以及模糊性，在实践中并不能指导文物执法人员移送违法案件。鉴于此，笔者总结了我国当前文物领域“稻草人”条款的基本情况，以期完善现今的“稻草人”条款（见表 7-4）。

表 7-4　我国文物领域“稻草人”条款

<table>
<tr><th></th><th>法条序号</th><th></th><th>主体</th><th>文物违法行为</th><th>对应刑法罪名</th></tr>
<tr><td rowspan="7">《文物保护法》</td><td rowspan="7">第六十四条</td><td>第一款</td><td>一般主体</td><td>盗掘古文化遗址、古墓葬的</td><td>盗掘古文化遗址、古墓葬罪</td></tr>
<tr><td>第二款</td><td>一般主体</td><td>故意或者过失损毁国家保护的珍贵文物的</td><td>故意损毁文物罪、过失损毁文物罪</td></tr>
<tr><td>第三款</td><td>一般主体</td><td>擅自将国有馆藏文物出售或者私自送给非国有单位或者个人的</td><td>非法出售、私赠文物藏品罪</td></tr>
<tr><td>第四款</td><td>一般主体</td><td>将国家禁止出境的珍贵文物私自出售或者送给外国人的</td><td>非法向外国人出售、赠送珍贵文物罪</td></tr>
<tr><td>第五款</td><td>一般主体</td><td>以牟利为目的倒卖国家禁止经营的文物的</td><td>倒卖文物罪</td></tr>
<tr><td>第六款</td><td>一般主体</td><td>走私文物的</td><td>走私文物罪</td></tr>
<tr><td>第七款</td><td>一般主体</td><td>盗窃、哄抢、私分或者非法侵占国有文物的</td><td>未规定相应文物类型罪名，但可以将其归入盗窃罪、侵占罪、寻衅滋事罪</td></tr>
<tr><td rowspan="2">《文物保护法实施条例》</td><td colspan="2">第五十五条</td><td>一般主体</td><td>未取得相应资质即承担文物工程的</td><td>未规定相应文物类型犯罪，也未找到相应的刑事罪名</td></tr>
<tr><td colspan="2">第五十六条</td><td>一般主体</td><td>未取得相应资质即从事文物修复、复制、拓印工作的</td><td>同上</td></tr>
</table>

续表

	法条序号		主体	文物违法行为	对应刑法罪名
《文物保护法》	第七十六条	第三款	文物工作人员	举办或者参与举办文物商店或者经营文物拍卖的拍卖企业	未规定相应文物类型犯罪，也未找到相应的刑事罪名
		第五款	文物工作人员	非法侵占国有文物、贪污、挪用文物经费	未规定相应文物罪名，但将其归入贪污罪
《文物保护法实施条例》	第六十三条		文物行政人员	违反国家法律规定，擅自改变文物机关性质的	未规定相应文物类型罪名，但是可以归入滥用职权罪
	第五十四条		国家工作人员	滥用自身权力、不履行职责、不作为行为	

根据表 7-4 的内容，可以总结出我国“稻草人”条款的两种立法模式。第一种，为行政违法行为与刑事犯罪行为完全对应模式。此种模式下，行政行为与刑事罪名一一衔接，法条对于该行为的量刑幅度也予以了说明。第二种，为行政违法行为与刑事犯罪行为不完全对应模式。如前所述，此种模式即违法行为与犯罪行为不能一一对应。在表 7-4 中，笔者对该模式进行了细化，即将违法行为对应的刑事罪名分为两种：一种是并不体现文物型犯罪的普通刑事罪名，另一种是尚不存在的刑事罪名。实务中，由于第二种模式的不对应性，执法人员对其应用率较低，易造成该法条形同虚设的后果。

在表 7-4 中，虽然《文物保护法》第六十四条第七款、第七十六条第五款以及《文物保护法实施条例》第五十四条以及第六十三条尚不存在对应的文物型刑事罪名，但是《刑法》对此类型的违法行为施以了普通的刑事罪名，诸如盗窃罪、贪污罪、滥用职权罪等。此种定罪形式使得违法行为存在了可刑事化的前提，但是由于缺乏针对性，并不利于执法机关移送刑事案件。同时，将文物犯罪施以普通刑事罪名，并不能体现刑法对于文物管理秩序的保护。在刑法评价上，盗窃罪与侵占罪保护的是私人的财产利益，贪污罪与滥用职权罪保护的是公共财物或者国有财物。此两种法益保护不同于《刑法》对于文物管理秩序的保护，因而不足以评价文物违法行为的全部特征。基于此，笔者认为，《刑法》可以针对此类违法行为，制定相衔接的刑法罪名。比如针对盗窃文物或者侵占文物的行为，制定专门的盗窃文物罪与侵占文物罪；针对文物执法人员的贪污行为与滥用职权行为，制定专门的贪污罪与滥用职权罪。上述违法行为由于存在相对应的刑事罪名，在完善上以细化罪名即可，但是针对尚不存在刑事罪名，细化罪名则不能适用。在表 7-4 中，《文物保护法》第七十六条第三款、《文物保护法实施条例》第五十五条、第六十六条尚不存在与其相对应的刑事罪名。笔者通过检索《刑法》，发现与第七十六条第三款存在相似情节的刑法罪名为非法经营同类营业罪。[1]然而，由于第三款的情形尚不符合非法经营同类营业罪的主体与客体的要求，因而并不能进行相应的罪名衔接。鉴于此，笔者建议可借鉴“非法经营同类营业罪”的立法模式，构建符合文物保护领域的“竞业禁止”。在此条刑法规范中，应将主体范围限定在文物行政机关及其工作人员中，客体范围限定在禁止主体参与与文物有关的盈利活动。尽管此时的客体行为半径大于第三款的内容，但是其仍符合我国文物管理秩序的根本要求，进而可以有效地达到行刑衔接的目的。

（三）执法层面的完善路径

1. 构建合理化的监督机制

正如孟德斯鸠所言：“权力应该被用来限制权力。”行刑衔接在实务中的缺陷，一是由其立法不规范所导致，二是由其监督机制不够健全所导致。鉴于此，根据现行监督方式，构建合理化的监督机制应成为保证“行刑衔接”运行的有效举措。

（1）完善行政执法的内部监督

理论上，行政执法人员不存在独立的人格，其所实施的行为即为行政机关的行为。因而，一定程度上来说，完善行政机关的内部监督，即完善对行

[1] 《刑法》第一百六十五条：“国有企业、企业的董事、经理利用职务便利，自己经营或者为他人经营与其所任职公司、企业同类的营业，获取非法利益，数额巨大的，处三年以下有期徒刑或者拘役，并处或者单处罚金；数额特别巨大的，处三年以上七年以下有期徒刑，并处罚金。”

政执法人员的监督。笔者曾在前文提到，执法人员存在移送意识不足、刑法知识欠缺等弱项。鉴于此，有必要加强对执法人员行为的监督，提高其业务执行能力。首先，行政机关需通过多元化的宣传手段来提升执法人员的移送案件意识。作为党的十六大和十六届三中全会着重强调的一项制度，行刑衔接旨在打击破坏市场型犯罪，此种犯罪不仅类型繁杂，涉案范围广泛，案发率也是处于较高的状态。此种背景下，仅靠我国行政手段并不足以规制此类型犯罪，因而需执法人员借助刑事手段的力量。同时，由于破坏市场型犯罪的危害性，此种犯罪需借助《刑法》的威慑力以及强制性来震慑犯罪分子。其次，执法人员需积极主动地学习相关的专业知识。文物行为不法化是行政犯罪的前置性条件，执法人员作为此种不法化的发觉者，需要敏锐地捕捉到文物刑事犯罪的切入点。此种切入点的判断，不仅需要专业知识为基础，同时还需要人员的丰富经验为支撑。最后，文物行政机关应积极监督执法人员学习专业知识，其可通过开展定期测试的形式考核执法人员的专业水平，同时，文物机关应建立执法人员个人追责制，针对不遵守法律规定的执法人员，必须追究其不法行使权力的责任，以此来倒逼执法人员提升其专业素养。

（2）完善检察机关在行刑衔接中的监督机制

对于行政执法的监督，实务中可以区分为行政机关内部监督与行政机关外部监督，诸如权力机关、检察机关、司法机关等。笔者之所以仅选择检察机关的监督予以完善，是出于以下两个原因：① 根据《宪法》第一百三十四条的规定，检察机关是我国现行的、唯一的法律监督机关。其他国家机关尽管负有监督行政机关的职责，但是并未以“法律唯一”监督的形式规定。② 在文物行刑衔接制度中，作为我国唯一的法律监督机关，检察机关拥有着其他机关无法比拟的优势。在时效上，检察机关实现常态化监督；在程序上，检察机关可以根据法律规定实现全程性的参与，避免监督的拖延性与滞后性。在效力上，检察机关可以秉公执法地监督行政执法行为。鉴于此，在外部监督上，笔者仅选取了检察机关的监督方式予以完善。我国检察机关的监督完善方式主要包含以下两个方面的内容：

1）完善检察机关在行刑衔接中的法律依据。除了《宪法》规定，《规定》

中第十四条[1]亦体现了检察机关的法律监督职能。就目前现行的法律而言，此两部文件乃检察机关在行刑衔接领域中行使法律监督职能时所能依据的全部法律文件。作为一项涉及领域广、建立时间久、横跨行刑两大领域的制度，其主要监督机制规定得如此原则与粗略是不符合法理的内容要求的。同时，纵观法条内容，两者仅对其法律监督地位予以了确认，对于其监督方式、监督职责、监督主体、监督对象等具体监督事项并未作出规定，此法条未达到行刑衔接制度对操作性较高的要求。鉴于此，在文物行刑衔接领域中，我们需要完善检察机关行使法律监督的职能。首先，可以扩大法律性文件对于其监督地位的确认。笔者建议可扩大确认检察机关的法律监督地位的文件范围，如《刑事诉讼法》《行政处罚法》《行政许可法》等，以此来巩固其在案件移送中的监督地位。其次，制定检察机关监督案件移送的规范性文件，着重强调其在行政执法行为中的监督作用。如前所述，法律依据的宽泛乃检察机关监督乏力的重要原因，因而需要制定具体且明确化的法律。在文件设定中，要保证检察机关对案件移送的整体把握与弹性监督，在保证其主导作用的前提下，规避其对行政执法行为的过度监督。同时，细化法律监督的必要事项，具体规定监督原则、主体、对象、职责、方式、责任等内容，以期其能满足行刑衔接制度的操作标准要求。

2）完善检察机关的提前介入机制。[2]实务中，检察监督方式的事后性与被动性，造成了实务中监督乏力的后果。但是，这两种性质并非法律监督的天然特征，其形成的主要原因是行政机关系统的自身封闭性。鉴于此，笔者建议可完善检察机关的提前介入制度。对于提前介入制度，需要特别指出的是，检察机关此时的权力性质仍为司法权力，因而其不能过度干预行政执法权的行使。因此，在介入制度中，检察机关更多地应该是发挥其监督与指导功能。具体到文物保护领域，当行政机关纠结于案件是否移送时，检察机关可以提出具体的指导意见；当行政机关难以把握案件的法律适用时，检察机关可以指导案件，也可以主动对案件进行调取。对于行政机关

---

[1] 《行政执法机关移送涉嫌犯罪案件的规定》第十四条第一款："行政执法机关移送涉嫌犯罪案件，应当接受人民检察院和监察机关依法实施的监督。"

[2] 王大海，刘远. 行政执法与刑事执法衔接机制论要［M］. 北京：中国检察出版社，2006：56-57.

必须移送的案件，检察机关可以提出相应的移送意见，要求行政机关移送；行政机关拒不移送的，检察机关可以对其不移交情况进行通报。[1]同时，文物保护领域专业性强，案件处理难度大，当行政机关遇到重大、疑难、复杂的文物案件时，检察机关可以依据其专业知识及时做出指导，促使案件顺利得到解决。

2. 明晰证据认定标准

有的观点将证据衔接不畅的根本原因归为“行政效率与刑事公正”的冲突，并将“承认行政机关的准司法特征”作为解决衔接不畅的根本思路。[2]此种观点下，基于行政程序的司法特征，只要收集的证据要求满足刑事证据的设定标准，行政证据便可作为刑事证据予以使用。笔者对此观点不敢苟同，将行政机关赋予准司法特征，恐有将司法权赋予行政机关之嫌疑。根据我国的权力构造，司法权仅属于司法机关，行政机关作为行政主体并不能对其越权使用。因此，笔者认为此观点不能作为解决证据衔接不畅的解决思路。

如前所述，立法疏漏以及证明标准不一乃行刑衔接的主要证据问题。笔者通过检索发现，对于证据问题的实务解决多是从理论角度出发，鲜有方法以证据自身属性为解决思路。对于证据的认定问题，笔者建议可先由刑事司法机关对证据能力或者证据资格进行审查，即调查某一材料能否作为证据。[3]在此基础上，再来判断其能否作为刑事证据予以使用。[4]根据我国证据理论，刑事司法机关可按照以下四个步骤对其进行审查：首先，判断行政证据的客观性。作为案件的基本属性之一，客观性主要包括三个部分：证据载体客观、证据内容客观以及案件与证据的联系客观。刑事司法机关需对该内容一一进行查证。其次，判断行政证据的关联性。从某种程度上说，解决了证据的关联性问题，诸如有无联系、什么样的联系、多大联系，也就等于解决了问题

---

[1] 李辰星. 行政执法与刑事司法衔接机制研究［D］. 武汉：武汉大学，2013.

[2] 徐科雷. 行政执法与刑事司法衔接机制研究：以经济法理论为视角［D］. 南京：南京大学，2013.

[3] 陈光中. 证据法学［M］. 北京：法律出版社，2015：158-159.

[4] 董坤. 论行刑衔接中行政执法证据的使用［J］. 武汉大学学报（哲学社会科学报），2015（1）：59-61.

的一大部分。[1]在文物类证据的转化过程中，由于处于侦查阶段，刑事司法机关只需认定该证据与案件事实存在联系即可。再次，是证据的合法性问题。对于证据的此项属性，多数国家是以“非法证据排除规则”来进行反向逆推。在美国，对于非法手段取得的证据，可能会在部分法律中被认可。但在我国，刑事机关对于不符合法定程序的证据，直接予以排除即可。最后，刑事司法机关需对移交的证据进行“印证”，[2]在确定证据独立的前提下，排除或者确认所移交的行政证据。例如，某项证据虽符合刑事证据之属性要求，但是其与其他证据形不成有效充分的证据链，或者是其达不到刑事证据之证明标准。此种情况下，刑事机关直接将其排除即可。除了上述对证明标准的完善，我们还需对证据转化后的隐患进行排除。根据《刑事诉讼法》以及公安部的规定，我国的行政证据可以转化为刑事证据来使用。此种转化一方面肯定了行政证据在刑事程序中的可使用性，但另一方面，由于转化所造成的证据属性的扩张，极易造成执法人员滥用权力的隐患。因此，笔者建议文物执法机关可以会同行政机关，共同研究证据的认定问题，在此基础上，确认双方移送证据的内容与程序，以此来完善证据转化链条。此外，引导检察机关提前介入，构建证据移送监督机制，进而保障证据转化的独立性与廉洁性。

3. 完善文物保护领域行刑衔接的相关配套制度

目前，我国行刑衔接制度存在着信息交流闭塞、程序运行不畅等现实问题。部分行政执法机关基于不同的原因，直接将危害性较大的违法行为当作普通的行政行为予以结案，严重阻碍了行刑衔接制度的整体运行。鉴于此，建立并完善行刑衔接制度的配套措施成为解决上述问题的关键。首先，对于程序运行不畅以及信息交流不及时的问题，笔者建议可以完善文物行政执法机关与刑事司法机关之间的联席会议制度。所谓联席会议，是指由某个民间团体或者社会组织发起、较为自由的会议。在此会议中，不同机关可以通过加强联系或者沟通，学习对方优秀的经验，抑或是探索某问题的最新解决思

---

[1] 江国华，张彬. 证据的内涵与依法取证：以行政处罚证据的收集为分析视角［J］.《证据科学》，2016（6）：649－651.

[2] “印证”方法即为对单个证据进行审查判断和对全案证据是否充分进行审查判断的一种方法。

路。具体到文物保护领域，行政机关可以会同刑事司法机关，就证据收集标准、案件移送程序以及步骤、期限等进行确定。同时，针对实务中无法解决的难题，双方可在法律规定的范围内，自行建立相应的解决机制与配套措施。其次，构建并完善文物保护行刑衔接的案件咨询制度。区别于上述的联席会议制度，案件咨询制度是指行政机关对于疑难复杂的案件，可以咨询与其相关的有关部门，包括但不限于监察机关、检察机关、法院、公安机关等。此规定的目的在于督促行政机关移送案件之积极性，同时，对于行政部门无法解决之难题，国家从立法层面对其主动咨询之行为予以肯定。此外，对于行政机关之咨询对象，立法也应对其行为做出规制，如明文规定其答复行政机关之有限日期、其不履行答复责任时所应承担的责任与处罚、其应回复行政机关之程序等。构建以及完善案件咨询制度，一方面可以加强行刑衔接制度的有效运行，另一方面可以解决行政机关在执法过程中遇到的问题，如法律适用、程序移交、证据衔接等。最后，建立案件通报以及备案制度。此项制度完全区别于上述两项内容，因为其主要目的在于完善检察机关对于行政机关的有效监督。如前所述，受制于立法规定，检察机关对于行政机关的监督范围尚存在较大的可改进空间。因此，可通过完善备案以及通报制度，以此加强对于案件的了解情况。同时，对于行政机关通报的违法案件，检察机关可以及时有效地发现其在程序运行中存在的问题，提出相应意见或者采取措施予以指导。此种制度可以很好地弥补检察机关监督乏力之缺陷，因而可以作为行刑衔接运行程序中的配套制度。

作为一项起源于国外的制度，两法衔接的产生不仅有效地降低了市场型犯罪的案发率，还解决了行政违法与刑事犯罪的界限问题。但是，由于我国尚无“行政刑法典”，我国采用的是统一性、附属性的立法模式。此种立法模式虽在某种程度上有利于我国行刑衔接制度的发展，但是其所产生的模糊性与不对应性，也造成了我国行刑衔接制度的部分问题，如证明标准不一、行政机关找寻刑事罪名困难等。

本章以我国文物领域的保护为切入点，讨论了我国文物保护领域的行刑衔接发展的现状。内容上，区别于对理论的深入研究，文章更多的是从法条描述、数据分析等层面总结出实务中的相关问题。通过对行刑衔接进行研究，笔者推导出以下几个研究结论：其一，作为衡量一个国家民主法制化的重要标志，行刑衔接制度的发展为国家法律体系的完善提供了有益的补充；其二，除了对理论的深入研究，必须提高行刑衔接制度的可操作性与可适用性；其三，对于行刑衔接关系问题的研究，应以脱离权力体制为前提，以准确定位两者在法律适用上的基本关系为目的。以上是笔者对于文物保护领域的看法与建议，以期能为我国的行刑衔接制度做出一定的贡献。

第八章 农业文化遗产的法律保护

农业文化遗产是由联合国粮农组织、全球环境基金和联合国教科文组织等十几家机构共同发起设立，旨在保护世界各地以多样性为基础、由因地制宜的生产实践形成的独具特色的农业系统和景观。作为历史悠久的农业大国，中国的农业文化遗产资源是丰富且可观的。然而，随着我国国民经济以及科学技术的迅速发展，农业文化遗产在不断发展的同时，也遭受着文明进步的冲击。鉴于此，本章节通过对农业文化遗产的基本现状进行分析，以期能为我国农业文化遗产的法律保护提供相应经验。

一、农业文化遗产及其法律保护概述

（一）农业文化遗产的基本概述

1. 农业文化遗产的概念定义

“农业文化遗产”这一术语，最早来自联合国粮农组织（Food and Agriculture Organization of the United Nations，FAO）提出的“Globally Important Agricultural Heritage Systems”（简称为 GIAHS）项目。2006 年，随着 GIAHS 概念的传入，我国开启了对“农业文化遗产”的研究之路。然而，笔者通过检索发现，尽管“农业文化遗产”在我国已经发展很多年，但是其概念界定仍处于一个争议状态。

以石声汉、熊礼明为代表的学者，将农业文化遗产等同于文化遗产。这一观点的特点在于：从“遗产”的概念界定出发，[1]由点及面地将定义扩充到农业文化遗产领域。在内容上，石先生将农业遗产区分为具体实物与技术方法两大类。前者以可感知性为基础，将遗产的生产手段部分归纳为生物、农具以及农业基本建设三部分；后者以可传授性为基础，是指对实践中的知识进行整合，进而以农谣、书籍等方式传授给后人的行为。诸如总结天文气候、培育、栽种等内容的农谚、以文字记录下来的古书籍或者是古文章，均属于技术方法的范畴。闵庆文先生对于“农业文化遗产”的定义，展现了我国对GIAHS 的认同态度。2009 年，闵先生直接将农业文化遗产的概念等同于GIAHS 的中文翻译，即农村与其所处环境长期协同进化和动态适应下所形成的独特的土地利用系统和农业景观，这些系统与景观具有丰富的生物多样性，同时，其可以在促进区域综合发展的基础上，满足当地经济进步与文化多样性的需求。[2]然而，由于中英文在语言上的差异，当时有关概念的争论点在于对 AHS 以及 GIAHS 的译法上。同时，基于 GIAHS 项目的不断推进，闵先生又指出了该项定义的可变性。2012 年，闵先生在石声汉先生的研究基础上，定义了农业文化遗产的基本概念。[3]闵先生将遗产概念区分为广义与狭义两种。广义上，其将概念由石声汉先生的单纯农业要素扩展至有形或无形的技术与知识集成，主要包括农业技术、农业村落等 10 种类型。狭义上，其将农业文化遗产概念由逐渐模糊的农业要素扩展至整个农业系统，特指 FAO 推进的 GIAHS 与中国农业部推进的 CHINA-GIAHS。王思明教授在其著作与论文中，以综合体系为出发点，界定了农业文化遗产的概念。此种观点的特点在于：将自然环境与人为环境两大因素，均纳入概念界定中来。其从农业文化遗产概念的构成要素入手，分别叙述了万国鼎教授、王毓瑚教授以及梁家勉教授对于农业遗产的界定。同时指出，农业遗产内容并非一成不变的，其需要紧跟实践的发展不断扩充。然后，王教授以农业组成元素与遗产涉及范围为基础，界定了农业文化遗产的定义，即历史时期人类农事活动发明创造、

[1] 熊礼明，李映辉. 农业文化遗产概念探讨：与闵庆文等学者的商榷［J］. 长沙大学学报，2011（4）：21－22.

[2] 闵庆文，孙业红. 农业文化遗产的概念、特点与保护要求［J］. 资源科学，2009（6）：914－915.

[3] 闵庆文. 农业文化遗产及其保护［J］. 农民科技培训，2012（9）：22－23.

积累传承，具有历史、科学及人文价值的物质与非物质文化的综合体系。❶王教授对于农业文化遗产的此种定义，与李文华院士的界定有异曲同工之妙。李文华院士认为：所谓农业文化遗产，即人类在长期实践中所创造的发展体系，其不仅能够容纳人与自然的和谐共处，还能够保持农业系统的可持续进步。❷其后，王教授以其所定义的农业文化遗产概念为基础，又在其著作中对农业文化遗产的内容进行细化。其从“农业”的界定入手，具体指出了农业文化遗产的十大种类：农业种质资源、农业生产技术、农业工具与器械、农业工程、农业特产、农业聚落、农业遗址遗存、农业景观、农业文献档案以及农业制度与民俗。❸苑利博士将农业文化遗产的界定区分为狭义概念与广义概念。前者是指人类自产生到现代的农耕生产经验，包括播种、栽培、收割等各种经验；后者是指人类自产生到现今的农业生产经验与农业生活经验。此种观点的特点是：区别于对有形实物的要求，以农业实践为基础，进而归纳总结出其在农业活动中的经验要素。张维亚学者在对农业文化遗产进行定义时，以农业文化遗产的自身特征以及系统要素为出发点，定义其概念是在农民长期的实践中，不断积累与继承的生产生活方式。此种观点的特点在于，将农民界定为我国农业文化遗产的核心主体，将农民的物质生活水平界定为是否继承农业文化遗产的前提条件。❹

从上述内容可知，有关农业文化遗产的概念界定，我国尚存在多种学说。笔者通过对其进行归纳与梳理，比较赞同王思明教授对农业文化遗产的定义。作为一种具有整体性与活态性的自然系统，农业文化遗产的概念定义需与时代发展目标一脉相承。王教授主张的“物质与非物质文化的综合体”，不仅包括实体层面的遗产内容，诸如石声汉先生主张的农具等实体内容、农业生产系统等；还包括非实体层面的遗产内容，诸如传统民俗、农业民谣等。这两类内容的优势之处在于：一方面，体现了农业活动的历史性。无论是对实践

---

❶ 王思明. 农业文化遗产的内涵及保护中应注意把握的八组关系［J］. 中国农业大学学报（社会科学版），2016（2）：102-104.

❷ 2013 年，李文华院士在“中国重要农业文化遗产保护与发展战略研究启动暨实施方案论证会”上提出此观点。来源于 http：//www. igsnrr. ac. cn/xwzx/kydt/201305/t20130507_3833318.html。

❸ 王思明. 农业文化遗产概念的演变及其科学体系的建构［J］. 中国农史，2019（6）：117-121.

❹ 张维亚，汤澎. 农业文化遗产的概念及价值判断［J］. 安徽农业科学，2008（25）：11041-11042.

内容的归纳总结，还是对意识层面的整理概括，均体现了我国劳动人民创造与积累的过程。另一方面，体现了我国农业领域所坚持的可持续发展道路。在可持续理念下，贯彻落实整体发展观成为第一要义。鉴于此。对于事物的定性需要包括有形与无形层面、物质与精神层面、历史与未来层面等。王教授所下定义之内容完全符合上述两项优势，因而成为本章节所认可之定义。

2. 农业文化遗产的特点

（1）活态性

相较于其他文化遗产，活态性是农业文化遗产的最大特性。一方面，农业系统和农民生活方式会随着时代的发展产生变动，因而，相关农业文化遗产亦会发生相应的改变。另一方面，农业文化遗产是具有生命力的可持续活态系统，它与外界协同进化，和谐共生于自然系统当中。实务中，以下三方面内容造就了上述结果：一是农业内部结构和组成要素受到外部自然环境的影响，诸如自然灾害等；二是农业系统自身的内部结构与组成要素发生变化；三是外来的人为介入，诸如农业政策颁布、技术进步等。我国具有活态性的农业文化遗产数量众多，河北省涉县旱作梯田系统就是遗产代表之一。被称为“中国第二长城”的涉县梯田，始建于元朝，其地形复杂，风景秀美。数百年来，劳动人民在这块土地上创造了独一无二的文化景观和特色习俗。在这之中，劳动人民作为核心参与者，以与自然和谐共生为基础，不断调整着当地的生态系统与生产方式，进而使农业文化遗产实现了与社会和谐共生的目标。

（2）复合性

在我国上千年的农业发展中，农业文化遗产不仅包括传统的农业知识技术和农业文化，还包括协调发展的农业系统和景观，例如，物质遗产要素与非物质遗产要素等。物质遗产要素主要表现为物质的客观实体性，诸如各种遗产遗址、传统农具、农业动植物等；非物质遗产要素包含农业习俗、农业文化、宗教信仰等，主要表现形式为主观的非物质形态。作为农业与自然协同进化的典型代表，农业文化遗产不仅体现了自然遗产与文化景观的自然要素，还体现了文化遗产所特有的文化要素，因而其属于综合的、具有复合性特征的生态发展系统。笔者在前文所述的涉县梯田，既是国家保护的自然遗产，也是著名的文化景观类遗产。不仅创造了最为基本的生产生活方式，同时形成了北方旱地农业系统中特有的发展模式。

（3）多功能性

农业文化遗产的多功能性，主要体现在其多重价值上：第一，社会价值。农业文化遗产不仅具有一般意义上的农业功能，还具有相应的社会功能。农业生产作为农民的主要生活来源，不仅是农民日常生活的基础，同时还解决了居民的就业问题。在就业形势严峻的今天，农业提供的就业机会不仅满足了农民“安身立命”的基本需求，同时，也缓解了就业形势低迷下的不稳定因素，减少了社会违法事件的发生。第二，生态价值。农业文化遗产具有较高的农业生态价值和环境价值。一方面，农业文化遗产通过构建结构合理与功能完备的生态复合系统，增强了农业系统抵御灾害的能力，在此基础上，农产品抗性与品质得以增强，农产品的数量进一步增加。另一方面，农业文化遗产具备多重自然修复功能，就涉县梯田来说，其具有防止水土流失、净化水资源、调节气候以及维护动植物多样性的功能。第三，经济价值。农业文化遗产的经济价值，主要来源于两个方面：内部产出与外部输入。前者是指特色农产品的产出，如张家口宣化葡萄、赵县雪花梨、宽城板栗、兴隆山楂等。此种农产品的最大特色在于栽培环境具有系统性，合理利用此环境便可使其超出其余同类农产品价格的 2~3 倍。后者是指相关旅游产业的兴起与发展。我国的农业文化遗产历史悠久，多数可以作为旅游产业的可开发资源予以利用。在此基础上，地方旅游产业链得以完善，地方的经济收入也随之增长。第四，文化价值。我们之所以要保护农业文化遗产，重要的原因之一在于需挖掘、保护与继承其背后所体现的中华文化精神。无论是涉县梯田还是宣化葡萄，其不仅见证了我国劳动人民的聪明才智，还体现了劳动人民不畏艰辛与开拓进取的时代精神。

（4）战略性

作为农业文化遗产的本质特征，战略性主要体现在它不仅是关于过去的文化遗产，更是一种关乎人类未来的遗产。[1]实务中，农业文化遗产在维护我国生物多样性、维持资源发展以及保护我国农业技术的活动中占有重要地位。

---

[1] Buckley，R，Ollenburg，C，hong，L. S. Cutural landscape in Mongolian Tourism［J］. Annals of Tourism Research，2008（1）：47-61.

一旦农业文化遗产消失，不仅地方的农业系统会随之消失，与之相伴相生的农村聚落也会日益减少。[1]鉴于此，保护农业文化遗产不仅是保护我国传统的文明积累，更是保护我国未来的农业发展道路。河北省宽城传统板栗栽培系统尤其能体现农业文化遗产的战略性特征。此栽培系统中，以农业管理为核心的运行体系，是长期以来宽城人民栽培经验的集成，其不仅为当地人民保证农产品质量与安全提供了借鉴思路，还为保持当地生物的特色多样性提供了有效经验。例如，板栗栽培系统的复合生产体系、可持续发展模式等，均为有效保护和合理利用农业资源的管理措施。又如，传统板栗院的发展往往是单一生产体系，经过几年的培育后品种往往出现退化的现象。但是宽城板栗栽培系统所形成的梯田—板栗—作物—家禽复合生产体系，不仅能够维持当地土壤之日常循环程序，还能有效预防外来之侵害，诸如病虫害等。此外，立足于当地的农业生产实践，宽城县政府在制定相关保护与发展板栗栽培系统政策的基础上，通过发展“板栗业+旅游”“板栗业+工业”等复合模式，成功拉动了当地经济的有效发展。

除了上述四大特征，根据闵庆文教授的总结，农业文化遗产还兼具动态性、适应性、可持续性的特征。[2]鉴于活态性的内容可以包括动态性，适应性与可持续性在战略性中有所体现，笔者仅以上述四种特征作为本章节农业文化遗产的特征予以阐述。

（二）农业文化遗产的法律保护

1. 农业文化遗产法律保护的基本原则

（1）活态性保护原则

在实务中，如若对农业文化遗产采取封闭式保护，不仅会损害遗产内部的协同进化机制，同时还会破坏农业文化遗产整体的周边环境，甚至阻断农业经济链。鉴于此，我国在遗产项目上引进了“活态保护原则”，“边发展农业文化遗产，边对其采取保护措施”。实务中，农业文化遗产的动态保护原则，

---

[1] Altieri M A，Koohafkan，P. Globally important ingenious agricultural heritage systems（GIAHS）：extent，significance，and implications for development ［EB/ OL］.（2012－06－21）［2021－01－15］. http：//www. fao. org/docrep/015/ap021e/ap021e. pdf.

[2] 闵庆文. 农业文化遗产的特点及其保护［J］. 世界环境，2011（1）：18－19.

要以多方参与为前提，以保护多方取得社会利益为目的。具体来说，作为多元化主体参与的农业文化遗产项目，其以公众、企业、政府以及国家组织为核心，构建了协同发展、协商合作的四方主体参与机制。此种机制可以概括为如下四种途径：一是政府主导。之所以倡导政府在保护工作中的主导作用，一方面是基于农业文化遗产自身的公共属性，其理应归属于政府所管辖的事物范围内；另一方面，发展利用抑或是保护修缮，农业文化遗产项目均需高额的资金投入。此种情况下，无论是公众还是社会组织，其财力均不足以支持保护事业的进行。因而，政府应积极履行自己的职能作用，发挥其在遗产保护工作中的主导作用。此外，为了保证政府主导地位的可持续性，不仅需要制定有效措施，还需制定有效的关于维护、管理与监督等方面的法律法规，以期实现保护农业文化遗产的真正目的。二是公众参与。公众不仅是创造、保护与继承文化遗产的主体，亦是遗产价值的最大获利者。实务中，公众不仅能了解当地的环境周边情况与生态变化过程，精准掌握当地群众的利益与喜好，其还能有效调动与遗产项目有关的人力、物力以及财力，充分引导遗产地群众对农业文化遗产项目的执行力与责任感。[1]因而，必须积极推崇公众参与的基本方式，最大限度发挥其应有的价值与作用。三是企业参与。农业文化遗产的多样性决定了其要与开发利用相结合，因而需将企业的高效生产适用到遗产项目的开发链条中。作为一方保护主体，企业可依托当地的农产品与农业景观，建立起集生产、加工、消费、旅游于一体的产业群。四是国际组织。作为全球所推崇的遗产项目，我国农业文化遗产的发展需要来自国际组织的指导与帮助，诸如联合国、FAO 等组织。此外，我国 GIAHS 的项目发展是晚于国外同类项目进程的，在经验积累与实践操作上尚存在可进步空间，鉴于此，我们需要国外优秀经验以及成熟理论的指导。

（2）可持续保护原则

得益于全球科学技术的进步，农业遗产项目开始向高科技、多维度的领域逐渐推进，诸如无土栽培、温室种植等。但是，也由于科学技术的发展，部分农业文化遗产项目面临着毁灭式的强力冲击。鉴于此，FAO 推出了旨在

[1] 周丕东．社区自然资源管理方法的理论探讨［J］．贵州农业科学，2001（4）：49－50.

推进农业文化遗产可持续保护的GIAHS项目。农业文化遗产的可持续保护原则包含以下三个层面：一是切忌损害农民的切身利益。农民作为农业文化遗产的核心参与者，是维持农业文化遗产项目可持续保护的重要主体。因而，需保证农民在发展农业文化遗产的过程中获取其切身利益，诸如资金、资源、工作等。二是协调发展遗产动态保护与农业活化发展之间的关系。一方面，使我国的可持续长远发展之路契合于农业文化遗产的保护过程，在开发中实现可持续发展，在可持续发展中实现动态保护。另一方面，坚持整体保护，适量开发，规避以损伤长远利益的方式来维护当前的短期利益。我们需将整体性原则引入农业遗产项目的保护中，既要维持原生的生态系统，又要保护由此衍生的无形文化系统。其中，如若坚持只顾眼前利益而忽略长远利益，抑或忽略整体发展仅注重局部发展，均会损害农民的基本利益诉求。鉴于此，我国在推进农业文化遗产项目的保护过程中，需在适度发展的基础上，坚持农业文化遗产的整体性保护。三是不断更新保护方法。随着我国农业文化遗产保护内容的丰富，有关遗产项目的保护模式也在不断更新，比如从早期的单一保护模式进化到现在的复合保护方式。

（3）适应性管理原则

所谓“适应性管理”，是指因地制宜地保护和管理农业文化遗产，这也是农业文化遗产保护的重要要求。[1]受制于地理位置与所处类型的原因，农业文化遗产的管理方式与保护方法也不尽相同。对于遗产项目来说，其形成的关键因素一方面取决于其自身的天然资源，另一方面取决于我国劳动人民不畏艰辛的探索与实践。纵观我国的农业发展史，劳动人民的辛勤探索，不仅为我国农业项目的发展积累了丰富的实践经验，同时还可以指导各地区的有效管理。就我国的状况而言，适应性管理原则主要体现在以下两个方面：① 农业文化遗产的分级管理。一般而言，行政级别高的农业区域，其文化辐射范围较大，而行政级别低的农业区域，其文化辐射范围往往较小。鉴于此，在对待农业文化遗产分类时，可基于辐射范围的大小予以分级保护。此种分级保护的立足点，一是对不同面积与辐射范围的文化遗产进行分级保护，二是

[1] 闵庆文，孙业红. 农业文化遗产的概念、特点与保护要求［J］. 资源科学，2009（6）：916-917.

对面积大、辐射范围广的遗产，因地制宜地分三级界定保护范围，即核心区、控制区与协调区。② 坚持采用适应地方特色的“动态”保护模式。就实践情况来看，农业遗产项目的保护、修缮、利用、发展等均需要高科技与稳定的资金流，但是，现今农村的科学技术水平与经济条件均不能满足农业遗产项目的发展需求。鉴于此，农业文化遗产需与市场机制建立相应的协作关系，找寻其与现代发展的契合点，以此获取维持其自身运行的经济利益。此外，在对待农业文化遗产保护上，要动态看待保护与发展之间的关系。一方面，要以延续与拓展遗产的基本内容为主线，以不损害遗产的保护为基本准则。坚持统一遗产自身的文化效益、社会效益与经济效益，在此基础上，沿袭农业文化遗产项目中的优势经验与活态内容。另一方面，杜绝损害长期利益而重视短期利益的做法。如果仅以短期利益为出发点，坚持保护孤立的农业生态系统与种植单一的农业品种，恐会由于忽视长期利益而降低遗产所带来的经济效益与文化辐射力。鉴于此，在农业文化遗产项目的可持续发展中，需采取长期利益与短期利益相结合的模式。

2. 农业文化遗产法律保护的意义——以河北省农业文化遗产项目为样本

得益于优越的环境条件，河北省自古便是华夏文明的农业发源地。作为中国的农业大省，其经过历史沉淀所形成的农业技术、灌溉方法、开发模式、传统民俗文化以及由此相伴而生的农具、农业经验、农耕制度等，不仅促进了河北省农业文化遗产项目的发展与农业经济水平的提高，也为全中国乃至整个世界的农业遗产项目提供了可以借鉴的优秀经验。笔者通过对河北省境内的农业文化遗产进行检索，发现其现存的遗产项目共有 5 处，其基本情况如表 8–1 所示。

表 8–1　河北省现存农业文化遗产

序号	名称	所处位置	入选农业文化遗产年份	层级	发展历史
1	宣化葡萄园区	张家口市	2013	全球重要农业文化遗产	1300 多年
2	涉县旱作梯田系统	邯郸市	2014	中国重要农业文化遗产	元代初期至今

续表

序号	名称	所处位置	入选农业文化遗产年份	层级	发展历史
3	宽城传统板栗栽培系统	保定市	2012	河北省农业名优产品	不详
4	迁西板栗复合栽培系统	保定市	2012	河北省十大特色区域名牌产品	2000 多年
5	兴隆传统山楂栽培系统	承德市	2012	中国特色农产品优势区	499 年

河北省的五处农业文化遗产不仅拉动着河北省的农业发展，也为全国的农业生产提供了有效的价值遵循。主要体现在以下两个方面。

（1）植物栽培类文化遗产所带来的社会经济价值。此类文化遗产以发展农业为契机，将当地特有的农业系统纳入旅游发展布局的行列。此外，在国家与政府有力的资金支持下，项目遗产所在地积极挖掘农业文化遗产背后的经济价值、旅游价值以及文化价值，有效实现了农业系统的可持续进步与农民创收致富的双赢局面。迁西县板栗产业科技示范基地，作为河北省科技厅拟备案的“一县一业一基地一团队”科技示范工程基地，依托当地的板栗产业而建立，后又以其较高的科技价值“反哺”当地板栗产业的发展。此外，在发展板栗栽培系统上，迁西县政府引进了长期从事山区开发并在产业技术创新中取得突出贡献的专家团队，与当地的龙头企业进行合作，成功建立了示范性山区种植基地。作为河北省的“山楂生产基地”，兴隆县素有“中国山楂之乡”的美称。近年来，兴隆县充分利用“山楂之乡”的资源优势与品牌优势，将当地的农业文化遗产建设与精准脱贫相结合。政府通过引导农民自行种植以及参加山楂专业合作社等方式，摆脱了过去入不敷出的贫困状态。同时，为提高农民的生产积极性，兴隆政府通过政府补贴等方式，将贫困户所产山楂纳入当地产销链条一体化进程中，使得兴隆县直接脱贫 12354 户、33910 人。

（2）梯田类文化遗产所带来的生态价值与社会价值。作为我国极具特色的农业文化遗产，涉县梯田于 2014 年被列入中国农业文化遗产，后又于 2020

年被纳入全球文化遗产预备名单中。作为河北省唯一的梯田系统代表，涉县梯田所带来生态与经济效益是大于河北省同类旱作系统的。首先，涉县梯田独有的复合山地一体发展系统和旱作梯田生态景观集中展现了我国北方地区所特有的生态、社会和文化形态，充分展示了该系统丰富的文化性、活态性、适应性、多功能性。[1]其次，涉县政府以发展涉县梯田为契机，将太行山部分区域纳入县区经济发展规划。随着涉县梯田在全球范围内知名度的提高，太行山部分区域旱作农业系统的旅游业也因此得到发展与完善。最后，涉县当地机关通过发展村落文化以及积极推进有机农产品的深加工方式，构建起了乡村可持续发展与农民增收致富的新局面。

二、农业文化遗产保护中存在的法律困境

（一）缺乏统一立法下的实践问题

现今的法律体系中，我国尚未出台规制农业文化遗产项目的统一性立法。有关于其保护问题，仅在其他法律文件中略有提及，如保护动生物资源以及文化遗产的法律法规。实务中，由于立法上的空白，农业遗产项目在运行中存在着以下三个问题：一是地方政府及其相关部门协调机制不健全。农业文化遗产内容复杂，门类众多，纵向上有中央、省、市、县、乡之分，横向上有水利、旅游、农业以及税收等分类。目前我国的权责体系中，对于农业文化遗产的职权分类均是以概括式内容规定，尚未实现立法内容的细化与司法解释的出台。二是立法缺位导致法律保护不到位。实践中，由于缺少专门的农业行政部门予以保护，多个机关权限与职责重叠情况并未得到改观。2015年出台的《重要农业文化遗产管理办法》（以下简称《办法》），主要从申报审核、如何对农业遗产项目进行管理与保护、如何对农业遗产项目进行发展与利用等问题进行详细且系统的规定。但是，对于法律责任、相关机关的行政职责以及损毁后的救济程序等事项尚未作出相关规定。鉴于此，有的省份因地制宜地制定了地方性法规，诸如新疆的坎儿井[2]以及苗族侗族自治州月亮山

[1] 汪涛. 走进河北涉县旱作梯田系统［N］. 农民日报，2020-01-01.

[2] 《新疆维吾尔自治区坎儿井保护条例》。

梯田。[1]但是由于法律位阶较低，此类文件即使可以作为执法依据，其仍被司法审查排除在法律依据之外。就当前河北省的情况来说，截至2020年，在其现存的5项农业文化遗产项目中，仅就地理标志申请过知识产权保护，既未制定相应的地方性立法，也未出台相应的法律适用文件。三是由于相关法律文件的缺失，劳动群众对于农业遗产项目的保护意识非常淡薄，有的甚至直接放弃有关遗产项目的生产生活。这不仅不利于农业遗产项目的运行，还阻碍了乡村整体经济的进步。作为一项动态发展的农业体系，农业文化遗产的发展不仅需要依靠技术、农业知识等要素，还需要健全的农业立法以及必备的监督体系。对于立法层面缺位的问题，河北省应尽快出台措施予以补救。

（二）对农业文化遗产的保护不足

农业文化遗产历经千年而不衰退的重要原因主要有两点：一是我国传统的封建社会是建立在农耕文明的基础之上，二是农业生产是我国多数劳动人民的生产方式。然而，伴随着生产力的发展以及农业技术的进步，上述两项基础均发生了改变。当下，由于多重外来因素的影响与内部发展的制约，不仅我国的农业结构发生了变化，农业文化遗产亦呈现出保护不足的状态，传统的农业文化氛围正在日益淡化。

1. 对于农业文化遗产系统的清点不足

作为拥有五千年历史的文明古国，我国拥有着丰厚的农业遗产项目资源。截至2020年，全国范围内评选出来的农业文化遗产数总计为86项。然而从统计的数据来看，其尚不能代表我国全部的农业文化遗产数量。农业文化遗产保护层面的首要问题是对遗产数量的清点不足。[2]具体到河北省，除了国家认证的5项农业文化遗产项目，梨果种植、保定涞水县野三坡风景区、承德市丰宁满族县的农产品制作等均具有农业文化遗产所要求的历史价值与遗产价值，但是河北省政府并未将其归入农业文化遗产系统当中，也未将其纳入申报遗产项目的行列。

2. 遗产价值让位于经济利益

当前，受经济发展的影响，我国农村地区的城市化处于高速发展阶段。

---

[1] 《晋东南苗族侗族自治州月亮山梯田保护条例》。

[2] 李文华. 农业文化遗产的保护与发展［J］. 农业环境科学学报，2015（1）：4-6.

此种发展不仅使村民的整体生活水平有改观，还提高了村落的总体经济效益。但是，此种发展也对部分的农业遗产项目造成了破坏式的打击。一方面，城市化下现代建筑的扩张，不断侵蚀着我国的农业文化遗产用地。张家口市的葡萄园区，伴随着现代化的扩张，其基地数量由原来的3个缩减为现在的1个。另一方面，受制于经济利益优先的思想，地方政府忽视遗产所带来的生态价值。农业遗产系统虽自身具有良好的生态价值，但是其花费周期长、技术要求高且后期修缮费用高昂。因此，部分地方政府会相应缩减有关农业遗产项目的开支，转而将其用于短期利益丰厚的经济项目，诸如房地产开发等。

（三）农业文化遗产地环境易出现的问题

相对于其他类型的遗产，农业文化遗产的保护则显得尤为困难。一方面，农业文化遗产本身就是一个动态发展的活态系统，其处于不断变化的状态中。另一方面，农业系统更加注重对周边环境的整体保护要求。正如闵庆文研究员所说，建筑类或者静态类遗产可以采取完全隔离的方式进行保护，但由于农业各要素联结的紧密性，农业文化遗产则不适用此种方式。如果将受损的田地仅以保护的目的进行隔离，是否会耽误农作物的生长周期？是否会影响其他生物的生长环境？田地的整个微循环系统是否会受到损害？农民的经济利益是否会因此受到损害？鉴于会产生多重问题，有必要从整体角度出发，分析现今农业文化遗产项目中可能出现的问题。

作为一个综合性的活态发展体系，农业文化遗产地的环境可以区分为自然生态环境与人文环境，前者是指直接或间接影响农业系统生存与发展的天然综合体，后者是指依托于农业系统所产生的人类社会系统，诸如文化传统、农业习俗等。农业遗产项目的建立和发展，均离不开当地优越的自然地理环境，诸如秘鲁的高原农业系统、智利的农业生产系统、突尼斯的绿洲农业系统，以及我国江西的横峰葛生态栽培系统等。在长期的农业发展中，作为农业系统的物理屏障，自然环境为遗产项目的发展提供了充足的资源条件与良好的生长环境。然而，由于大自然的不稳定性，农业系统也遭受着各种非人为因素的侵害，如涉县梯田早期的水土流失、贵州省水城县的特大滑坡事件、美国佛罗里达州和密西西比州的飓风事件等。农业系统作为相互依赖、紧密联系的整体性系统，不仅自然灾害影响其发展，农业系统中的过度人为措施也阻碍着自然环境的进步。实务中，主要存在以下两大人为破坏问题：一是人为造成的土壤污染情况。据不完全统计，我国耕地总面积的 60%遭受过重金属污染，造成可利用耕地资源的紧张。二是人为所带来的物理性破坏。所谓人为物理性破坏，是指违反国家法律、法规、规章，过度对自然环境系统进行物理破坏的行为，如过度挖掘、过度砍伐等。例如，2019 年 11 月 18 日，保定市自然资源局公开挂牌督办了 10 起过度破坏自然环境系统的行为，包括易县某公司未经批准在生态园区采砂、阜平县李某过度砍伐森林等。[1]

作为遗产传承的首要载体，属于人文范畴的农业知识、农业经验、民谣、民间故事、神话或者是庙会活动等才是延续遗产命脉的关键所在。鉴于此，相较于自然环境问题，农业文化遗产的人文环境问题更多一些[2]，具体包括：一是城市化进程下的农业人才流失。就目前农村发展现状而言，务农的青年劳动力数量呈逐渐下滑态势。这主要是因为，相对于从农业系统获取的经济利益而言，青年劳动力更倾向于务工为生，进而造成农业经验与传统农业技术无人继承与保护的窘境。根据相关报道，现有的农村劳动力结构中，20 岁至 50 岁多以进城务工为常态，留守农村的务农人群多为 50 岁以上的中老年人。此部分务农群体虽说掌握着传统的务农经验，但是其保护农业文化遗产的意识淡薄。同时，由于年龄问题，此部分人群也并非接受新型农业知识的对象。因此，可以说我国现今的农业系统中，并无可以继承经验的优质人才。二是忽略农业文化知识的传承。受现代文明、外来文化和生活方式的影响，传统生态知识的维持体系受到威胁[3]，在我国现今的农业系统中，掌握农业知识的老人逐渐消减，其农业技术并无后人可传承；学校对于农业知识的教育欠缺，传授的知识种类多为理论层面，对于实践的可参考价值较低。同时，农业知识的无形属性也阻碍着其发展与进步。实践中，相对于无形的理论知识，人们更愿意去继承有形的或者是可移动的遗产种类。

---

[1] 河北省自然资源厅. 保定市自然资源局和规划局公开挂牌督办 10 宗非法采矿和破坏林地案件［EB/OL］.（2019－11－18）［2020－12－25］http：//zrzy. hebei. gov. cn/heb.

[2] 苑利，顾军. 农业文化遗产保护实践中容易出现的问题［J］. 中国农业大学学报，2016（2）：116－117.

[3] 闵庆文，何露，孙业红. 中国 GIAHS 保护试点：价值、问题与对策［J］.中国生态农业学报，2012（6）：672－673.

（四）利益分配机制不健全

纵观我国的现行法律，有关农业文化遗产的利益分配机制，可以说是处于空白状态的。首先，继承主体不明造成利益分配机制不明晰。农业遗产项目的最大特征在于其具有物质文化遗产与非物质文化遗产的双重属性。其中，由于非物质文化遗产的界限不明与地域不清，我们无法确认其权利主体。由于此种权利主体的不明晰，其继承主体也处于尚待确认的状态。此外，有关农业文化遗产的继承类问题，法律也尚未做出规定。根据《中国重要农业遗产管理办法（试行）》第四条[1]的规定，农业部作为遗产的管理者，发挥的是挖掘与宏观指导的作用；省级农业行政部门，作为本省的遗产项目管理者，主要职责是发挥组织、协调与监督的功能；各遗产地的人民政府，作为保护与管理的主体，统筹落实文化遗产的具体事项。从上述三项规定中，虽然可以具体定位到不同层级机构的具体职能，但是尚不能得出遗产的权利属性。除了上述法律文件，有关遗产项目之权利属性归属问题，其他法律亦未作出规定。这是因为，一方面，由于涉及财产利益与个人利益，法律对其规定必须稳定、明确且具体。然而，由于受制于自然界的动态循环之影响，农业遗产项目处于不断变化与发展中，因而在立法上难以对其作出规定。另一方面，《继承法》《物权法》等私法部门，解决的均是私人权益的归属问题，因而不能将其适用到农业文化遗产领域。鉴于此，在继承主体不明晰的前提下，利益分配机制自然无从下手。其次，多元主体的利益博弈。农业文化遗产的多重价值，决定了参与开发研究其运行过程的主体多元化。一方面，作为农业遗产项目的核心参与者，各地政府在统筹实施具体规划的同时，有权享受遗产带来的各项综合效益与价值。另一方面，农民作为农业系统的直接实施者，存在完全充足且完备的理由来享受务农生活所带来的经济效益。此外，其他参与农业系统运行的主体，如科研机构、三方公司、大学等，也应享受农业系统为其带来的相应价值。但是，由于现行法律机制的空白，实务中多数是

---

[1] 《中国重要农业遗产管理办法（试行）》第 4 条规定：农业部主管中国重要农业文化遗产发掘工作，并对中国重要农业文化遗产管理工作进行宏观指导。省级农业行政管理部门负责组织、协调和监督本辖区内中国重要农业文化遗产的管理工作。遗产地人民政府是遗产保护与管理的主体，依照本办法和有关文件的规定，负责制定管理制度、保护和发展规划，并组织落实。

由人为控制利益分配方案，这就难以避免不公正分配的问题。比如，在整个农业系统运行中，如若政府过度重视经济利益，对农业资源进行无休止的过度开发，恐会损农民的利益。因为虽然政府具备专业的农业顾问团队，但在实践操作上，其有可能会优先发展遗产项目的经济利益。此外，以获取经济利益为主要目的的市场主体，在缺乏法律规制的前提下，无法排除其利用不合理的发展模式来打破正常的利益分配秩序。最后，利益机制不明确所造成的人际关系淡化。如前所述，由于法律的缺位，现行的农业利益分配机制多数含有人为主观属性。实务中，当政府仅重视经济利益，忽视村民自身的切身利益时，诸如过度开发旅游业、过度征收耕地用于现代化建设等情况，会引发村民与政府之间的矛盾。并且，在政府与村民的关系当中，村民处于弱势地位，在情况得不到改善或者意见得不到反馈的情况下，可能加剧双方的矛盾。同时，作为研发机制中的市场利益主体，开发商通过拍卖或者投资，在获取农业开发的权限后，恐有“唯经济利益优先”的嫌疑。在此种前提下，开发商无可避免地会与当地群众产生隔阂和矛盾。此外，村民与村民之间关系淡化。此种淡化的原因只有一个，即相同从业者在相同情况下会被区别对待，诸如利益分配机制的不公正，使同为农业从业者的村民，在相同情况下，会获取到不同的经济收入。

三、农业文化遗产法律保护的完善路径

（一）国外农业遗产保护案例及其经验分享

1. 国外农业文化遗产保护案例——以日本、韩国为例

随着联合国 GIAHS 项目在全球的不断推进，各国均开始注重发展本国的农业文化遗产。笔者选取了亚洲农业文化遗产项目中最具有代表性的两个国家——日本与韩国，希望通过借鉴其案例的相关经验，为我国农业遗产项目的发展做出贡献。

2011 年，日本熊登半岛的半岛山地与沿海景观，作为日本农业文化遗产的代表，被纳入全球重要农业文化遗产的项目。后继的十年中，又有 10 个遗产项目被纳入全球重要农业文化遗产中。日本之所以能在十年间完成 11 个项目顺利入遗，主要得益于其先天的资源优势与后期的开发模式。作为全球著

名的旅游景点地，日本拥有独一无二的特色乡村景观。后经过长时间的发展与积累，在景观特色的基础上，当地又发展出了独具地方特色的农村文化。在产业发展模式上，日本农业行政部门的最大优势在于因地制宜地研究日本地方特色，并在结合当地气候与资源的基础上，发展出其独有的“田园空间博物馆”模式。

所谓“田园空间博物馆”的发展模式，是指在整合当地资源与人文资源的前提下，通过建立复合系统的方式，将农村生活的历史文化内容展现给世人的模式。表 8-2 中的 11 处遗产系统无一例外地展示了日本对复合系统的频繁应用。这是因为：一方面，日本作为著名的岛国，耕地资源有限。伴随着现代化建设的发展，日本的农业用地范围不断缩减。为缓解农产品供不应求的市场状态，日本农业部门放弃之前的耕地单一发展模式，转而以利用效率更高的农业复合生态系统取代；另一方面，整体性保护原则是日本农业遗产项目的必要遵循准则。无论是静冈的茶—草复合系统，还是大分国半岛的林—农—渔复合系统，均是在结合当地自然资源的基础上，发展出其特有的生物系统循环链。此种整体循环系统不仅综合了当地的自然效益与社会效益，还实现了村民生活方式与资源管理的整体协调，满足了人与自然的和谐共存目的。除了利用复合生态系统，田园空间博物馆模式以平衡产业结构为基点对村落布局进行规划，成功平衡了人口就业与资源保护之间的关系。2011 年入遗的佐登半岛，由于教育基础薄弱，自 20 世纪 60 年代起，便面临着人口不断减少的压力。为拦截这一下滑趋势，成功实现当地的综合发展，佐登半岛于 1981 年从我国陕西引进了朱鹮。自 2008 年起，得益于朱鹮的有效繁殖，佐登通过利用当地“朱鹮—水稻”的发展模式，成功开启了“与朱鹮共生的家乡米”认证制度。2015 年，佐登市政府以强化基础农业为基础，着重塑造了“与朱鹮共生的家乡米”品牌，同时利用水稻生产链，在实现孕育生物多样性的同时，缓解了当地的就业情况。[1]此外，随着佐登地区的现代性农具得到推广与发展，其传统的农耕方式呈现逐渐消失的状态。利用朱鹮—水稻的

---

[1] 胡俊凯，沈红辉. 在日本，来自中国的朱鹮拯救了一座岛屿和 5 万多人［EB/OL］.（2018-05-16）［2021-01-28］. https：//business.sohu.com/20180515/n537741116.shtml.

发展方式不仅可以使当地人民了解传统文化，还能以此为契机发展体验式旅游，使游客充分感知佐登的农业文化底蕴。日本的田园空间发展模式，在结合旅游资源与人文底蕴的基础上，积极发展了农业系统，传承了相应的农业文化技术与方法，因而实属我国效仿的典范。

表 8–2　日本现存农业文化遗产概括

序号	遗产名称	入选年份
1	熊登半岛山地与沿海景观	2011
2	佐渡岛稻田—朱鹮共生系统	2011
3	熊本县阿苏可持续草地农业系统	2013
4	静冈传统茶—草复合系统	2013
5	大分国东半岛林—农—渔复合系统	2013
6	崎阜长良川流域渔业系统	2013
7	和歌山青梅种植系统	2015
8	宫崎山农林复合系统	2015
9	大崎可持续稻作生产的传统水资源管理系统	2017
10	西栗仓村山地陡坡农作系统	2018
11	静冈传统芥末栽培系统	2018

韩国的农业文化遗产项目开展工作始于 2011 年。截至 2020 年，其申遗成功的遗产项目数量总共有 4 项（见表 8–3）。从韩国的发展模式上看，其与日本存在异曲同工之处，两者均以乡村旅游业作为发展农业文化遗产的主题，遗产的规模与项目均处于偏小的状态。但在具体发展模式上，相对于日本的“博物馆”式陈列，韩国则更注重于“体验式”旅游，即注重游客“身临其境”的感觉，使游客亲自参与到丰富多彩的文化项目中，如制作手工制品、参加韩国独有的运动会等。此外，韩国对农业文化遗产项目的保护，有着自己丰富且完善的经验。首先，韩国对于农业文化遗产的认定标准较高，认定重复率低。其所采取的分类型申报与政府统一管理的认定方式，不仅保证了较低的遗产认定重复率，还能够保证遗产的多样化与均衡化发展。

其次，韩国政府对于遗产管理的有效性。无论是职能设置，还是资金投入，韩国对于农业遗产项目的投入，均是其他国家所不能比拟的。在职能设置上，韩国政府采取的是分级管理模式，中央政府负责宏观事项，诸如遗产认定与评估、农业政策的制定与推广；遗产地政府负责微观事项，诸如遗产挖掘与申报、后期检测等；社区委员会负责执行管理与保护的具体事项，并定期开展相应的农业文化活动。除了上述行政机构，韩国政府还匹配了专门的农业文化遗产专家团队，主要职能是为遗产项目提供技术以及意见咨询。[1]最后，出于完善基础设施的目的，韩国政府为每一项遗产项目均投入了大量的科研经费，以此来稳定相应的资金来源流，满足遗产项目投资与修缮的基本需求。

表 8-3 韩国现存农业文化遗产概况

序号	系统名称	认定年份
1	韩国青石岛板石田农作系统	2014
2	韩国济州岛石墙农业系统	2014
3	韩国花开传统河东某茶农业系统	2017
4	韩国佛山传统人参种植系统	2018

2. 国外农业文化遗产的发展经验

如前所述，作为亚洲农业文化遗产的发展代表，日本与韩国对于管理遗产项目的经验是较为丰富的。笔者归纳总结了两国在参与主体、保护经费、组织管理上的成功经验，以期其能为我国农业遗产项目的发展提供可予借鉴的路径。

（1）多元化的参与对象。在日韩两国的发展模式中，政府均发挥着核心参与者的引领作用。在此基础上，两国又引导着民间团体、社会企业以及相关公众参与到相应的农业遗产项目保护中来。实务中，日本的社会团体不仅成立了相应的遗产保护协会，还通过企业捐款与成立分社的方式扩大其组织影响力。此外，日本的许多学者通过发表著作、在校授学的方式为当地的农

---

❶ 刘海涛，徐明. 中日韩全球重要农业文化遗产管理体系比较及对中国的启示［J］. 世界农业，2019（5）：73-79.

业遗产项目做出了应有的贡献。同时，这些学者多数为大学老师，其通过教授知识的方式，为日本政府培养了大批农业继承人。从参与对象上看，韩国模仿了日本的成熟经验，成功引导了团体与公众参与遗产保护的积极性。但与日本不同的是，韩国主流媒体通过制作纪录片、电视剧的方式将韩国的农业文化推向全世界，成功实现了其文化强国的目的。

（2）充足的保护经费。对于文化遗产资金的投入，日本与韩国存在很多相似之处。首先，得益于充足的资金投入，日韩两国政府并不需要外力的介入，自身便可完成遗产的保护与管理工作。此点正是我国当效仿之经验，因为就现状而言，我国对于农业遗产项目的保护，多数情况下是需要借助外力完成的，诸如特定遗产保护组织、企业单位等。其次，科研资金的投入渠道多元化，具体包括：① 中央专项财政资金主要为保护遗产项目所设置；② 文化遗产项目的专项贷款，旨在鼓励民间组织与社会公众积极推进遗产项目；③ 地方政府专项资金；④ 公众与社会通过基金渠道向政府捐款。最后，良性的经济利益循环。多元主体通过开发文化遗产，获取了不菲的经济收益，同时，这些开发主体又将此部分经济收益应用到农业遗产项目的保护领域。

（3）严密的组织机构。对于农业遗产项目的保护，韩国政府设置了自上而下的管理组织体系，各个机关各司其职，避免了权力不明与交叉重叠的情况。与韩国情况类似，日本在保护遗产项目上也设置了中央与地方相结合的组织体系，诸如文化财保护部等。日韩两国的此种组织设置，不仅有利于对于农业遗产项目分级管理。同时还加强了对遗产项目的管理与利用。

（二）国内农业文化遗产法律保护的完善路径

1. 完善政府的制度建设

遗产地政府健全的制度体系是农业文化遗产保护与管理的基础性保障。因此，加快完善遗产地政府的组织建设，使遗产保护工作走上制度化建设则显得尤为必要。

（1）明确以政府为主导的多元参与机制，合理划分不同主体的职责权限

农业文化遗产项目不仅涉及范围广、情势复杂多变，而且涉及农民的切身利益。鉴于此，构建以政府为核心的参与机制则成为合理划分职责权限的关键。具体而言，首先，必须准确界定遗产地政府在保护农业遗产项目中的

核心领导地位。这是因为，农业文化遗产项目在地理位置上呈现得较为分散，委任遗产地政府作为第一核心责任人，有利于顺利开展遗产项目的开发与认定工作。同时，出于遗产地政府的公信力，也便于后期对遗产项目开展评估与监督工作，进而实现监督遗产项目整体运行的目的。[1]其次，按需分配行政机关的基本职责。在我国当前的遗产管理体制中，管理部门由于职责不明所导致的职权交叉重叠的情形不在少数。鉴于此，有必要以日、韩经验为参考，明确建立以农业部门为核心，其他部门为辅助的行政管理体制。同时，对于各部门职责，必须以法律明文的规定公示，以杜绝权力主体滥用其职责的嫌疑。最后，引导社会团体、社企单位、相关公众积极参与到农业遗产项目的保护中来。现今来说，社会各界对于保护农业文化遗产的意识较为薄弱，围绕遗产所开展的宣传保护工作亦不到位。鉴于此，应当建立社会各界参与的多方合作机制，建立以遗产保护为核心的志愿性多方保护组织，并开展多维度的保护工作，以此来强化社会整体的遗产保护意识。

（2）加大专项资金投入，保障遗产项目的资金来源

为达成遗产项目有效发展的根本目的，遗产地政府应当加大对于农业遗产的资金投入。就维持遗产项目的正常运转而言，诸如前期的挖掘与申报、中期的提交与认定、后期的管理与保护等，遗产地政府可以设立专项的遗产项目资金，并根据不同区域的遗产项目覆盖范围给予生态补偿与农业补贴。同时，当地政府可以根据遗产地的经济发展水平，设立相应的公益募集基金项目。在此基础上，遗产地政府可以积极引导和鼓励多元主体投资农业遗产项目，进而达到拓宽农业遗产项目资金渠道的目的。此外，我国可以借鉴韩国的成功经验，为遗产地政府提供稳定的资金来源。作为遗产项目顺利推进的有力保障，国家专项资金在保护遗产系统的正常运行中发挥着关键作用。为避免县市两级政府“不合理利用公款的嫌疑”，应建立遗产地省级政府统一调度、统一分配国家专项资金，市、县两级政府根据需求统一申请资金使用的专项制度。省级政府可根据遗产项目花费的总资金，每年定期从全省财政

---

[1] 韦妮妮. 韩国农业文化遗产的保护与管理对广西的启示［J］. 中国农学通报，2019，35（14）：154-156.

预算中将该部分费用划拨出来，市县两级政府根据遗产地的具体情况按照统一程序向省政府申请使用资金。同时，对于市县两级政府的专项资金流向，应采取适当方式向社会公开。一旦资金处于空缺状态需要重新予以申请时，省级政府必须严格查询资金流向，并根据遗产花销的实际情况，予以再次补发。

（3）完善农业文化遗产的保护与管理工作

作为农业文化遗产保护的领导者，遗产地政府应全方位开展遗产项目的保护与管理工作。首先，政府农业部门应定期开展不同形式、不同规模的执法培训班，培训执法人员如何处理相关的遗产项目事件，力求保证行政执法人员在处理纠纷时的专业性与廉洁性。同时，加强对执法人员的绩效考核。行政机关需量化执法人员的日常工作任务与阶段性工作目标，并同时设置相应的测评监督机制。其次，积极引导农业遗产项目的宣传推广工作。针对遗产保护的普及工作，政府可以开展多维度的宣传渠道，如微博、抖音、快手等各种自媒体，以此来提升遗产项目在社会各界的知名度。同时，可以效仿韩国制作纪录片或者电视剧的方式，如《大长今》等，实现遗产项目的“软”宣传。最后，我国需制定农业文化遗产项目发展规划，使遗产项目有发展方向可以遵循。同时，制定规划的监督与评估体系，保障多元主体能够将相应规划落实并执行下去。

2. 完善农业文化遗产的相关立法

如前所述，有关农业文化遗产的法律，无论是中央立法还是地方立法均处于空白状态。由于此种立法现实，我国的农业遗产项目在发展中存在着不少阻碍。因此，笔者认为可针对遗产项目的发展实践，制定相应的中央性保护立法与地方性保护法规。

实践中，我国已有不少地区制定了有关农业遗产项目的地方性立法，但是基于法律位阶原理，这些法律并不能作为统一性的法律文件在全国流通并执行。鉴于此，笔者建议可以制定具有统一最高效力的“农业文化遗产保护法”。这是因为，首先，我国已经具备制定“农业文化遗产保护法”的现实基础。得益于我国对农业文化遗产项目的大力支持，各地对于申报遗产项目这一政策，表现出极大的热情与主动性，因而，有必要制定规制其操作规范的相应性法律，确立有关遗产申报、认定的基本原则以及实施细则。其次，统一性法律有利于指导遗产地政府的管理工作。如前所述，尽管已有部分地区设立农业文化遗产项目的地方性法规，但是多数地区的此项工作处于缺失状态，遗产保护工作开展得尤为艰辛。对于此类地区，政府是否积极履行权力与职责，农民的农业权利是否得到维护，用于发展农业的专项资金是否流向明确，当地旅游业的发展是否符合均衡性原则等一系列问题，均是在遗产项目运行过程中所需要引导与考虑的。由于上述问题属于遗产地运行中的共性问题，笔者建议可引入统一性立法对其进行引导与解决。最后，制定统一性法律也是对依法治国原则的实践，法律具有规范作用与引导作用，旨在维护我国的社会秩序与多元主体利益。鉴于我国行政机关履行农业行政职责存在权责混乱、职权交叉行使的现状，为保障机关行使职责的统一性，以及协调不同区域法律规定之间的冲突，可利用统一的中央立法对其进行规制。

除了上述的中央统一性立法，遗产地立法机关制定的地方性法规亦是我国农业系统所必需的文件。这是因为，相较于中央立法性文件的指导性与宏观性，地方性立法文件则更具有针对性与实操性。具体到河北省，如前所述，对于现存的 5 项农业文化遗产项目，河北省政府并未制定相应的保护性法律法规（除保护知识产权外）。同时，笔者以“农业文化遗产”为关键词，在河北省农业农村厅官网进行检索，发现有关农业文化遗产的新闻仅存在 20 条。对于农业资源丰富的大省来说，此种新闻设置在某种程度上反映了地方对于农业文化遗产项目的保护意识不足。鉴于此，笔者认为，有关河北省农业文化遗产项目的地方性立法，可模仿其对文化遗产的保护模式，设置独立的《宣化葡萄园区保护条例》《涉县旱作农业系统保护条例》等。此外，为保证地方性法律的有效实施，其可在法条制定中保持相应的地方特色，例如国外农业系统中摩洛哥与突尼斯的法律制定方式。作为享誉世界的绿洲系统，摩洛哥的阿特拉斯山脉系统以其优美的自然景观以及流畅的运行模式不断获得世人称赞。这是因为，当地政府在制定相关立法时，立足于整体角度，将该绿洲的特色发展系统纳入“绿色摩洛哥计划”中，使地方发展与法律保护相结合。突尼斯的加法萨绿州，将农民的首要利益与地方立法相结合，以此为基础，立法机关制定了保护当地水资源的法律法规。[1]鉴于此，笔者建议河北省政府借鉴其成功经验，在维持遗产地特色的基础上，推动符合当地可持续发展的地方性立法。

3. 完善农业遗产地的基本制度建设

（1）重视农业文化遗产系统中农民利益的维护

作为遗产项目中的核心参加主体，农民在维持我国农业系统的发展中发挥着中流砥柱的作用，因而，我们应当加强法律保护中对农民利益的维护。但是，如前文所述，由于现代化建设的吸引，相对于从事农业，大部分青年劳动力选择进城务工，导致务农人员大量外流。针对此种情况，笔者建议可以实施以下三项措施：① 发展有机农业。多数青年劳动力外出务工的真正原因在于农业所产生的附加经济效益较低，不能维持其正常生活水平。因而，通过发展有机农业，提高农产品的经济附加值，从真正意义上实现村落人民经济水平的提高。② 尊重农民在农业生产系统中的应有地位。出于经济发展的根本目的，务农政策往往忽略农民在农业系统中的应有价值。作为农业知识与技术的沿袭者，农民往往拥有着丰富的务农实践经验。因此，行政机关不仅要在政策制定中提高农民的话语权，还要尊重其自主选择农业资源的权利，诸如种子、化肥等。③ 加强人才培养。如前所述，农业知识以及农业技术得不到有效继承，实为阻碍我国农业现代化的难题之一。因此，笔者建议可以加强与遗产地教育机构、科研单位的协同合作关系，开展以传承知识为目的的学术研讨会、培训会、研究会等，以此加强农业型人才的培养与输送。[2]

（2）促进遗产地特色旅游的发展

我国农业文化遗产项目所在地，不仅在地理区位上欠缺优势，其经济发展水平亦处于落后的状态。鉴于此，我们在强调遗产项目保护的同时，亦要发挥农业文化遗产项目拉动区域经济增长的优势。基于我国振兴乡村发展的基本策略，遗产所在地政府应在均衡发展的基础上，深入挖掘遗产项目的旅

[1] 白艳莹，闵庆文. 全国重要农业文化遗产国外成功经验及对中国的启示［J］. 世界农业，2014（6）：78－79.

[2] 张永勋，何璐璐，闵庆文. 基于文献统计的国内农业文化遗产研究进展［J］. 资源科学，2017（2）：182－183.

游优势与旅游潜力，通过开展“农家乐”项目、建立旅游生态区等措施，实现遗产地旅游资源的横向多渠道发展，如廊坊市固安县的“休闲农业”旅游模式。自廊坊市重点培养相关旅游产业以来，固安县通过利用其得天独厚的区位优势与丰厚的自然资源，如瓜果蔬菜、绿水青山等，成功实现了旅游产业的升级与发展。截至 2016 年，其旅游利润总额已达 4.9 亿元，休闲农业收入年递增 21.6%，相继被评为河北省最美休闲农村、河北省十佳现代休闲农业园区等称号。[1]此外，保定市刘伶小镇的高科技立体采摘技术，也可为河北省遗产项目的旅游发展提供借鉴思路。与上述固安县存在不同，刘伶小镇的先天资源并不具备优势，园区前身为当地废弃的砖窑大坑。刘伶小镇修建成功后，其以提高园区收入水平为宗旨，积极利用无土栽培、立体栽培、自动喷淋系统、荷兰雄蜂授粉等技术，成功培育了农业系统的现代旅游发展模式。

（3）缓解遗产地土地污染的现状

如前所述，河北省耕地由于化学用品残留成分超标、农药使用过多的原因，污染情况严重。作为遗产项目中的重要环节，耕地质量决定了农产品产出量与整个农业生态系统的稳定，因而是我们必须解决的难题。自党的十九大召开以来，我国便将“建设和谐绿色中国”作为发展生态行业的纲领性指导。从农业范围看，生态环境领域的创新点与突破口应集中在污染防治、绿色生产、生态保育三大方面。[2]鉴于此，绿色农业和稳定可持续发展的生态工程应成为我国农业遗产项目发展的导向。针对土壤污染需治理的需求，河北省应加快研究符合可持续发展以及高科技产业标准的农业资源用品，重点研发无毒无害的化肥资料。同时，针对土壤污染的现实问题，重点研究农业环境和农业系统下的河北省土壤环境演变规律、土壤自身净化规律、土壤周边基本情况等，以此来揭示土壤基本的发展循环方向。此外，应当在我国土壤领域引进相关的高科技新技术，以此来为土壤的安全质量奠定基础，进而达成农业系统可持续进步的根本目的。

---

[1] 李松洁. 廊坊休闲农业和乡村旅游发展进入“快道”[EB/OL].（2017-10-17）[2021-01-28] http://www.lf.gov.cn/item/72830.aspx.

[2] 王农，刘宝存. 我国农业生态环境领域突出问题与未来科技创新的思考[J]. 农业资源与环境学报，2020（1）：2-4.

4. 完善农业文化遗产发展的其他措施

（1）打造遗产项目品牌

就当前现状而言，我国农产品加工类型单一且孤立，在某种意义上禁锢了农业领域的有效升级。受此种模式的影响，多数农业系统不仅缺乏相应的核心农产品，其打造农业文化遗产的品牌意识是较为薄弱的。鉴于此，笔者认为我国可以学习日本发展品牌项目的经验。日本十分注重遗产的品牌建设，在现存的 11 项农业文化遗产项目中，已经有 9 项被设立了独特的品牌标识。[1]就河北省而言，其农业文化遗产中并不缺乏具有特色的农产品项目，因此，尝试品牌建设不失为发展农业系统的一条捷径。实务中，河北省政府可以联合遗产地企业、农民以及科研单位等，深度研究农产品的有效利用开发，以此挖掘农产品可建立品牌标识的潜力。此外，为提升农产品的品牌推广，遗产地政府或者是相应企业可以通过加大营销力度、拓宽营销手段来为品牌发展助力，如举办各种文化节、采摘节、摄影展，或者是借助当今发达的自媒体，如微博、抖音等方式。同时，遗产地政府需完善农业遗产项目的网络资料，如百度百科、维基百科等，着重突出其文化特色与历史习俗，以期通过网络助力达成吸引游客游玩的目的。

（2）加大农业文化遗产科技保护力度

作为 21 世纪的首要生产力，科学技术在维持农业文化遗产项目的现代化建设中发挥着重要作用。就现今农业文化遗产的发展前景来看，高科技产业技术拥有广泛的适用范围，但是，受制于经济落后的现实窘境，多数地区并未将科学技术纳入农业系统的发展中。同时，农业领域的科技资金投入主体较为单一，在来源渠道上仅区分为地方委托项目与国际科技合作项目。鉴于此，我国多数省市有必要加强对科学技术的运用，完善现今单一的科技投入体系。实务中，资金投入水平决定着我国农业遗产项目的质量水平，因此，我们需保障现今农业技术体系下稳定且充足的资金来源。如前所述，在农业领域，科技资金投入主体单一且不稳定，因此，各省市需在上述投入渠道的基础上，构建以政府为核心、各行各业联合稳定资金投入的科技储备体系，

[1] 刘海涛，徐明. 中日韩全球重要农业文化遗产管理体系比较及对中国的启示［J］. 世界农业，2019，（5）：75-77.

以此稳定科技资金来源流。[1]另外，我国需普及农业领域的有效科技循环体系，加强重点领域的技术开发与利用。在我国的农业遗产项目中，土壤环境、种植栽培方式、无毒无害的农业资源用品，均需要进行重点研发。最后，遗产地可以建立科研人员和农民的利益共享机制。一方面，科研人员可以将遗产地的部分地区，作为其科技栽培基地，以此来获取实验数据，完成科研成果；另一方面，科研人员应与当地农民共同解决遗产项目中的农业难题，利用其科学知识，为农业文化遗产项目的保护、开发、修复、利用等提供科学指导。

（3）重视国际交流与合作

为扩大农业文化遗产项目的影响力，我国需积极重视与国外先进国家的合作与交流。以日本为例，自 2011 年首次申遗成功后，日本便积极与东亚、东南亚等地方政府建立了友好协作关系，如伊富高等，并就如何提高农业建设能力进行了经验分享。此外，日本还与不丹、印度尼西亚、越南等农业遗产项目丰富地建立了交流合作关系。相较于日本，我国农业文化遗产的项目种类更为多样，农产品出口的辐射范围相更为广泛，因而应更注重与国际组织、其他国家之间的交流与合作。在具体实施上，我国可以采取如下几项措施：① 提高我国农业文化的可输出性，加强与其他国家的农业文化交流。作为拥有千年传统的历史国家，我国拥有制作纪录片或者是电视剧的丰富素材，可以现今的发达网络为依托，拍摄有关农业遗产项目的专题片。继而，或以影院放映的方式，或以借助国外成功的宣传方式，如美国纽约时代广场的迪士尼大屏等，达成我国全球宣传农业文化的目的。② 以我国农业部国际交流服务中心为依托，组织专家团或者考察团，前往拥有丰富遗产经验的国家进行学习与交流。③ 进一步加强与 FAO 的交流与学习，积极筹备有关全球农业文化遗产的会议以及组织。[2]

作为我国历史积累的文化成果，农业文化遗产不仅促进了区域农业经济的发展，还有效促进了农业产业结构的升级。现今，农业文化遗产的动态性

---

[1] 焦雯珺，崔文超. 试论我国重要农业文化遗产保护与发展的科技支撑体系构建［J］. 自然与文化遗产研究，2020（6）：26-28.

[2] 白艳莹，闵庆文，刘某承. 全国重要农业文化遗产国外成功经验及对中国的启示［J］. 世界农业，2014（6）：80-81.

以及适应性要求其融入社会的发展与进步中，我国可持续发展理念下的绿色农业也要求农业文化遗产项目融入我国的整体农业进步与发展中。鉴于此，我们不仅需要加强农业文化遗产项目的挖掘与认定工作，还需要提高开发与保护水平。在现今的农业文化遗产项目系统中，我国已将绝大多数的遗产项目纳入“全球重要文化遗产”的行列，但仍有一部分处于尚未被挖掘或者是处于保护不足的状态。为解决上述问题，国家、遗产地政府、社会组织、农民均做出了各种积极的尝试与探索。在这中间，多元主体总结了大量的有益经验，如如何降低遗产认定重复率、如何实现农业遗产项目的可持续进步、如何契合农业与现代化之间的发展与进步的要求等。但是，从本质上来说，找寻遗产项目与现代化发展的契合点，才是实现我国农业遗产项目发展的长远之路。

作为一项“动态”兼具“活态”的文化遗产，要想真正实现保护基础上的利用与发展，需要发挥多元主体的作用，综合运用多种手段。因此，在开发过程中，应以遗产项目动态利用为主线，积极探索农业系统的多种保护利用方式，进而达到农业文化遗产项目可持续发展的根本目的。

第九章

工业遗产的法律保护

工业遗产保护是一个世界性话题，是文化遗产保护中的一个重要内容，工业遗产除了具备文化遗产的普遍价值和意义之外，与我们的生存环境也有直接而紧密的关联，不仅能够很好地展现我国不同阶段工业化的进程，也具有丰富的历史、文化、技术、艺术、社会等价值，对推动提升文化自信具有重要的理论与现实意义，需要引起社会广泛关注。

一、工业遗产保护的研究现状

目前，关于工业遗产保护的研究大环境已经进入新时代和一个新常态。虽然我国的工业遗产研究和实践已经进行了十余年，但研究成果仍然受政策、法规、管理、实践等因素影响，所得成果主要集中于五个方面：第一，有的学者以实践为支撑，探索某地某一特定工业遗产的保护举措。刘抚英、于开锦、唐亮等以江苏省无锡市著名的“永泰丝厂旧址”为研究对象，从价值认知理念指引下，探索完善规划编制、景观重塑、形式延承等对策。[1]韩敏通过对北京东燕郊旧工厂景观设计图与效果图的分析，探索找寻历史建筑与时代发展结合点。[2]蒋文杰依托 1933 老场坊，从融合角度探索工业遗产与城市发展的关系，并立足“市民+产权所有者+开发者”三大主体维度，分别阐释完善的对策与举措。[3]第二，有的学者以法律为载体，探索工业遗产保护的法律

[1] 刘抚英，于开锦，唐亮. 无锡“永泰丝厂旧址”保护与再生 [J]. 工业建筑，2020 (12)：3-4.

[2] 韩敏. 论工业遗产保护与利用的法律规制 [J]. 科技经济导刊，2020，28 (35)：95-96.

[3] 蒋文杰. 上海工业遗产保护与社区发展的互利关系探析：以 1933 老场坊为例 [J]. 建筑与文化，2020 (9)：123-124.

化途径。李莉站在立法的维度，按照“立法模式+立法内容+责任追究”的途径对工业遗产立法进行完善。[1]邓君韬、陈玉昕等在综合上海、沈阳等地地方性法规前提下，结合英国、日本关于工业遗产立法的法律现状，指出存在的内容空缺、主体模糊、标准不明等问题，进而指出应制定专门法规、坚持开发与保护相结合、健全公众参与机制等对策[2]。韩敏在综合分析德国与美国关于工业遗产保护典型案例的基础上，指出当前在推进工业遗产保护中存在的法规不健全、缺乏认定标准、部门合力尚未形成等难题。[3]第三，有的学者立足全球化视角，探索对于工业遗产保护的域外经验。阙维民运用数据统计分析探讨世界遗产名录中工业遗产分布，对于全球化视角下突出中国特色指明了方向。[4]王益、吴永发、刘楠等在重点分析法国工业遗产基础上，从“宏观策略+政策支持+实施策略”提出利用保护对策。[5]杨晋毅在综合分析英国、日本等六个国家开展工业遗产保护的技术后，指出中国开展工业遗产认定与评估的信息化对策。[6]刘芳芳、卫增岩、裘知等以建筑遗产为小视角，统筹希腊、法国等遗产改造项目，提出应当从宏观、中观与微观三个层面探讨工业遗产改造模式。[7]第四，有的学者针对专项工业遗产进行研究，对特定领域的工业遗产进行分析。曾忠忠、张波等重点关注铁路遗产，通过研究美国、加拿大等地做法，指出中国应当从生态与环境维度更好地促进铁路遗产的保护与发展。[8]段海龙以京张铁路为研究样本，创新性地提出将铁路工业遗产所代表的技术价值转化为媒介载体，实现由虚化到实化的转变。[9]余鹰、罗东明站

---

[1] 李莉. 浅论我国工业遗产的立法保护［J］. 人民论坛，2011（2）：96-97.

[2] 邓君韬，陈玉昕. 工业遗产法律保护论纲［J］. 中国名城，2018（3）：68-70.

[3] 韩敏. 论工业遗产保护与利用的法律规制［J］. 科技经济导刊，2020，28（35）：95-97.

[4] 阙维民. 国际工业遗产的保护与管理［J］. 北京大学学报（自然科学版），2007（4）：523-527.

[5] 王益，吴永发，刘楠. 法国工业遗产的特点和保护利用策略［J］. 工业建筑，2015，45（9）：191-193.

[6] 杨晋毅. 国外工业遗产研究与保护的状况与趋势［J］. 遗产与保护研究，2018，3（5）：43-46.

[7] 刘芳芳，卫增岩，裘知. 欧洲工业建筑遗产的保护更新设计初探：以希腊、法国、英国和意大利工业遗产改造为例［J］. 建筑与文化，2016（5）：237-239.

[8] 曾忠忠，张波. 创造活的遗产：铁路遗产概念的探讨及其保护与再利用的新思路［J］. 华中建筑，2015，33（5）：170-171.

[9] 段海龙. 工业遗产视野下的京张铁路［J］. 工程研究：跨学科视野中的工程，2017，9（3）：264-269.

在军工历史的角度，突出对军工精神、军工建筑等内容全方位的保护。[1]第五，有的学者站在全域化视角，对工业遗产保护与利用的模式进行分析。章琳、邢益、俞益武以遗产廊道模式为研究点，探索将绿色理念与区域发展全面融合，运用廊道观点对工业遗产进行全方位的保护与再利用。[2]赵爽、韩菁、洪亮平等采用一种精准化的模式，将转译模式引入其中，探索工业遗产保护的创新路径。[3]王任之主张空间叙事方法，运用整体思维对工业遗产进行保护与改造。[4]

综上所述，关于工业遗产的保护与利用主要呈现以上五种观点，这五个维度既兼顾国内与国外，又兼具综合性与专业性相结合，也体现着实践与理念的高度契合。但统观研究现状，理论界关于工业遗产的保护多站在建筑学的角度探索具体的保护模式，从法律角度进行分析还相对比较少，在现有的关于法律类的分析中多停留在宏观层面，结合区域、专项立法的探讨同样较少。故此，本章节在清晰界定工业遗产范畴基础上，以燕赵大地为样本，将实践与法律相结合，并借鉴域外经验进行全面性分析与研究。

二、工业遗产范畴界定

遗产在当下世界是一个处在演变中的不断拓展的词语，是当今社会对历史和继承的传递，是联系过去、现在和未来的纽带。工业遗产作为遗产的重要组成部分，只有界定清晰概念，明确具体分类标准，才能更好地提供研究参考与依据。

（一）工业遗产的概念

按照朴素的逻辑学观点，概念是在某种程度上可以看作一种组成人类思维活动的重要“细胞”，是进行判断和推理的必备条件。所谓思维对象是指人认识的一切事物，既包括客观事物也包括主观认识，思维对象的本质属性是指决定该事物区别于其他事物的属性。沿承这一逻辑理念，对概念的界定，主要包

---

[1] 余鹰，罗东明. 军工历史文化遗产保护与利用的“三重一大”模式探索［J］. 国防科技工业，2019（7）：48－50.

[2] 章琳，邢益，俞益武. 遗产廊道视角下的唐诗之路遗产保护［J］. 建筑与文化，2015（9）：134－135.

[3] 赵爽，韩菁，洪亮平. 活力城乡美好人居：2019 中国城市规划年会论文集（09 城市文化遗产保护）［C］. 北京：中国建筑工业出版社，2019：1151－1162.

[4] 王任之. 基于空间叙事的工业遗产保护方法研究［D］. 兰州：兰州理工大学. 2020：13.

括两个维度：第一是内涵式。重点关注概念本身所具有的特有属性，旨在揭示研究对象的本质。第二是外延式。在清晰界定概念的本质基础上，进而研究概念反映的对象“有哪些”。两者相辅相成，缺一不可。内涵挖掘本源，外延扩展视角。在此基础上，运用定义学方法进行界定。在理论研究中，普遍认同的定义范式是“被定义概念+定义概念+联项”的三段式，三个核心点中第一点用Ds来表示，第二点用Dp来表示，第三点即我们常说的“是”或“就是”。用公式表示就是：被定义概念=种差+范畴。在具体定义过程中，需要把握三个关键环节：第一个环节是找到“范畴”，即和Ds相邻近的一种概念；第二个环节是发现“种差”，即此概念与彼概念的区别所在；第三个环节是将前两者进行联结，即：Ds=种差+范畴。[1]综合现有关于“工业遗产”概念的界定，基本呈现“2+N”种观点，“2”即国际与国内双视角，“N”即与此相关的多种学者观点。

1. 国际语境维度

（1）《下塔吉尔宪章》（以下简称《宪章》）——这是国际视野中关于工业遗产的保护的纲领性文件。在这部宪章中，对工业遗产的进行全面概括。将工业遗产基本定义为在工业文明时期产生的一种工业遗存，相比较普通的遗存物，工业遗产具有五大价值，即历史的、科技的、社会的、建筑的、科学的。从这些工业遗存的呈现形态看，涵盖建筑、工矿以及和工业活动相关的场所。从研究方法分析，《宪章》中规定的主要方法为工业考古学。[2]之所以采取此种方法，原因在于，工业考古学在开展具体研究中通过深入调查，既可以发现工业遗产的历史价值，也能与当今时代相融合，展现一定的现实性。从时间跨度看，《宪章》选取对工业遗产具有重要影响的时间阶段，将历史定位于18世纪下半叶。当然，这只是研究的切入点，要统筹把握整个工业遗产发展史，需要研究更早的前工业阶段。[3]

（2）《都柏林原则》（以下简称《原则》）——该原则距今已有10年时间，关于工业遗产的定义与前述《宪章》不同的是，在《原则》中，立足整体性

[1] 黄朝阳，张晓君. 从思维实践视角看当代逻辑导论教科书改革的一个动向：以《逻辑学导论》和《简明逻辑学导论》为例［J］. 中国人民大学学报，2013，27（5）：56-57.

[2] 于淼. 辽宁省工业遗产景观价值评价［D］. 南京：南京林业大学，2017：24-27.

[3] 阙维民. 国际工业遗产的保护与管理［J］. 北京大学学报（自然科学版），2007（4）：523-526.

思维，采取由内到外的视角，对工业遗产的构成要素进行界定，包括五个方面：一是遗址，二是结构，三是综合体，四是区域，五是景观。另外，强调工业遗产的生产过程，并明确指出了非物质遗产的内容包括三个方面：一是技术知识，二是工作和工人组织，三是社会和文化传统。对工业遗产的定义呈现动态化倾向，更加赋予其社会体征。[1]

（3）《台北亚洲工业遗产宣言》——国际工业遗产保护委员会（TICCIH）八年前在台北举行会议，重点围绕亚洲工业遗产的发展历史，采取对工业遗产保护的“建筑遗产+人文精神”，形成了《台北亚洲工业遗产宣言》在此宣言中，关于工业遗产的定义以阶段不同进行了划分。并立足亚洲这一地域特色，对工业遗产涵盖的内容进行了“2+3”界定，“2”即时间跨度包括前工业革命和革命之后；“3”即包括“技术+技术与生产设施+人造物与环境”[2]。可以说，工业遗产的区域特色更加浓厚、时间跨度更加久远、包含的内容更加突出对技术的关注。

2. 国内语境维度

概念是进行研究的基础。我国学者关于工业遗产定义的研究，起始于20世纪90年代，发展与兴盛于21世纪。根据定义方法不同，主要呈现以下几种观点：

（1）规范法——该种定义方式以具有规范化的会议为载体，指出工业遗产的定义。追根溯源，国内关于工业遗产的定义，首推《无锡建议》。在这部规范性文件中，与《台北亚洲工业遗产宣言》定义方法类似，从“价值定位+类型+研究方法”三个方面进行规定。在价值定位上，指出应当具备历史、社会、建筑、科技和审美五大价值。载体样态包括“工业建筑物+工业社会活动场所+物质和非物质文化遗产”[3]。时间跨度结合我国国情，以1840年鸦片战争为节点，重点记录近代中国与发展的中国的工业建设发展情况。

（2）拆解法——采用这种观点的学者，按照语义拆解方法，将“工业遗产”按照“遗产”“工业”“工业遗产”等进行分解。“遗产”的本质是财产权

---

[1] 季宏.《下塔吉尔宪章》之后国际工业遗产保护理念的嬗变：以《都柏林原则》与《台北亚洲工业遗产宣言》为例［J］. 新建筑，2017（5）：74-75.

[2] 姜波.《台北亚洲工业遗产宣言》解读［J］. 文化月刊，2013（3）：52-53.

[3] 作者不详.《无锡建议》首倡工业遗产保护［J］. 领导决策信息，2006（18）：18.

益与精神财富的集合体，延伸为“历史的见证”。❶“工业”的本质是物质生产部门，生产对象来源从自然界获取，通过一系列加工和再加工的过程，最终形成工业体。与“遗产”相比，“工业”是赋予工业遗产内涵的支点。在分析清晰两个关键点基础上，有些学者综合时代发展与工业遗产种类，认为工业遗产的定义是一种物质和非物质文化遗产的总和，与普通文化遗产相比，其重在强调在工业化的发展进程中形成与留存的工业遗存。

（3）时间法——采用此方法界定工业遗产概念的学者，主要以时间脉络为传承点，将“工业遗产”置于具体时间维度中进行统筹与摆布。有学者认为对工业遗产产生较大作用的是工业革命，因此在对工业遗产界定时离不开这一历史性事件。基于此，对“工业遗产”的界定应以18世纪末工业革命为起点。考虑中国的特色，我国学者在研究的时候普遍认为应当以鸦片战争为研究起点，这样更能体现本土性。❷

综上所述，在国际视野中关于“工业遗产”的概念界定，主要围绕研究对象、范围、时间、研究方法等方面进行了规范，对推进工业遗产的全球化保护起到重要作用；在国内兼采规范法、拆解法、时间法进行界定，关注的角度与重点各异。笔者认为，在对概念进行界定时候，应当遵循“范畴+种差”的脉络，从范畴看：“工业遗产”归属于遗产这一总类；从“种差”看，“工业遗产”又具有与工业密不可分的特征。因此，综合上述观点，对工业遗产进行界定时应把握三个关键点：第一是体现历史性，无论采取何种时间界定方法，均需要有一定的逻辑内涵。第二是体现包容性，既包括物质也包括非物质遗产。第三是体现全面性。工业遗产的种类应当涵盖工业建筑、社会生产生活以及政治、经济等价值。在此基础上，工业遗产可定义为能够体现一定历史阶段特征，涵盖工业建筑、工业生产相关生产生活的物质和非物质工业遗存的总和，并且具有政治、经济、文化、历史、科技、社会等多重价值属性。

（二）工业遗产的分类

对工业遗产进行分类是科学、有效、精准保护工业遗产的前提，是充分

---

❶ 董杰，高海. 中国工业遗产保护及其非物质成分分析［J］. 内蒙古师范大学学报（自然科学汉文版），2009，38（4）：452-453.

❷ 寇怀云. 工业遗产技术价值保护研究［D］. 上海：复旦大学，2007：25-26.

体现工业遗产价值的重要基础，也是更好地构建起工业遗产理论研究体系和开展工业遗产全方位保护、综合化利用的先决条件。

1. 国内工业遗产名录

中国关于工业遗产的保护名录主要有两大类型：第一类是“中国工业遗产保护名录”；第二类是“国家工业遗产名录”。国内工业遗产名录主要呈现如下特点：

第一，涉及种类广泛。例如，目前，中国工业遗产保护名录共有两批共200件，涵盖了制药厂、水库、水电站、兵工厂、铁路等门类。“国家工业遗产名录”目前公布的有四个批次，第一批共有11项工业遗产，涵盖酿酒公司、钢铁厂、丝厂、矿厂；第二批共有42项工业遗产，涵盖制造厂、煤矿等多个种类；第三批共49项，涵盖铁路、印染厂、造币厂等多个种类；第四批共有62项工业遗产，涵盖棉纺厂、手表生产线、茶厂等种类。综合“中国工业遗产保护名录”和“国家工业遗产名录”，虽然名录由不同部门进行审定，但基本的遵循是一致的——通过名录审报激发社会大众对文化的认识与保护。

第二，覆盖区域数量不均衡。采用数据归纳法，以地域为界定标准，对“中国工业遗产保护名录”和“国家工业遗产名录”涵盖的364项工业遗产进行量化分析，可见工业遗产在全国各省份的分布不够均衡，如图9-1、图9-2所示。

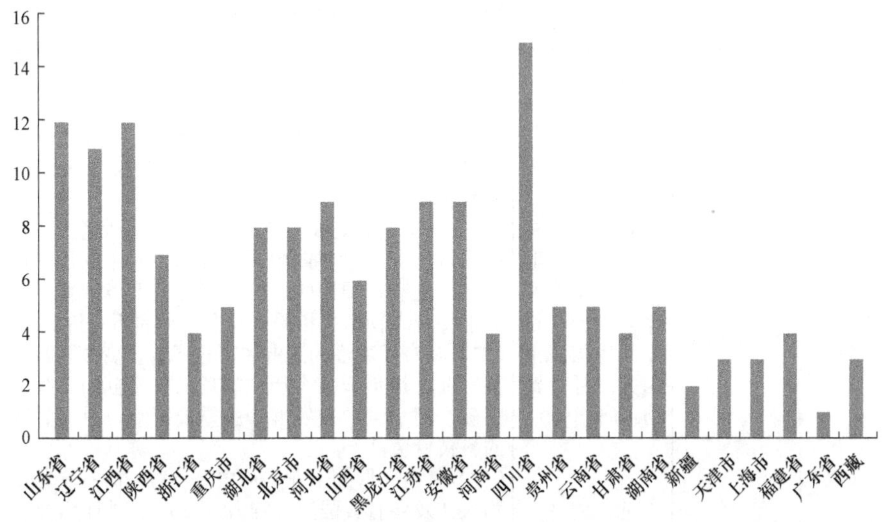

图9-1　国家工业遗产名录分省数量汇总对比

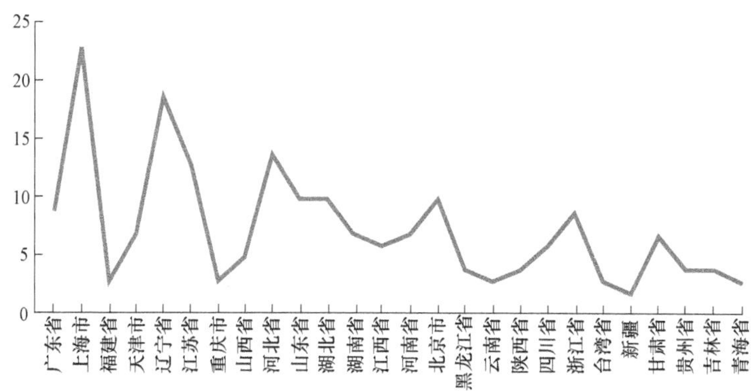

图 9-2　中国工业遗产保护名录分省数量汇总对比

国家工业遗产名录数量排名靠前的省份为四川省、山东省、江西省、辽宁省四个省份，较少的省份是广东省和新疆；中国工业遗产保护名录数量排名靠前的省份是上海市、辽宁省、江苏省和河北省四个省份，较少的省份是青海省和新疆。虽然国家级工业遗产名录的申报有数量上的控制，但以上两个图反映出各省工业遗产分布状况，与各省的经济、社会、文化、历史以及对申报的重视程度都有一定的关联度。

第三，申报标准各有侧重。国家工业遗产名录与中国工业遗产保护名录分别由不同的单位进行认定，具体标准如表 9-1 所示。

表 9-1　国家级工业遗产名录认定、申报要求

名称	认定单位	申报范围	申报条件
国家工业遗产名录	工业和信息化部	1980 年前建成的厂房、车间、矿区等生产和运输设施，以及其他与工业相关的社会活动场所	申请国家工业遗产需工业特色鲜明、工业文化价值突出、遗产主体保存状况良好、产权关系明晰，并具备以下条件： （一）在中国历史或行业历史上有标志性意义，见证了本行业在世界或中国的发端、对中国历史或世界历史有重要影响、与中国社会变革或重要历史事件及人物密切相关，具有较高的历史价值； （二）具有代表性的工业生产技术重大变革，反映某行业、地域或某个历史时期的技术创新、技术突破，对后续科技发展产生重要影响，具有较高的科技价值； （三）具备丰厚的工业文化内涵，对当时社会经济和人文发展有较强的影响力，反映了同时期社会

续表

名称	认定单位	申报范围	申报条件
国家工业遗产名录	工业和信息化部	1980 年前建成的厂房、车间、矿区等生产和运输设施，以及其他与工业相关的社会活动场所	风貌，在社会公众中拥有强烈的认同和归属感，具有较高的社会价值； （四）规划、设计、工程代表特定历史时期或地域的工业风貌，对工业后续发展产生重要影响，具有较高的艺术价值； （五）具备良好的保护和利用工作基础
中国工业遗产保护名录	中国科协调宣部主办，中国科协创新战略研究院、中国城市规划学会	中国工业遗产保护名录包含了创建于洋务运动时期的官办企业，也含有新中国成立后的“156 项”重点建设项目，覆盖了造船、军工、铁路等门类，是具有代表性、突出价值的工业遗产	① 在中国历史或行业历史上有标志性意义，见证了本行业在世界或中国的发端、对中国历史或世界历史有重要影响、与中国社会变革或重要历史事件及人物密切相关，具有较高的历史价值； ② 工业生产技术重大变革具有代表性，反映某行业、地域或某个历史时期的技术创新、技术突破，对后续科技发展产生重要影响，具有较高的科技价值； ③ 要具备丰富的工业文化内涵，对当时社会经济和文化发展有较强的影响力，反映了同时期社会风貌，在社会公众中拥有广泛认同，具有较高的社会价值； ④ 其规划、设计、工程代表特定历史时期或地域的风貌特色，对工业美学产生重要影响，具有较高的艺术价值

由表 9–1 可知，两种名录的认定方面有三个区别：一是认定单位不同。国家工业遗产名录由工业和信息化部认定；中国工业遗产保护名录由中国科协等组织进行认定。二是申报范围各异。前者以 20 世纪 80 年代为分割点，厂房、车间、矿区等为主；后者时间以洋务运动为关键点，涵盖的范围更加广泛。三是认定条件。国家工业遗产名录比中国工业遗产保护名录更加严格，除两者共有的突出标志性、技术性、文化性、艺术性之外，国家工业遗产名录中增加了对产权关系的要求，并指出应当具备良好的保护和利用工作基础。

2. 工业遗产分类体系

（1）工业遗产分类的原则

按照逻辑学观点，对事物进行分类需要把握一定的原则性，只有这样才能保证分类合理与科学。[1]对于工业遗产而言，需要秉持以下三个原则：

1）联系性。虽然此处主要探讨我国工业遗产分类，但在具体分类规则中，要把握三个核心点：一是注重与国际接轨。这样才能更好地推动工业遗产研究与保护的融合性，避免过度本土化。二是注重历史传承。工业遗产具有悠久的历史，在分类时候应当统筹把握各个历史时期的特点。三是注重既存互通。现有的遗产有些具有固定的分类标准，在把握工业遗产分类时应注重与矿业遗产、文化遗产等的联系与区分性。[2]

2）整体性。从现有工业遗产名录和实践看，工业遗产种类繁多，在进行分类时应当做到尽可能涵盖工业遗产的整体性，避免统筹分类不均衡，或者是相关种类之间存在一定交叉，进而影响工业遗产的具体认定。

3）持续性。正如马克思主义发展观强调事物的发展性，工业经济也处在不断变化之中。与之相对应，实践中也会出现新的工业遗产类型。由于理论研究与时代具有紧密结合度，在把握工业遗产分类标准时候，应当突出发展性，使既有分类标准在一定程度上能够适应未来社会发展。换言之，能够具有一定的稳定性，这样才能更好地促进工业遗产研究的顺畅进行与高效。[3]

（2）工业遗产分类的标准

本书在总结分析学术界关于工业遗产分类现状基础上，重点以前述工业遗产名录为指引，以国民经济行业分类代码索引（GB/T 4754—2017）为参照，以实务的视角对工业遗产进行分类。我国的工业遗产可以分为以下类别（见表 9–2）：

表 9–2　工业遗产分类

序号	类别
1	煤炭开采及洗选业工业遗产
2	有色金属矿采选业工业遗产

[1] 逻辑学导论［M］. 张建军，潘天群，等译. 北京：中国人民大学出版社，2014：102.

[2] 黎启国，童乔慧，郑伯红. 工矿遗产的概念及其分类体系研究［J］. 城市规划，2017，41（1）：84–86.

[3] 何军，刘丽华. 工业遗产保护体系构建：从登录我国非物质文化遗产名录的传统工业遗产谈起［J］. 城市发展研究，2010，17（8）：117–120.

续表

序号	类别
3	农副食品加工业工业遗产
4	酒、饮料制造业工业遗产
5	纺织业工业遗产
6	化学纤维制造业工业遗产
7	造纸和纸制品业工业遗产
8	化学原料及化学制品制造业工业遗产
9	医药制造业工业遗产
10	非金属矿物制品业工业遗产
11	专用设备制造业工业遗产
12	铁路运输设备制造业工业遗产
13	通用设备制造业工业遗产
14	电力工业遗产
15	交通运输业工业遗产

由表 9–2 可知，工业遗产分类主要考虑国民经济行业分类标准中（A—T）的 20 个门类，结合各门类下大、中、小类，确定具体类别名称。此种分类方法的优势在于：与工业经济发展紧密联系。在经济社会发展到新阶段时候，工业经济门类也会做出相应调整。[1]由于工业遗产分类标准以此为支点，可随工业经济发展与时俱进调整。同时，比较符合社会普遍接受度，对于增强遗产保护共识、促进工业遗产转型发展具有一定的指引作用。[2]

三、法律视角下工业遗产保护现状——以燕赵大地为样本

遗产保护是贯穿遗产整个生命周期的全过程行为，从遗产的认定到遗产

[1] 黄群慧. 工业化后期的中国工业经济［M］. 北京：经济管理出版社，2018：108–109.

[2] 张园. 工业旅游促进矿产资源型城市经济转型：评《大力发展工业遗产旅游促进资源枯竭型城市转型》［J］. 矿业研究与开发，2020，40（3）：163.

保护措施的执行都离不开遗产的保护。遗产不等于遗产保护，后者是人类有意识的活动。遗产是保护的前提和基础，有了遗产才有保护的思想和行动，而切实有效的保护又能使遗产价值的实现成为可能。目前，河北省入选“国家工业遗产名录”和“中国工业遗产保护名录”数量达 27 件，对燕赵大地工业遗产进行研究，特别是聚焦法律维度进行探索，对其他地域开展工业遗产保护具有一定的指引作用。

（一）法律视角下工业遗产保护的现状

1. 河北入选国家工业遗产名录概况分析

河北省作为工业大省，轻工业、冶炼与矿业产业较多。与之相对应，河北省工业遗产的特殊性呈现出面广点散、跨度长、门类齐全的特点。梳理分析该省入选国家级工业遗产名录情况，主要明细如表 9－3、表 9－4 所示。

表 9–3　河北省境内入选国家工业遗产名录概况

序号	名称	地址	核心物项
1	井陉煤矿	河北省石家庄市井陉矿区	井陉煤矿总办大楼（西大楼）、老井井架、皇冠塔、正丰矿 1 号井、汽绞车房、电绞车房、正丰矿仓库、电厂机组车间、正丰矿大烟囱、凤山车站、小姐楼及附属建筑、总经理办公大楼
2	秦皇岛港西港	河北省秦皇岛市海港区	大码头、老船坞区域、南山街一号房特等房、开滦矿务局高级员司俱乐部、南山高级引水员住房、南栈房、日本三菱、松昌洋行、南山饭店、老港站地磅房、开滦矿务局秦皇岛经理处车务处
3	开滦矿务局秦皇岛电厂	河北省秦皇岛市海港区	建筑主楼、燃料运输铁路、1928 年修建厂房时使用的开滦缸砖、建筑内原有的瓷墙裙和地砖、开滦矿务局秦皇岛电厂建筑图纸和结构蓝图原图、原厂房内天车及照明灯具、日本产 6 千伏单相变压器
4	山海关桥梁厂	河北省秦皇岛市山海关区	原钢梁车间厂房、打风机厂房、清光绪二十四年桥牌、两米铣边机床、型钢矫正机、1914 年交通部直辖京奉铁路管理局电报、武汉长江大桥钢梁制造过程图册、铁道部山海关桥梁工厂志
5	开滦唐山矿	河北省唐山市路北区	一、二、三号井及附属巷道与绞车房，铁路公路立交桥达道，中央回风井，唐胥铁路零公里标志，29 号员司别墅，1901—1952 年企业财务大账本，开平矿务局老股票，上游型蒸汽机车
6	启新水泥厂	河北省唐山市路北区	车间厂房共 16 座，1906—1995 年的老机器设备 24 台/套，1862—1957 年的办公用品 25 个，1907—1947 年的历史档案 22 项，1904 年至民国时期的商标、徽章、牌匾 30 个，1909—1927 年的 4 种水泥制品

续表

序号	名称	地址	核心物项
7	开滦赵各庄矿	河北省唐山市古冶区	1、2、3、4 号井井架；1 号井绞车房及内部绞车设备：建矿初期使用的工具及工牌：9、10 号洋房子；图纸
8	张家口沙城酒厂	河北省张家口市怀来县	葡萄酒车间、葡萄酒发酵、储存池 197 个，葡萄酒实验室，架盘天平、双联电炉子、离子交换器、气相色谱仪、培养箱、净化工作台等葡萄酒检验实验仪器设备，干白葡萄酒新工业技术；白酒酿造车间 7 座，白酒酿造窖池 150 个，万吨地下酒库，储酒陶缸 60 个，沙城老窖酒酿造技艺；档案资料
9	刘伶醉古烧锅	河北省保定市徐水区	宋代古井，金元时期灶台、炭坑、墙基等遗迹，金代初期建的古窖池 16 口，明、清时期陆续建造的古窖池 165 口；明洪武年间建造的木质酒海 4 口，清代建造的木质储酒海 86 口，清代制作的荆编酒海 43 口

表 9–4　河北省境内入选中国工业遗产保护名录概况

序号	名称	地址	核心物项
1	开滦煤矿	河北省唐山市	唐山矿 1 号井、2 号井、3 号井；近代煤矿最早的火力发电机组；唐山矿达道；部分矿用建筑、设备；中央电厂汽机间；马家沟砖厂建筑砖车间；赵各庄矿洋房；档案；中国最早的股票（1881）
2	唐山铁路遗址	河北省唐山市	达道；中国最早的铁路、公路、行人立交桥—双桥里西桥（1889）；中国铁路零起点；钢轨、唐山南站站台、天桥、风雨棚等；古冶火车站高架煤台
3	京张铁路	北京市张家口市	青龙桥人字形铁路；青龙桥站、清华园站、西直门站站房、线路、隧道、桥梁、铁轨、枕木；南口机车库；档案、照片
4	滦河铁桥	河北省滦县滦州镇老站村	桥体
5	启新水泥公司	河北省唐山市	1910 年至 1940 年间的 4～8 号窑厂房建筑及主要设备；1933 年老发电厂房季 4 台发电机组：乙仓及 1908 年建设的木结构火车装运栈台；启新修机厂；启新浴室；档案、奖牌；保险柜
6	耀华玻璃厂	河北省秦皇岛市	泵房水池、水塔发电房

续表

序号	名称	地址	核心物项
7	修理厂	河北省唐山市路南区岳各庄大街	龙号机车（模型）；铸钢车间、烟囱、水塔
8	唐山磁厂	河北省唐山市路北区龙泽南路	厂房、办公楼；汉斯别墅；民国时期的青花大缸、地契等
9	秦皇岛港	河北省秦皇岛市海港区南山街	大码头、小码头、南山信号台、老船坞；开滦矿务局办公楼、车务处、开平矿务局秦皇岛经理处办公楼、开滦矿务局秦皇岛高级员司俱乐部、外籍员司特等房、引水员住房等；档案、港志、回忆录、历史照片
10	关内外铁路	北京、天津、河北、辽宁	北京：京奉铁路正阳门车站、东便门信号房；天津：新开河站（今天津北站）站房及天桥、塘沽站、塘沽南站、扳道房、机车修理厂房、老弯道、塘沽八号码头、汤河桥；沈阳：三洞桥、辽宁总站（今沈阳北站）；京奉铁路路界桩（中国铁道科学院 3 个、京铁家园社区铁路博物馆 1 个、中国铁道博物馆）、北宁铁路界石碑（藏于中国铁道博物馆）、京奉铁路全图
11	京汉铁路	北京、河北、河南、湖北	湖北：平汉铁路南局：汉口大智门车站、循礼门车站、江岸车站，黄河南岸站；江岸京汉铁路工会会员证章（藏于武汉二七纪念馆）；二七烈士纪念碑、京汉铁路总工会旧址、施洋烈士陵园；詹天佑故居；河南：二七纪念塔；河北：石家庄车辆厂前街 13 号，法式别墅 3-4 栋，原石家庄车辆厂法式建筑；北京：长辛店铁路工人俱乐部、工人劳动补习学校、长辛店工人俱乐部、工人夜班通俗学校、长辛店留法勤工俭学预备班、二七烈士墓、铁路工人浴池；京汉铁路告成铁碑、平汉铁路线路全图、平汉铁路逐段通车时间图（藏于中国铁道博物馆）、京汉铁路图（藏于澳大利亚国立图书馆）；债券
12	正太铁路	河北、山西	山西：阳泉站、南张村站、上安站、南峪站、娘子关站；绵河大桥、南张村五孔桥（建于 1919 年）、乏驴岭法国铁桥与隧道；河北：正太铁路竣工通车碑、路章碑、樾华亭（路权收回纪念亭）；石家庄大石桥、正太饭店；日军碉堡；正太铁路全图、档案等

续表

序号	名称	地址	核心物项
13	津浦铁路	天津、河北、山东、安徽、江苏	天津：天津新站（天津北站）及天桥（北天桥）、天津西站、静海站、陈官屯站、唐家屯站、杨柳青站；山东：津浦铁道公司旧址、津浦铁路宾馆旧址、津浦铁路济南站高级职员住宅、通和塔（津浦铁路机务段水塔）、张夏站站房、水塔，万德站站房、青县铁路给水所、泰安站钟楼、枣庄站站长室、兖州机务段机车库、转盘、水塔、韩庄站；安徽：蚌埠淮河铁路大桥、金山铺董家河大桥、群英桥；蚌埠东站老站牌；江苏：浦口站英式建筑群、浦口机务段、浦口电厂、沙河集站、津浦铁路抗战殉难员工纪念碑（徐州）、韩庄铁桥、滁州老站；界石碑（现藏于上海铁路博物馆）
14	井陉矿务局（含井陉矿、正丰矿）	河北省石家庄市井陉矿区	段家楼群：总经理办公大楼（西大楼）、小姐楼、服务娱乐楼、总工程师楼、公子楼等七座德式风格建筑：正丰矿：1 号井、老井架、汽绞车房、电绞车房、电厂机组车间、仓库、皇冠水塔等；地道、北斜井巷道：凤山站、上游型 1178 号蒸汽机车；历史照片
15	山海关桥梁厂	河北省秦皇岛市山海关区南海西路	钢梁车间、打风机厂房；铣边机床、型钢矫正机；制成桥体、铭牌；武汉长江大桥钢梁图册；档案、厂志、历史照片
16	开滦矿务局秦皇岛电厂	河北省秦皇岛市海港区东港路	主楼：日本产 6 千伏单相变压器；天车、灯罩；燃料运输专用铁路、站台、蒸汽机车；开滦缸砖、瓷墙裙和地砖：技术档案（设计书、设计图纸、照片等）
17	新中国面粉厂	河北省保定市莲池区长城南大街	五层制粉大楼 1 座，仓库 4 座，烟囱 1 座，营业二层楼房 1 座
18	华北制药厂	河北省石家庄市长安区和平东路	办公楼淀粉塔

入选工业遗产名录反映了工业遗产的典型性与代表性。综合分析以上几个表，可以清晰地梳理出河北省工业遗产的主要特点。

（1）分布区域相对广泛

目前，河北省入选国家级名录的共有 27 项。除铁路等跨区域分布情况之外，河北省工业遗产分布的辖区分别是唐山 8 项位列第一，秦皇岛 7 项位列第二，石家庄 3 项位列第三，张家口和保定均为 2 项位列第四。其他区域尚未有工业遗产入选国家级名录。

（2）行业构成相对健全

参照国民经济行业分类标准（GB/T 4754—2017），将河北省工业遗产按照行业门类进行划分，分别属于“B 采矿业+C 制造业+D 电力生产+E 建筑业+G 交通运输业”五大行业。与工业遗产反映的行业类型相对应，在一定程度上体现了河北省工业发展的趋势。总的来看，河北省作为工业省份，依据环京津天然优势，逐渐展现出工业发展向好局面。其中制造业、采矿业、交通运输业比重较大，这符合河北省发展势态，具有便捷的交通、强大的制造业、丰富的矿产资源。但仔细分析，可以发现制药厂、面粉厂各有一项遗产入选，反映出工业遗产保护链条上还存在一定的欠缺性。

（3）工业遗产类型多元化

根据前述工业遗产类型界定，河北省入选的工业遗产名录中，主要涉及煤炭开采、酒制造、农副食品、医药制造、铁路和其他交通运输类别。其中煤炭开采和铁路运输占比较大，这反映出河北省在特定的发展时期，依靠煤矿开采发展，运用铁路交通畅通资产运输。但结合河北省工业发展实际看，工业遗产保护类型中一些重要的遗产并未入选。河北省张家口市的宣化老车站、龙烟铁矿已经入选世界级的工业遗产项目名录，但是由于企业存在申报顾虑并没有申请入选相应的国家级工业遗产名录。究其原因，既有对于申报成功后对工业遗产的自主处置顾虑，也有对于工业遗产保护未来走向不明确的顾虑。

2. 河北省工业遗产法律保护现状

对工业遗产进行保护是一项系统性工程，而法律是其中的关键环节。法律保护不仅包括宏观的制度层面，也涵盖执法、司法、守法等微观运作方面。实践中，河北省各地主要采取制定地方性法规和区域规划的方式，对工业遗产的保护进行具体细化。通过搜集资料、深入调研、走访座谈，收集到涉及保定市在内的 5 个市的工业遗产保护条例，各市结合本地特色，制定了针对性的保护条例。

（1）明确产权界定

清晰、完整的产权是物权理论的核心，对工业遗产的法律保护同样必须坚持。例如，保定市结合本地民族工商业较多的现状，在产权的界定方面，主要采取“所有权人+管理人+使用人”三方为主产权人员。虽然一些国有重点工业企业产权归国家所有，但是也有一定数量工业遗产归个体所有，或者是归个体或者组织管理，此时产权归属相关管理人或者使用人，但此时的产权并不是完整意义的占有、使用、收益、处分权能，它只是涵盖了其中的使用与收益权能，并不具备所有处分权能。承德市与保定市相比，范围进行了缩减，仅包括所有权人与使用人，不包括管理人员，特别是在工业遗产产权发生变动时，所有权人应当向相关部门进行报备。邯郸市采取的做法是“主责任+辅助责任”体例，即所有权人为保护责任人，而管理人或者使用人在履行保护责任中处于补充位置。

（2）细化责任部门

推进工业遗产法律保护，需要明确相关部门职责，提升保护的精准度。例如，有的地方采取分层保护模式。建立起“市、县（市、区）政府+工业和信息化部门+乡镇+村委会”四层保护体系，其中市级层面承担组织和协调职能，部门层面承担管理职能，乡镇和村级层面承担属地协助职能。有的地方探索综合保护体制，成立以工业和信息化部门牵头，国资、自然资源和规划、应急管理等 13 个相关职能部门参与的联合执法联席会议体制，承担的职责为组织与协调功能，但对于重大事项这些主体并没有自主处置权能，而需要上报相应的本地政府。

（3）建立代履行制度

工业遗产虽然属于文化遗产的一个重要组成部分，在立法层面可以参考《文物保护法》相关内容完善保护措施，但相对于文物而言，工业遗产又具有一定的灵活性。履行保护责任是对工业遗产开展保护的关键环节，而在相关主体没有相应能力的时候，引入代履行可以起到一定的补充作用。因此，保定市、承德市在探索工业遗产保护做法中，专门增加了“工业遗产保护代履行”等方面的责任与义务。主要指的是文物行政主管部门确定工业遗产具体保护责任人，若该责任人不具备保护、修缮能力，此时可以委托其他公民、法人或者社会组织代行管理。根据保定市的相关规定，要行使代履行职能，需要具备五个条件：第一，文物行政主管部门确定工业遗产保护责任人，而此责任人是依法确认并已经公示的。第二，责任人不具备相应的保护与修缮能力。第三，代履行产生的方式是委托。第四，代履行的主体是其他公民、法人或者社会组织。第五，行使的职能是管理权。而邢台市规定，在责任人不具备相应能力时，直接交由当地政府进行管理。

（4）完善破产清算等征求意见制度

按照物权理论，工业遗产的载体既涉及动产，也包含有厂房等不动产。在民法与经济法视角下，有三项法律行为与工业遗产密切相关。第一是关于破产清算。现有的清算程序为“成立清算组+清算组接管破产公司+破产财产分配+清算终结+注销登记”。这些规则中并没有严格规定征求意见要求。而工业遗产中有大量的企业由于时代变迁、功能弱化、经济消退需要走入破产清算。保定市针对这一现状，明确提出在破产清算之前征求文物保护行政主管部门意见，既由人民法院邀请文物专家成立清算组，也强化与行政部门联系与沟通，保证清算的科学性与合理性。第二是关于企业改制。一般由老式国有企业改制建立现代企业制度，形成紧密的集团公司模式。与国企的一定公有性相比，现代化企业更突出效益性，具有较强的私权属性。涉及工业遗产类企业改制后面临的难题是团体保护理念与责任意识。因此，在改制之前需要征求文物保护行政部门意见。但此处的征求意见应增强其说理性，并不是仅仅流于形式。第三是关于转让。资产流动最常见的方式是转让，这是一种意思自治行为，需要签订转让协议。涉及转让人、受让人，有时还与第三人相关。以邢台市为例，每一项工业遗产的保护责任人产生的前提是由文物行政主管部门与所有权人签订协议，前者进行检查评估，后者履行防固加固、修缮整治等责任。若需要转让，所有权人是转让人，受让人是第三方。由于保护责任产生于文物行政主管部门协议，因此在涉及转让时，实践中需要征求文物行政主管部门意见和建议。

（5）建立先予认定、公示公告、遗产标识等制度

工业遗产保护是一个系统性过程，每一程序与环节都需要依法进行，在

现有法治规则指导下运行。实践中，各地围绕工业遗产认定及后续知识产权保护进行一些探索。例如，河北省邯郸市探索将“先予认定+公示公告+遗产标识”三者融合为一个整体，“先予认定”主要指本着最大限度保护工业遗产的原则，若某项工业文化遗存尚未被确定为工业遗产，但相关部门已经进行初步确认，此时工业文化遗存的所有权人、管理人或者使用权人采取先予保护的措施，但此时有时限规定，并不是一直处于先予保护状态。该地要求市、县级人民政府应在采取措施之日起二个月内作出是否认定的决定。若未得到认定，则解除保护措施；若得到认定，则进入后续的更加规范化的保护阶段。“公示公告”即确定工业遗产后指定文物行政部门与所有权人签订保护协议，确定其为保护责任人，并向社会公众公示，接受社会监督。“遗产标识”，工业遗产确定后一般会赋予其“某市工业遗产”字样或者是相关的标志与标识，类似于知识产权意义上商标的作用。只在保护责任人保护期间内享有，若出现不符合条件、工业遗产被移出名录等情况，则不得再使用以上标识。

（6）严格责任追究

责任追究防之于未然。河北省在探索工业遗产保护的实践中，区分主体，形成对应的责任追究体系。以邢台市规定为例，第一类主体是职能部门及工作人员。主要指工业和信息化行政主管部门等对工业遗产保护与管理有责任的人员。若存在滥用职权等相关职务违法行为，根据情节轻重程度不同，对应的处罚措施也不同，规定三个档次：一档是轻微行为，仅由相关部门责任其加以改正；二档是情节严重，此时需要追究直接责任，并给予相应的行政处分；三档是涉嫌犯罪，按照规定程序司法机关依法予以办理。第二类主体是对工业遗产承担直接保护的责任人，主要包括所有权人、管理人和使用人。对这类主体的处罚主要由相关行政部门要求其限期责任改正，因为其主要负责日常维护等职责，在法律法规上并没有关于这类行为更加严厉的惩罚方式存在，否则会导致违背上位法的要求。第三类主体是普通大众。各地在规范性文件中规定了一系列违反条例的行为，既涉及对工业遗产的直接毁坏，也有对工业遗产的强加拆除。对这类主体的处罚主要以行政手段为主，由轻到重依次为责任改正、罚款、赔偿、没收违法所得。其中，罚款要根据情节轻重，若仅是主观上拒绝不改正，则罚款起限为500元，上限为1000元；若情节比较严重，则最高可处5000元罚款，有的地方达到20000元罚款。而赔偿责任行使的前提必须是对工业遗产造成相应的损失，目前仅包括直接的损失，对于一些富有价值性等体现间接内容的损失，由于实践中难以把握与判断，所以一般不作考虑，这也反映出在损失认定方面的实践难点。而针对一些行为人为满足自身私利，采取法律法规不允许的方式对工业遗产进行破坏，若产生违法所得，则由相关部门予以没收。与此同时，为保障没收违法所得或者其他财物的规范性，避免产生二次损坏，规定公检法和市场监督管理等部门对依法没收的可移动工业遗产应当登记造册，在案件了结之后统一进行依法处置。综合分析这些方式，体现出处罚的特点是行政处罚处于第一位，这也符合对工业遗产保护的现实需求；刑事处罚处于第二位，体现处罚由轻入深、由行政到刑事的转变，更能增强威慑性。

（7）形成保护合力

工业遗产涉及主体广泛，内容复杂，在保护过程中应当增强合力。分析河北省各地实践做法，主要采取方式：一是探索成立专门机构。例如，河北省成立了“工业文化协会”，对工业遗产申报、管理、研究等发挥作用，并与河北大学等高校联系，建立工业遗产保护研究基地。各市级层面，与省级不同，主要成立的是专家委员会，成员单位由工业、文物、教育、法律等相关专家组成。该委员会规定的职责包括两个方面：一方面是评审，重在对工业遗产入口起到把关作用；另一方面，提供咨询意见，重在对工业遗产后续的保护与利用提供决策依据。二是鼓励公众参与。工业遗产非独立存在，与社会公众密不可分。因此，该省各地在探索保护方式时，为发动群众更好地参与，主要围绕工业遗产保护专项资金来源、公益活动的组织、激励机制等方面进行完善。在资金来源方面采取的是鼓励公众“捐助+捐赠”；在公益活动方面，鼓励相关的社会组织围绕工业遗产保护开展形式多样的活动；在激励机制方面，重点对在保护中做出突出贡献的单位或者是个人，给予一定的奖励，有的是向相关主体颁发“保护工业遗产先进个人（集体）”奖章，有的是给予一定的物质奖励。三是强化宣传引导。河北省有的地市明确了宣传教育的单位，规定为属地政府；有的细化了宣传的内容与方式，采取“线上+线下”“新媒体+传统媒体”相结合的方式进行宣传；有的司法机关通过开展典型案例宣讲，通过释法说理，增强全社会对工业遗产的保护意识。

（二）法律视角下工业遗产保护存在的难题

（1）法律法规层面。一是欠缺专门立法。虽然在现有法律法规框架内，出台了一些关于文物保护的法律以及关于工业遗产保护的条例等规定，但并没有针对工业遗产保护的独立法律。实践中主要参照相关法律进行保护，由于工业遗产的特殊性与复杂性，这些法律法规中存在对工业遗产界定不清楚、定位不准确、保护主体不全面、责任追究不完善等难题。二是法律保护原则模糊。法律原则是指引立法的前提与基础，直接影响法律制定的效果。一些地方性法规对工业遗产的法律性原则做了规定。[1]例如，有的地方规定"保护优先+科学规划+合理利用"等原则，但相对笼统，欠缺针对性与精准性。三是给予保护的对象不尽一致。以河北省为例，现有的已经制定保护条例的区域中，均对保护的对象进行界定，但各地规定并不相同。例如，有的从工业遗产的价值进行界定，有的注重结合本地的特色。四是法规之间协调性不足。工业遗产本质属于文化遗产，但又与规划、土地利用、自然资源保护密切相关。各相关领域做出了对应的规范性的要求，但实际存在职能交叉的现象，欠缺立法的整体性考虑。五是法律法规的操作性有待进一步增强。在现有的法规中，对涉及工业遗产保护的资金使用、管理部门职责只进行了概括性的规定，并没有资金来源、使用、保障、监督等细化内容。

（2）责任追究方面。现有的条例、规定等对工业遗产保护的责任追究涵盖了行政、刑事、监察等多个方面，体现出立法者对工业遗产保护的重视程度。因为，从法的实施过程看，必要的惩戒能够有效地提升法律的权威性与震慑力。但实践中存在的难题是，一是职权主体责任不清。对于责任的追究细化到了政府、工业和信息化部门、乡（镇）村以及相关部门，虽然明确了管理、指导、协助等责任，但并没有细化具体责任的分配。但在追究责任的时候，有的采取职责入惩戒模式，因具有相关职责而没有履行才会受到必要处罚，而责任不明确导致一些行为常处于边缘地带，并没有达到很好的惩治效果。二是责任追究措施运用不均衡。虽然法律法规明确了各种责任，但实

[1] 孟佳，聂武刚. 工业遗产与法律保护［M］. 北京：人民法院出版社，2009：65-66.

践中因工业遗产等追究刑事责任相对较少，对一些行政主管部门给予政务处分的数量也不多，多数处罚针对的是工业遗产保护责任人，采取的处罚也多以责令限期改正为主、罚款为辅，要求其承担赔偿责任的也相对比较少。三是惩戒运用较轻。工业遗产具有悠久的历史、文化、经济与生态价值，对其造成破坏之后产生的后果有的难以弥补，特别是对一些工业遗产的毁损、迁移造成毁坏之后，后续需要付出的修缮费用比较高昂。而在对违法行为者规定的惩罚中罚款最多为2000元。特别严重的是赔偿责任，但对于赔偿责任的依据、标准、赔偿的范围及使用并没有进行细化，导致实践中往往一罚了之，后续的赔偿落实得很少。

（3）配套制度方面。一是经费保障机制不完善。实践中对工业遗产进行保护的资金主要来自属地财政支付，在一些地方的条例中规定市、县（市、区）人民政府将工业遗产保护经费列入本级财政预算，但对于工业遗产保护资金的渠道相对单一，社会力量给予的捐助、捐赠、设立的专门基金形式还较少。虽然法规中明确鼓励相关社会力量的责任，但“鼓励”并不具有强制效力。二是公众参与机制不健全。对破坏工业遗产的行为公众有一定的控告、举报或者检举的权利，由于工业遗产的专业性，有的群众对毁损工业遗产的行为了解不清楚；有的虽然知晓，但是主观上没有保护的意识；有的虽有保护的意识，但考虑举报可能带来相关主体的打击报复等行为，也采取避而远之的态度。三是监督机制不完善。对工业遗产的责任追究基本达到了以行政手段为主、刑事手段为辅的目标。实践的难题一方面是规定监察机关对文物保护相关行政部门具有监察职权，但多为群众举报，主动发现线索较少；另一方面是对行政执法权的监督，否则容易导致不作为甚至乱作为，但欠缺负有监督责任的机构。

（4）国际融合方面。在国际法体例中，对工业遗产进行法律保护既符合国家主权原则，也体现着国际环境法的可持续发展原则。以《保护世界和自然遗产公约》为例，该条约规定了“文化和自然遗产的定义分类+缔约国的保护责任+世界遗产委员会的责任+世界遗产资金的管理使用”四个方面的内容。《保护非物质文化遗产公约》对“有关机关和职能+国际合作+援助规定+遗产基金”等进行了细化。我国虽然加入了这两个公约，但是在具体转化运用方面并没有实现很好的效果，例如，对于遗产基金的设立需要进一步完善，对我国入选世界遗产名录的工业遗产进行国际化保护需要加强，对公约中的一些值得借鉴的做法需要进一步研究吸收，灵活地运用到中国实践之中。

（三）法律视角下工业遗产保护的必要性

第一，有助于实现工业遗产的构造价值。综合工业遗产名录，工业建筑占了半壁江山。这部分工业遗产既饱含着悠久的历史，也具有独特的建筑艺术色彩，反映着一定历史时期对特定建筑风格的喜好。虽然工业建筑产生的年代少则几十年、多则数百年，但立足新时代新背景，对这类工业遗产进行改造或者是研究，一方面能够实现古今结合、绽放光彩，将最新的建筑设计理念融入老物件、老建筑之中，促进老旧建筑更好地体现时代感；另一方面能够实现古为今用，让工业遗产重获活力。老的工业建筑在一定的历史时期发挥了重要作用。例如，兵工厂在当时战火纷飞的年代，为保家卫国提供了丰富的军队物资；年代久远的铁路，既便利百姓出行，也打破了区域交通障碍。要真正地实现老建筑的价值，就要赋予其新生命，既遵循传统理念不动摇，也满足人民群众新的需求，通过成片连区改造激活老建筑发展的动力。

第二，有助于实现工业遗产的文化传承价值。从遗产定义可知，产生之初就赋予其历史性。任何工业遗产都见证着一定阶段国家、社会、经济、文明的发展历程。每一个地域的工业遗产都代表着当地的文化，集中体现区域集体的特色。而工业遗产形成的地标作用，并不是孤立存在着，而是在当时规划设计人员的构思下，与周围建筑共同支撑起当地发展的特色，延展成地方发展的文脉。基于此，对工业遗产进行保护，既能够体现区域发展的年代感、时代感，也可以从工业遗产的兴盛、存废之中获得一定的启示，在文化的积淀与传承中彰显工业遗产的文化价值。

第三，有助于实现工业遗产的经济发展价值。根据经济学观点，事物的存在有一定的经济价值性，应注重激发物体的经济效应。从工业遗产现存状况看，具有较强的可塑性。[1]以矿产型工业遗产为例，一些年代久远的煤矿现实中处于随意破坏、闲置状态，造成资源浪费，影响地域经济发展。对这些

[1] 张健，隋倩婧，吕元. 工业遗产价值标准及适宜性再利用模式初探［J］. 建筑学报，2011（S1）：89-90.

工业遗产进行改造更新或合理利用，相比较新建工业产业，所需要投入的成本相对较少。[1]通过对工业遗产固有价值认定，明确其历史、文化和科学价值，进而结合地理位置做出价值评估，确定开发利用的保护方式，从而最大限度实现其利用价值提升，无形中可以产生经济效应。同时，对一些涉及面广的工业遗产，通过连片的保护开发，能够在一定程度上带动区域的发展。特别是现有的工业遗产中有一部分是典型的老式国有企业，通过支持这些企业转型，能够优化升级经济产业结构。

第四，有助于提升工业遗产的科学技术水平。对于工业遗产科技价值的研究应立足两个方面：一方面是针对工业遗产所具有的技术设计本身；另一方面是分析作为时代产物的工业遗产与历史的关联性。[2]工业革命改变了全球发展历史，而每一次革命都会带来工业技术的兴盛。随着历史的积淀，符合工业遗产认定标准的，经过严谨科学的申报之后，入选工业遗产名录。对其进行技术研究，能够掌握某一制造工艺的历史，对比现有技术，实现突破与提升。

第五，有助于实现工业遗产的绿色生态价值。工业遗产的保护与再利用是遗产研究领域关注的重点。实践中主要采取“博物馆模式+公共休憩空间+创意产业园+综合开发模式”等形式，这些保护开发样本对于遗产所在区域生态环境具有极大的改善意义。按照生态文明体系要求，生态文明是一个系统，既包括直接意义上生态环境改善，也包含间接效果上的绿色发展方式、绿色经济结构等内容。[3]通过工业遗产的更新改造，一方面，可以有效降低因直接拆除所额外产生的工业类建筑垃圾，在更新的时候提升工业遗产的环境价值。另一方面，对一些工业遗产的更新，可以在一定程度上解决区域内的污染问题。特别是对于一些工业遗产的整体改造，打造生态景观系统，既保留工业遗产的原本性，又能够提升环境承载能力，以工业遗产助力美丽城市建设。

第六，有助于发挥工业遗产的社会情感维系价值。在社会关系中，工业

---

[1] 尹应凯，杨博宇，彭兴越. 工业遗产保护的“三个平衡”路径研究：基于价值评估框架［J］. 江西社会科学，2020，40（11）：130-134.

[2] 刘伯英. 关于中国工业遗产科学技术价值的新思考［J］. 工业建筑，2018，48（8）：5-7.

[3] 中央宣传部. 党的十九届五中全会《建议》学习辅导百问［M］. 北京：党建读物出版社，2020：33.

遗产属于物质载体，看似没有任何生命力，实则也饱含着社会情感。在一些关于工业遗产的回顾检索中，工业遗产传承人采取“口述历史+回忆录”方式向当代人展示工业遗产的特点，并融合进自己对工业遗产的历史感悟。通过这些见证着历史的工业遗产，能够表达自己对特定工业遗产的怀念，包括一些老式国企在特定的年代解决了众多老百姓的就业与民生难题。随着时代的发展，一些国企逐渐被新兴经济体所取代，而直接带来的后果，就是一些百姓下岗、失业或者是需要重新就业，这就带来一定的社会感。因为，对工业遗产进行保护能够从中了解工业遗产中体现的社会情感，从而实现情感的维系与传承。

四、西方国家工业遗产法律保护及借鉴

（一）西方国家工业遗产法律保护措施

（1）美国——作为工业比较发达的国家，工业遗产的保护也相对比较健全。一方面，制定出完善的法律体系。相继出台《文物法》《国家文物保护法案》《国税法》《国家文物保护信托基金》等法律，重点突出社会大众对工业遗产保护的参与性。有的对涉及历史建筑的文物进行了明确，例如《文物法》；有的明确了各方主体在文物保护中的职责与定位，规定联邦政府起到领导作用，州政府担任配合角色，社会公众重在参与，形成从上到下、从单一主体到社会大众的保护格局，主要体现于《国家文物保护法案》；有的旨在关注文物保护资金的筹集，畅通两种渠道：一种是地方政府可以获得国家的支持；另一种是个人可以获得政府的支持，这主要在《国税法》《国家文物保护信托基金》中进行了明确。[1]另一方面，法律保护。主要指在美国对历史建筑实行的是登录制度，这项制度的存在起到很好的监督与保护作用。特别是涉及项目开发时，明确了两种比较严厉的处罚措施。第一种是若项目涉及登录制度，没有获得历史保护委员会和业主的共同参与而最终得出方案，将会被认为是违法项目；第二种是没有按照法定程序实施，而对登录建筑造成影响，也同样需要受到严惩。前一种重在强调主体的参与性，后一种旨在强化程序的正

[1] 龙灏，李昂博威. 美国历史建筑保护体系研究及对我国的启示［J］. 室内设计，2011（2）：53-56.

当性。这也体现出在保护的过程中应当注重整体性，单纯地根据需求进行拆除，只会损害工业遗产的整体经济效应。❶

（2）法国——法国的工业遗产形态和其产业模式呈现出重工业领域多，而轻工业和手工业相对较少。该国坚持包容并蓄，注重突出本地特色。主要保护措施表现在以下几个方面。一是专门法律方面：制定《历史古迹法》，形成了遗产注册、登记、先予保护等机制。❷并在世界上首个颁布文化遗产保护的法典，到 21 世纪专门制定《遗产法典》，分为法律部分与法规部分，将遗产定性为“包括所有可移动或不可移动的，属于公有或私有财产，具有历史、艺术、考古学、美学、科学或技术价值的财产”❸。二是行政管理体系方面：在法国对古迹保护的主体是文化部，上下一体均设对应机构，根据最高古迹委员会的意见进行决策，下级服从上级。三是扩展参与主体方面：实现了实业家、建筑师、乡镇市长、民间组织“四位一体”的保护群体。各类主体优势不同，第一类资金雄厚，第二类技术专业，第三类易于发动群众，第四类激发多组织与协会参与。但也有一定的不足，例如，第一类对个人私利关注较多，容易忽视遗产的公益性；第二类在整体规划方面有所欠缺；第三类在实践中形成了地方保护主义。

（3）德国——作为经济比较发达的国家，关于工业遗产保护采取的做法比较专业。一是奠定专门法律基础。《联邦建设法典》是德国城市规划和建设方面最重要的法规之一，每个城市必须遵循，在全国范围内具有普适性。最大的贡献在于对建筑遗产等保护中存在的问题提出对应的原则，并且要求各自治市执行时，政府部门应当给予充分的理由，并采取一定的方式对外公布。同时，还制定了《保护德国文化遗产被移动出国法案》《联邦地区规划法案》《联邦自然保护法案》《公共建筑艺术法》，这些法律条例的贡献在于对德国文化遗产进行了全面的保护。既有关注外在的，例如城市规划；也有体现内涵

❶ 威廉·J. 穆塔夫. 时光永驻：美国遗产保护的历史和原理［M］. 北京：电子工业出版社，2012：105.

❷ 王益，吴永发，刘楠. 法国工业遗产的特点和保护利用策略［J］. 工业建筑，2015，45（9）：192-193.

❸ 陆静怡，王岩，郭玉军. 法国遗产法典（法律部分）［J］. 中国国际私法与比较法年刊，2018，23（2）：370-379.

的，例如艺术性规定。二是突出专业组织保护。专门的组织机构能够提升工业遗产保护的针对性。德国在开展文化遗产保护方面，主要结合当地教会组织比较多的现状，将这一群体吸纳进入，赋予教会负责人对类似教堂等遗产保护举措的建议权与参与施工权。三是健全专业的保护系统。搭建起“依法系统+注册系统”双重保护平台，前者旨在强调工业遗产的法定性，要求只要某工业遗产符合法律规定即可受到相应的法律保护。后者采取一次保护主动注册的原则，但有一个特殊之处：作为一种行政措施，若遗产所有人不同意注册，其要求可以被允许；但若没有向官方机构提出拒绝注册的请求，仅是以行为表示抗议，那么该所有权人将会受到法律的制裁。[1]

（4）意大利——该国是世界上文物古迹较多的国家之一，也是目前收录入《世界遗产名录》数量最多的国家，为推进工业遗产保护，建立起了规范化的法律制度。由于工业遗产属于文化遗产，此处主要探讨该国文化遗产相关法律法规。最早颁布的法律是1907年首部文化遗产保护法，随后《文化和景观遗产规范》《资助文化产业优惠法》《文化遗产与景观法典》相继颁布实施。在此基础上，形成了三层多元法律保护体系：第一层为国家层面，主要法律依据为《文化和景观遗产规范》，该规范建立的目的是构成国家关于文化和景观遗产问题的立法主体，主要目的是保存、保护和促进文化遗产，并将其传承下去。第二层为区域层面，《区域景观规划》以规划的形式确定区域景观保护形式。主要目的是结合区域面貌和特征，确认其景观特征和景观领域范围，为其准备立法、制定相应的方法和规定提供了条件，为协调基础设施建设和城市扩张带来的相关问题，指明了应采取保护和保护措施的相关领域。第三层是城市层面，《伊夫雷亚市土地利用规划》是了解和管理伊夫雷亚现代工业建筑遗产的重要工具之一。将现代建筑列为重要的建筑资产并加以保护，在城市层面价值上来限制和控制遗产的转变。

（5）英国——国际化视野中，对工业遗产的研究多以工业革命为起点，而工业革命对英国来说，作为其发源地，具有划时代的意义。纵观英国工业发展史，在20世纪前钢铁、煤炭等实现了高速发展。但从20世纪中叶开始，

---

[1] 鞠啸峰. 基于文化与历史融合的工业遗产更新策略：以意大利普拉托市为例［J］. 建筑技艺，2020（S2）：36-40.

以伯明翰等为代表的工业化城市逐渐走向衰败，一些工业遗存也随之产生。在保护措施中：一是确立了保护对象的标准。比如，将保护对象分为注册古迹、考古地区、登录建筑和保护区等多种形式进行不同程度的保护。比如，制定登录建筑制度，对于一些有价值的工业建筑进行登录，从而防止其被拆除、扩建或未经许可的改变。对于哪些建筑物需要登录，《规划（登录建筑和保护区）法》进行了规定，主要以历史年代和建筑学价值作为判定标准。二是资金模式。英国保护和开发工业遗产的资金来源于政府、社会团体、企业等多方。较早的工业遗产保护多由政府现行规划投资，如从1984年起英国政府向五个工业城市共计投资千万英镑举办园艺节，还有众多信托、基金会等民间慈善机构，分担政府投资压力。后来，在工业遗产保护方面，企业也参与到工业遗产开发运行中来，企业以良性运营景点为目标，能够更好地保护、经营景点，吸引更多的游客参观，从而吸纳更多资金维护景点。三是通过立法和设立专门机构来加强管理和保护。设立了工业考古委员会，并向国家政府提出保护建议，负责对属于国家所有的历史文物建筑进行维修和日常维护等工作。

（二）有益借鉴

（1）健全保护体系。国外关于建筑遗产保护的经验虽然具有一定的地域性，但其采取的措施有一定的可取之处。一是探索推进专门保护机构建立。例如，英国议会采取的是由该国的信托机构独立负责，基于工业遗产的公益性，其行使的职责类似于慈善组织。❶

（2）加大工业遗产的公益特质。例如，在日本的保护案例中。加大对工业遗产的“遗产化”进程，将条件成熟的重点工业遗产尽快推向世界遗产的舞台。文化多样性保护和工业文化景观保护都是亚洲近代工业遗产申遗的机遇，离不开民众的关注，把工业遗产普及到普通民众之中，可以有力提高民众对工业文明的重视程度。

（3）强化分层分类管理。例如，意大利在国家、区域和城市三个层面分别规范了不同层级的规范与要求。在拓展中国工业遗产法律保护内容时，可

❶ 罗涵意. 国外建筑遗产保护经验对我国的启示：从英国SPAB的活动探讨[J]. 建筑与文化，2019（12）：60-61.

以将登录制度与分层制度相结合，在对工业遗产名录进行登录完善的基础上，根据实际情况进行分类保护。

（4）完善专门资金支持。工业遗产保护离不开资金的保障，面对工业遗产被侵害、毁损或者是需要重新更新改造时，资金的来源成为制约因素。可以借鉴英国等国家的资金来源渠道，结合我国国情探索合理的资金保障渠道。

五、工业遗产法律保护的途径探究

工业遗产保护是一项系统性工程，针对理论与实践难题，结合当前工业遗产保护发展的新形势，需要立足法律视角探索新的保护路径，从而增强工业遗产保护的法治化、规范化、精准化。

（1）明确工业遗产法律保护的原则与理念。一切法律的制定与实施都需要一定的理论与原则进行指引。工业遗产法律保护的理念需要体现工业遗产的特性，又要符合中国法治建设需求。[1]具体而言包括三个方面：一是坚持动态传承与公益优先相结合。这是指对工业遗产的保护模式不能过于生硬，应结合各类工业遗产的特点，将其精神与时代特色融合；在动态传承过程中也不可过分强调私权理念，过多考虑企业等开发利用主体的个人权益，而应将工业遗产所体现的公益属性进行充分保障。[2]二是坚持突出特色与可持续性相结合。在制定工业遗产法律保护规划时，应注重保留其原有的特色，但同时应体现可持续性与发展性，不能仅为了体现特色而忽视持续性。工业文化遗产非一日之功，需要在体现特色时，注重融入一种长期发展理念。三是坚持保护首位与开发第二相结合。工业遗产留存至今，已经转化为一种中华民族精神的积淀，难以单纯用经济价值来衡量。目前，政府和社会对工业遗产开发利用较重视，需要在开发时始终把保护放在第一位。

（2）制定工业遗产法律保护的专业性规范。主要包括两种途径：第一种途径是制定专门的《工业遗产保护法》。目前立法模式中，关于工业遗产的保护主要散见于部门法、条例与规定之中，既不利于整体统筹，也增加了司法运用难度。建议采取单独立法模式，明确规定工业遗产的认定、保护主体、

[1] 韦峰. 在历史中重构工业建筑遗产保护更新理论与实践［M］. 北京：化学工业出版社，2015：96-98.

[2] 林佳，王其亨. 中国建筑遗产保护的理念与实践［M］. 北京：中国建筑工业出版社，2017：47-56.

利用与开发、责任追究、保障等内容。[1]第二种途径是制定分类分级保护体系。根据现有分类标准，工业遗产分为物质文化遗产和非物质文化遗产。对于前者可以参照《文物保护法》，对于后者可以参照中国加入的国际条约规定并结合我国实际。可对比两种模式的现实可行性，结合中国法治发展的现状与实际，在当前阶段健全分类分级保护体系，时机成熟时可制定专门性的工业遗产保护法。

（3）建立对工业遗产法律保护的分级分类制度。一方面，明确工业遗产的分类认定主体。目前的主体是政府相关部门，也包括一些协会组织。前者体现的行政色彩比较浓厚，在将工业遗存认定为工业遗产时会统筹考虑各地分布的均衡性；后者在认定时考虑工业遗产的利用开发较多。建议融合两者的优势，在工业和信息化部门指导下，吸收中国科技协会等组织的专业性，实现强领导与高效率的有机统一。另一方面，明确工业遗产的分级认定标准。在制定分级分类保护时，除考虑工业遗产种类的分布之外，既要考虑工业遗产的级别，包括世界级工业遗产名录、国家级工业遗产名录、省级工业遗产名录；也可以考虑属地层级，省级、市级、县（市、区）、乡（镇）村级别工业遗产的现状。在申报时采取“工业遗产所有人、管理人、使用人主动报+相关单位和个人推荐”相结合的方式，工业和信息化部门收到申请后，结合具体认定标准进行评定。评定的过程应当做到公开与公正，及时进行公布，主动接受社会监督。

（4）健全工业遗产法律保护中的协调联动模式。一是搭建司法协作平台。公检法开展联合执法，聚焦工业遗产保护开展专项活动，发挥“捕诉一体”等机制，办理一批有影响力的案件。二是健全联动机制。政府、工业和信息化主管部门、自然资源及其他与工业遗产保护相关的部门，建立协调联动常态机制，综合运用定期与不定期座谈交流、深入实地走访调研、召开联席会议等形式，发现工业遗产保护中存在的难题，及时予以解决。[2]三是营造公众参与氛围。利用文化遗产日等开展法治宣传，依托“木兰有约”“法治进基层”

---

[1] 张亦弛，蔡明伦. 地方工业遗产保护的立法实践探析：以《黄石市工业遗产保护条例》为例［J］. 湖北师范大学学报（哲学社会科学版），2017，37（3）：68-70.

[2] 易新涛，叶均. 工业遗产保护中的政府责任［J］. 湖北工业大学学报，2013（3）：63-66.

等平台，通过法条解读、释法说理、互动答题等形式，增强群众对工业遗产保护的意识。同时，健全举报奖励机制，对举报人给予物质和精神奖励，构建群众守法知法用法格局，厚植保护工业遗产百姓根基。四是注重学术研讨。政府部门可探索与属地高校成立工业遗产保护研究基地，深入挖掘工业遗产价值，推动工业遗产在法治化轨道上进行开发与利用。

（5）完善工业遗产法律保护中的责任追究机制。一是做实刑事责任。主要包括两类：第一类是针对负有工业遗产保护责任的相关行政机关，若发生滥用职权、玩忽职守、徇私舞弊等行为，对于构成犯罪的，移送监察机关，由其对国家工作人员进行调查，旨在维护行政机关工作人员对工业遗产保护的廉洁责任。[1]第二类是公众对工业遗产的故意毁坏、破坏等行为，构成犯罪的，移送司法机关，旨在保护工业遗产的完整性与真实性。二是做强行政责任。目前，涉及工业遗产的处罚主要为行政责任。因此，应在处罚方式上进行完善，可以搭建“责任限期改正+罚款+赔偿”模式，一般情形限期改正，若拒不改正、情节较轻的则罚款；若情节较重，则罚款数额应提升；最后，若对工业遗产造成损失的，就要承担赔偿责任。[2]三是做优公益责任。借鉴对文物和文化遗产公益诉讼制度，建立文物保护组织或者检察机关对侵犯工业遗产的行为提起公益诉讼，以国家强制力予以保障。

（6）强化工业遗产法律保护中的国际合作。探索对工业遗产的国际化保护措施，是工业遗产走向全球的必由之路。一要善于借鉴国外的资源。欧美等国家作为老牌的工业化国家，因其工业化发展程度较高，对工业遗产的保护开展得也相对较早，可借鉴其有益做法。[3]二要以申报世界遗产名录为契机，对国际条约进行深入研究，将国际条约规定的人权保障、环境保护等理念融入其中，特别是要探索建立开展工业遗产保护的专门性机构，确保责权对等。三要强化国际交流。依托我国加入的国际组织，通过参加工业遗产保护国际论坛等形式，掌握最新的国际保护形势与对策，提升我国工业遗产保护的国际化水平。

---

[1] 丁芳，徐子琳. 中国工业遗产的法律保护研究［J］. 科技信息，2012（1）：17-18.

[2] 唐利国. 论我国工业遗产保护法律制度的构建［J］. 商场现代化，2010（13）：111-112.

[3] 阙维民. 国际工业遗产的保护与管理［J］. 北京大学学报（自然科学版），2007（4）：530-534.

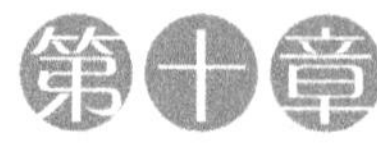

第十章 文化遗产保护的司法制度：基于检察公益诉讼

在人类文明历史上，法治起到重要作用，而文化遗产作为体现文明的重要载体，更加离不开法治的服务与保障。本章立足公益诉讼制度，探索文化遗产保护的系列问题，从而更好地践行习近平总书记关于文物事业发展的法治思想。

一、研究现状评述

关于文化遗产保护公益诉讼的理论研究现状，有的学者从文化遗产权能本源出发，探索其公共属性。王云霞认为站在信仰与生活方式的视角，主张文化遗产是服务于特定区域人群世代坚守的追求。有的学者注重从机制的层面进行探讨，助推形成固定化的保护机制，例如，陈华荣、席常国、王向辉等以非物质文化遗产为切入点，立足山西运城实际，认为应当建立举证责任明晰、民事和行政领域公益诉讼相区分的机制。[1]何津津认为应当突出公众参与的力度，增强物质激励措施，拓宽公益诉讼线索来源。[2]钟亚雅等认为应当建立“动态巡查+静态审查”监督模式，依托“全过程监督”，推动区域文化

---

[1] 陈华荣，席常国，王向辉，等. 非物质文化遗产保护引入公益诉讼机制初探：以运城市非物质文化遗产保护为视角［J］. 运城学院学报，2020，38（05）：62-64.

[2] 何津津. 物质文化遗产公益诉讼的构建［D］. 北京：北京理工大学，2016：14.

遗产实现更高水平的保护和管理。[1]有的学者认为应当完善检察文物保护公益诉讼的具体程序，唐芳以长城保护为研究视角，指出应当完善诉前审查、案件受理、举证程序、强化部门联动等系列环节。[2]齐崇文以文化遗产检察保护区域实践为依托，采取比较分析方法，指明应当引入公益诉讼。[3]郑毅创新视角，提出在完善公益诉讼前提下，应当探索将国家文物督察与前者相联系，从而更好地形成保护合力。[4]有的学者从体系化视角探索文化遗产保护公益诉讼制度，张邦铺主要从提起文化遗产公益诉讼的主体出发，主张应当建立“政府+社会团体+自然人”的联合保护模式。[5]蓝向东、杨彦军以文物的特性为出发点，站在理论的角度，综合行政和民事公益诉讼，从必要性与可行性方面进行了深入而细致的分析。[6]胡卫列、宁中平主要围绕涉及文化遗产保护检察公益诉讼的具体办案环节，提出应当在健全立法、突出一体化办案、增强部门间的协作与交流方面完善举措。[7]综上所述，理论界关于文化遗产保护公益诉讼的研究关注文化遗产的公益属性较多，深层次探索如何更好地实现这一制度创新相对较少，特别是对于如何发挥检察职能更好地守护公益仍然相对缺乏。故此，应在综合公益诉讼现有理论基础上，进一步探索检察机关在文化遗产保护中作用的发挥。

二、文化遗产保护检察公益诉讼的提出

（一）一般公益诉讼理论

从语义学视角看，公益诉讼的本质特征即公益诉讼中的“诉”和“讼”。所谓“诉”包含三个方面意思，一是告诉；二是申诉；三是控告。所谓“讼”，

---

[1] 钟亚雅，李雨航，陈达源．“法律监督+行政执法”共同推动文化遗产保护［N］．检察日报，2020-12-03（7）．

[2] 唐芳．公益诉讼视角下的长城保护［J］．河北地质大学学报，2020，43（3）：136-140．

[3] 齐崇文．论文化遗产保护中检察权的运用［J］．中国文化产业评论，2017，25（2）：133-136．

[4] 郑毅．文物保护公益诉讼应处理好五个关系［N］．民主与法制时报，2020-12-05（3）．

[5] 张邦铺．我国非物质文化遗产公益诉讼保护制度的构建［J］．社会科学家，2013（10）：94-97．

[6] 蓝向东，杨彦军．以公益诉讼方式开展文物保护的可行性研究［J］．北京人大，2018（6）：41-45．

[7] 胡卫列，宁中平．准确把握公益诉讼职能定位为文化遗产保护贡献检察力量［N］．检察日报，2020-09-17（5）．

本质是一种法律行为，由人民法院作为主体而进行裁决。“诉讼”连起来，即我们常说的“打官司”。从诉讼的功能价值看，呈现还原性与联系性的特质，既要对已成事实进行归位，也要采取诉讼的方式，从而探寻罪与责之间的某种关联。有一种观点认为，既然“诉”是一种告状行为，那么顺而沿之，公益诉讼即是为了公共利益而采取的一种告状行为，是为了公益而起诉。根据规范学说，所谓公益诉讼至少包含“主体+依据+对象+后果”四个要素，“主体”，是特定的机关或者组织和个人；“依据”，依法而进行、依法履职；“对象”，即侵犯的是不特定利益；“后果”，通过起诉，由人民法院作为居中裁判者追究相关主体的责任。检察公益诉讼严格来讲，全称就应该是“检察机关提起公益诉讼工作”。检察机关的使命就是恪守客观公正立场，时刻对公共利益有所关注、有所反馈，通过公益诉讼保护公共利益。

可以说，公益诉讼制度的诞生，对检察机关而言更是一种优化司法职权、做实监督职责的手段。追溯公益诉讼的发展史，现有史料记载最早的形成时间为 20 世纪初，当时的表述为“民事保护公益陈述权”，并不是由法律规定，而是由《高等以下各级审判庭试办章程》明确。[1]新中国成立以后，《中华人民共和国检察院组织法》（1954 年）第六条第六项也做出明确规定。该条规定的主体限定在地方各级人民检察院，案件类型为民事案件，履行职责的方式是提起诉讼或参与诉讼[2]。除国家层面规定，当时的地方检察机关已经有所体现。例如，在《上海检察志》中记载，“1953 年上海检察署代表国家公益提起诉讼的案件。”而比较现代意义上的公益诉讼，应当开始于 20 世纪 80 年代末、90 年代初，行政公益诉讼首先进入理论研究领域。[3]90 年代中后期，检察机关开展公益诉讼的探索走入实践。例如，河南省某检察机关立足原告身份，以民事诉讼的方式起诉相关企业，要求法院确认国有资产转让协议无效，这类诉讼已经具备了公益诉讼的一些特征。但遗憾的是后来一些环保、国土等案件，由于缺乏法律依据，多数都被法院驳回起诉。

---

[1] 最高人民检察院民事行政检察厅. 检察机关提起公益诉讼实践与探索［M］. 北京：中国检察出版社，2017：32.

[2] 王利军. 论检察监督权中的抗诉权和起诉权［J］. 河北法学，2017（6）：24-28.

[3] 王祺国. 行政公诉探讨［J］. 政治与法律，1987（3）：54-55.

随着《民事诉讼法》(2012年)第五十五条第一款、《消费者权益保护法》(2013年)第四十八条、《环境保护法》(2014年)第五十八条的连续修改，民事检察公益诉讼逐渐完善，以法制的方式上升至国家制度层面。但反观行政领域的立法，进展则相对缓慢。直到党的十八届四中全会正式提出建立检察公益诉讼制度，方才奠定公益诉讼制度根基。虽然并不是由法律直接规定，而以政策的视角进行规划。[1]在此指引下，2015年，全国部分地区试点开始，在政策指引下实践领域开始不断探索。随着试点的完成，中央全面深化改革领导小组认为正式建立检察机关提起公益诉讼的时机已经成熟，2017年全国人大常委会通过了修改《民事诉讼法》和《行政诉讼法》的决定，正式从法律层面确定了检察机关提起公益诉讼制度。[2]根据《民事诉讼法》《行政诉讼法》的规定，我国目前的公益诉讼类型与范围呈现“3+2”的体例。“3”即“民事+行政诉讼+刑事附带民事”公益诉讼；“2”即根据法律规定，检察机关提起公益诉讼的范围主要以民事与行政相区分，在民事领域主要包括污染环境、食品药品安全领域侵害众多消费者合法权益等损害社会公共利益的行为；在行政领域为行政机关在生态环境和资源保护、食品药品安全、国有财产保护、国有土地使用权出让等领域。行政公益诉讼的监督内容是行政机关违法行使职权或不作为致使公共利益受到损害。随着检察机关内设机构改革的完成，在市级以上检察机关正式设立公益诉讼检察部门，即“第八检察部”，统一行使公益诉讼职责。基层检察机关虽然多数没有设立单独的部门，相关职责也融合在相应监督职能中。

（二）文化遗产保护检察公益诉讼的必要性

从非物质文化遗产的效用价值维度看，非物质文化遗产的公共利益属于公益诉讼保护界域，可以说，二者不仅存在理论层面中，还有实现的必要性和合理性。

第一，开展文化遗产保护检察公益诉讼是实现文化遗产公共属性的必由之路。正如边沁所言，“公共利益并非绝对的特殊利益，而只是对于个人利益

[1] 王伟鹏. 浅议检察机关提起行政公益诉讼制度的构建［J］. 中国检察官，2015（15）：75-76.

[2] 施建邦. 以公益诉讼检察促进云南生态文明建设的思考［J］. 云南民族大学学报（哲学社会科学版），2019，36（3）：149-150.

而言，具有一定的独立性，范围具有广泛性，在一定程度上即为利益的联合体。”[1]一方面，从语言分析看，虽然关于公共利益尚未有统一的定义，但公共利益具有的三大特性不言而喻：一是非精准确定性，二是公共享有性，三是内容普遍性。由此可知，文化遗产具有公共利益特性。原因在于文化遗产属于全人类共同享有，内涵广泛而多元。而我国现阶段，检察公益诉讼保护的核心即是公共利益。另一方面，从功能价值看，文化遗产体现的是公共物品的属性，运用公益保护最为适合。[2]这是因为按照西方经济学理论，公共物品的本质在于成本零度化，将此物品扩展于他人时候无成本，这直接导致对他人共享的无法排除。例如，我们身边常见的公共物品就是国防，保家卫国平天下，旨在保护国家和民族利益，若从经济学共享理论分析，排除他人显然不可能存在，因为国防的本质属性决定其维护利益的多元化。而文化遗产与国防力量类似，都旨在维护国家、民族利益，虽然侧重点不同。文化遗产更多强调的是对思想的认同、文化自信的提升、民族精神的传承，而这一系列的目标并不是单独个体所有，而是归全体成员共有，产生以非排他为效果的正外部性。正是基于此种原因，导致此类物品出现困境或者问题时，由相关组织来进行弥补和救济。文化遗产天然具有公共性，仅靠私人行为难以起到很好的保护作用，必须引入公益性诉讼进行保护。故此，检察公益诉讼成为必由之路。

第二，开展文化遗产保护检察公益诉讼是预防文化遗产被损害及侵权的迫切需要。实践中，文化遗产具有“强壮”与“脆弱”双重性。一方面，文化遗产作为先辈流传下来的、历经时代更迭的中华民族精神的传承形式，具有顽强的生命力，不曾褪色，这是一种饱含在文化内涵中的底色。另一方面，文化遗产具有一定的脆弱性。以浙江省为例，该省在开展文化遗产普查中，发现有将近45%的文化遗产遭到破坏。在东北，辽宁省旅顺市具有5000年历史的文化遗产遭到人为破坏。早在2013年，国家文物保护部门在开展专项检查中，发现山东聊城等多个市县，存在对文物保护工作不重视，影响保护效果，最终导致文化遗产遭到破坏。除一系列主动性的破坏之外，另一种并没

[1] 胡建淼，邢益精. 公共利益概念透析［J］. 法学，2004（10）：3-8.

[2] 孙昊亮. 非物质文化遗产的公共属性［J］. 法学研究，2010，32（5）：93-97.

有对文化遗产载体直接造成恶劣影响，而是以一种“柔和”方式侵入文化遗产的内核，破坏性不言而喻。例如，在一些地方对文化遗产进行过度商业化的改造，不仅侵犯了文化遗产本身的归属感，也使其具有的精神被弱化。例如“常州偷梁换柱拆文物”“成都破坏都江堰”“平遥古城墙体倒塌无人维护”“西安古城墙中开网吧”等事件频频见诸报端，这些事件有的披着“维护”的外衣，却进行着实质的商业开发；有的遭到破坏，相关保护主体却熟视无睹；有的以开展大保护为名，却私自对文化遗产进行内部改造，严重侵害了文化遗产的本质。检察机关开展文化遗产保护领域公益诉讼，以国家法律监督者身份维护公益，在微观方面夯实了保护文化遗产的根基，在宏观方面对于中国司法职权配置与优化具有促进作用。[1]

第三，开展文化遗产保护检察公益诉讼是连接文化遗产司法保护和社会保护的重要纽带。原真性与整体性是文化遗产保护的重要原则，前者要求在保护的过程中将真本理念贯穿保存修缮全过程；后者对文化遗产的保护提出了更高标准，要求和文化遗产相关的所有的形式、周围的自然与人文环境都要进行保护。正是基于这样的保护原则，有时在一定程度上会与整个城市和社会发展规划存在冲突，此时依托个体或者政府组织进行维护可能会存在桎梏。从法律层面看，虽然关于文化遗产保护已经做了一些规范要求，但空缺在于既没有对公众参与引起重视，也没有对这些主体如何更好地参与提供相应的保障进行明确。从保护本源看，强化公众参与，可以更好地契合文化遗产分布的广泛性，形成大保护、大参与的格局。因此，急需公益诉讼发挥作用，增强保护的针对性。但关于文化遗产保护的公益性组织相对较少，在实践中很难发挥作用。检察机关是宪法定位的承担法律监督职能的专职机关，通过提起公益诉讼保护文化遗产可以有效破解实践难题。按照比较法学理论，现代民事诉讼理论一定程度上拓展公益保护范围，而传统理论更倾向于既要有损害事实发生，更要求有直接的利害关系。但这样的要求对于文化遗产这种不可再生性载体而言，保护力度显然不够，必须要在可以预防的视角进行维护。检察公益诉讼作为一个桥梁，能够在文化遗产可能遭到破坏时履行职

[1] 徐汉明. 新时代人民检察事业创新发展的基本遵循：学习习近平同志关于检察改革和检察工作系列观点的体会［J］. 法学评论，2019（5）：10-13.

责，可以有效地将文化遗产的司法保护与社会保障相连接，将原真性贯穿其中，达到整体性保护的目标。

（三）文化遗产保护检察公益诉讼的可行性

检察公益诉讼从诞生之日起，将维护公共利益作为首要目标。虽然现有法律中并没有关于文化遗产保护检察公益诉讼的明确规定，但关于“等”外的探索为检察机关开展这一领域公益诉讼提供了有效指引，具有内在的道、理、势的优势。

第一，“道”之本然。检察机关开展文化遗产保护公益诉讼符合具体制度架构要求。俗语云：“合乎道者皆可为。”制度的起源与变迁与经济社会发展、人类的行为密不可分。这正印证了著名学者诺思的观点，制度是一切能够对人们行为产生约束的“正式+非正式+其他”制度集合体。[1]中国特色检察制度虽然确立的时间比较晚，但其渊源比较早。从古代汉语考证的角度看，在《康熙字典》中对“检”与“察”已经有了定义。所谓“检”包含四层意思，一是“考查”，这是基本；二是“察验”，这是关键；三是“约束”，这是核心；四是“制止”，这是保障。“察”同样具有四层含义，一是“细看”，这是前提；二是“详审”，这是重点；三是“考察”，这是深入；四是“调查”，这是延伸。“检察”两字联合起来，便具有了“检视察验、检举制止”的意思。从中国特色检察制度的职责与使命看，守护法律、保障法律的正确实施是其专责。检察机关保障的法律是全部的，所有法制的底线均由检察机关来保障。从中国检察公益诉讼的制度逻辑看，与传统诉讼相比，公益诉讼权至少包括两大核心点，第一点是突出公益保护的目标；第二点是强化依法履职；[2]诉讼地位不仅是当事人，更是主导者。由前所述，在现有公益诉讼框架下，检察机关维护公益诉讼的范围主要是“4+等”领域。文化遗产作为一种具有公共属性的权益，看似保护的主体涉及很多，但由于“不特定性”的存在，反而导致出现“人人皆可管、但人人不管”的现象。因此，必须有一个明确主体来履行对文化遗产保护的职责，检察机关具有天然的主体优势。在检察公益诉讼制度中，为保护生态利益，对生态环境和资源保护进行规定；为守护国家利益，

[1] 姜何著. 大话 BOSS 与成功者的优秀特质零距离［M］. 北京：中国工人出版社，2004：65-68.

[2] 张雪樵. 检察公益诉讼比较研究［J］. 国家检察官学院学报，2019，27（1）：151-152.

对国有财产进行保护。而文化遗产在一定程度上与这两类范围具有契合性。一方面，文化遗产与生态环境和资源不可分割。根据《环境保护法》规定，环境包括四大要素：一是环境本质是一种空间体；二是环境对人类的生存发展产生的影响既有直接的，也有间接的；三是环境的组成兼具“天然因素+人工改造”两种特质；四是种类上既包括大气、水、海洋，等等，也包括自然、人文遗迹，等等。从文化遗产的价值看，具有文化遗产所代表的历史时期的文化特性，特别是一些物质文化遗产，呈现模式很大程度都是经过人工改造的自然因素，与环境不谋而合。另一方面，文化遗产与国有财产具有一定的相通性。在《文物保护法》中对国有文物进行了专门界定，明确其国有财产的性质。按照法律规定，行政检察公益诉讼的一个重要方面即是国有财产保护。故此，开展检察文化遗产公益诉讼符合道之本然。

第二，“理”之所在。检察机关开展文化遗产保护公益诉讼能够厘清文化遗产保护领域责任。在文化遗产保护领域，承担法定职责的主要为相关行政部门，称之为“主动保护的主体”；公民或者相关组织承担“主动+被动”的责任，既不得侵犯，也要主动去维护。根据保护主体不同，关于文化遗产保护的责任也具有区分性。检察公益诉讼正是架起各个主体之间的杠杆与支点，在履行职责过程中厘清各方责任。在行政公益诉讼中，主要的请求有两个：一是确认违法，包括违法作为与违法不作为；二是依法履职，即判令由相关行政机关履行对应的公益保护监督管理职责。前者是前提，后者是核心。其中一以贯之的是检察权与行政权的两方博弈，有学者认为检察权的有效性体现在对公权力的制约，在国家权力结构中，体现的是集中基础上的监督与制衡。[1]按照现代行政法治理论，维护公共利益是行政权所追求的主要目标。在检察制度发展史上，检察机关对行政权的监督，多以查办职务犯罪为主，但实践办案情况是对于构成刑事犯罪的数量相对较少。从违法行为发生情形看，主要是不作为与乱作为。看似违法行为轻微，但若不加监管，严重者可能转化为刑事犯罪。具体到文化遗产保护实践，一些承担文物保护职责的行政机关存在着不作为、乱作为等现象。检察机关可以采取两种途径界定清晰相关

[1] 周新. 论我国检察权的新发展［J］. 中国社会科学，2020（8）：70-76.

部门责任：第一种途径是被动式，即针对文物主管部门履行职责不到位的情形。对于发现的毁损文物等侵犯文化遗产权益的行为，督促相关部门履行职责的方式主要是检察建议。若被建议单位接到建议后仍不履职，则通过诉讼方式，请求法院判令相关部门履行职责。第二种途径是主动式，即相关行政部门本身对文化遗产破坏行为起到参与作用，此时检察机关直接建议其停止实施相关行为并采取补救措施，若其不采纳建议，则可启动行政公益诉讼。在民行检察公益诉讼中，主要针对的是公民或者有关组织对文化遗产造成的破坏行为，检察机关可以先向法律规定的对文化遗产承担保护职责的部门或者组织提出建议，如果这些主体不提起诉讼，此时由检察机关作为主体，履行民事公益诉讼职责。[1]无论是行政还是民事公益诉讼，在履行职责的过程中，清晰地区分相关主体对文化遗产保护的责任，通过办理一案实现警示一片，将公堂之争转化为双赢多赢共赢的局面。

第三，“势”之所趋。检察机关开展文化遗产保护公益诉讼符合实践需求。问题是实践发展的导航仪，实践是理论的积淀与升华。正是现实中存在大量破坏文化遗产的行为，既有来自相关职能履责的不到位，也有来自公民个人或者组织的主动破坏。文化遗产检察公益诉讼的实践逐渐开始探索，并取得了一定成效。2020 年 12 月 2 日，最高人民检察院发布的典型案例主要呈现如下特点：一是案件类型主要为行政公益诉讼。2020 年 12 月 2 日，最高人民检察院发布 10 起文物和文化遗产保护公益诉讼典型案例，此次发布的典型案例具体为：新疆维吾尔自治区博乐市检察院诉谢某某等 9 人盗掘古墓葬刑事附带民事公益诉讼案、陕西省府谷县检察院督促保护明长城镇羌堡行政公益诉讼案、甘肃省敦煌市检察院督促保护敦煌莫高窟行政公益诉讼案、福建省晋江市检察院督促保护安平桥文物和文化遗产行政公益诉讼案、江苏省无锡市滨湖区检察院督促保护薛福成墓及坟堂屋行政公益诉讼案、山西省左权县检察院督促保护八路军杨家庄兵工厂旧址行政公益诉讼案、江西省龙南市检察院督促保护客家围屋行政公益诉讼案、上海市虹口区检察院督促保护优秀历史建筑德邻公寓行政公益诉讼案、浙江嵊州市检察院督促保护中共浙江

[1] 巩富文. 我国检察机关提起公益诉讼制度研究［J］. 人民检察，2015（5）：12-14.

省工作委员会旧址行政公益诉讼案、湖北省恩施市检察院督促保护崔家坝镇鸦鹊水村滚龙坝组传统村落行政公益诉讼案。此次公布的10件典型案例，数量分布差异较大，行政类的为9件，民事类的为1件。二是案件涉及的领域相对广泛。既有体现历史性的明长城、陵墓、莫高窟，也有彰显传承性的兵工厂旧址、传统村落等方面。三是案件来源多元。既有刑事案件，也有来自群众的举报；既有检察机关主动发现，也有外界移送。四是监督的具体内容丰富。例如，检察机关督促保护明长城行政公益诉讼案，该案主要针对工程施工对文化遗产导致的受损问题；江西省在南市检察院督促保护客家围屋行政公益诉讼案为检察机关督促保护传统建筑的安全问题。五是监督对象较广。有的是地方政府部门不履职，有的是文物保护单位不作为，也有对文化遗产造成破坏的单位或者个人。六是时间跨度长。有的案件中对文化遗产的破坏达25年之久，例如莫高窟自1996年遭受破坏，直到2019年检察机关接到群众举报，检察机关进行办理，推动多部门形成联合保护合力。七是成效显著。通过对文化遗产开展检察公益诉讼既实现了对文物的回填修复，也督促职能部门履行责任，更在全域化的视角下形成社会共治力量。虽然仅是实践中比较典型的10起案件，但反映出文化遗产检察公益诉讼的紧迫性、必要性、成效性。因此，开展文化遗产保护检察公益诉讼符合社会发展需求，契合公益诉讼检察实践探索，能够以一种更加新颖和有效的方式提升文化保护水平。

三、文化遗产保护检察公益诉讼的实践现状——以燕赵大地为例

（一）燕赵大地文化遗产公益诉讼保护现状——以保护长城为样本

燕赵大地，形象地展现着河北的历史与人文风貌，文化遗产众多。这里结合当前检察公益诉讼实践，重点围绕长城保护进行研究。

1. 河北省长城现状

长城涵盖春秋战国、秦、汉、唐、明等12个历史时期，经过15个省（区、市）的404个县（市、区），总长度为21196.18千米。

具体到河北省而言，河北省长城文物资源丰富。长城（河北段）现存长城总长2498.54千米，约占全国的11.79%，居全国第二位。年代叠加全，是长城沿途 15 个省自治区、市中修建长城最多的省份，现存战国、秦、汉等

11 个时期的长城。各个时代的长城分布于秦皇岛、唐山等 10 个市（区），基本涉及河北省全域。长城（河北段）选址科学合理，高低起伏盘旋在崇山峻岭之间，地貌景观类型丰富，组合度高，景观壮美，与周围环境和谐统一，国家 5A 级、4A 级、3A 级旅游景区分别为 1 家、5 家和 3 家。以长城（河北段）明长城为例，该段长城总长 1338.63 千米，长城墙体共 1153 段，主要以砖体长城为主。可以说，“长城抗战”作为近现代改变长城价值的历史事件，主要集中发生在长城（河北段），喜峰口、罗文峪大刀队重创日寇，黄土岭大捷击毙日军中将阿部，充分彰显了中华民族的文化自信。

（1）长城（河北段）历史脉络

时间定格在战国时期，此时修建的长城与河北省有关的代表性的国家包括三个，第一个是中山国，第二个是燕国，第三个是赵国。搜索相关史料，据《史记·赵世家》记载：当时在位皇帝为赵成侯，修建长城的范围主要涵盖了今天的保定市一些县，例如有涞源县、曲阳县、唐县和顺平县。到赵国时期，赵肃侯于公元前 333 年主要在现在的河北省邯郸市辖区修建长城，这些长城涉及临漳等地，也为邯郸积淀了厚重的历史文脉，称“赵南长城”。赵武灵王年间修筑了“赵北长城”。燕国时期，在南、北国境边界分别称为“燕南长城”“燕北长城”。燕秦长城由战国时期的燕国初建，燕山北部地区的燕秦长城，主要分布在地势较高的山地或浅山地。平川之地多由土筑，山地则为石砌墙体，可惜遗址遗存保存下来的并不多。

秦汉长城，由西向东横跨张家口市、承德市。汉长城由内蒙古自治区兴和县入境，经怀安县、尚义县、万全区、承德县等 11 个县（区）转入内蒙古自治区宁城县。

南北朝时期，有四个时期均在河北省修建过长城：一是泰常八年；二是太平真君年间；三是太和八年时期；四是北齐天保七年间。涉及的年代从公元 423 年跨到 556 年，时间长达 133 年。[1]到公元 555 年，进入北齐时期，高洋皇帝参考效仿先人做法，为抵御外族入侵，将修建长城作为固守国体的重要举措，在他在位期间共修建长城达 3000 多里，从而在历史上填补了金山岭

[1] 李建丽. 河北长城概述［J］. 文物春秋，2006（5）：19-22.

没有长城的空白。

（2）长城（河北段）保护制约因素

河北省早期长城主要分布于燕山南北、太行山东麓等地区。目前，主要分为四个区域，即“东北部+西北部+南部+中部”，由于各个分区自然、经济、社会、人文差异，对各区域长城保护的制约因素也呈现出差异性。对东北部地区而言，主要包括秦皇岛市、唐山市、承德市，位于燕山山脉及坝上草原，自然资源丰富，资源密集型产业集中，自然资源、土地资源、矿产资源开发利用是影响该区域长城保护的主要因素。对西北部地区而言，主要包括张家口市，位于大马群山沿线，经济欠发达，近年来旅游业快速发展，传统农业生产、油气管线和风电建设是影响该区域长城保护的主要因素。对南部地区而言，主要包括邯郸市，位于漳河沿线，经济发展较快，工业和居民生产生活等是影响该区域长城保护的主要因素。对中部地区而言，主要包括保定市、廊坊市，保定市位于太行山山脉沿线，经济发展较快，传统农业和居民生产生活是影响该区域长城保护的主要因素；廊坊市位于华北平原东部，经济相对发达，城镇和基础设施建设等是影响该区域长城保护的主要因素。[1]除各区域天然的制约因素外，长城保护中存在的问题还有一些共性难题。

（3）长城（河北段）保护存在的问题

总体来看，长城（河北段）保护存在的问题主要包括五个方面：一是遗产功能不足。除旅游观光外，教育、服务等功能相对缺失，长城价值阐释深度不足，展示水平有待提升，文化带动作用发挥不充分。二是保护管理薄弱。目前，关于长城保护存在着多头管理、交叉重叠、涉及跨行政区域分布的长城分段管理责任尚不明确等问题，对长城点段保护带来不利影响。三是生态环境风险高。威胁长城安全的各类自然灾害，特别是地质灾害、极端天气和植被破坏等长期存在，防灾减灾应对措施尚不完善。四是资源开发利用率不高。各个区域发展不均衡，交通等文化旅游公共服务设施配套薄弱；日常保养维护制度、流程还不健全，在长城保护中的基础性作用尚未充分发挥，资源亟须进行系统性整合。五是宣传教育不足。关于长城保护宣传教育的广度

---

[1] 河北省文物局. 河北省长城保护管理和执法情况调查研究报告［M］. 北京：文物出版社，2009：56-60.

与深度不足。

除以上共性问题外，各段长城保护还存在一些个性问题。①山海关保护中存在的问题：主要是长城沿线文物和文化资源保护力度不足，部分地区出现过度利用和人为因素破坏的现象，长城保护与城乡发展关系需要协调。长城文化展示载体不足，主题博物馆、展示馆档次较低。长城文化研究发掘不足。古城及周边街道、村落整体环境亟待提升，八国联军营盘旧址等保护性利用需要创新模式。文旅融合程度不高，以山海关为代表的旅游景区仍以观光游览为主，旅游产品、业态不丰富，文化消费、夜间经济发展不足，周边乡村、社区参与度不高。②金山岭长城文化保护存在的问题：展示载体缺失，保护传承力度有待加强。缺少长城文化博物馆、展览馆等展示场所，对相关文化还没有充分挖掘利用。核心景区文旅融合不足，目前以观光为主，文化体验、夜间休闲等业态不丰富。景区对周边社区、项目等带动辐射力弱，成熟文旅融合项目少，缺乏精品。长城周边环境还存在低档次建筑、裸露弃料场、破损山体等环境破坏现象。基础配套设施不足，外围旅游交通、周边环境等基础设施和公共配套还需完善提升。特别是出现一系列违建项目，严重影响长城遗产价值发挥。例如，长城脚下饮马川项目，规划占地 600 亩，建设内容包括饮马川大地村落（满族文化村）、民宿客栈、山野公园、长城遗址公园等。项目主要沿潮河右岸而建，展示区位于左岸，毗邻北京市密云区古北口镇，2016 年 3 月开工建设，目前已建成住宅、酒店等 438 套。恒大长城小镇项目：该项目规划占地约 1050 亩，项目主要位于潮河与其支流两间房川之间，一小部分位于潮河右岸紧邻长城脚下饮马川项目上游。2017 年 8 月开始建设，目前已建成住宅、商场等 473 套。长城河谷项目：该项目位于距恒大长城小镇项目上游 4.5 千米处的潮河支流两间房川两岸，规划占地 600 余亩，建设内容包括酒店、度假村、商业街等。2016 年开始建设，目前已建成公寓酒店及住宅 918 套。③大境门长城保护存在的问题：长城保护与城市发展矛盾冲突较大，周边建筑及构筑物对大境门历史文化氛围及景区景观影响较大。长城文化展示载体建设滞后，保护传承力度有待加强，仅有“大好河山”张家口照片展厅。相关文化遗存保护修缮不足，来远堡仅剩一段堡墙，保护利用项目处于停滞状态。大境门特色街区及周边部分区域文旅融合不足，部分项目还处于规划建设阶段。张家口堡老城区仍有居民居住，尚未统一规划利用，部分院落内部乱盖、加盖现象严重，部分院落破败不堪，近期整体开发利用难度大。大境门长城沿线村落环境风貌一般，多处于自然状态，亟待统一整治提升。④崇礼段长城保护存在的问题：长城自然破坏损毁比较严重，缺少长城基本形态特征，缺少文化展示功能。长城文化资源挖掘与传承缺失，长城周边传统村落中长城文化、传统文化、民俗文化的集中展示、演绎传承、活态开发不足，缺少村史馆、主题民宿、特色餐饮等业态，以长城文化为主题的乡村旅游发展几乎还是空白。

2. 河北省检察机关长城领域检察公益诉讼保护实践

为更好地助力长城文物遗产传承保护工作，河北省检察机关紧密结合省域内长城遗产分布较为广泛的现状，立足检察公益诉讼职责，开展了一系列专项活动，既守护了中华文化命脉，也在一定程度上传承了燕赵文化和中华民族精神。

（1）健全制度规范

完善的制度是推进长城保护的基石。中央层面，最先进入公众视野的是《长城保护条例》，作为由国务院制定的行政法规，从宏观政策上对长城保护进行了明确。在中央的指引下，河北省于10年之后，制定出台《河北省长城保护办法》，作为全国第三个出台此项办法的省份，凸显对长城保护工作的重视，全面推进落实长城保护各项法律、法规和工作举措。[1]17年后，河北省人大常委会出台了《关于加强检察公益诉讼工作的决定》，将文物和文化遗产保护等八个领域纳入检察机关公益诉讼“等”外领域办案范围。[2]根据文物保护相关法律法规，按照国家《长城保护总体规划》《河北省长城保护办法》等规范性文件精神，河北省检察机关制定实施方案，明确服务大局、保护公益、因地制宜三大原则，为同步开展专项活动奠定基础。各地检察机关也在积极协调，制定相应的制度规范。例如，邢台市检察院走访邢台市文化广电体育和旅游局，研究《邢台市长城国家文化公园建设保护规划》，细致了解邢台长

---

[1] 贾胥燕. 京津冀一体化下长城文化旅游保护研究：以河北省为例[J]. 河北地质大学学报，2017（5）：134–136.

[2] 唐芳. 公益诉讼视角下的长城保护［J］. 河北地质大学学报，2020（3）：137.

城建设总体定位、保护目标、沿线文化资源和功能建设方案。

（2）突出监督重点

认真分析研究长城保护公益诉讼案件的特点规律，坚持问题导向，突出监督重点。一是主要针对自然原因引起的长城损毁情形，包括风化、自然灾害等，造成这些损毁后，有关单位并没有引起高度重视积极履行职责。二是主要针对不履行修缮义务的行为。三是对未经批准在长城保护范围内擅自进行工程建设或者爆破、钻探、挖掘、取土、取砖（石）作业等违法行为，未依法采取监管措施的。四是对未经相关行政职能部门同意，未报经建设规划部门批准，在长城保护范围内开发旅游项目等违法行为，有关单位没有及时采取措施，履行监管责任。五是对未经环境影响评价和验收，在长城保护范围及建设控制地带内建设污染企业、设施，进行可能影响长城安全及其环境的违法行为或者架设等行为，相关职能部门没有依法履行监管责任。六是对建设工程选址未避开长城保护范围，未实施原址保护即开工建设的，或者无法实施原址保护，未经批准擅自施工的违法行为，未依法采取监管措施的。七是对违反长城保护总体规划，擅自改变规划用途进行建设开发，在游览区举行集体活动，其人数超过核定旅游容量指标等问题，未依法进行监管的。八是对长城段落保护机构不明确、职责不明确，未建立长城档案、长城保护标志不全等问题，未依法履行监管职责的。九是其他违反长城保护方面相关法律法规的行为，有关机关没有依法履行职责。[1]

（3）注重实地调研

全省三级检察机关闻令而动、同向发力，尤其是境内存有长城遗址的 8 市 59 县市区检察机关，主动与当地文物保护等部门取得联系，调取档案资料，深入长城遗址一线，全面深入挖掘长城塌陷、被涂污等问题。例如，承德市检察机关共走访 60 余个乡镇（村），向长城保护员及群众 70 余人了解情况，查访长城关口 40 余处、敌楼 700 余座、烽火台 200 余座，对总长 600 余公里的燕秦长城、汉长城、金长城、明长城遗址进行了实地考察。唐山市检察机关向县文化广播和旅游局调取了辖区内长城档案资料，组成了勘查小组，在

[1] 肖俊林. 河北：推进“长城文化遗产”保护工作［N］. 检察日报，2019-11-11（1）.

当地长城保护员的陪同带领下，分别实地踏勘敌台、烽火台等50余座，行程130余公里，走访、询问当地群众的180余人次。其中，承德市宽城县检察院在对宽城县域长城进行深入调研后发现，由于年久失修、风雨侵蚀，喜峰口段长城损毁比较严重，宽城县检察院现场勘查发现该处长城存在墙体风化砖石脱落问题，向县旅游和文化广电局发出诉前检察建议，推动该局加强对长城的日常监管和维护。

（4）提升监督质效

一是针对长城保护员数量偏少、没有工作补贴等现状，认真研究、分类施策，采取联合调研、实地踏查等方式，充分扩大线索来源；强化公益诉讼群众参与工作机制，开展“爱我中华，护我长城”等专题巡展，引导群众自主上报长城文字砖、石雷、长城记事碑等文物；利用无人机等技术手段，对险要地段的长城遗址情况取证，提升取证效率与能力。例如，秦皇岛市检察机关对发现的自然风化、植被、人为等可能影响长城保护的因素认真调查核实，要求长城保护员加大日常巡查力度，对毁坏长城等行为及时依法处理。二是围绕长城保护措施、设施缺失等行政履职不到位的问题，积极召开听证会议，向有关单位发出检察建议，督促依法全面履职，着力维护长城保护领域的国家利益和社会公共利益。例如，张家口市桥西区院对“张家口名片”大境门段明代长城监管缺失的情况，向区文化广电与旅游局发出诉前检察建议。该局及时回复，并将进行全面专业检测，相应采取修复和保护措施。邢台市内丘县检察院针对辖区鹤度岭明长城段遭到破坏的情形，向县文化广电和旅游局发出检察建议，建议该局对长城破坏情况进行妥善保护处理，从根本上解决文物安全隐患问题。文化广电和旅游局争取了省文保资金40万余元，重点对鹤度岭墙体塌陷、裂缝、台阶维修加固，竖立“鹤度岭简介碑”，此地现已成为内丘一道亮丽的文化工程。三是坚持把案件磋商作为办理新领域案件的重要工作方式，实行“公益诉讼+社会治理”模式，积极与行政机关交换双方意见，促进建章立制，推动长城保护中的普遍性问题得到治理，有效缩短整改进程。例如，武安市检察院主动与乡政府、市文化广电与旅游局等部门进行磋商，推动该地在市级财政预算中专门将长城保护经费纳入其中，形成了多元化的保护机制，设立专门的维护基金，并计划投资15亿余元用于长城国家文化公园建设。

（5）健全协作机制

一是发挥圆桌会议作用。进一步畅通沟通渠道，建立健全联席会议等常态化制度，充分利用圆桌会议，实现执法司法信息共享，使行政责任单位提高保护长城的主动性。河北省检察院与河北省文物局召开圆桌会议 2 次，在对全省长城保护建立联合巡查、召开联席会议等方面，达成共识。例如，秦皇岛市检察院主动与市文物局加强联系，会签《关于协作推进检察公益诉讼促进文物保护工作的意见》。山海关区检察院已与山海关区文旅局召开各种形式的联席会议 3 次，联系具有一定专业知识的长城保护志愿者一同开展工作，拟订长城实地踏查方案，查处山海关区迎恩楼穹顶被损坏案件；在西安秦王府城墙倒塌后，山海关检察院针对山海关古城同为国家重点保护文物，并是山海关区核心景区，对古城及城墙安全情况进行了巡查，并提出了预防性建议，开展了预防性公益诉讼检察工作。二是建立督导检查机制。强化规范意识，对专项活动的立案程序、检察建议制发等方面提出明确统一要求，以不定期督查推动长城保护公益诉讼向纵深发展。省检察院进行长城保护专题督查 5 次。张家口市检察院在对辖区开展督导检查中，指导涿鹿县检察院开展长城保护。涿鹿县马水长城部分属于军事管理区，涿鹿县检察院在政策允许范围内，先行就西门的拱门东侧外墙体遭人为涂污层报请示立案，西门城门存在的塌陷、裂缝、渗水等现象，与有关军事部门协商后并进行调查取证。三是建立宣传参与机制。搭建线上线下平台，结合文化遗产日等重要时间点，精心组织主题宣传活动，引导群众深化对长城历史文化价值的认识，着力提升广大群众参与长城保护的积极性；通过在各乡镇设立的检察工作联络室，借助乡镇力量，定期发放长城保护材料、走访群众和长城保护员，提高全民爱护长城意识。全省检察机关共进行主题宣传活动 10 余次，例如，张北县检察院在旅游高峰期，深入草原天路沿线，向村民、游客开展有针对性的宣传。

（二）燕赵大地文化遗产公益诉讼保护存在的难题

（1）法律法规需要进一步完善。完善的法律制度是推动公益保护的前提。追溯我国文化遗产保护的立法进程，与之相关最早的成文法为《古物保护法》（1930 年），历史地位在于其首创性，属于中央政府级别颁布的第一部全国性的文物保护方面的专门性的法律。[1]在这部法律的指引下，一些具体的条例规定相继颁布，例如，《中央古物保管委员会条例》，重在突出古物保管的重要性与细化举措；《古物保存法细则》从一种更加细致的维度增强对古物保存的精准性。随后，《中华人民共和国宪法》强调在对文化遗产进行保护过程中应当明确国家的责任和义务；《文物保护法》以部门法的形式实现了对文化遗产保护专门法律的突破。[2]除此之外，在《环境保护法》《城市规划法》《刑法》等一些部门法中，也零散地有所涉及。但关于检察机关提起文化遗产保护公益诉讼缺乏专门的规定，并没有在立法上予以确认。

（2）案件线索需要进一步拓展。收集案件办理线索是开展文化遗产保护检察公益诉讼的首要环节。但实践中存在的困境是：一方面，线索来源相对单一。根据检察公益诉讼理论，案件线索来源既有内部，也有外部。内部发现线索包括其他部门移送和自主发现，其中自主发现涵盖信息监测、现场巡查、专项活动、专题调研；外部发现线索包括举报控告、上级交办、媒体曝光和其他单位移送。目前看，涉及文化遗产保护领域案件线索主要来自检察机关开展相关领域专项或者办案发现活动。例如，河北省检察机关开展专项监督活动，也有群众和相关文物保护组织举报。但总体看，由检察机关主动开展活动发现线索较多，其他方式相对较少。另一方面，线索界定甄别难。文化遗产具有较强的技术性，摸排出高质量的线索是案件办理的先导。界定检察公益诉讼案件线索需要把握四大因素，即公益因素、损害程度因素、时效因素、主体因素。公益因素强调维护的是公共利益；损害程度因素强调必须造成一定的损害；时效因素强调损害影响一直持续存在；主体因素旨在强调一种资格，法律赋予检察机关享有。[3]对文化遗产而言，线索界定存在的难题是损害程度确定比较难，且损害造成的持续影响也不容易确定。

（3）调查取证需要进一步深入。就文化遗产保护检察公益诉讼举证责任分配看，民事公益诉讼包括“受损性+关联性+督促履职+不采纳（不适格）”，“受损性”指检察机关作为主体，需要对涉及国家和公共利益受损的情况进行

[1] 霍云峰. 古物保存法. 立法始末探析［J］. 史料研究，2014（4）：51.

[2] 李晓东. 新中国文物保护史记忆［M］. 北京：文物出版社，2016：76－79.

[3] 田凯. 人民检察院提起公益诉讼立法研究［M］. 北京：中国检察出版社，2017：34－36.

举证；[1]“关联性”指检察机关应当举证利益受损与行为人有一定的关联度；“督促履职”指检察机关在提起诉讼之前，已经按照法律规定，督促有关机关或者组织提起诉讼；“不采纳（不适格）”指符合条件的组织不提起民事公益诉讼，或者是没有适格的组织。行政公益诉讼包括“主体身份+违法行为+受损性+关联性+前置程序”，“主体身份”是需要检察机关举证文物保护等相关行政单位具有对应的管理职权；“违法行为”即包括作为和不作为两种违法行为；“受损性”即存在被国家或者社会保护的公共利益受到损害；“关联性”即违法行为与受损存在一定的关联度；“前置程序”即检察机关的主动性与行政机关的拒绝性，前者已经督促后者履职，而后者拒不履行。[2]由民事公益诉讼和行政公益诉讼的举证责任分配可知，涉及文化遗产保护领域检察公益诉讼举证责任包括四个核心点，即公益性、受损性、关联性、必要性。但实践中，检察机关收到涉及文化遗产保护领域的公益诉讼线索后，开始进入调查取证阶段，采取的方式主要是实地勘查、航拍取证、调取档案、征询意见等方式。[3]但实践中由于受各种因素制约，关于文化遗产保护检察公益诉讼的调查核实权存在调查核实方式相对单一、配套程序不尽完善等难题。结合工作实际，在民事公益诉讼中，主要的调查核实方式是查阅、摘抄、复制刑事案卷；在行政公益诉讼中，主要的调查核实方式是现场勘查。[4]但文化遗产与其他领域相比，其专业性、技术性、复杂性更高，单纯靠查阅已有资料或者是现场勘查，在缺乏相关知识背景与专业知识情况下，很难达到预期的调查核实效果。

（4）检察建议刚性需要进一步增强。检察公益诉讼案件基本程序包括诉前程序和诉讼程序两个部分，两个部分既相互联系，又各自具有独立的程序价值，并非只有诉讼了才算案件。诉前程序民事诉前公告 30 天，行政诉前制发检察建议（要求行政机关 2 个月内回复，紧急情况 15 日内回复）。检察建议的基本要求是应当列明赖以提起诉讼的基础事实、检察建议书应当与诉讼

---

[1] 邓思清. 我国检察机关行政公诉权的程序构建：兼论对我国《行政诉讼法》的修改［J］. 国家检察官学院学报，2011（4）：30-34.

[2] 最高人民检察院民事行政检察厅编. 检察机关提起公益诉讼实践与探索［M］. 北京：中国检察出版社，2017：175.

[3] 颜运秋. 公益诉讼理念与实践研究［M］. 北京：法律出版社，2019：97-104.

[4] 刘加良. 检察公益诉讼调查核实权的规则优化［J］. 政治与法律，2020（10）：153-155.

请求相衔接（一方面，建议的内容应当具有诉讼请求的基本特征；另一方面，建议的内容与未来可能发生的诉讼请求应当具有同向性）、诉前检察建议的要具有一定的规范性。经过诉前程序之后，根据具体情况做出案件终结或者起诉的决定。[1]而文化遗产检察公益诉讼主要涉及行政公益诉讼，涉民事公益诉讼相对较少。这里主要探讨行政检察公益诉讼中检察建议制发中存在的难题。实践中由于受各种因素的影响，有的检察机关与被建议单位事先沟通不够，对被建议单位的职责了解不到位；有的检察建议书分析问题缺乏严密的逻辑论证，导致建议内容也往往失之于宽、失之于软；有的检察建议对如何加以整改没有具体、明确的措施；有的检察建议书对不同单位不同事项指出的问题多有雷同。究其原因，行政权是一种直接的管理权，涉及面非常广泛，而文化遗产也与多个行政部门职能相关。在制发检察建议时候有的涉及法律、法规、规章多，难以找全找准法律依据；有的难以确定行政机关的职责，对行政机关是否履行职责把握不准确；[2]有的对具体建议内容的概括与具体的尺寸掌握不到位，这些问题直接影响检察建议刚性，制约检察建议执行的效果。

（5）制度机制需要进一步健全。一是由于文化遗产本身的特殊性，往往与文物保护部门、自然资源部门、考古所、文物所在地政府、应急管理部门等单位存在千丝万缕的联系，需要增强部门之间的联系。例如，在办理传统村落保护案件中，往往涉及多个行政部门，经常出现“九龙治水”局面。实践中主要采取建立联席会议机制、座谈交流等形式，能够在一定程度上促进达成共识，但常态化、针对性强的机制仍需进一步健全。二是有些文化遗产保护公益诉讼案件涉及跨区域协作。例如，涉及安平桥文物和文化遗产保护行政公益诉讼案件，该案由福建省晋江市检察院办理，安平桥景区涉及晋江、南安两地多部门跨域协作，在办理案件中需要协调各方主体，给取证、调查等带来一定难度。因此，需要探索建立跨区域协作机制。三是费用承担、修缮与赔偿机制仍不完善。一方面，在涉及民事公益诉讼中，文化遗产被损坏后一般需要修复费用，现有的修复费用测算主要由考古专业机构根据文化遗产回填还原来计算，并将这笔修复费交至受理案件的法院账户，之后由文旅

[1] 荣晓红. 检察建议制度的细化与完善［J］. 人民检察，2020（5）：76-77.

[2] 时磊. 检察公益诉讼办案中存在的主要问题和解决路径［J］. 中国检察官，2020（15）：62-63.

部门在专业机构指导下利用这笔费用进行修复。另一方面，在行政检察公益诉讼中，经过诉前程序后，一般是需要相关机关履职，但关于费用涉及较少。虽然此处不涉及损害赔偿费用，但关于文化遗产的后续巡查保护经费等需要引起关注，特别是由于没有相应损害主体，在落实文化遗产修缮经费时存在一定难度。例如，在某涉及革命旧址行政公益诉讼案件中，检察机关向属地政府送达检察建议后，督促签订修缮协议，但修缮费用迟迟没有落实，检察机关主动与民政、财政、文旅等多部门联系，并向市委、市政府做专题汇报，最终争取到修缮费用，从而促成修缮工程验收竣工。

四、优化文化遗产保护检察公益诉讼的路径

文化遗产保护检察公益诉讼理论与实践中存在的困惑，亟须在立法、制度、机制、程序等多方面进行完善，从而构建起于法有据、衔接顺畅、信息互通的文化遗产保护检察公益诉讼新体系，形成保护精准、合力共赢的新局面。

（1）立法确认文化遗产保护检察公益诉讼制度。在法律制定的过程中，必须遵循一定的指导思想。一是坚持法制统一。做到维护法律权威，既能避免部门间职权交叉，也能在一定程度上消除地方保护主义。二是坚持民主立法。通过开门听意见，广泛吸收民众的意见和建议。三是坚持从实际出发。按照唯物主义观点，尊重客观现象是一切活动的准则，立法必须充分考虑现实经济社会发展需求。四是坚持原则性与灵活性相结合。在宪法的框架下，体现一定的灵活性。[1]五是坚持法的稳定性、连续性与及时立改废相结合的原则。避免法出多门、相互不一致，违背法的位阶理论。在以上准则与原则指引下，结合文化遗产保护检察公益诉讼的现实需要与紧迫性。一是建议在《文物保护法》中明确规定文物保护的主体包括检察机关，保护的方式包括民事公益诉讼和行政公益诉讼，而不仅是行政公益诉讼。二是推动制定或修改相关部门法授权检察机关提起文化遗产保护公益诉讼。三是结合实践中一些做法，继续推进省级人大常委会出台检察公益诉讼决定，在决定中明确提出开展文化遗产保护检察公益诉讼。四是充分用好调查核实权，研究发现的被调查人员或单位不配合调查的法律责任，为完善立法提供实践参考。五是在相

[1] 刘应民. 论国家所有权的行使［J］. 武汉大学学报（社会科学版），2003（5）：585-589.

关司法解释中规定文化遗产保护检察公益诉讼，细化具体规定。

（2）搭建内外畅通多元线索发现与甄别体系。案件线索是文化遗产保护检察公益诉讼案件的来源、办案的起点与开展工作的基础，兼具客观性、问题性与公益性。关于案件线索来源。检察系统内部除实践中常见的其他部门移送之外，要突出自主发现的广度。在信息监测方面，可以通过“两法衔接”平台，与行政执法信息共享；可网络舆情信息洞察和对涉及文化遗产类司法裁判文书进行梳理分析。在现场巡查中，既可以与重点保护节日相关进行定期巡查，也可以随机巡查。在专项活动中，可以结合本地文化遗产现存实际，开展某一类别的文化遗产保护公益诉讼专项监督。检察系统外部，可以通过举报控告、上级交办、媒体曝光、其他单位移送等方式，获取相关案件来源。在此基础之上，创新案件线索来源鼓励方式：一方面，建立公众参与奖励机制。可以借鉴美国“公私共分罚款之诉”，若由个人提起并获得胜诉，则有资格共分罚款；州立法中，在特定领域规定了公民有权获取惩罚金，主要指在有关致癌化学物质的法律中，若公民提起此类诉讼并且属实的，则可获得总民事惩罚金的四分之一罚款。[1]对文化遗产保护领域，若公众主动提供案件线索，可给予一定的举报奖励，同时可以设立公益志愿岗位，增强参与的主体感与身份感。另一方面，搭建科技平台。例如，河北省邢台市检察机关通过自主研发，搭建“公益诉讼随手拍”微信小程序，方便广大群众随时举报。关于线索的甄别与研判如图 10-1 所示。

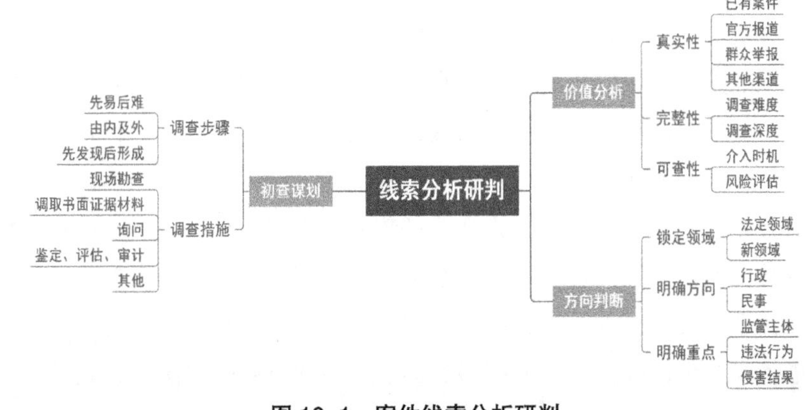

图 10-1　案件线索分析研判

---

[1] 潘申明. 比较法视野下的民事公益诉讼［M］. 北京：法律出版社，2011：141-142.

由图 10－1 可知，案件线索分析研判包括三大步骤：第一步是初查谋划。主要采取先易后难、由内及外、先发现后形成等方式，通过现场勘查、调取书面证据材料、询问、鉴定评估等途径，掌握第一手资料。第二步是价值分析。通过已有案件、官方报道、群众举报或者其他渠道发现案件真实性，采取深度调查发现案件完整性，明确介入时机并对风险评估确定其可查性。第三步是方向判断。首先，锁定领域，看是否确属文化遗产保护领域；其次，明确方向，采取行政检察公益诉讼还是民事检察公益诉讼，抑或是刑事附带民事检察公益诉讼；最后，明确重点，即监管主体、违法行为和损害后果。综合以上三个步骤，在获取案件线索的基础上，经过细致甄别，最终确保线索的高质高效。

（3）做实做强调查核实权。深入挖掘司法的核心，证据的回溯对于事实还原具有重要作用，而对于证据真相的查明需要运用合法有效的方式。[1]调查核实权，其完整表述应该是“调查取证行为”，具体表现为查询、调取、保全等发现证据、固定证据的行为。调查核实权对文化遗产保护检察公益诉讼同样重要。实践中，公益诉讼调查核实权行使的充分与否与公益诉讼办案质效密不可分。因此，一是明确调查核实理念。这是开展调查核实的思想指引。做到“两个并重”与“两个引导”，“两个并重”即程序与实体并重、公正与效率并重；“两个引导”即审查引导调查、信息引导调查。二是明确调查核实的程度。对于涉及文化遗产保护领域的民事公益诉讼，检察办案是直奔起诉程序，诉前程序只是解决起诉主体的问题。因此，检察办案过程中收集证据的证明标准是明确且唯一的，那就是侵权之诉的证明标准，因此，检察办案自始就应当按照侵权证明标准全面准备向法院提交的各种证据材料。对于涉及文化遗产保护领域的行政公益诉讼，情况明显更复杂，因为诉前程序的设置，需要先以磋商或建议的方式督促行政机关履行职责，且诉前程序的效果是起诉必要性审查的内容，行政公益诉讼的证明标准不是一个单一标准，而是一套体系标准，因为办案阶段的不同，难以对诉前程序和诉讼程序的证明标准进行同质化比较，但诉前程序和诉讼程序在公益受侵害和行政行为违法

[1] 向泽选. 司法规律与检察改革［J］. 政法论坛，2009（5）：107－108.

性两项核心待证事实上应具有一致的证明标准。从设置诉前程序的制度目的考虑、从检察官与法官的角色区别考虑和从诉前程序本身的证明功能考虑，应达到检察官确信足以督促行政机关启动监管履职程序来保护受损公共利益的程度即可。三是细化调查核实框架与内容。构建“技术调查、法律调查、辅助调查、专业调查”的“四位一体”框架，技术调查中通过深入现场，采用无人机航拍、影像对比等方式，掌握直观证据；法律调查通过查阅文物保护等相关法律明确切入点；辅助调查通过询问文化传承人、文化遗产守护者的意见；专业调查主要针对涉及文化遗产保护的专业问题进行针对性的调查。四是注重调查核实的规范性。例如，在咨询专业意见时，如果是现场则要制作询问笔录，如果通过微信、电话等方式，则要转化成工作记录，详细记录咨询的时间、地点、人员身份、观点内容，还要了解他们提供意见的依据和来源，对是属于法律规定、专门知识人个人倾向性意见，还是实践中习惯性理解都要详细具体记录。

（4）增强检察建议刚性。制发检察建议是涉文化遗产保护领域公益诉讼的关键环节，既是诉前调查取证工作的成果体现，也能够有效衔接起诉书。应完善检察建议的三个阶段，性质为督促履行职责：第一阶段为优化检察建议的制作。根据最高人民检察院要求，一份检察建议需要具备八个方面内容，这是检察建议制发的最基本要求，否则造成内容缺失。在此基础上，应当达到更高的要求。对涉及文化遗产保护领域检察建议而言，要具备“四性”，即规范性、精准性、说理性和可操作性。规范性无论是内容的完整性，还是体例格式符合要求必须规范。精准性指包括对事实的阐释、法律依据的援引、具体的建议内容表达等方面必须准确。说理性诉前检察建议作为法律文书要说理充分，让接受建议的行政机关能够心悦诚服。可操作性指具体建议内容行政机关可以参照作为。[1]第二阶段为丰富检察建议的送达方式。推广圆桌会议、第三方评估、公开听证、公开送达等公众参与制度，探索向党委、人大常委会和上级主管部门抄送备案制度。第三阶段为强化检察建议的跟踪落实。推动将检察建议落实情况纳入政府法治建设考核。跟进监督诉前检察建议落

[1] 孟祥梁. 强化检察建议刚性的思考［J］. 中国检察官，2019（16）：33-35.

实情况，对逾期未整改的逐案研判，依法起诉。对诉前检察建议逾期未落实、存在起诉障碍的，由上级检察院提办或指定其他检察院办理。

（5）建立文化遗产保护费用承担落实机制。文化遗产被毁损后，很大程度上需要对其进行修复与完善。实践中面临最大的问题是费用由谁来承担，如何确定标准以及如何确保费用使用的合理性。可探索惩罚性赔偿机制。在政策层面，对于食品安全领域规定较为详细。文化遗产具有文化传承性，历史价值深远，引入惩罚性赔偿机制能更好地起到震慑作用。但具体运用中应当把握两个标准：第一是惩罚性赔偿金的必要性与执行的可能性。在涉及文化遗产保护的公益诉讼中，要根据侵权人的主观过错程度、违法次数和持续时间、损害类型、刑事处罚等因素，综合考虑提出惩罚性赔偿诉讼请求。[1]一般情况下，若侵权人违法行为次数多、主观恶性大、持续时间长、造成损害严重，可以考虑提出惩罚性赔偿诉讼请求。第二是惩罚赔偿金的计算。可以借鉴最高人民法院关于财产刑的规定，统筹“违法所得数额+造成损失大小+行为人缴纳费用能力”多种因素确定数额。[2]若为刑事附带民事公益诉讼，不得与刑事罚金等相折抵。对于费用的管理，可以借鉴完善先鉴定后收费机制，建设文化遗产保护专家咨询网，推动制定损害赔偿金管理制度，设立专用账户，专门用于修缮文化遗产。

（6）探索跨区域文化遗产保护检察公益诉讼运行方式。文化遗产脉络广泛，除一些单独体积文物之外，跨区域文化遗产存在现象较多。以长城为例，涵盖北京、河北等多个省，在河北省境内也跨越几个市。如果仅仅采取损毁一段保护一段的原则，既不能满足文化遗产的原真性需求，也不能很好地体现文化遗产保护的完整性。因此，应当探索跨区域的公益诉讼模式。在机制方面，由文化遗产所涉各区域检察机关联合签署公益诉讼协作机制，明确强化日常联络、信息资源共享、检察业务交流等制度，通过召开联席会议、座谈会达成思想共识。[3]在取证方面，探索涉文化遗产属地检察机关巡回模式，借鉴巡回检察的工作原理，在人员融合一体基础上，发挥无人机、航拍仪等

---

[1] 丁晓华.《民法典》与环境民事公益诉讼赔偿范围的扩张与完善［J］. 法律适用，2020（23）：95-96.

[2] 赵一戎. 刑事案件中财产性判决“执行难”问题研究［J］. 法律适用，2019（23）：125-126.

[3] 叶俊涛，李理思. 长江流域跨行政区划公益诉讼检察集中管辖机制探究［J］. 中国检察官，2020（13）：69-70.

科技设备作用，开展联合取证。特别是针对涉及对文化遗产侵犯的重大公益诉讼案件，形成多部门、跨地域保护取证格局。在模式上，建立“跨区域文化遗产公益损害责任+社会化治理+恢复性司法”途径，其中损害责任是前提，社会治理是关键，恢复性司法是保障，在履职模式上实现协作性。[1]在案件管辖上，按照公益损害结果发生地管辖优先原则，同时推进跨行政区划公益诉讼案件指定管辖和异地管辖。在具体划分上，以省级为单位，各省可以结合本地文化遗产分布现状，采取集中管辖等方式行使对文化遗产保护检察公益诉讼的管辖权。条件成熟的地区，也可设立专门的跨行政区划的检察院，专司涉及跨区域的文化遗产保护检察公益诉讼案件。

[1] 徐燕平，韩东成. 当前跨行政区划检察改革面临的若干问题与对策建议［J］. 人民检察，2019（8）：45-48.

第十一章 余论

党的十九大报告中指出，要加强文物保护利用和文化遗产保护传承，实现中华文化的创造性转化和创新性发展。中国特色文化遗产保护发展要保护与发展并重，传承与创新并举，符合文化发展的客观规律。新时代赋予文化遗产事业新的定位和使命，文化遗产保护发展坚持传承为主、创新为要的理念。对有借鉴价值的保护形式加以改造，赋予新时代内涵和现代表达方式，实现创造性转化。加强养护巡查和监测保护，利用新科技、新材料、新方法、新工艺，实现高效、持续的保护。秉持保护是为更好地发展、发展是积极的保护的思路。

一、文化遗产预防性法律的理论张力与实践验证

文化遗产保护依托先进的保护理念、科学有效的治理体制、资金投入保障、完善的政策法律保护体系及国际规范与国内法的衔接。作为穿透条款的预防性保护法律体系，覆盖博物馆及馆藏文物领域，不可移动自然文化领域，并历经修复理论发展、考古迹监护与规划性的计划保护实践探索、保护重新定义与数字新技术方法纳入的逐渐体系化阶段。UNESCO、IOCROM、ICOMOS 等国际组织围绕环境风险灾害和建筑遗产本体损毁开展的国际联合实践与研究等，主张通过日常维护延缓衰败，避免修复，从类型化角度针对馆藏文物侧重最佳保存状况与基于微环境控制的预防性保护实践，以及不可移动建筑遗产等侧重科学分析、新技术应用和保养替代修复，以保护不同阶段历史信息真实性的措施。预防性保护在馆藏文物领域的应用和研究早于建

筑遗产领域，已形成明确定义和方法，针对建筑遗产等的预防性保护未形成明确结构。[1]2008 年国际博物馆协会保护委员会（ICOM-CC）通过的《关于有形文化遗产保护术语的决议》中的术语有保护（conservation）、预防性保护（preventive conservation）、补救性保护（remedial conservation）、修复（restoration），第一个术语包括文化遗产保护所有措施与行动，其他三个术语定义三组行动，该决议主要针对可移动文物，但对三组保护行动的分类，也被不可移动文物保护所适用。综合英国、荷兰、比利时等国的文物古迹监护机构和濒危遗产（Heritage at Risk）项目等预防性保护实践，通过出版在录建筑遗产濒危目录，建立濒危建筑遗产登录系统，关注因为破坏、被忽视、商业发展等因素而受到威胁的在录建筑遗产，强调预防胜于抢救，注重定期检查和日常必要维护，预防文物古迹被损毁。发挥文物古迹监护机构在用户、政府保护部门和专业维护人员之间的桥梁作用，从技术、经济、法律、管理等层面，促进同类机构的成立与发展，实现监测、数字技术、工具软件等预防性保护技术、预防性保护的社会参与战略，从地区发展和可持续性发展角度，定位和实施文物古迹的预防性保护，对因气候变化引发的各类灾害及预防措施，形成基于智能传感系统的文化遗产环境监测、空气污染对文化遗产影响的评估技术工具和远程无线监测技术的无障碍遗产（Accessible Heritage）预防性保护。整合环境监测数据，针对遗产信息模型以协助维护规划制定，关注洪水等灾害预防问题，提出社区参与和对灾害风险文化的理解是促进遗产灾害预防措施和减少脆弱性的关键，通过数字技术，开发网络应用程序，如 WebGIS 和参与式规划提高社区的灾害防范能力。国际合作实践层面，1931 年的《雅典宪章》鼓励建立定期维护系统、研究文物古迹损毁机理和提倡技术研究、教育培训的国际合作，1964 年《威尼斯宪章》提出真实性和共同遗产，并明确持续维护是文物古迹保护的关键。1968 年联合国教科文组织通过《关于受公共/私人工程威胁的文化资产的保护建议》，明确文化资产的保护/挽救措施应具有预防性和补救性，1972 年通过《保护世界文化和自然遗产公约》《关于文化和自然遗产保护国家层面的建议》，指出成员国应展开跨政府、

[1] 吴美萍. 欧洲视野下建筑遗产预防性保护的理论发展和实践概述［J］. 中国文化遗产，2020（2）：59-78.

跨国家的国际合作，应对文化和自然遗产细致、持续地维护，以避免损毁恶化导致必须进行昂贵行动，定期检查，对遗产的组成部分进行定期监测、采取措施保护其文化和自然遗产免受现代文明发展，例如机器和车辆带来的冲击和振动等，可能产生的有害影响，并采取措施预防污染危害和进行自然灾害风险防范。国际实践主要由 UNESCO、ICOMOS、ICCROM、IUCN 等机构牵头组织，1990 年代的风险防范到 2000 年后的风险管理，针对环境风险灾害预防措施的实践探讨，两条主线是针对建筑遗产本体损毁预防措施的实践探讨，1990 年代的预防性维护和监测到 2000 年后遵循病历查阅、诊断、治疗、控制的保护，针对综合定期检查、系统监测和持续维护的预防性保护。针对环境灾害的风险防范和灾害管理，强调预防性措施和风险防范的重要性，并要求灾害前开展风险评估和预防性措施。针对本体损毁风险的监测、预防性维护和预防性保护，则通过文化遗产监测规划的重要原则及应用不同类型文化遗产，例如历史城市、考古遗址和文化景观等，2012 年风险防范国际委员会通过《伊斯坦布尔声明》指出，持续维护、监测和评估对实现文化遗产风险的可持续管理至关重要。2017 年 ICOMOS 通过《木构建筑遗产保护准则》，建立定期监测和日常维护的持续战略，推迟更大干预措施的需要，并综合协调精密测绘、风险管理、结构分析诊断等信息促进文化遗产保护。国际机构扮演的重要角色是提炼各国实践的成功经验和理论，通过国际行动和国际文件推广至全球，成员国再结合各国情况进行国内立法和其他方式的本土化过程。

（一）风险理论与文化遗产预防性保护

作为风险理论预设最为根本构成内容的世界观规则，以新物理学为典范的有机世界观，指导风险管理及风险行政的建构，观察和描述风险行政法调整的社会关系新型的法律关系，确保为公共行政主体治理风险活动提供新的理解和想象空间。风险管理理论在充分考虑不确定性因素的基础上，通过风险识别、分析与处理，将风险源对遗址可能造成的影响和破坏降低与减缓。预防性保护是对未来的预测判断，在各种风险因素对文化遗产造成破坏性影响之前或初期，及时采取措施，避免或以更低成本防止损害发生。两者的理念相似，因此，风险管理理论可指导文化遗产的预防性保护，为预防性保护提供决策框架，在风险理论指导下建立的风险监测预警体系，实现真正的预防性保护。预防性保护以延续和加强世界文化遗产的价值为目标，以全面的风险监测和防控为主体，是持续推进的动态过程。文化遗产和文物概念最常用，其次是文化资源，[1]文化财产[2]概念较少使用，文化遗产和文物的区别模糊，文化遗产使用更加宽泛，包括部分文物。文化资源的定义最宽泛，文化遗产是文化传承的纽带，但因遭受自然或人为因素的破坏，面临损毁和坍塌的风险。因此，文化遗产的保护方案设计和技术实施过程中强调风险管理，消灭或减少风险事件发生的各种可能性，减少风险事件发生时造成的损失。文化遗产保护中的风险管理原则含义是，在文物未受到损害前采取预防性保护措施避免文物受到损害；对于已经受损或正在受损的文物及时采取有效措施终止破坏的继续发生，尽可能保留文物的最大价值；对环境财产等进行风险管理，避免或减少损失的发生。[3]涉及哪些风险、如何划分风险等级、该采取什么措施处置风险，对应风险理论中的三个基本环节，即风险识别、风险评估、风险处置。[4]风险识别是指风险管理人员运用专业的知识和方法，系统判断可能对文物、环境、人员、财产等造成威胁的因素，一般是通过现场调查和专家咨询等方式制作风险清单。而发现风险源是风险识别的核心，风险源通常包括灾害、环境、生物和人为等。对风险识别和分类后进行评估，确定风险等级是关键，将风险发生的可能性和损害程度按标准划分，获得风险等级数据。风险管理人员需要在风险识别的基础上，通过判断损害的可能性

---

[1] 2018 年文旅合并以后，作为文化旅游资源概念出现，文化旅游是旅游产业的重要要素，既不是一种产品，又与旅游文化大不相同，文化旅游关键在文化，旅游只是形式。文化旅游资源中的文化解释为对旅游之效用及目所作的定性，它的出现与游客需求的转变密切相关，资源是项目或产品开发的基础。文化旅游资源是指能够刺激旅游者产生文化旅游动机并能为旅游业所利用的一切物质和精神文化。项目依托的文化旅游资源可依据存在形态分为有形的显性文化旅游资源和无形的隐性文化旅游资源。

[2] 代表性表述为日本的文化财及分类，日本文化遗产（日语：文化财）是日本为保护文化遗产、自然遗产所建立的标准，定义见日本《文化财保护法》第二条，日本的文化遗产由《文化财保护法》规范，规定对日本文化遗产认定与管理、保护的方法，对文化遗产进行划分与界定，“文化遗产”为对应转译，直译为“文化财富”，实际涵盖文化、历史、学术等人文领域，也包含动、植物、景观等“自然遗产”（日语：天然纪念物）。周超. 在文化遗产的“保护”与“利用”之间：关于日本《文化遗产保护法》2018 年修订的评析［J］. 文化遗产，2020（1）：16－23.

[3] 吴玥，龚德才. 文化遗产保护中的风险管理原则［N］. 中国文物报，2016－07－28.

[4] 沈开涛主编. 风险识别［M］. 北京：北京大学出版社，2015：89－105.

及损害的严重程度来分析和量化风险程度。由于风险本身具有发展性，风险的可能性以及损失程度都可能随时间和空间变化而改变，风险评估是动态过程，需要科学、系统地进行监测，风险处置是根据风险评估的方案制定合适的对策，消灭或减少事故发生的可能性或降低风险发生时造成的损失。风险较低的在可承受范围内的，保持现状为主，辅以少量保护措施承受风险，例如石质等无机质文物，光线对其产生的影响不大，选择光源时可以适当降低要求；中等风险采取损失控制，控制包括事前、事中和事后阶段，通过计划和措施降低损失的可能性或者减少实际损失，尽可能保证在最小损伤前提下，恢复文物原貌；风险高则进行风险转移或损失控制，通过保险等方式转移风险。可用于文物运输或外展中，博物馆作为委托方与受托方签订协议，由受托方保证文物的安全，承担文物盗窃或破损事件中的经济损失。高风险事件，原则上应选择风险回避，但确实无法回避的，如配合基建的抢救性发掘，应有意识通过降低风险等级进行损失控制，如提前做好抢救性发掘预案，减少风险源，降低风险发生的可能性，采取科学、有效的保护措施，降低风险发生时的损失程度。文化遗产保护中的风险管理不仅针对文物本体，也包含了文物周围的环境、财产和人身安全。[1]风险管理涉及文化遗产保护中的各个环节，涵盖从现场保护到室内保护，再到博物馆典藏的整个过程。风险管理是文物保护原则，适用性广泛，涉及文化遗产保护领域中的方方面面，广泛适用于不同种类、不同质地的文物。风险管理原则为文物保护提供新的视角和思路，在可识别性原则和最小干预原则基础上，将保护的重心由文物本体扩展到文物赋存环境、人身安全和财产安全。紧密联系性理念，将文物保护中各环节结合，从勘探、发掘到保护、陈列，加强系统、部门之间的合作。

预防性保护中，系统、连贯、科学的监测数据，是预防性保护的基础和前提。在风险识别时，根据历史档案资料、专家经验和先验知识，将威胁文化遗产保存的风险因素分为地震、降水、洪水、风沙等自然因素和基建振动、游客参观等人为因素两大类。风险评估的关键是，研究并确定对已识别的风

[1] 风险管理时应系统、全面地考察任何可能出现的风险源与科学评估，进行危险防范和应急处理。例如景区所能承载的客流量，避免因交通拥堵或游客拥挤引起的踩踏事件；突发的紧急事件，例如火灾、爆炸等，对文化遗产抢救的同时，做好人员疏散和财产转移。

险因素诱发文物病害发生的阈值。在风险防范与控制时，分别建立振动、洪水、暴雨、风沙和游客参观监测预警系统；整合所有监测预警模块信息，设计风险管理与决策支持系统，配置相应硬件支持平台，共同组成风险监测预警体系。文化遗产要素众多，影响因素复杂，根据遗产特征和实际保存状况的综合评估，将预防性保护初级阶段的重点放在认知遗产、确定监测内容、重大风险监测与预防研究方面。明确遗产面临的风险、评估风险程度、风险环境策略及周期和成本。认知遗产是预防性保护的前提，保护范围内的各类遗存的建造年代、形制特征、价值体现、保存状况千差万别，需仔细甄别、统计和分析，确保不遗漏、不错失。确立监测内容是预防性保护的必要环节，重大风险监测与防控研究是预防性保护首要解决的问题。例如利用环境场模型，对洞窟内的传感器布设方案进行优化，提出最佳的传感器部署的数量和位置。[1]采用 CO_2 气体作为示踪气体，建立洞窟的动态空气交换律模型，利用这一模型对洞窟内的湿度变化进行精确的分析预测，优化方法可显著降低大部分洞窟的环境超标时间。预测模型可以预测游客团队未来对洞窟微环境的影响，从而选择出每个游客团队最佳参观路线。通过游客参观路线的优化，将监测数据与实际的文物保护管理结合，达到预防性保护监测的目的，是运用大数据分析在文化遗产保护中发挥作用的手段，从最初的抢救性保护逐渐向预防性保护过渡。尽管文物类型不同，但却秉承相同的预防性保护理念；同时，经过探索与实践，在风险管理理论指导下，遗产地各自建立较为完善的监测预警体系，基本实现预防性保护。

实践结果也表明，基于风险管理理论的监测预警体系为实现文化遗产地“变化可监控、风险可预知、险情可预报、保护可提前”的预防性保护管理目标提供有力支撑，对中国世界文化遗产地保护具有借鉴意义。首先，依赖文物监测手段对文物进行充分的检测和分析，目的是获取文物的价值信息，为何需要保护，以及到底存在什么样的病害原因，例如壁画地仗层的盐分迁移活动研究，遗址博物馆的大气、土、水环境与文物病害关联关系研究；其次，是当文物已经出现不可容忍的病害时的保护修复。最后，是预防性保护，从

[1] 赵吉平. 文物收藏和保护中的预防性保护探讨［J］. 中国民族博览，2017（9）：222-223.

被动修复转向预防性保护，通过调节控制文物所处环境，减缓文化遗产的缓慢变化，防止文物出现更严重的劣化，延缓文物的腐蚀，达到保护的目的。利用数字化手段，全面采集文物信息，开展大气环境、风沙环境、水环境、文物微环境、游客环境、文物本体病害等的监测工作，完善预防性保护监测预警体系，重点是弥合监测与管理的脱节，监测的结果直接用于保护管理，对监测的数据缺乏有效利用。风险管理理论为预防性保护提供决策性框架和针对价值。首先对风险因素进行监测和评估，文化遗产预防性保护是建立在对遗产环境和病害充分、全面、实时了解的基础上，这些信息包括大环境，大气压、风沙、水，文物保存环境的温湿度、光照、紫外等这些微环境信息等，对文物的本体病害发展有着直接关系。文物载体信息，包括载体稳定性、盐含量、生物病害情况、风化情况等，这些也会对文物带来很大的影响，对文物本体进行最全面的感知，包括本体的温度、含水量，本体有没有出现褪色、变色、开裂、材质变化等病害。本体信息感知不足，很大程度制约预防性保护技术发展，在充分的监测数据的基础上，对数据进行清洗、变换、合并和预处理，把环境变化跟文物本体变化结合，运用环境评估、风险评估、健康评估等多种模型，进行相关分析，评估、识别风险。出现较为严重的风险因素时，及时发送风险预警信息，根据风险处置预案，启动风险处置流程，制定风险处置的行动计划和资源调配计划，风险处置过程中，对风险处置的结果评估和记录，反思和提炼后，对相关的风险处置预案调整。文化遗产风险管理的核心是采用物联网、大数据等关键技术，构建文化遗产的预防性保护，进行关联因素分析，掌握并预测文物的变化，实施干预。大数据分析是预防性保护重要工具，从对文物环境和本体监测数据的采集和管理，到采用智能分析挖掘技术，建立可视化的遗产评估分析模型，提高遗产监测数据的可理解性。通过深度学习等机器学习手段，为监测数据的深入发掘利用提供全新的手段，以及引入创新性的大数据思维，从数据角度出发来解决文化遗产保护的基础核心问题。由于文化遗产的材料特性、结构特性等具有个体差异，长期历史保存状态会加大差异，能够应用在现代建筑、现代材料等领域的方法不能直接用到文物本体。因此，要思路倒置，从数据出发，用大数据的思维，通过大量监测数据的积累反推文物本体的变化，从数据相关性模型来建立本体病害机理表征模型，由经验知识总结转向基于数据的知识发现。文化遗产预防性保护大数据流程，是从数据关联性分析到评估模型的风险分析，通过趋势预测分析，进行预防保护的决策支持。

（二）文化遗产预防性保护内蕴全球史观与对话机制

文化遗产保护蕴含深刻丰富的史学观与平等对话机制，文化遗产作为一种文化符号，是文化表象的外在载体，是思想意识、科学技术以及社会生产的集中体现。中西方两种文化体系下，由于哲学思想、艺术审美差异以及社会文明发展历程的不同，文化遗产保护的认知和实践规范在求同存异基础上，相互对话、交流与借鉴。预防性保护作为根植欧洲现代遗产保护理论和实践的专业术语，继承发展 19 世纪拉斯金提倡的保养（Care）、20 世纪 60 年代布兰迪的预防性修复（Preventive Restoration）、70 年代乌尔巴尼的计划性保护（Programmed Conservation）、80 年代费尔登的预防性维护（Preventive Maintenance）、1999 年代斯特法诺·戴拉·托雷的计划性保护（Planned Conservation）等概念，构成目前的文化遗产预防性保护体系。学者理论和项目在发展过程中具有引领作用和相互验证的价值，代表性且影响深远的理论例如博伊托、布兰迪和费尔登等学者的保护理论，意大利的文化遗产的风险地图、地震灾害监测和防范，荷兰、比利时的文物古迹监护的定期检查和维护，欧盟的古代砖结构损毁评估专家系统项目等。知识信息经由地方或国家、全球、地方或国家的进程，实现传递共享、国际化与本土化过程，也蕴含全球史理论体系中的公共阐释与历史阐释价值、历史发展过程从分散向整体发展转变的过程，世界各地区、各种文明在各自与交互的发展进程中，打破孤立、分散状态，融合成密切联系的人类命运共同体，中国文物保护传统悠久，商周时期就有保护古代遗物的意识和行为习惯，并立法化。近现代史历史上，北京大学考古学研究室和故宫博物院相继成立，标志着中国现代意义上的文物保护工作正式展开。中华人民共和国成立后，尤其是改革开放以来，我国文物保护事业得到飞跃式发展，基本构建起单体文物、历史地段、历史性城市等多层次文物保护体系，文物保护、利用在理念、方法、实践等领域均取得较大进展，一系列法律法规和规范性文件的出台，顶层设计层面推动文化遗产保护的进程，并开始探索形成富有中国传统特色的文化遗产保护及发展体系。预防性保护是在对保护和修复理论争论中发展形成的概念，认清不同保护阶段面临的可能风险，通过适当的干预措施和有效手段进行预防性和计划性处理，历经多年实践逐渐自成体系而成为建筑遗产保护的重要一支，数字时代的三维建模、虚拟现实、建筑信息模型等数字化技术以及 GIS 等信息管理系统的互通性与可操作性，使开发基于数字技术的集成工具软件成为可能，立足系统性思维的预防性保护的实现成为可能。预防性保护技术在不同国家的推广，需要结合其特有的历史、文化、经济、法律、政治、社会背景及保护体制，同时技术无国界、方法可共享、经验可借鉴，需要整体性的视野与方法。文化遗产作为具有多重价值的公众资产，见证历史活动的自身价值和美学价值，包含经济价值与社会价值。中西方的天人观念侧重不同的哲学思想，中国看重整体的和谐，西方看重个体的精确；审美崇尚源自不同标准，中国审美倾向内敛，西方审美则是扩展的。

理解中西方文化遗产保护理念的差异及原因，有助于中国特色文化遗产保护发展理念的理论建构。中国的建筑遗产保护应当采取有别于西方以石质材料为主要构件的建筑物的保护理念和原则。中西分属不同的建筑结构体系，砖木、土木结构是中国古代建筑的主体，能够在统一的构筑体系中，针对不同地区的自然条件，形成多元的构筑形态和有机的建筑，古代官式建筑多为木构建筑，民居、城墙、堤坝多为生土建筑，强度和耐久性上比西方石建筑差，构件的榫卯连接也降低结点处的强度。对砖木、土木结构建筑而言，造成破坏的原因有屋顶渗漏、基础非均匀沉降、长期荷载作用，地震、虫蛀、风化、水土流失等自然灾害，也由于单体木构建筑框架结构的整体性，可能导致局部受损而残留部分无法再利用，需要推倒后整体重建，因此需要经常性地维修和对毁损构件的替换。木构古建筑的维修周期为 20～50 年，不定期的损毁与重建循环，使民众心理习惯接受重建。生土建筑材料损坏后的维护方式是新材料填充，新旧材料混合加固，这种方式与文化遗产保护中的可识别性原则矛盾，西方古建筑是石质结构，使用的花岗岩、大理石等材料具有坚固、不易风化和不受生物侵蚀的性质，石材防火性能好，即便受破坏垮塌后构件保存完整性高，重建时尚存的构件可使用率高，即便建筑几经损毁，重建过程中，只需通过复制补充遗失的构件，即可按照原样重新搭建，原有构件的使用保证了重建后的原真性，与木构建筑的重建形成反差。因此，西方没有形成采用新材料完全重新建造古建筑的心理和习惯，这种原有构件与新增构件混合重建但可区分的方式也促成了现代西方文物保护理念中的可识别性原则。[1]二者文化遗产保护发展历程各有千秋，西方近现代文物保护和修复观念的形成，始于早期对希腊古神庙维修时仅考虑其使用价值，文艺复兴时期才开始关注古建筑的艺术价值。我国遗产保护工作起步晚，古建中提到的维修与利废，与西方早期认知相似，仅限于功能上的考量，20 世纪初期营造学社的建立，我国现代文物保护理念始见端倪。50 年代文物建筑保护理论与管理体系开始建立，80 年代才迎来文化遗产保护理论与方法的发展。西方国家在社会生产力充分发展前提下，传统和现代之间保持较多历史延续性，社会问题、城市化进程使遗产遭到破坏的同时，国民保护意识也逐渐增强，我国现代化属于外缘式现代化，文化遗产在经济和精神领域的重要价值未得到相应的重视与认同。

文化遗产作为文化符号，是文化表象的外在载体，它应是思想意识、科学技术以及社会生产的集中体现。在中西方两种文化体系下，由于哲学思想、艺术审美差异以及社会文明发展历程的不同，导致了中西方文化遗产保护不同的理念认知和实践规范，发展出最小干预、原真性、原址保护、全面保护、可识别、可逆、必要及缜密修复原则。其中原真性原则（Authenticity）是西方建筑遗产保护修复的核心思想，由于价值认知和哲学思想差异，具体技术标准和原真程度的认知上，中西并未一致，由此带来对可识别性原则、最有必要和最小干预原则等认知程度上的差异。原真性是文化遗产保护核心原则，体现在修复过程尊重建筑材料与工艺技术、原始环境等，并因保护的对象不同，原真内容有所差异。文物古迹保护准则要求，所有的保护必须遵守“不

[1] 郭旭东. “重建”反映的中西文物保护理念与方法差异的原因探讨：由“东亚地区文物建筑保护理念与实践国际研讨会”《北京文件》引发的思考. 郭旭东. 城市发展研究：2009 城市发展与规划国际论坛论文集，2011：157-160.［2020-09-12］. https：//v.hbu.cn/https/77726476706e69737468656265737421fbf952d2243e635930068cb8/kcms/detail/detail. aspx?dbcode=IPFD&dbname=IPFD9914&filename=ZGCP200907001036&v=%25mmd2BKHbSG9gRv53pgQQMa9jBZ4SeUNySGOtovYBMpD91sJ2n6lFfaHH2cnH9sny7pnWNvLnIVkfk4o%3d.

改变文物原状”原则；[1]可识别原则，指保持文化遗产的历史纯洁性，为修缮和加固所添加的物件须与整体和谐，但又与原有部分明显区别，让人可以识别并区分真假。意大利在对罗马大角斗场进行修复时，采用各种方法实现对历史信息的时阶式表达，强调历史的可读性，这种方法对于砖石建筑容易实现，但对于我国木结构建筑体系的工艺特征和文化审美，可识别性受到挑战，[2]在可识别原则上，中国主张和谐含蓄的可识别，西方则主张强烈而明显的可识别；最有必要和最小干预原则，最大限度保存文化遗产原存部分，尽量避免添加和拆除，但其中的最大限度，难以订立评价标准。《威尼斯宪章》明确，只允许重修，反对任何形式的重建。我国的文物古迹保护准则明确，核准原址重建时，应保护现存遗址，不允许违背原格局的主观设计，最大可能避免原址重建，我国的原址重建尽管是特殊情况，但被法律所允许。与西方文物建筑大多为独立形制不同，我国历史建筑多以院落形式存在，如其中某一建筑损毁，势必影响整个建筑集合的完整性。正是在此原则上，中国重视完整性、习惯干预、倾向重建或恢复原状，西方重视真实性、避免干预、反对重建并注重现状。国际文化遗产保护交流与合作所强调的保护理念是以《威尼斯宪章》等一系列文件精神为原则。《威尼斯宪章》依托西方石质建筑结构及价值认知理念形成的保护理念与实践规范，这一套关于保护文物建筑及历史遗址、遗迹的国际主流原则，具有权威性和广泛的适应性，但每个国家有义务根据自己的文化和传统运用这些原则，中国文化遗产保护制度的建立主要借鉴于西方发达国家，近年来文化遗产保护理念和保护方法逐步与国际接轨。在此过程中，无论人类文化发展的客观规律，还是不同文化地域、

---

[1] 该原则是对原真性原则的本土传承。国内对何谓原状有三种理解：一是原状即为初建状态，二是以该建筑“某个历史时期的建筑形态特征”为原状，三是视“原状”为“原真”现状保存，不仅肯定“现状建筑形态特征”，还肯定“现状中所表达出来的所有历史信息、历史的氛围”，由于不是破坏性改动，为尽量保存各历史阶段的历史痕迹，主张采取“现状保护”的方式。不同理解中，第三种接近国际主流的原真性原则界定，但实际操作中，前两种理解各有其存在的理由，并为遗产保护界所认可。祁润钊，周铁军，董文静. 原真性原则在国内文化遗产保护领域的研究评述［J］. 中国园林，2019（7）：111-116.

[2] 如有人对民居窗木构件的修补部分采取不经油饰或清漆留白的处理方式区隔，但在具体措施和最终效果上未令人满意，由于油饰彩画具有保护其所附着构件的功能，重新进行油饰彩画的干预方式本身是古建筑传统的保护方式，尽管难以达到可识别的效果，却是遗产原真性的体现。邹青. 关于建筑历史遗产保护“原真性原则”的理论探讨［J］. 南方建筑，2008（4）：11-13.

不同民族的文化遗产特性，各国纷纷探讨适合本国的遗产保护发展理念，对国际普遍遵循的保护原则展开本土释义，原真性原则应该尊重各地区不同建筑背景与民族、文化差异。联合国教科文组织通过的《保护世界文化和自然遗产公约》《奈良文件》《圣安东尼奥宣言》《西安宣言》等，都是对《威尼斯宪章》的补充和发展。[1]

中国作为享誉世界的文明古国，拥有独特而丰厚的历史文化遗产，如何对中国文化遗产进行保护、保存、利用和传承发展是重要的时代课题，也是做好人类文化遗产保护发展工作的重要组成部分。用西方的理论、学术观点、原理、概念、标准来对待中国文化遗产保护与发展，往往使遗产保护发展与实际要求不一致，既使大量理应得到有效保护的文化遗产没有得到很好保护，又使不应损毁的文化遗产遭到破坏甚至消亡，文化遗产的文化、社会和经济价值没有充分彰显，文化遗产保护的认识观念至为重要。建立符合中国文化遗产特性和遵从中国传统审美崇尚、价值取向的保护发展理念，才能切实有效地保护、传承和发展我国种类繁多、特色鲜明、底蕴丰厚的文化遗产。中国文化遗产保护发展需要采取有别于西方以石质材料为主要建筑构件的西方保护理念和原则。中国文化遗产的固有特性，中国文物以建筑物和大遗址构成为最主要的类型，而砖木、土木结构建筑体系又是中国古代建筑的主体。在统一的构筑体系中，此结构建筑针对不同自然条件，具有灵活调节机制，形成多元构筑形态。不同于西方国家以石质结构为主的古建筑，如古希腊、古罗马时期的一些神庙、宫殿，具有不易破损、保存时间长等特点，中国文物建筑的砖木、土木结构建筑材料是极易毁损的材料，构件的榫卯连接也降低结点处的强度，破坏因素有屋顶渗漏、非均匀沉降、风化等，经常性的维修和对毁损构件的替换等。从主体对客体的能动性角度，保存文化遗产原真性的同时，发挥遗产保护工作者的主观能动性，不能割裂客体与主体的有机联系，使文化遗产与遗产保护者处于相互隔绝、彼此孤立的状态，增强做好新时代文化遗产保护发展的责任感和使命感。从文化学、社会学、民俗学的角度，中国文化遗产的表现形式、内容构成、价值特征在很大程度上反映着

---

[1] 阮仪三，林林. 文化遗产保护的原真性原则［J］. 同济大学学报（社会科学版），2003（7）：1-5.

中华民族的审美崇尚和价值取向。征服自然，提倡竞争扩张，强调规模与平直性，尚理性的价值取向，决定西方在文化遗产保护发展中更多地关注遗产真实性和对遗产实体元素的保留。价值普适性和价值多样性决定了我国既应有对西方文化遗产保护理念的兼容吸收，确立人类对待文化遗产态度上的共同追求和理想目标，也应在尊重这些代表人类基本价值共识的公约的同时，充分考虑我国文化独特性，应对我国传统儒家思想、农本思想等价值观做诠释和取舍，结合我国国情对文化遗产价值体系和评判制度进行创造性探索。

文化遗产保护是系统工程，有助于厘清文化遗产保护系统内部、系统环境以及系统变化之间的逻辑关系。建筑遗产所处环境随时变化且难以控制，加之建筑遗产的使用需求、方式和社会作用也完全不同，对建筑遗产的预防性保护包括环境灾害风险评估、监测和管理，灾害发生前的灾害风险预防，灾害发生后的及时防范及对应预防性保护设计方法探讨，对建筑遗产本体损毁进行诊断、监测和定期检查，对建筑遗产本体和所处环境景观进行有计划性的维护，以及基于科学技术精密测绘建立知识管理系统和互操作信息管理系统等内容。[1]建筑遗产预防性保护的层次是初级预防，即对产生不良影响及退化诱因的预防；二级预防是通过监测发现不良影响并控制；三级预防是采取措施避免不良影响扩散或产生新的影响。针对布兰迪修复理论和《威尼斯宪章》的局限，对大气污染、环境退化、地震、地球资源有限等带给建筑遗产的破坏，ICCROM主任伯纳德·费尔登出版《历史建筑保护》，提出保护包括不同规模、不同程度的干预，取决于历史建筑的物理条件、损毁原因和预期的未来环境，将保护工程分为不同程度的干预，即预防损毁、保存现状、结构加固、修复、功能更新、复建和重建。预防损毁包括环境控制和基于定期检查的预防性维护。电脑信息技术和现代测量技术的进步，区域层面的风险分析、评估和防范以及本体结构、材料层面的损毁分类、分析和诊断得以开展。1990年意大利中央修复研究院启动文化遗产的风险地图项目，GIS技术从区域层面对建筑遗产面临的环境风险因素进行分析、评估和监测。2003年《文化遗产的风险分析模型》出版和2005年世界遗产监测机制的确立，使

---

[1] 吴美萍. 欧洲视野下建筑遗产预防性保护的理论发展和实践概述［J］. 中国文化遗产，2020（2）：59–78.

文化遗产的风险评估方法开始普及，文化遗产风险管理和监测得以实施。文物古迹监护机构定期检查被推广，加强预防性保护的体系研究，2009 年 UNESCO 文物古迹遗址的预防性保护、监测和日常维护联合国教科文组织教席（PRECOM3OS UNEACO Chair）成立，通过国际联合项目和系列国际会议，推广定期检查、维护、监测、风险防范、风险评估和风险管理等理念，并形成规制体系。文化遗产的风险地图项目促进文化遗产分类型、灾害风险和损毁分类型和文化遗产分区域研究，并发展出计划式维护信息系统、保护计划导则等具体分支。保护是通过整合、协调和计划性地开展研究、预防、维护和修复行动而实现，[1]明确文化遗产保护分为预防、维护和修复行动，预防主要针对文化遗产所处环境的灾害风险的行动，维护主要针对文化遗产本体现状的行动。梳理我国岩土质文化遗产保护经历的不同阶段，以及抢救性保护向预防性保护和抢救性保护并重转型的理论体系。从文物保护理念与基础理论探索、文物保存现状及病害分析诊断、病害模拟、数值模拟、文物保护技术材料与评估、预防性保护与监测、保护工程实践等方面岩土质文物保护领域的成果。[2]文化遗产保护涉及建筑、考古、历史、地理等相关学科，包括管理、法律、教育科研等各子系统并相互影响，社会环境、自然环境和人是文化遗产保护系统外部的三大影响要素，社会环境中的政治制度、宗教信仰、经济状况和科技水平对文化遗产保护发展有重大影响。运用价值论方法，解析我国传统哲学思想对文化遗产保护发展理念的影响，包括各个流派的价值观思想，如儒家的道德哲学对文化遗产真善美价值的释义，道家的自然主义超越价值观与文化遗产意境美学的关系，墨家的公利实用价值观对文化遗产价值的认知及对修复方式的导向，宗法礼制、符号象征等民俗观念对建筑制式的影响。同时了解西方主流价值观对西方文化遗产保护发展理念的指导意义，相关流派的主要思想及发展历程，对世界文化遗产保护发展理念的影响。运用系统论的方法，研究文化遗产保护发展与外部边界环境之间，以及

---

[1] 以 2004 年意大利颁布的《关于文化遗产和景观的国家法典》为代表。参考网. 复合型遗产的管理.［EB/OL］.（2020－06－08）［2020－12－15］. http：//www.fx361.com/page/2020/0608/6761402.shtml.

[2] 斯特法诺・戴拉・托雷，吴美萍. 意大利视野下的建筑遗产预防性保护［J］. 中国文化遗产，2020（2）：12－14.

文化遗产保护发展内部各子系统间的相互渗透，外部环境包括将文化遗产保护纳入生态环境建设，内部结构涵盖保护管理体系、资金保障体系、教育科研体系和法律保障体系等，具体建立或优化文化遗产登录制度、建筑管理制度、保护官员制度、公众参与制度及监督体系，构建以国家为主体、市场资金参与运作、民间慈善及文化基金支持结合的资金保障体系，发挥文化遗产保护发展的研究机构、教育体制与培训体系的作用，充分掌握我国法律保障体系现状和国家、地方各级法律法规内容，加强法律法规建设对我国文化遗产保护发展的预防规范、指导和引导作用。通过控制论的观点，对国际普遍遵循的文化遗产保护修复原则展开本土阐释，法治适合我国文化遗产结构特点的保护、修复技术措施，例如对文化遗产资源的分级干预，针对不同的遗产状况，采用维持现状、加固性修复、修补性修复、复原性修复、重建性修复、适应性再利用等手段。运用新技术维护文化遗产风貌，科学考据和技术处理，建设信息化的数字博物馆。在文化遗产保护中，国家法和民间法的张力和互动关系具有重要功能。民间法在实现民众自觉、激发民众参与遗产保护方面有独特价值。习惯、惯例，经过反复博弈而证明效用的法律制度在文化遗产保护中的地方政府角色与责任，地方性知识的体系化在文化遗产中的充分体现，民间法将民众自觉地实现与文化遗产的地方性结合，民间法对地方礼仪习俗、行业组织等方面有调节作用，政府的主导作用发挥适当，探索非物质文化遗产生产性保护路径。对扰乱、破秩序的行为予以行政处罚，政府行政指令行为的传达，完善文化遗产的行政申报、确认和普查制度，以行政立法，对文化遗产实行特别保护，在符号生活体系渗透中，表达了政府对破坏文化遗产治理秩序行为的处罚，达到预防性文化遗产的目的，也通过行政告诫和一般预防，达到多元治理的效果。生产性保护路径中，民间法和国家法各有特色，发生作用的规律和场域有别，两者并非生硬叠加，而是重在沟通机制科学设计形成的良性互动。

二、文化线路遗产保护的观察与体用

与传统文化遗产的散点状、文化景观的组成面分布不同，文化线路遗产的构成要素是点线面及时空范围。世界遗产委员会《行动指南》的文化线路遗产，代表历史迁徙、国家和地区交往、互惠和交流。世界文化遗产项目的新类型文化线路，从新视角认识和看待历史文化的发展与传播，看待文化的多样性。文化线路意义深远，有利于缓和与解决世界遗产的不平衡，但需要新的评价检验标准，对现有的保护管理体系形成挑战。文化线路作为新的遗产类型，对世界文化遗产保护的发展产生重要深远影响：首先，改变文化遗产传统项目的点状特征，使项目变得更具综合性的特征，更加真实、准确反映人类文化的发展与传播，类型更具代表性；其次，涵盖其他文化遗产的传统类型，文化线路在原有的评价标准基础上，建立综合、科学和可操作的评价体系；文化线路类型的文化遗产项目跨越行政界限，空间尺度广泛，空间上与自然遗产具有更大可比性，文化遗产与自然遗产的结合保护更密切，需要建立相适应的保护体系。2005 年的《保护世界文化与自然遗产公约实施指南》要求文化遗产项目，在满足针“突出的普遍价值”六项标准和真实性基础上，满足“完整性”的要求，对文化线路，这一标准则更能突出自身价值，关于世界遗产的讨论中，最重要的问题之一，是如何建立平衡的、有代表性的世界遗产名录，世界遗产的不平衡表现在文化遗产类型之间的不平衡、分布地区的不平衡、保护水平的不平衡，以及文化遗产和自然遗产之间的不平衡。文化线路项目，有助于缓和与解决不平衡问题，改善世界遗产的保护状况。文化线路的定义是，拥有特殊文化资源结合的线性或带状区域内的物质和非物质文化遗产族群。[1]2008 年国际古迹遗址理事会通过《关于文化线路的国际古迹遗址理事会宪章》，文化线路是交通线路拥有清晰的物理界限和历史功能，跨越较长历史时期并服务特定目的，反映人类持续、互惠的交流，线路物质和非物质遗产反映上述特点，并集中于和历史相联系的动态系统。具有个体价值又有整体文化价值，以及承载该线路的自然环境及生态系统价值。文化线路强调线路带来的各文化社区的交流和相互影响，是整体性遗产，具有动态性和连续性。[2]

文化线路概念的深化与扩展，推动了国际古迹遗址理事会 UNESCO 组织对遗产线路文化核心的明确，即注重点线面结合、静态与动态结合、古代与

---

[1] 吕舟. 文化线路构建文化遗产保护网络［J］. 中国文物科学研究，2006（1）：59-63.

[2] 李林. “文化线路”对我国文化遗产保护的启示［J］. 江西社会科学，2008（7）：201-205.

近代结合、有形与无形结合、非常与日常结合、自然与人文结合，完整、真实、整体的遗产体系形象彰显独特价值。对遗产线路产生重大影响的协会是欧洲理事会（COE），1987 年 COE 启动文化线路项目，对文化线路的定义是，文化与教育的遗产，以及旅游合作项目，目的在于基于历史线路、文化概念与现象之上的一条或多条线路的发展与促进。2010 年的 COE 部长委员会通过针对文化线路的《局部放大协定》（“Enlarged Partial Agreement”，EPA），增进各国更为密切的合作，协议规定，通过跨越边境的线路，达成对居于价值分享的多元文化的有形说明，达成跨文化对话与理解。此背景下，29 条文化线路被 COE 认定，持续跨越欧洲及之外，涉及文化事务、教育交流与经济、旅游活动，人群、组织及当地社区，EPA 目标在于基于文化线路的文化合作、可持续区域发展及社会凝聚力的潜在作用，在网络工程的建设与组织、线路历史背景的研究、文化与教育活动的展开及可持续旅游发展模式等方面提供指导。典型文化线路强调对欧洲经济、文化、市政、社会的一体性贡献，目前已成为世界最大的城市与城镇自治组织，通过汉萨护照标示各成员城市与城镇的欧洲犹太人遗产文化线路，由遗址、犹太教堂与墓地、洗礼、居所、遗迹与记录、档案、图书馆、专题博物馆等构成。学理上对遗产线路文化的知识考古，最早追溯到亚里士多德关于直线运动与地界关系形而上的论述。在对亚里士多德形而上思想的继承、反思中，德国古典唯心主义哲学借抽象思维运动、人文地理对线路理念的研究，成就传播理论（diffusionism），认为人类文化来自某一起源地向其他地区的扩散与传播，各文化事象在线路移动过程中形成区域间的文化相似性，通过具有相同文化特质的文化圈描绘出人类文化分布图。传播论的文化采借与交融带有文化位势差即等级差异性，文化由中心向边缘的扩散，文化变迁方向从弱势文化朝向强势文化流动，异民族文化是时间上的他者。现代学科分类体系下，线路作为地理学的重要概念，集合诸多地理要素，包含文化与自然因素成为表征地球特质的线路定位，学界将线路视为文化景观的整体类型，以文化用线路形塑景观的不同方式，这也是 UNESCO 将线路遗产划为文化景观类型的理论依据。但是将线路视为人文地理的表现方式，缺乏对于线路本身的关注，造成对线路中物质与文化要素独特性研究的缺失，线路的系统性因符合人文地理学特质而被重视，由此强调线路作为整体也需要像地形学一样的详细描述方式（descriptive-explanato），进而促成文化地形学，该描述基于对线路价值的关注，寻找线路系统中的历史、文化、技术、地理等要素，注重线路不同要素表现的累积性历史联系、不同时期定义的经济技术模式的观测。文化传播理论认为，传播过程中的涵化（acculturation）促进文化的交流与融合。[1]涵化表达的文化在流动过程中的相互作用与影响与线路文化一致。克利福德著作《线路：20 世纪晚期的旅行与移动》中通过线路打破指向中心、单一与地域研究的支配地位，通过旅行与接触将人类置于一种转换性构建（constituted by displacement）过程中，围绕移动、文化经历、结构及接触的非匀质世界中的不同表述。克利福德指出，假定社会处于特定区域中，根源是优先线路（roots always precede routes）但对于任何地方，移动与接触已经历漫长复杂的过程。旅行成为勾画线路的多元概念工具，成为人类经验复杂的、普遍的图谱，位移实践（practice of displacement）成为文化意义的主要构建方式，这种空间跨越与联系将动摇以往文化中的地方主义色彩。克利福德提出文化跨域方法论来对应线路理论。当边界获得似是而非的中心地位，发生于边（margin or edge）或线（lines）上的交流构成复杂地理与历史，成为新的人类学理论范式，以关系性而非目的性的方式表述全球与地方性的过程。因此不同于涵化的线性方式与混合（syncretism）的文化叠加系统，而指涉历史接触的超国家范畴。这种联系方法论突破以往考量整个社会文化进入关系网络的过程，将社会文化本身视为联系系统，克利福德线路成为反思与批判、中心与地方主义的思想武器，勾勒出全球流动、异质、交融的图谱。中国线路文化内核体现于古代“道”的阐释之中。遗产线路以系统、联系与完整的保护思路呈现，根据文化遗产点、

---

[1] 1938 年赫斯科维斯著作《涵化——文化接触的研究》中对涵化定义是，具有不同文化的群体发生持续文化接触所导致的一方或双方原有文化模式的变化。后来学者对涵化持不同理解，但均强调不同文化系统间因直接接触而引起的文化传递、融合、替代、创新、抗拒等过程与结果。R. 比尔斯在克娄伯主编的经典著作《今日人类学》中发表《涵化》一文，他的界说与赫氏定义大同小异。W. A. 哈维兰在《人类学》中指出，涵化有许多可变因素，包括文化差别程度。接触的环境、强度、频率以及友好程度；接触的代理人的相对地位；何者处于服从地位，流动的性质是双方相互的还是单方面的。概括地说来，文化的接触或涵化可能导致以下的不同结果：取代、整合、附加、没落、创新、抗拒，但严格说，创新、抗拒不属涵化的范畴。

线路与影响区域结合中的静与动、旧与新、有形与无形、神圣与日常、自然与人文等评估线路价值，基于遗产线路视角的系统性研究，通过各保护主体的配合运作，达成对文化遗产之路的有效管理与运用。该研究方法赋予线路整体、流动与持续的面貌，将线路蕴含的历史、文化与社会价值完整呈现。遗产线路经历理论深化与实践运用后，成为世界遗产的独特类型，蕴含的线路文化内涵，使遗产线路不论在文化整体保护，以及政治、经济、文化要素交流方面，彰显独特价值。文化线路的整体性保护丰富了文化遗产内涵，更为真实地反映文化发展及传播过程。文化线路引起研究者重视，[1]线路的认定、申报、构成元素及保护范围、线路评价标准、名录登记等内容亟待扩展，时空和文化标准，以及遗产真实性等立法不完备。文化线路是文化遗产保护理念和方法的创新，有利于更多内容被纳入文化遗产保护体系，改变不平衡分布，趋于公平划分世界文化遗产资源。大型文化线路保护，有利于改善世界遗产的保护现状。文化线路突出整体与联合申报，强调线路整体性，强调根据线路的历史记忆修复与再建，在线路延伸和空间扩展中，发现未来新的文化遗产资源。文化复合体特征建立跨区域的新遗产保护体系，对现行遗产保护机制提出挑战，尤其是项目的综合复杂、遗产产权等问题，在联合申报与合作保护方面存在难度。[2]以我国著名的两大文化线路申报为例，“丝绸之路”与“京杭大运河”项目申报，跨时空、大维度的规划在实践中又存在难度。我国拥有丰富的文化遗产，但受文物历史观影响，习惯用文物标准、历史价值来衡量遗产价值，对遗产的认识局限局历史文物和风景名胜。典型如长城、大运河、长征之路、丝绸之路及天山廊道路网、藏彝走廊与遗产廊道、川盐古道文化线路、茶马古道、蜀道等文化线路遗产资源。遗产保护范围不

---

[1] 代表性研究成果有李伟、俞孔坚、孙华等对“文化线路”概念及遗产保护方法；姚雅欣、刘小方等对“文化线路”内涵进行的诠释和解析；吕舟对“文化线路”构建文化遗产保护网络的探析等，有关“文化线路”案例研究较少，限于“京杭大运河”、四川“藏彝走廊”“川盐古道”和云南“哈尼梯田”农业文化遗产线路保护的学术文章。也与国内对文化线路概念界定模糊，文化线路、线性遗产、线性文化遗产和遗产廊道等概念混用的学术研究背景有关. [EB/OL]. (2004-03-08) [2020-12-15]. https: //baike. sogou. com/v653605. htm?fromTitle=%E6%B6%B5%E5%8C%96.

[2] 方伟洁，袁英蕾，杜菲菲. 文化线路遗产旅游开发研究：以南方丝绸之路云南永昌段为例 [J]. 四川民族学院学报，2018 (2)：74-80.

断扩大，强调整体性与综合性，文化遗产从单体遗产、文化线路，到遗产环境的点线面拓展，作为新的遗产保护类型，对我国文化遗产保护事业具有重要启示价值。强调连续及动态的文物价值、历史价值及整体价值，重视活态遗产价值，古代文化长廊大运河[1]实施的线路保护，扩大保护范畴，建立多层次遗产保护等，促进跨区域合作。文化线路包含的交通线路是文化线路的物质载体，人类利用道路进行持续活动或迁徙，是文化线路产生和发展的要素，交流则是文化线路的本质特征，遗产线路营造线域整体的文化属性，文化线路代表遗产保护趋势从文物保护向文化遗产保护思维转变。我国的线路文化遗产如丝绸之路、梯田等农业以及线路遗产、蜀道、唐蕃古道、茶马古道、长城和京杭大运河等，是典型的文化线路遗产。文化线路遗产是人类历史上基于文化传播、贸易、边防、宗教朝觐等活动而形成的线性文化轨迹，包含道路、运河等线路实体遗迹及辐射的场域范围，具有连续性、整体性和多样文化特征的遗产场域特点，城市化进程中，线路的交通、航运等功能削减，但具有深刻的文化意义。

三、中国特色全球史理论与文化遗产法律保护

全球史是提倡从全球整体出发审视人类历史活动的史学理论与实践，学理上颠覆了世界史学界的西方中心论，与传统世界史比较，注重不同单位间的互动关系、叙事特点的空间转向，从纵向进步观向横向比较观转移，从民族国家向其他空间单位转移，从单向度向多向度转移。历史空间是流动性的，将人类社会群体的集体学习能力，即外在记忆系统纳入历史发展体系。[2]从世界面临百年未有之大变局，以及全球史国际发展的现状看，全球史理论的创新有待中国学者实现，全球史的发展需要非西方史学家的参与，中国的世界史学者有责任突破西方话语体系，重新书写世界史，中国编纂世界通史优势

---

[1] 京杭大运河流经6个省（直辖市）及18个市区，连接海河、黄河、淮河、长江和钱塘江五大水系，运河沿线共有文物遗存654处，包括古建筑类遗迹227处，古墓葬类遗迹229处，近现代遗迹15处，石刻及其他类遗存60处，运河文化内容丰富，包括科学技术、文学艺术、建筑艺术、工艺美术、风情习俗、饮食文化、遗物遗迹等，包括吴越文化、荆楚文化、齐鲁文化、秦晋文化、燕赵文化等。

[2] 刘新成. 构建具有中国特色的全球史［N］. 光明日报，2019-09-16-14.

有待进一步发挥。中国的全球史是马克思主义的全球史，马克思创立的全球经济一体化系经济发展的自然过程理论，强调交往在其中发挥的重要作用，全球史视野的理论家如布罗代尔、沃勒斯坦、霍布斯鲍姆等，也是马克思主义者或者熟稔马克思主义理论，全球史发展规律有待中国学者深入探寻，全球性的全球史有待中国学者构建，进一步厘清全球史研究的目的和责任，交换新时代对人类命运的思考，[1]需要注重学科积累，积极推进中国特色的全球史研究。针对源于“西方中心论”形成的对中国历史文化的偏见，对以往研究中的误区做出理性辨析和适度修正，在李伯重、陈来等大家的论述中体现尤为鲜明，并充分调动分子人类学、考古学、语言学、宗教学、地理学等领域的学术方法，在全球化的语境中，为全球史视野下的中国文化研究提供范例。李伯重先生有鉴于明清时期中国经济在全球化进程中的历史经验，提出中国经济基础之长在于拥有丰富的人力资源，而短于自然资源，世界经济的发展离不开中国，中国经济的发展离不开世界，通过国际贸易改善资源匮乏局面，扬长避短才能获得更大的发展。陈来先生从哲学角度，提出文化全球化过程中，需打破西方文化普遍主义、东方文化特殊主义的成见，建立多元普遍性的观念，处理不同文化与文明的关系，使全球所有文化相对化与平等化。刘迎胜先生提出的启示是，跨文明的交流、互动对于塑造当今中国民族、文化特性具有重要意义。[2]“一带一路”倡议对古代丝绸之路、海上丝绸之路的继承和发展，不仅借助传统概念和历史资源，也包含着深层次的文化交流和文明对话的内在诉求。作为研究方法的互动，包括扩大研究单位的地理规模、关注研究单位之间的历史联系、研究跨越边界的单位或主题等类型。全球史研究将互动研究与比较研究有机结合，对人类历史的发展有所建构，包括一体化进程的建构、因果关系和运行机制的建构、具有普遍意义的概括的建构等，被比较的单位放入各自背景，注重与各自环境的互动；被比较对象应有一定程度的直接联系；比较不同国家和地区对于同样背景的反应有何异同；比较同一主体传播到不同地区后与当地社会的具体结合及影响。全球史研究扩大了研究单位的地理规模，重新定义空间单位方式，构建不同文明的

[1] 刘新成. 构建具有中国特色的全球史［N］. 光明日报，2019-09-16-14.

[2] 清华大学国学院. 全球史中的文化中国［M］. 北京：北京大学出版社，2014：69-93.

研究单位与相互联系，即一体化（integration）进程、因果关系和运行机制、具有普遍意义的概括建构。关注研究单位之间的历史联系，回应共时性研究的视角，重视外部的因果联系。通过概念性（conceptual）和历史性（historical）的联系，相连单位的互相影响和接触频度，把独立单位联结为更大的分析单位即体系（system）。强调联系是全球史研究的重要特征，关注具有流动性的主题如跨文化互动研究，不仅是空间的转移，更是传播过程中或传播完成以后的变化与反应。从全球史研究视角，大数据并不仅仅是文献资料库。它依托互联网和数字化技术，把海量资料汇集、存储和联结起来，并借助计算机技术和相应的软件来加以管理与利用。大数据不是一般意义上的文献数据库，而是量化数据库。[1]量化数据库有助于扩大史料的范围，克服史料芜杂的制约，借助计算机对海量史料进行处理。以往大量的微观数据变成了可利用的史料，从留传的传统史料中挖掘新的信息。[2]有论者认为这是史学的量化研究的崛起，是计量史学的复兴，大数据研究的框架中，借助软件工具就可以处理海量的非量化史料，取得描述性的结果。[3]在这个意义上，大数据是全新的研究技术。在承认求是型学术（scholarship of discovery）与解释型学术（scholarship of interpretation）划分的前提下，[4]史学难以摆脱解释性学术的特征。历史研究科学首先解决以下几个问题：第一，人类的行为逻辑规律化，并将情绪、感知和语境等不确定因素排除在外；第二，摆脱时空阻隔和文化差异带来的观察和理解的障碍，克服人类过往经验不可复制、不可模拟带来的限制；第三，创造必要的条件和环境，以便能够运用“符合论真理观”来检验史家的描述、判断和结论的可靠性；第四，消除历史资料的不完整、不系统和不可靠所造成的制约。可是，所有这些问题并不会随着大数据方法的采用而消失。更何况，历史大数据同实验科学的大数据难以相提并论，它难以具备后者那种完整性、系统性、可靠性和可测度性。大数据研究引入史学，增强了方法上的科学性和证据上的可量化度，提高了历史知识的确切性和可靠性。量化

[1] 梁晨. 量化数据库：“数字人文”推动历史研究之关键［J］. 江海学刊，2017（2）：162-164，239.

[2] 梁晨，董浩，李中清. 量化数据库与历史研究［J］. 历史研究，2015（2）：113-128，191-192.

[3] 乔·古尔迪，大卫·阿米蒂奇. 历史学宣言［M］. 孙岳，译. 上海：格致出版社，2017：112-113.

[4] 梁晨，董浩，李中清. 量化数据库与历史研究［J］. 历史研究，2015（2）：113-128，191-192.

历史数据库的应用不仅是纯粹定量分析，而且需要传统史学方法与定量方法的互补，❶大数据只是工具，能用而不用，或不必用而强行用，都是不智之举。❷大数据方法的突出意义，在于以数据驱动取代问题驱动的研究方式，使史学从解释已有知识跃升至发现新知识，❸同时，问题驱动依然是有效方式。单凭大数据难以形成好的问题，但大数据不排斥问题驱动的研究方式，还给问题史学带来新的启示，海量资料有可能引出更多有意义的问题。霍布斯鲍姆提出，史学进步，通过历史学和社会科学的相互交融实现，❹大数据研究为史学同数字技术对话打开通道，从描写和叙述转向了分析和说明，从单一的事件转向了规律和推论。❺

全球史研究是一种客观历史发展进程，也是一个新的分支学科，探讨跨越边界的历史进程，采用跨学科研究方法。跨文化史学互动现象放在代表人类社会演变基本动力的生产和交往的相互关系中，使各地方、民族的史学传统与世界的现实发展成为对应参照物，而不是以欧洲史学传统作为❻基本参照物，推动全球史学史书写发展。在人类不同群体的生产和交往的相互关系之中，分析包括欧洲史学传统在内的各地方、各民族的史学传统如何受到不同交流网络和全球空间的影响，以及它们如何影响不同群体的学术或文化变革，研究者就可以构建出全球史学史的基本分析框架。这个分析框架将更加充分地说明史学思维方式的全球演变如何影响人类的社会生活。❼不同于一元论的历史叙事，全球思想史包含跨文化研究和宏大叙事，通过对局部经验的发掘，突出多重主体价值，在多主体之间寻找历史关系，重视和恢复非西方文明的主体性，超民族国家和次民族国家层面建立更多历史联系。全球思想史不是

---

❶ 梁晨，董浩，李中清．量化数据库与历史研究［J］．历史研究，2015（2）：113-128，191-192.

❷ 李伯重．大数据与中国历史研究［C］．付海晏，徐剑主编．大数据与中国历史研究，北京：社会科学文献出版社，2017：180-201.

❸ 梁晨．量化数据库：“数字人文”推动历史研究之关键［J］．江海学刊，2017（2）：162-164，239.

❹ 埃里克·霍布斯鲍姆．史学家：历史神话的终结者［M］．马俊亚，郭英剑，译．上海：上海人民出版社，2002：73.

❺ 埃里克·霍布斯鲍姆．史学家：历史神话的终结者［M］．马俊亚，郭英剑，译．上海：上海人民出版社，2002：63-78.

❻ 林恩·亨特．全球时代的史学写作［M］．赵辉兵，译．郑州：大象出版社，2017：110.

❼ 夏继果．全球史研究：互动、比较、建构［J］．史学理论研究，2016（3）：118-125.

欧洲扩散到全球的单线过程，而是涉及不同知识体系之间的文明对话，强调跨文化交往中不同参与者的主体性，以多中心、多主体的方式来解构欧洲中心主义，建构多元文化的交织网络，全球史中的互动性涉及多重行为主体。全球思想史在应对历史书写的普遍性要求时，一是研究者自觉采用普遍性视角，即主观建构的普遍性，[1]二是全球史考察带有普遍性的历史事物，即客观存在的普遍性，[2]也称为人类学意义上的原生普遍性。20 世纪 90 年代兴起的跨国史研究，其研究对象是跨国关系和跨国事务，包括人员、思想、信息、资本、物质、制度的流动和联系。丝绸之路是穿越整个亚欧大陆最长的道路，是联系多个民族和国家最重要的纽带，与跨国史研究的内涵相一致。丝路城市作为丝绸之路上各种交往的网络与纽带的支点，是跨国空间或跨国场域的具体体现。跨国史是理解丝绸之路城市史的核心路径，有助于建构丝路城市史研究的新路径和新方法。跨国史研究通过承认丝路他国力量对本国城市发展的影响，丝路城市发展为跨国力量互动的产物，丝路城市置于更宏大的历史语境之中，拓宽研究视野，建构新的研究路径。[3]通过跨国联系来考察丝绸之“路”与“城”的互动关系。丝路城市是丝路开拓和发展的关键地点和载体，关注跨国空间发生的人类交往，彰显丝路城市互动的必然性、城市之间复杂的互动关系，以跨国史视野客观评价民间力量在丝绸之路中的贡献。丝路城市放在相互联系的世界中加以考察，深刻认识各区域丝路城市发展的共性与特性。

全球史重视的历史横向发展研究，构建跨国、跨地区、跨大陆、跨半球、跨海洋直至全球的各层次的地理空间范畴，构建技术、文化、贸易、宗教、移民、国际组织等不同主题的社会交流网络，这些地理空间和社会网络中发生的人类活动，都可成为全球史的研究对象，是全球史内在的层次感和立体

---

[1] 斯图乌尔曼的研究关注主观建构的普遍性及宏大叙事，他把希罗多德、司马迁和卡尔敦放在共同的框架下比较的模式，实际是采用可通约的、具有共同性的视角，架构全球史的普遍叙事，不同于突出差异性的传统比较研究，更加强调三者的共性，着眼整体的宏观视角和清晰的全球意识。[美] 林恩·亨特. 全球时代的史学写作 [M]. 赵辉兵，译. 郑州：大象出版社，2017：26.

[2] 全球化意味着规范性被带到广泛的空间范畴，意味着观念的传播与价值规范的共享，及其带来普遍性的扩大化。巴斯蒂安·康拉德. 全球史导论 [M]. 陈浩，译. 北京：商务印书馆，2018：60.

[3] 车效梅. 跨国史视阈下丝绸之路城市史的研究和书写 [N]. 光明日报，2020-03-17.

感建立的基础，并产生新的解释模式，不同地理空间和社会网络的相互作用、共同参与人类社会的形成与演变。说明重大历史变迁本身的动力和规律，最直接的表现就是对人类大规模互动进程的历史定性的模糊性，以及界定跨文化互动的双方或多方主体的历史作用时的模糊性。[1]文化代表高层次的和谐、相容和包容。阐释型世界史的发展和全球史视角，全球史抛弃内源性的解释模式，不再把历史的盛衰直接归因于单个个体、社会和文化，将全球背景分为具有全球视野的历史、关于全球互联的历史、以全球性整合为背景的历史。[2]全球史、跨国史和全球化的历史等概念有重合之处，从空间转向、相关历史、同步性、民族和读者定位方面，研究对象如全球商品、海洋史、移民史、帝国史、民族史、环境史，对全球史的界定补充说明，研究方法受其他理论启发，如世界体系理论、后殖民研究、网络分析和多元现代性，致力打破欧洲中心主义叙事，中国学者提出以天理为核心的儒家政治内涵与早期现代性诸要素之间的张力。突出区域不是同质性而是多样性的，区域是凭借联系而形成的，因而也是动态的，区域有其独特性，但不是一个封闭系统，区域边界是模糊、变动的，并且与外部世界存在联系，区域是世界中的区域，这种区域史是世界历史的重要组成部分，[3]作为全球史的区域史研究并不是简单总结出某个区域的历史发展特点，而是在人与自然互动中关注地方、从群体与群体的互通有无中关注关联性以及关注由此而形成的区域整体性，强调布罗代尔提出的长时段、远距离贸易等概念价值，通过比较和联系的思路认识更大的世界，秉持整体性研究视角，关注历史长期性与结构性发展变化。全球史学有强烈的现实关怀，由学科单独构筑全球化理论是片面、短视的，这一缺陷只能由历史学弥补，文化遗产的预防性法律保护尤其需要，通过对话与讨论，进一步厘清全球史研究的目的和责任，交换新时代对人类命运的思考，加深彼此理解，营造更加包容的世界氛围，彰显构建人类命运共同体的襟怀。对中国这样历史悠久的国家而言，文化线路类型遗产的资源非常丰富。结合全球史理论，以新的视角去认识和理解文化的发展、线路上的历史

---

[1] 董欣洁. 中国全球史研究的理论与方法［J］. 贵州社会科学，2018（8）：64－70.

[2] 巴斯蒂安・康拉德. 全球史导论［M］. 陈浩，译. 北京：商务印书馆，2018：56－89.

[3] 柯娇燕. 什么是全球史［M］. 刘文明，译. 北京：北京大学出版社，2009：123.

遗存、文明的传播、重大历史事件等，都构成文化线路遗产项目的可能性，并建立与之适应的文化线路保护体系，“一带一路”倡议以经济走廊理论等新兴理论为基础，创新经济合作的发展模式，倡导共建、共商、共享原则，是继改革开放后，中国再一次全方位对外开放战略，给国际合作带来新的理念，“一带一路”沿线文化遗产及文化线路的预防性保护理论体系，蕴含中国特色全球史理论研究的取向，在提供国际公共产品的同时，彰显文化多样性与共存性，成员国之间建立相应的法律制度，通过国际协议或相关机制确定成员国间权利义务关系，法律最大限度确保公共产品的权责明晰，总结分析文化遗产保护国际法规的发展演变、保护与利用关系的定位与变化、对文化遗产旅游发展的态度与立场变化等，可见国际法规对文化遗产的保护与利用规制是不断变化的，文化遗产与旅游结合点是文化性，通过制定旅游基本法、行政法规与部门规章、省级地方旅游法规等法律，实现对沿线文化遗产从宏观到微观的多方位的保护，旅游规划以法律法规体系为基础，开展文化表达、形成文化认同、彰显文化特质、准确定位保护与利用关系，实现文旅发展与文化资源保护的平衡。

四、新文明观与文明互鉴话语体系

文明多样性是人类进步的动力。2014 年 3 月 27 日，国家主席习近平在巴黎联合国教科文组织总部发表演讲，向世界阐释了文明交流互鉴的理念，提出新时代的文明观。习近平主席指出，“文明因交流而多彩，文明因互鉴而丰富。文明交流互鉴，是推动人类文明进步和世界和平发展的重要动力”，这是中国面向世界、面向未来的文明宣言。此后，习近平主席又在多个场合对这个文明观进行重要阐述，内涵不断丰富，影响不断扩大。2017 年 12 月 1 日，中共中央总书记、国家主席习近平在出席中国共产党与世界政党高层对话会开幕式并发表主旨讲话《携手建设更加美好的世界》时指出，“历史呼唤着人类文明同放异彩，不同文明应该和谐共生、相得益彰，共同为人类发展提供精神力量。我们应该坚持世界是丰富多彩的、文明是多样的理念，让人类创造的各种文明交相辉映，编织出斑斓绚丽的图画，共同消除现实生活中的文化壁垒，共同抵制妨碍人类心灵互动的观念纰缪，共同打破阻碍人类交往的精神隔阂，让各种文明和谐共存，让人人享有文化滋养”。2018 年 6 月，习近平主席在上海合作组织成员国元首理事会第十八次会议上指出，“尽管文明冲突、文明优越等论调不时沉渣泛起，但文明多样性是人类进步的不竭动力，不同文明交流互鉴是各国人民共同愿望”，阐述文明交流互鉴思想，呼吁“要树立平等、互鉴、对话、包容的文明观”，指出人类文明和谐共生之路。

习近平主席 2019 年 5 月 15 日出席亚洲文明对话大会开幕式时发表的主旨演讲《深化文明交流互鉴 共建亚洲命运共同体》强调，“坚持美人之美、美美与共。每一种文明都是美的结晶，都彰显着创造之美。一切美好的事物都是相通的。人们对美好事物的向往，是任何力量都无法阻挡的！各种文明本没有冲突，只是要有欣赏所有文明之美的眼睛。我们既要让本国文明充满勃勃生机，又要为他国文明发展创造条件，让世界文明百花园群芳竞艳”，同时指出，“交流互鉴是文明发展的本质要求。只有同其他文明交流互鉴、取长补短，才能保持旺盛生命活力”，这个演讲更加全面阐述了文明交流互鉴的思想，[1]这些思想是对中国传统和实生物思想的重大创新与发展，不同的事物调和是事物得以产生和发展的根本，相同的事物单纯重复或者是相加不能够生成，也不能发展，而差异性的存在是生成发展的根本前提，是和而不同的原理，反对单一性，主张多样性是繁盛发展的根本思想和价值理想，强调不同要素的配合与调和，差别性、多样性是事物存在的前提，新时代的新文明观正是具备这样的哲学特色。

文明交流互鉴是文明发展的本质要求，是具有历史哲学和文化哲学意义上的论述；不仅是一种文明交流的自然事实，更是对文明交流的自觉和强调，强调多样性是文明发展的基础，自觉的文明交流互鉴是推动文明发展的主要动力，在论及文明间的关系时，习近平主席所强调的文明交流互鉴，指的是不同文明之间的和平交流，因此，这种新的文明交流互鉴的文明观，是一种明确的和平导向的文明观，具有明确的价值导向。

文明交流互鉴是构建人类命运共同体的人文基础，习近平主席出席亚洲文明对话大会开幕式并发表主旨演讲时再次强调，“文明因多样而交流，因交

[1] 习近平. 习近平谈治国理政［M］. 北京：外文出版社，2014：135.

流而互鉴，因互鉴而发展。我们要加强世界上不同国家、不同民族、不同文化的交流互鉴，夯实共建亚洲命运共同体、人类命运共同体的人文基础”，并具体提出了“坚持相互尊重、平等相待”“坚持美人之美、美美与共”“坚持开放包容、互学互鉴”“坚持与时俱进、创新发展”四个方面的主张。既是中国对于国际社会的庄严承诺，也是为亚洲国家今后如何增进文明互鉴交流描绘出了清晰的路线图。在这个重要讲话中，习近平主席的阐述更加详细，而且指出文明交流互鉴是共建亚洲命运共同体、人类命运共同体的人文基础，是增进各国人民友谊的桥梁，是推动人类社会进步的动力，是维护世界和平的纽带。习近平主席在这次演讲中同时指出，“应对共同挑战、迈向美好未来，既需要经济科技力量，也需要文化文明力量”，文明互鉴作为构建人类命运共同体的人文基础，世界需要文化文明的力量，以及文化文明的力量的作用，具有深厚的人文基础。当今世界面临国际秩序、国际关系的调整，要推动国际秩序朝着更加合理的方向发展，同时，国际关系的民主化也已经成为不可阻挡的时代潮流，因此，中国提出建立以坚持公正合理，坚持共商共建共享为理念的全球治理观，坚持全球事务由各国人民商量办，积极推进全球治理民主化。迈向美好未来，既需要经济科技的力量，也需要推进全球治理规则的改进调整和民主化；既需要在具体的实践层面上作出努力，同时更需要以人文理念作为基础。这正是习近平主席所强调的文化文明的力量。

文化文明的力量，需要人文理念做基础，人文基础最显著的方面就是一套新的文明观。如果没有这样一套合理的文明观作为所有这些实践的人文基础，包括合理的国际秩序在内，经济科技力量都很难实现。拥抱世界的丰富多样，坚持和拥抱文明多样性。习近平主席指出，文明的繁盛、人类的进步，离不开求同存异、开放包容，离不开文明交流、互学互鉴。互鉴就是指两个或者两个以上的主体相互学习、相互借鉴，取长补短，共同前进。互鉴的前提就是对于差异性的肯定，而不是对于差异性的排斥。由此可见，差异不应成为交流的障碍，更不能成为对抗的理由。不同文明、制度、道路的多样性和交流互鉴可以为人类社会进步提供强大动力，求同存异、取长补短。文明互鉴理论以差异为基础，强调和的多元论，而非同的一元论。和的多元论基础是多样性，承认拥护多样性，拥抱世界的丰富多样，充分体现了坚持和拥抱文明多样性的思想，以文明互鉴为中心的文明观，全面确立新的文明观的体系框架，明确提出新的文明观的主要观点和丰富内涵，是以中华文化为背景、为基础的文明观，反映了中华文明对于当今时代的深刻意义和独特价值，为文明多样性提供丰沛动力，推动不同文明和谐共生，树立平等、互鉴、对话、包容的文明观，以文明互鉴为中心的文明观，具体内涵指向上更多强调求同存异，相互尊重，互学互鉴。这些讲话强调树立平等、互鉴、对话、包容的文明观，在实践上有明确的政治内涵，就是要超越文明隔阂论，超越文明冲突论，超越文明优越感。从中华文化的角度来观察，习近平主席所阐明的文明观，特别强调平等、包容，充满了中华文化厚德载物的精神。这方面重要论述的针对性是很明确的，既指出当今世界国际关系、文明关系最主要的阻碍所在，也指明了用来化解这些阻碍的文明态度和文明观。

现代化的进程给文化传承带来冲突、压力和挑战，但同时也会带来交流、竞争、发展的机遇；不同文化在接受各种考验的同时，也迎来自我更新的契机。直面西方文化冲击和文明竞争，立法中的扬弃与传承，顺应科技革命发展趋势，针对实践中文化传承的突出问题加快立法，如本土传统文化资源、民族特色节日和传统习俗等，属于文化传承立法重点问题。平衡文化传承与经济社会发展的矛盾，积极履行宪法法律和国际条约确立的文化遗产保护和传承的法定义务，国家力量与社会力量相结合，履行国家义务与保障公民权利相结合。立足时代推进传统文化创造性转化与创新性发展，文化产业化发展中，保留传统文化合理因素同时，融入现代文化因子，促进文化传承立法的体系化。建立中华优秀传统文化传承发展的科学法律体系，对传统文化中的物质文化、非物质文化、文化精神传承等立法合理界分与融合，化解多头立法问题，完善文化传承法律机制，公法重心的保护机制容易造成重申报、轻保护等文化公地问题，需要融入现实生活、创新传承、延续文化活态属性等特征，文化传承面临的法律问题复杂，除行政法的保护机制外，应当建立公法与私法相结合、多部门法共同保护的法律机制。文化传承的域外立法经验借鉴与中华优秀传统文化世界传播的立法保障并重，针对文化传承制定特别法律和政策保护制度，国家统一的组织管理机构制定文化政策、提供文化保护咨询、审议文化遗产决议、组织和监督地方文化遗产保护工作，细分文化遗产类型，提供不同的法律政策保护，建立多元化的文化传承融资机制，深化“一带一路”文物交流合作。实施“一带一路”文化遗产保护与交流合作专项规划，健全丝绸之路和海上丝绸之路文化遗产保护与申遗跨国合作机制，科学制定传统文化海外传播法律制度，使国家文化产品平台建设、海外中国文化中心建设、中华文化对外翻译与传播、重点文化企业海外发展更具坚实的法律保障和文化传播能力。传统文化不仅依靠自然传承，更需要通过立法推动文化传承，完善法律义务和道义责任，是传统文化有效传承、发展和创新的路径。健全有关法律法规，特别是对于大运河、丝绸之路等超大时空尺度的文化线路遗产，应制定专项保护法规，我国文化遗产保护法律法规体系中，文化线路遗产保护的法规建设有待进一步加强。文化传承需要创造性转化和创新性发展，通过立法促进文化的国内传承发展，推进文化的国际化传播、文化传承与借鉴人类优秀文明相结合，强化文化振兴和产业化发展立法，立足中华文明特色和当代中国社会实践，建构符合文化传承趋势和时代需要，与世界文化传承发展规律契合的法律制度体系，推动传统文化在法律保障下的传承，与世界各文明交汇、融通并共同发展。

在漫长的历史长河中，每一种文明都在传承、演变、竞争与融合中形成关于自身文明和不同文明之间相互关系的文明观。不同的文明观不仅造就了不同的国家制度，而且影响着世界秩序的重塑。解决人类共同面临的各种挑战，需要从不同文明中寻求智慧、汲取营养，需要有宽阔的胸怀和传承文明的气度，更需要适应时代发展的“和”“美”“与”“共”的“新文明观”，倡导和平、发展、公平、正义、民主、自由等全人类共同价值，倡导不同的文明互相亲近，互相“走进”，发现别人的优点长处，启发自己的思维，同心协力，建设持久和平、普遍安全、共同繁荣、开放包容、清洁美丽的世界，奠定人类命运共同体愿景的思想基础。新文明文化史观宣示中国主张，贡献中国智慧，积极推动全球治理向更加公正合理的方向发展，为中华民族的伟大复兴赢得有利的国际环境。[1]文明多样性是人类文明发展的基本态势。多样性是亚洲文明的特点和优势，是亚洲文明的活力之源，也是世界文明不断创新

[1] 张乾元. 以“新文明观”引领人类发展进步［J］. 人民论坛，2019（26）：26-27.

发展的强大动能。只有在深刻认识文明多样性、尊重文明多样性的基础上，才能更好深化文明交流互鉴，携手共建人类命运共同体。文明交流互鉴是构建人类命运共同体的重要途径。文化和旅游合作机制的建立，旅游是促进文明交流互鉴有效的途径之一，登上长城，才能真正知道为什么会成为中国的符号、成为世界文明的象征。构建政策协调对接机制，共同制定区域合作的规划和政策，促进文化和旅游市场的深度对接，以文化和旅游的合力推动文明对话迈上新台阶，开拓对话长效化机制，文明间的碰撞与互鉴，结出更多智慧与文化的果实，为探索文明对话提供了参考范式。文明对话开拓文明交流机制的新探索，为推动文明相互理解、相互尊重、相互信任提供新平台。[1]

作为新文化遗产理论，联合国《文化线路宪章》对文化线路采取缩限解释，人类利用道路进行的持续性活动或迁徙是文化线路产生和发展的必然要素，交流是文化线路的本质特征。体现多元文化的空间碰撞和融合，线性场域与依附的自然空间环境联系密切，决定文化线路的结构与文化属性。我国悠久的文明和绵延的对外文化交流、对话史，蜀道、丝绸之路、唐蕃古道、茶马古道和京杭大运河等文化线路遗产。文化线路遗产是人类历史上因为文化传播、贸易等活动而形成的线性文化轨迹，呈现出连续性、整体性的遗产场域格局，主要包含有道路、运河等线路实体遗迹以及线路自身所辐射到的场域范围。文化线路是聚合着多种类型文化遗迹、富含多样化文化特征的线性遗产综合体，文化线路的交通功能虽然已经衰退或逐渐衰退，但作为历史悠久的文化线路遗产，在今天仍然饱含着深刻的文化意义。文化线路提供的视角，即从整体的、联结的以及文化相关的角度去审视文化遗产，既是对历史文化的探寻，也是对文化保护的迫切需要，对于实现我国遗产保护区域与区域之间的联合，探讨国家与国家之间的遗产保护联合、申遗组合，文化线路打开了新的遗产保护与发展视角。中国拥有五千年文明历史的，拥有丰富的文化线路遗产资源，其中包括对中国历史发展产生过深远影响的丝绸之路、大运河、茶马古道、古代栈道、藏彝走廊、邮驿道路、豫晋朝拜之路等，也包括代表了近现代科学技术水平发展成就，并将影响对我国不同区域间社会、

[1] 张乾元. 以“新文明观”引领人类发展进步［J］. 人民论坛，2019（26）：26-27.

经济、文化的传承、交流和发展的“二十四道拐”抗战公路、京秦铁路、成昆铁路、川藏公路、青藏铁路、红旗渠等。文化线路遗产保护有利于整合文化遗产资源。文化线路强调空间、时间和文化因素，有利于提升文化遗产价值。跨国界、跨地域合作促进交流，物联网与文化遗产预防性保护，长期监测、科学记录在各类风险因素影响下文化遗产的变化，以科学监测数据积累为基础，分析研究文化遗产的变化规律，制定和实施科学的保护控制措施，以达到主动的预防性保护。传感、网络、自动控制技术物联网，正成为文化遗产监测、信息收集和处理的预防性保护技术途径。以动态监测、智能预警和辅助决策为核心内容，以空间遥感、无线传感、智能预警、多种网络通信手段为技术支撑，以文化遗产保护管理法律法规、制度体系和安全体系为保障的各级联动响应的文化遗产预防性保护的物联网应用体系是一项宏大的系统工程，这些工程逐步建设完成将为我国从文化遗产大国走向文化遗产保护强国提供强有力的技术支撑和保障。

参考文献

普通图书

[1] 杰里·本特利. 新全球史：文明的传承与交流［M］. 魏凤莲，等译. 北京：北京大学出版社，2000：90-97.

[2] 威廉·麦克尼尔. 西方的兴起：人类共同体史［M］. 孙岳，陈志坚，于展，译. 北京：中信出版社，2015：987-990.

[3] 夏继果，本特利. 全球史读本［M］. 北京：北京大学出版社，2010：28-51.

[4] 塞巴斯蒂安·康拉德. 全球史是什么［M］. 杜宪兵，译. 北京：中信出版集团，2018：97-152.

[5] 卜正民. 维梅尔的帽子：从一幅画看全球化贸易的兴起［M］. 刘彬，译. 上海：文汇出版社，2010：200.

[6] 于尔根·奥斯特哈默. 世界的演变：19世纪史［M］. 强朝晖，刘风，译. 北京：社会科学文献出版社，2016：103.

[7] 李永平. 丝绸之路与文明交往［M］. 西安：陕西师范大学出版社，2019：77.

[8] 罗荣渠. 现代化新论：世界与中国的现代化进程［M］. 北京：商务印书馆，2004：378-381.

[9] 费孝通. 费孝通全集（第十六卷）［M］. 呼和浩特：内蒙古人民出版社，2009：53.

[10] 马克垚. 世界文明史（上册）［M］. 北京：北京大学出版社，2010：7-10.

[11] 范宝舟. 论马克思交往理论及其当代意义［M］. 北京：社会科学文献出版社，2005：21，69.

[12] 于沛. 当代中国世界历史学研究（1949—2019）［M］. 北京：中国社会

科学出版社，2019：166.
[13] 钱乘旦. 世界现代化历程（总论卷）[M]. 南京：江苏人民出版社，2015：88.
[14] 柯娇燕. 什么是全球史 [M]. 刘文明，译. 北京：北京大学出版社，2009：3.
[15] 费尔南·布罗代尔. 15—18世纪的物质文明、经济和资本主义 [M]. 顾良，施康强，译. 北京：生活·读书·新知三联书店，2002：20.
[16] 黑格尔. 黑格尔历史哲学 [M]. 潘高峰，译. 北京：九州出版社，2011：203.
[17] 刘世锦. 中国文化遗产事业发展报告（2008）[M]. 北京：社会科学文献出版社，2008：42-67.
[18] 中国大百科全书总编辑委员会. 中国大百科全书（文物·博物馆卷）[M]. 北京：中国大百科全书出版社，1993：76.
[19] 彭兆荣. 遗产反思与阐释 [M]. 昆明：云南教育出版社，2008：103.
[20] 艾玛·玛丽奥特. 数字解读世界史 [M]. 李菲，译. 北京：民主与建设出版社，2016：16-30.
[21] 费尔登·贝纳德，[英]朱卡·朱查托. 世界文化遗产地管理指南 [M]. 刘永孜，译. 上海：同济大学出版社，2008：116.
[22] 阿莱达·阿斯曼. 回忆空间：文化记忆的形成和变迁 [M]. 潘璐，译. 北京：北京大学出版社，2016：356-357.
[23] 林恩·亨特. 全球时代的史学写作 [M]. 赵辉兵，译. 郑州：大象出版社，2017：100.
[24] 巴鲁赫·斯宾诺莎. 伦理学 [M]. 贺麟，译. 北京：商务印书馆，2010：77-80.
[25] 陈久金，万辅彬. 中国科技史研究方法 [M]. 哈尔滨：黑龙江人民出版社，2011：183.
[26] 江晓原. 简明科学技术史 [M]. 上海：上海交通大学出版社，2001：130.
[27] 联合国教科文组织. 实施世界遗产公约的操作指南 [M]. 杨爱英，王毅，刘霖雨，译. 北京：文物出版社，2014：1-132.

[28] 尤金·艾曼努尔·维奥莱·勒·迪克. 维奥莱·勒·迪克建筑学讲义［M］. 白颖，汤琼，李箐，译. 北京：中国建筑工业出版社，2015：103–117.
[29] 芦原义信. 街道的美学［M］. 尹培桐，译. 天津：百花文艺出版社，2006：15–22.
[30] 克莱伦斯·E. 艾尔斯. 经济进步理论［M］. 毕治，译. 北京：商务印书馆 2011：106–115.
[31] 黑格尔. 历史哲学［M］. 潘高峰，译. 北京：九州出版社，2011：77.
[32] 切萨雷·布兰迪. 修复理论［M］. 陆地，译. 上海：同济大学出版社，2016：38–46.
[33] 苏东海. 博物馆的沉思：苏东海论文选［M］. 北京：文物出版社，2010：47.
[34] 中国博物馆协会城市博物馆专业委员会. 致力于可持续发展社会的城市博物馆：依法经营与城市博物馆未来发展［M］. 上海：上海交通大学出版社，2016：155–159.
[35] 张万春. 会展法［M］. 北京：北京交通大学出版社，2015：79–83.
[36] 王霄. 逆向工程技术及其应用［M］. 北京：化学工业出版社，2004：56.
[37] 姜明安. 行政执法研究［M］. 北京：北京大学出版社，2004：3–4.
[38] 王大海，刘远. 行政执法与刑事执法衔接机制论要［M］. 北京：中国检察出版社，2006：56.
[39] 陈光中. 证据法学［M］. 北京：法律出版社，2015：158–159.
[40] 欧文·M. 柯匹，卡尔·科恩. 逻辑学导论［M］. 张建军，潘天群，等译. 北京：中国人民大学出版社，2014：102.
[41] 黄群慧. 工业化后期的中国工业经济［M］. 北京：经济管理出版社，2018：108–109.
[42] 孟佳，聂武刚. 工业遗产与法律保护［M］. 北京：人民法院出版社，2009：65–66.
[43] 韦峰. 在历史中重构工业建筑遗产保护更新理论与实践［M］. 北京：化学工业出版社，2015：96–98.
[44] 林佳，王其亨. 中国建筑遗产保护的理念与实践［M］. 北京：中国建筑

工业出版社，2017：47-56.

[45] 河北省文物局. 河北省长城保护管理和执法情况调查研究报告［M］. 北京：文物出版社，2009：56-60.

[46] 李晓东. 新中国文物保护史记忆［M］. 北京：文物出版社，2016：76-79.

[47] 国务院新闻办公室会同中央文献研究室. 习近平谈治国理政［M］. 中央文献研究室译，北京：外文出版社，2014.

[48] 沈开涛. 风险识别［M］. 北京：北京大学出版社，2015：89-105.

[49] 清华大学国学院. 全球史中的文化中国［M］. 北京：北京大学出版社，2014：69-93.

论文集

[1] 吴于廑. 巴拉克劳夫的史学观点与欧洲历史末世感[C] // 吴于廑学术论著自选集. 北京：首都师范大学出版社，1995：233-252.

[2] 方维规. 概念史研究方法要旨[C] // 黄兴涛编，新史学：文化史研究的再出发. 北京：中华书局 2009：35-51.

[3] 隆军花. 预防性保护的理念与实践[C] // 继承、发展、保护、管理：北京博物馆学会保管专业十年学术研讨纪念集. 北京：燕山出版社，2010：51-60.

[4] 赵爽，韩菁，洪亮平. 活力城乡美好人居[C] // 2019 中国城市规划年会论文集（09 城市文化遗产保护）. 北京：中国建筑工业出版社，2019：1151-1162.

[5] 李伯重. 大数据与中国历史研究[C] // 付海晏，徐剑. 大数据与中国历史研究. 北京：社会科学文献出版社，2017：180-201.

学位论文

[1] 陈蔚. 我国建筑遗产保护理论和方法研究[D]. 重庆：重庆大学，2006.

[2] 李辰星. 行政执法与刑事司法衔接机制研究[D]. 武汉：武汉大学，2013

[3] 王任之. 基于空间叙事的工业遗产保护方法研究[D]. 兰州：兰州理工大学，2020.

[4] 寇怀云. 工业遗产技术价值保护研究[D]. 上海：复旦大学，2007.
[5] 何津津. 物质文化遗产公益诉讼的构建[D]. 北京：北京理工大学，2016.

学术期刊

[1] 董欣洁. 中国全球史研究的理论与方法[J]. 贵州社会科学，2018（8）：64–70.
[2] 吴于廑. 时代和世界历史：试论不同时代关于世界历史中心的不同观点[J]. 江汉学报，1964（7）：41–52，18.
[3] 胡成. 全球化时代与中国历史的书写：以 1930 年代两个主流学术典范为中心[J]. 史林，2010（3）：152–162.
[4] 李剑鸣. 全球史写作中的时空结构：从奥斯特哈默的“世界的演变：19 世纪史“谈起[J]. 经济社会史评论，2019（4）：4–12.
[5] 陈新. 近 10 年西方史学理论界有关历史时间的讨论[J]. 江海学刊，2013（1）：155–160.
[6] 邓京力，李鹏超. 历史时间与厄尔玛斯的“节奏时间”观念[J]. 史学月刊 2018（11）：94–103.
[7] 张旭鹏. 全球史与民族叙事：中国特色的全球史何以可能[J]. 历史研究，2020（1）：155–173，223.
[8] 彭树智. 论人类的文明交往[J]. 史学理论研究，2001（1）：5–18，159.
[9] 张倩红，刘洪洁. 从文明交往到文明自觉：彭树智先生的文明交往史观[J]. 史学理论研究，2016（4）：121–132.
[10] 董欣洁. 中国全球史研究的理论与方法[J]. 贵州社会科学，2018（8）：64–70.
[11] 方维规. 关于概念史研究的几点思考[J]. 史学理论研究，2020（2）：151–156，160.
[12] 单霁翔. 关于新时期博物馆功能与职能的思考[J]. 中国博物馆 2010（4）：4–7.
[13] 秦红岭. 论运河遗产文化价值的叙事性阐释：以北京通州运河文化遗产为例[J]. 北京联合大学学报（人文社会科学版），2017（4）：11–15.

[14] 韦楠华，吴高. 公共数字文化资源供给的问题、障碍及运行机制[J]. 图书与情报，2018（4）：130–140.

[15] 李金蔓，闫金强，王孝祺. 解说标识系统在遗址现场阐释与展示中的应用：以西夏陵为例[J]. 城市住宅，2020（9）：17–22.

[16] 吴健. 壁画类文化遗产的数字化发展：以敦煌莫高窟为例[J]. 中国文化遗产，2016（2）：34–38.

[17] 朱本军，聂华. 跨界与融合：全球视野下的数字人文：首届北京大学“数字人文论坛”会议综述[J]. 大学图书馆学报，2016（5）：16–21.

[18] 付心仪，麻晓娟，孙志军. 破损壁画的数字化复原研究：以敦煌壁画为例[J]. 装饰，2019（1）：21–27.

[19] 刘庆余. 京杭大运河遗产活态保护与适应性管理[J]. 江苏师范大学学报（哲学社会科学版），2018（2）：9–84.

[20] 李静生. 文物修复理论研究与应用[J]. 文物修复与研究，2016（6）：668–672.

[21] 熊樟林. 行政处罚的目的[J]. 国家检察官学院学报，2020（5）：32–48.

[22] 王明明，文琴琴，张月超. 基于风险管理理论的文化遗产地监测研究[J]. 文物保护与考古科学，2011（3）：1–5.

[23] 潜伟. 技术遗产论纲[J]. 中国科技史杂志，2020（3）：462–473.

[24] 吕舟.《威尼斯宪章》的真实性精神[J]. 中国文物科学研究，2014（2）：18–20.

[25] 陆地，肖鹤. 哥特建筑的“结构理性”及其在遗产保护中的误用[J]. 建筑师，2016（2）：40–47.

[26] 廖汝雪，于晓磊，范家昱. 世界遗产预备名录的国际比较研究[J]. 中国文化遗产，2018（1）：34–38.

[27] 杨锐，赵智聪，邬东璠. 完善中国混合遗产预备清单的国家战略预研究[J]. 中国园林，2009（6）：24–29.

[28] 张之恒. 中国新石器时代遗址的分布规律[J]. 四川文物，2007（1）：50–53，95.

[29] 安程，吕宁，张荣. 预防性保护理念对我国石窟寺保护的影响与实践[J].

东南文化，2020（5）：13–19.
[30] 周萍，齐扬. 国际文化遗产风险防范的发展与现状[J]. 中国文物科学研究，2015（4）：79–84.
[31] 于炜炜. 濒危档案文献遗产的预防性保护的管理层面探究[J]. 智库时代，2018（30）：176，178.
[32] 商鑫龙. 浅析馆藏文物的预防性保护[J]. 东方收藏，2020（23）：76–79.
[33] 王良顺. 非物质文化遗产刑法保护的问题辨析与路径选择[J]. 贵州社会科学，2019（6）：76–83.
[34] 杨建军. 通过立法的文化传承[J]. 中国法学，2020（5）：127–145.
[35] 丁凡，伍江. 城市更新相关概念的演进及在当今的现实意义[J]. 城市规划学刊，2017（6）：86–87.
[36]鲁可荣，胡凤娇. 传统村落的综合性价值解析及其活态传承[J]. 福建论坛. 人文社会科学版，2016（12）：115–118.
[37] 王思明. 农业文化遗产概念的演变及其科学体系的建构[J]. 中国农史，2019（6）：117–121.
[38] 刘抚英，于开锦，唐亮. 无锡“永泰丝厂旧址”保护与再生[J]. 工业建筑，2020（12）：3–4.
[39] 杨晋毅. 国外工业遗产研究与保护的状况与趋势[J]. 遗产与保护研究，2018，3（5）：43–46.
[40] 董杰，高海. 中国工业遗产保护及其非物质成分分析[J]. 内蒙古师范大学学报（自然科学汉文版），2009，38（4）：452–453.
[41] 张健，隋倩婧，吕元. 工业遗产价值标准及适宜性再利用模式初探[J]. 建筑学报，2011（S1）：89–90.
[42] 鞠啸峰. 基于文化与历史融合的工业遗产更新策略：以意大利普拉托市为例[J]. 建筑技艺，2020（S2）：36–40.
[43] 齐崇文. 论文化遗产保护中检察权的运用[J]. 中国文化产业评论，2017，25（2）：133–136.
[44] 周新. 论我国检察权的新发展[J]. 中国社会科学，2020（8）：70–76.
[45] 吴美萍. 欧洲视野下建筑遗产预防性保护的理论发展和实践概述[J]. 中

国文化遗产，2020（2）：59－78.
[46] 斯特法诺·戴拉·托雷．意大利视野下的建筑遗产预防性保护[J]．吴美萍，译．中国文化遗产，2020（2）：12－14.
[47] 吕舟．文化线路构建文化遗产保护网络[J]．中国文物科学研究，2006（1）：59－63.
[48] 李林．“文化线路”对我国文化遗产保护的启示[J]．江西社会科学，2008（7）：201－205.
[49] 张乾元．以“新文明观”引领人类发展进步[J]．人民论坛，2019（26）：26－27.

报刊

[1] 王晓辉．跨文化互动：历史书写的新主题[N]．光明日报，2020－11－03.
[2] 赵博文．介于历史学和考古学之间——历史考古学的建立和发展[N]．中国社会科学报，2020－05－28.
[3] 曹兵武．新时期博物馆定义与核心价值再检讨[N]．中国文物报，2019－05－21.
[4] 刘庆余．大运河国家文化公园遗产活态保护与利用模式[N]．中国社会科学报，2020－11－23.
[5] 马千里．改进我国非遗名录的更新方式[N]．中国社会科学报，2020－11－23.
[6] 宋文佳．文物保护规划中保护区划划定方法思考[N]．中国文物报，2017－11－10.
[7] 吴玥，龚德才．文化遗产保护中的风险管理原则[N]．中国文物报，2016－07－28.
[8] 车效梅．跨国史视阈下丝绸之路城市史的研究和书写[N]．光明日报2020－03－17.

后　记

文化遗产承载着国家和民族的历史情感与共同记忆，是文化之根、民族之魂。各国重视文化遗产的保护，并为此建立了专门的保护制度。近年来，文化遗产保护在我国日益受到重视，特别是《关于实施中华优秀传统文化传承发展工程的意见》的出台及党的十九大对“推动中华优秀传统文化创造性转化、创新性发展”的强调，更是将文化遗产保护提到了空前的高度。但需要正视的是，受全球化、现代化的强势冲击，当前文化遗产保护状况并不乐观，文化遗产生态环境衰退、失衡等问题仍存在。因此，加强文化遗产保护，特别是通过建立健全相应的法律制度，形成文化遗产法治保护体系以强化文化遗产保护的力度和深度，对于中国这样一个文化遗产资源丰富的国家来说极为紧迫。

除健全完善系统有效的文化遗产产权登记制度，加强对文化遗产产权登记制度的法律确认，明确文化遗产产权登记的管理主体，健全文化遗产产权登记的鉴定、评定及协作机制，完善产权登记公开、异议和争议处理制度以外，更亟待建立文化遗产生态发展代偿制度，在全球史观的视角和思考方法中，将基于影响文化产生、发展的自然环境、生活习惯、社会组织及价值观念等因素构成的文化遗产体系建设持续推进。除了强化文化遗产的内容与价值，还应打破固有的行政结构层级结构、区域结构差异，调整陈旧的结构，推动不同层级、不同区域以及社会多元主体在文化遗产生态保护过程中的交流互动，挖掘文化遗产生态发展的内在动力，促进文化的交流和融合，推进文化的传承与发展。文化遗产法律保护制度建设是我国文化法治建设的重要内容，更是推进我国文化事业发展的重要环节，关系到我国文化事业发展的前景和方向。

本书思路和框架由马雁承担，全书总计三十余万字，具体写作分工为：马雁承担前言、后记、第一章、第二章、第三章、第四章、第十一章的撰写工作；陈佳指导和承担第五章、第六章、第七章、第八章的撰写工作；郑静雅承担第九章、第十章的撰写工作；翟琳负责部分章节的资料整理。